브랜드만족 1위 박문각

근거자료 후면표기

2024

박문각 행정사

최욱진 행정학개론

문제집 | 1차

박문각 행정사연구소 편_최욱진　동영상강의 www.pmg.co.kr

박문각 행정사
최욱진 행정학개론
문제집 | 1차

머리말

안녕하세요. 행정학을 알리고 있는 최욱진입니다. 우선, 행정사 1차 결과가 발표된 이후에 이메일이나 학원 홈페이지를 통해 합격 소식을 알려주신 분들에게 감사의 말씀을 전합니다. 낯선 행정학을 극복하고, 생소한 강의를 열심히 손으로 적어가며, 입으로 되뇌며, 공부하시던 분들의 모습이 아직도 기억에 생생합니다.

모든 수험생에게 행정학은 낯설고, 방대한 과목입니다. 특히 행정사를 준비하시는 분들은 이를 더 절감하시는 듯합니다. 이는 2023년 행정사를 준비했던 분들도 마찬가지였습니다. 행정학은 그 범위가 방대하여 공부의 방향성이 매우 중요합니다. 지금까지의 행정사 시험에 비추어 봤을 때, 능률적인 행정학 공부의 방향성은 아래와 같습니다.

첫째, 행정학의 기초(총론) 부분을 꼼꼼하게 공부하세요. 총론은 각론을 공부하는 토대가 될 뿐만 아니라 합격의 절대선을 넘기는 데 매우 큰 비중을 차지합니다.

둘째, 행정학 각론은 강사의 강의에 기초하여 중요한 부분을 위주로 암기하시길 바랍니다. 수업시간에 판서하거나, 중요한 부분을 체크하면 이를 열심히 반복하셔야 합니다.

셋째, 강사가 지정하는 문제를 반복해서 풀어보세요. 문제를 한 번만 푸는 것은 큰 의미가 없습니다. 최소 2회, 이상적으로 3번 이상은 같은 문제를 반복해서 풀어보시길 바랍니다.

2024년에도 수험생이 조금 더 쉽고 빠르게 행정학에 다가설 수 있도록 노력하는 강사가 되겠습니다. 또한, 여러 합격생이 배출될 수 있도록 진력을 다하는 강의를 하겠습니다. 처음에 다소 낯설더라도 인내심을 가지고 공부에 임하시면 반드시 합격할 것입니다. 그 과정에서 항상 여러분과 함께하겠습니다. 감사합니다.

편저자 최욱진

행정사 시험 정보

1. **자격 분류**: 국가 전문 자격증
2. **시험 기관 소관부처**: 행정안전부(주민과)
3. **실시 기관**: 한국산업인력공단
4. **시험 일정**: 매년 1차, 2차 실시

구분	원서 접수	시험 일정	합격자 발표
1차	2024년 4월 22일~4월 26일	2024년 6월 1일	2024년 7월 3일
2차	2024년 7월 29일~8월 2일	2024년 10월 5일	2024년 12월 4일

〈2024년 제12회 행정사 시험 기준〉

5. **응시자격**: 제한 없음. 다만, 행정사법 제5·6조의 결격사유가 있는 자와 행정사법 시행령 제 19조에 따라 부정행위자로 처리되어, 그 처분이 있은 날부터 5년이 지나지 않은 자는 시험 에 응시할 수 없다.

6. **시험 면제대상**
   - 1차 시험에 합격한 사람에 대하여는 다음 회의 시험에서만 1차 시험을 면제한다(단, 경 력서류 제출로 1차 시험이 면제된 자는 행정사법이 개정되지 않는 한 계속 면제).
   - 행정사 자격이 있는 사람으로서 다른 종류의 행정사 자격시험에 응시하는 사람은 1차 시험을 면제한다.
   - 행정사법 제9조 및 동법 부칙 제3조에 따라, 공무원으로 재직하였거나 외국어 전공 학 위를 받고 외국어 번역 업무에 종사한 경력이 있는 사람 등은 행정사 자격시험의 전부 또는 일부가 면제된다(1차 시험 면제, 1차 시험 전부와 2차 시험 일부 면제, 1·2차 시 험 전부 면제).

7. **시험 과목 및 시간**
   - **1차 시험(공통)**

교시	입실 시간	시험 시간	시험 과목	문항 수	시험 방법
1교시	09:00	09:30~10:45 (75분)	① 민법(총칙) ② 행정법 ③ 행정학개론(지방자치행정 포함)	과목당 25문항	5지택일

● 2차 시험

교시	입실 시간	시험 시간	시험 과목	문항 수	시험 방법
1교시	09:00	09:30~11:10 (100분)	**[공통]** ① 민법(계약) ② 행정절차론(행정절차법 포함)	과목당 4문항 (논술 1문제, 약술 3문제)	논술형 및 약술형 혼합
2교시	11:30	• 일반·해사행정사 11:40~13:20 (100분) • 외국어번역행정사 11:40~12:30 (50분)	**[공통]** ③ 사무관리론 (민원 처리에 관한 법률 및 행정 효율과 협업 촉진에 관한 규정 포함) **[일반행정사]** ④ 행정사실무법 (행정심판사례, 비송사건절차법) **[해사행정사]** ④ 해사실무법 (선박안전법, 해운법, 해사안전법, 해양사고의 조사 및 심판에 관한 법률) **[외국어번역행정사]** ④ 해당 외국어(외국어능력검정시험으로 대체하며 영어, 중국어, 일본어, 프랑스어, 독일어, 스페인어, 러시아어의 7개 언어에 한함)		

8. 합격 기준

- 과목당 100점을 만점으로 하여 모든 과목의 점수가 40점 이상이고, 전 과목의 평균 점수가 60점 이상인 사람(2차 시험의 해당 외국어시험 제외)
- 단, 제2차 시험 합격자가 최소선발인원보다 적은 경우, 최소선발인원이 될 때까지 전 과목의 점수가 40점 이상인 사람 중에서 전 과목 평균 점수가 높은 순으로 합격자를 추가로 결정한다. 동점자로 인해 최소선발인원을 초과하는 경우 동점자 모두를 합격자로 한다.

9. 외국어능력검정시험 성적표 제출(외국어번역행정사)

외국어번역행정사 2차 시험의 '해당 외국어' 과목은 원서접수 마감일 전 2년 이내에 실시된 외국어능력검정시험으로 대체(행정사법 시행령 제9조 제3항, 별표 2)

● 외국어 과목을 대체하는 외국어능력검정시험 종류 및 기준점수

시험명	기준점수	시험명	기준점수
TOEFL	쓰기 시험 부문 25점 이상	IELTS	쓰기 시험 부문 6.5점 이상
TOEIC	쓰기 시험 부문 150점 이상	신HSK	6급 또는 5급 쓰기 영역 60점 이상
		DELE	C1 또는 B2 작문 영역 15점 이상
TEPS	쓰기 시험 부문 71점 이상 ※ 청각장애인: 쓰기 시험 부문 64점 이상	DELF/ DALF	• C2 독해와 작문 영역 25점 이상 • C1 또는 B2 작문 영역 12.5점 이상
G-TELP	GWT 작문 시험 3등급 이상	괴테어학	• C2 또는 B2 쓰기 모듈 60점 이상 • C1 쓰기 영역 15점 이상
FLEX	쓰기 시험 부문 200점 이상	TORFL	4단계 또는 3단계 또는 2단계 또는 1단계 쓰기 영역 66% 이상

행정학개론 1차 시험 총평

안녕하세요. 행정학 강사 최욱진입니다. 여러분 시험 보느라 애쓰셨습니다. 시험지를 검토한 결과 2023년 행정사 행정학은 70점에서 80점을 받는 데 무리가 없는 시험이었습니다. 다만, 무의사결정론, 시뮬레이션 기법, 재정사업자율평가제도 등 기출에 없던 낯선 문제가 몇 개 있었고, 기출주제의 경우 말을 바꿔서 개념을 설명한 까닭에 수험생 입장에서 체감상 어렵게 느낄 수 있었다고 봅니다. 그러나 아래의 표를 살펴보면 실질적인 난이도가 크게 변하지 않았음을 확인할 수 있습니다.

최근 3개년 과목별 채점 결과

(단위: 명, 점, %)

구분	과목	응시인원	평균점수	과락인원	과락률
일반행정사 (2021)	민법총칙	3,090	49.84	969	31.36
	행정법		46.75	1,075	34.79
	행정학개론		51.32	812	26.28
일반행정사 (2022)	민법총칙	3,469	58.04	883	25.45
	행정법		46.38	1,222	35.23
	행정학개론		59.31	532	15.34
일반행정사 (2023)	민법총칙	4,570	55.10	1,200	26.26
	행정법		55.45	926	20.26
	행정학개론		51.12	1,071	23.44

일부 낯선 문제를 제외하면 모두 기출주제를 변형해서 출제하는 것이 행정사 행정학의 출제 경향입니다. 이를 굳게 믿고 기출된 부분을 잘 이해하고 암기하셔야 합니다. 이는 2021년부터 지금까지 변함없는 공부방법이니 2024년 시험대비에 있어서도 기출내용을 잘 공부하되 이해중심으로 행정학에 접근하시길 바랍니다. 감사합니다.

– 최욱진 드림 –

2023년 행정사 행정학 출제 경향

① 총론에서 다수(10문제) 출제
② 낯선 문제(5문항): 무의사결정론, 시뮬레이션 기법, 예산의 분류, 재정사업자율평가제도, 지방자치단체 사무배분 원칙
③ 조직론, 재무행정, 기타 제도 및 법령에서 소수 출제

출제 영역		2023년 행정사 행정학
총론	10	•행태주의 •신제도주의 •정부실패 원인 •거버넌스 •과정설 및 실체설 •능률성 및 효과성 •학습조직 •유기적 구조의 특징 •지식행정의 특징 •참모와 계선
정책학	3	•집행가 유형(N&S) •무의사결정론 •시뮬레이션 기법
조직론	1	동기부여(엘더퍼)
인사행정	3	•직위분류제(직급 정의) •강제배분법 •징계의 종류
재무행정	2	•예산의 분류 •예산의 원칙
지방자치론	3	•주민자치 •특별지방자치단체 •지방자치단체 사무배분 원칙
행정환류	2	•행정개혁 방법 •책임운영기관(넥스트 스텝)
기타 제도 및 법령	1	재정사업자율평가제도

2020~2022년 행정사 행정학 출제 경향

① 행정학 총론에서 다수 출제
② 조직론, 재무행정, 기타 제도 및 법령에서 소수 출제
③ 위의 출제경향은 2023년에도 유지

출제 영역		2022년 행정사 행정학		2021년 행정사 행정학		2020년 행정사 행정학
총론	5	• 과학적관리론 • 신공공서비스론 • 전자정부의 특징 • 시장실패 원인 • 탈관료제(학습조직)	7	• 발전행정 • 신공공관리론 • 신공공서비스론 • 인간관계론 • 관료제 • 탈관료제(위원회 조직) • 전자정부법	8	• 최근 행정의 개념 • 프리즘 모형 • 공공선택론 • 시장실패 원인 • 전자정부(수요자 중심) • 관료제 • 신공공관리론 • 행정개념
정책학	4	• 하향식 접근 • 정책참여자 유형 • 집행가 유형(N&S) • 의제설정의 특징	5	• 정책평가(총괄평가) • 의제설정모형(C&R) • 정책델파이 • 상향식 접근 • 행태기준평정척도법	2	• 정책의 특징 • 로위 정책유형
조직론	1	분권화 촉진요인	1	동기부여(허즈버그)	2	• 목표의 대치 • 동기부여(허즈버그)
인사행정	4	• 근무성적평정 • 고위공무원단 • 인사혁신처 • 직업공무원제도	3	• 실적주의 • 직위분류제 • 특별승진 요건(명예퇴직)	2	• 특수경력직 공무원 예시 • 시보제도(시보기간)
재무행정	2	• 예산의 구성 • 결산과정	2	• 예산과정 절차 • 특별회계	3	• 예산편성제도(순서배열) • 예비타당성 조사 • 성인지예산제도
지방자치론	4	• 지방자치의 특징 • 특례시 • 주민감사청구제도 • 의존재원	3	• 보충성의 원칙 • 고유권설 • 일반재원의 정의	3	• 단층제(제주도) • 보충성의 원칙 • 지방세의 종류
행정환류	3	• 행정통제 유형 • 저항 극복방법 • 행정개혁 방법	3	• 행정통제 유형 • 행정개혁 방법 • 우리나라 행정개혁 역사	3	• 옴부즈만 제도 • 행정통제 유형 • 행정개혁 방법
기타 제도 및 법령	2	• 정부조직체계 • 이해충돌방지법	1	내부고발제도	2	• 책임운영기관법 • 유연근무제도

차 례

최욱진 행정학개론
문제집

Part

01

행정학총론

행정과 행정학

01 정치행정이원론에 대한 설명으로 가장 옳지 않은 것은?

① 행정에 내포되어 있는 정치적인 기능을 강조한다.

② 행정의 전문성과 중립성 확보의 필요성을 강조한다.

③ 과학적 관리론의 영향을 받아 행정을 비정치적인 관리현상으로 이해한다.

④ 독자적인 학문으로서의 행정학 발전에 기여하였다.

⑤ 능률적인 관리가 곧 행정의 근본적인 역할이라고 보는 관점이다.

02 다음 중 행정에 대한 개념으로 올바르지 않은 것은?

① 넓은 의미의 행정은 협동적 인간 노력의 형태로서 정부조직을 포함하는 대규모 조직에서 보편적으로 나타난다.

② 최근 행정의 개념에는 공공문제의 해결을 위해 정부 외의 공·사조직들 간의 연결 네트워크, 즉 거버넌스(governance)를 강조하는 경향이 있다.

③ 좁은 의미의 행정은 행정부 조직이 행하는 공공목적의 달성을 위한 제반 노력을 의미한다.

④ 행정은 정치과정과는 분리된 정부의 활동으로 공공서비스의 생산 및 공급, 분배에 관련된 모든 활동을 의미한다.

⑤ 행정과 경영은 비교적 유사한 활동이라고 할 수 있으나 그 목적하는 바가 다르다.

03 행정학의 발달과정에 대한 설명으로 옳지 않은 것은?

① 1960년대 신행정학은 행정학의 실천적 성격과 적실성을 회복하기 위해 정책지향적인 행정학을 강조했다.

② 사이먼(Simon)은 인간행태에 연구의 초점을 두었고, 행정이론의 과학화에 기여하였다.

③ 애플비(Appleby)는 정치는 국가의 의지를 표명하고 정책을 구현하는 것이며, 행정은 이를 실천하는 것으로 보아 정치와 행정의 차이를 명확히 구별했다.

④ 미국행정학은 테일러(Taylor)의 과학적 관리법에 근거를 둔 조직이론으로부터 영향을 받았다.

⑤ 윌슨(W. Wilson)은 행정학을 정치학 영역으로부터 분리시키고자 절대군주제하에서 발전한 유럽행정의 선진적인 면을 받아들여 미국의 민주적 정치체제와 조화가 필요하다고 주장하였다.

01 ① 정치행정이원론은 정치적 기능(정책결정 등)이 아니라 행정적 기능(능률적인 관리 및 집행)을 강조한다.
② 정치행정이원론은 정치와 행정을 분리하고 행정은 능률적인 관리와 집행에 초점을 두어야 한다는 관점이다.
→ 따라서 행정의 전문성 및 중립성 확보를 강조한다.
③ 정치행정이원론은 과학적 관리론의 영향을 받아 공사행정일원론의 관점을 취하는 바 행정을 비정치적인 관리현상으로 이해한다.
④ 정치행정이원론은 행정학의 아버지인 우드로 윌슨이 처음으로 주창한 개념이다. → 정치행정이원론과 같은 관리주의는 능률적인 행정을 위한 방법을 고민함으로써 행정학 발전에 기여하였다.
⑤ 정치행정이원론은 관리주의에 포함되는 이론이므로 올바른 선지이다.

02 행정을 정치과정과는 분리된 정부의 활동으로 보는 입장은 정치행정이원론에서는 옳다. 그러나 정행일원론 입장에서는 옳지 않은 표현이다. 특히 사회가 복잡해지는 현대사회의 특성을 감안한다면 행정은 점점 정치적 판단이 개입될 수밖에 없다.

03 ③ 정치는 국가의 의지를 표명하고 정책을 구현하는 것이며, 행정은 이를 실천하는 것으로 정치와 행정의 차이를 명확히 구별한 사람은 굿노우(F. J. Goodnow)이다. 애플비(Appleby)는 '정책과 행정'에서 정책(정치)과 행정은 융합적, 정합적, 연속적이라는 점을 강조하면서 정치행정일원론을 주장하였다.
① 신행정학은 행태주의의 전문직업주의, 가치중립적인 관리론을 비판하면서 행정학의 실천성과 적실성을 회복하기 위해 정책지향적인 행정학을 강조하였으며, 민주적 가치규범에 입각해 분권화, 고객에 의한 통제, 가치에 대한 합의 등을 주장하였다.
② 행태주의자인 사이먼(Simon)은 경험적 입장을 취하면서 행정연구의 초점을 합리적 의사결정에 두고 행정이론의 과학화에 주력하였다.
④ 미국 행정학은 정치학에 뿌리를 둔 행정이론과 테일러(Taylor)의 과학적 관리법에 뿌리를 둔 조직이론을 중심으로 발전했다.
⑤ 윌슨(W. Wilson)의 'The Study of Administration'(1887)의 내용이다.

Answer 01. ① 02. ④ 03. ③

04 윌슨(Wilson)의 '행정연구(The Study of Administration, 1887)'에 대한 설명으로 옳지 않은 것은?

① 정부개혁을 통해 특정 지역 및 계층 중심의 관료파벌을 해체하고자 했다.

② 행정과 경영의 유사성을 강조했다.

③ 정치와 행정을 분리하고자 했다.

④ 효율적 정부 운영에 관심을 두었다.

⑤ 엽관주의의 폐해를 지적하였다.

05 정치와 행정에 대한 다음 설명 중 옳은 것은 모두 몇 개인가?

> ㄱ. 전통적으로 민주주의 정치체제에서 정치는 가치개입적 행위이며 행정은 가치중립적 행위이다.
> ㄴ. 정치행정일원론에서의 행정의 정치적 기능이란 정책형성기능을 의미한다.
> ㄷ. 1960년대 발전행정론이 대두하면서 기존의 행정우위론과 대비되는 정치우위론의 입장에서 새 일원론이 제기되었다.
> ㄹ. 사이먼(Simon) 등 행태주의 학자들은 행정의 정책결정기능을 인정한다는 점에서 기존의 이원론과 구분된다.

① 1개   ② 2개

③ 3개   ④ 4개

⑤ 5개

06 다음의 분류에 해당하는 재화에 대한 정부의 역할로 적절하지 않은 것은?

구분	배제성	비배제성
경합성	ㄱ	ㄴ
비경합성	ㄷ	ㄹ

① ㄱ - 재화는 시장에 맡겨 두고 정부가 간섭을 하지 않아야 한다.

② ㄴ - 재화에 대해 정부는 무분별한 사용을 막는 규칙을 설정한다.

③ ㄷ - 재화의 상당 부분을 정부가 공급하는 이유는 자연독점에 의한 시장실패에 대응해야 하기 때문이다.

④ ㄹ - 재화는 무임승차 문제를 야기하기 때문에 원칙적으로 정부가 직접 공급해야 한다.

⑤ ㄱ - 재화 중 예외적으로 정부가 소비에 개입하는 재화를 가치재라고 한다.

07 사바스(Savas)가 구분한 네 가지 공공서비스 유형과 내용의 연결이 옳지 않은 것은?

① 요금재 – 자연독점의 우려가 있으므로 정부개입이 필요할 수 있다.

② 집합재 – 비배제성으로 인하여 '무임승차'의 문제가 생길 수 있다.

③ 시장재 – 경합성과 배제성을 동시에 갖는 서비스이다.

④ 공유재 – 과잉소비와 자원고갈의 문제가 발생할 수 있다.

⑤ 공유재 – 비경합성과 배제성을 갖는 재화이다.

04 ①은 윌슨의 행정연구와는 직접적 관계가 없다. 윌슨은 미국 정부 운영의 민주성 전통에 기초하여 유럽의 효율성 가치를 도입함으로써 민주성과 효율성을 조화시키고자 하였다. ①의 내용은 잭슨(Andrew Jackson)이 제창한 민주적 엽관주의 성립 배경이다. 엽관주의의 실시에도 불구하고 당시의 미국 연방정부는 동부 출신의 신흥 상류계층에 의해 지배되었다. 이에 대한 불만이 고조되면서 임용기준으로서 공직의 적격성은 좀 더 민주적이고 평등한 공직 순환 원칙으로 대치되었으며, 1829년에 취임한 잭슨 대통령은 동부 상류층 중심의 민주공화당 정부에 대하여 서부 개척민 중심의 하류 계층도 공직에 임용될 수 있다는 공직의 대중화를 추진하였다.

05 ㄷ은 틀리다.
ㄷ. 1940년대 통치기능설이 정치우위론적 일원론이라면 발전행정론은 행정우위론적 일원론이다. 행정학 초기의 이원론이 행정의 정책결정기능을 인정하지 않는 이원론인 반면, 행태론은 행정의 정책결정기능을 인정하는 이원론이다.

06 ㄱ은 시장재(사적재), ㄴ은 공유재(공동재), ㄷ은 유료재(요금재), ㄹ은 공공재(집합재)에 각각 해당한다.
①, ⑤ 시장재(사적재)는 원칙적으로 시장에서 공급되는 재화이지만, 교육, 의료, 주택, 문화, 상수도와 같은 가치재는 본질이 사적재이지만 정부가 공급에 일정 부분 간섭한다.
② 비배제성과 경합성으로 인하여 공유재의 비극이 발생할 수 있기 때문이다.
③ 요금재는 막대한 초기설비비용으로 인해 시장진입이 어렵기 때문에 기존 공급자를 중심으로 자연독점이 발생할 수 있다.
④ 공공재는 배제성도 경합성도 없기 때문에 무임승차로 인해 과소공급이 발생할 수 있기 때문이다.

07 ⑤는 요금재에 대한 설명이다. 공유재는 경합성과 비배제성을 띠는 재화이다.
① 도로, 항만, 공항 등 사회간접자본은 초기비용이 많이 투입되기 때문에 민간의 자율에 맡길 경우 후발업체의 진입이 어려워 기존 업체에 의한 자연독점현상이 초래될 수 있다. 정부의 개입은 이를 막기 위한 한도에서만 정당화된다.
② 집합재는 공공재로서 경합성과 배제성을 모두 띠지 않으므로 무임승차 문제가 발생한다.
③ 시장재는 사적재로 경합성과 배제성을 띠는 재화이다.
④ 공유재는 비배제성으로 과잉소비가 발생할 수 있고, 더구나 경합성을 띠므로 자원고갈이라는 공유지 비극이 발생할 수 있다.

Answer   04. ①   05. ③   06. ①   07. ⑤

08 다음 제시문의 시장실패에 대한 설명으로 옳지 않은 것은?

> 한 마을에 적당한 크기의 목초지가 있었다. 그 마을에는 열 가구가 오순도순 살고 있었는데, 각각 한 마리의 소를 키우고 있었고 그 목초지는 소 열 마리가 풀을 뜯는 데 적당한 크기였다. 소들은 좋은 젖을 주민들에게 공급하면서 튼튼하게 자랄 수 있었다. 그런데 한 집에서 욕심을 부려 소 한 마리를 더 키우면서 문제가 시작되었다. 다른 집들도 소 한 마리, 또 한 마리 등 욕심을 부리기 시작하면서 목초지는 풀뿌리까지 뽑히게 되었고, 결국 소가 한 마리도 살아갈 수 없는 황폐한 공간으로 바뀌고 말았다.

① 위에서 나타나는 문제의 주된 요인은 무임승차자 문제이다.
② 위 사례에 나타난 재화는 배제 불가능성과 함께 소비에서의 경합성을 특징으로 한다.
③ 위 사례는 '공유지의 비극(Tragedy of the Commons)'에 대한 설명이다.
④ 이러한 문제를 해결하기 위한 방법의 하나는 재화의 재산권을 명확히 하는 것이다.
⑤ 비용이 분산되고 편익이 집중되는 재화에서 발생하는 문제이다.

09 다음은 공유재(common pool goods)와 관련된 설명이다. 옳은 것으로만 묶은 것은?

> ㄱ. 전기, 상하수도 등이 공유재에 해당한다.
> ㄴ. 민간부문이 공유재의 공급 주체가 될 수 있다.
> ㄷ. 적절한 조치가 없으면 과다소비로 인한 고갈 문제가 발생한다.
> ㄹ. 소비의 비경합성과 비배제성의 특성을 동시에 갖는 재화 또는 서비스이다.

① ㄱ, ㄴ   ② ㄴ, ㄷ   ③ ㄷ, ㄹ
④ ㄱ, ㄹ   ⑤ ㄱ, ㄷ

10 공공서비스에 대한 설명으로 옳지 않은 것을 모두 고른 것은?

> ㄱ. 무임승차자 문제가 발생하는 근본 원인으로는 비배제성을 들 수 있다.
> ㄴ. 정부가 공공서비스의 생산 부문까지 반드시 책임져야 할 필요성은 약해지고 있다.
> ㄷ. 주인이 없는 천연자원 등은 공공재에 해당한다.
> ㄹ. 공공서비스 공급을 정부가 담당해야 하는 이유로는 공공재의 존재 및 정보의 비대칭성 등이 있다.
> ㅁ. 전기와 고속도로는 공유재의 성격을 가지는 공공서비스이다.

① ㄱ, ㄷ   ② ㄱ, ㅁ   ③ ㄴ, ㄹ
④ ㄷ, ㅁ   ⑤ ㄴ, ㅁ

11 생산은 정부에서 하되 수단은 민간의 시장요소를 도입하는 것은?

① 일반행정   ② 책임경영

③ 민간위탁   ④ 민영화

⑤ 공기업

★

08 제시문은 하딘(G. Hardin)이 제시한 공유지의 비극에 대한 설명이다. 공유지의 비극은 비배제성(비용의 분산)으로 인한 과잉소비와 경합성(편익의 집중)으로 인한 자원고갈(부정적 외부효과)로 공동체가 공멸하는 현상을 말한다.

① 무임승차자 문제는 비배제성으로 인해 나타나는 공짜심리를 말하는 것으로 배제성이 없는 공공재나 공유재에서 발생한다. 그러나 두 유형의 재화 중 무임승차가 '주된' 원인으로 작용하는 것은 공공재이다. 공유재는 경합성이 있지만, 공공재는 경합성도 없기 때문이다. 공유재도 배제성이 없기 때문에 무임승차 현상이 발생할 수는 있으나, 공유지 비극의 직접적인 주된 요인은 경합성 때문이다. 무임승차로 인한 과다공급 또는 과소공급에 의한 시장실패는 공공재에서 나타날 수 있는 시장실패 현상이다.

④ 하딘(G. Hardin)은 공유지의 비극에 대한 해결방안으로 국가 강제력의 사용이나 공유재의 사유화를 제시하였다. 그러나 전자의 방법은 한계가 있기 때문에 보다 바람직한 방법은 후자라고 주장하였다.

⑤ 비용의 분산은 배제성이 약하다는 의미이고, 편익의 집중은 경합성이 강하다는 의미이다. 즉, 공유재의 특징에 해당한다.

09 ㄱ, ㄹ은 틀리다.

ㄱ. 전기, 상하수도 등 사회기반시설은 공유재가 아니라 요금재에 해당한다.

ㄹ. 비경합성과 비배제성의 특성을 동시에 갖는 재화는 공유재가 아니라 공공재이다. 공유재는 배제성은 지니지 않지만 경합성은 띤다.

10 ㄷ, ㅁ은 틀리다.

ㄷ. 주인이 없는 천연자원은 공유재이다. 공공재의 예시로는 국방, 치안서비스 등이 있다.

ㅁ. 전기와 고속도로는 공유재가 아니라 전형적인 유료재에 해당한다.

ㄱ. 비배제성은 서비스 이용대가를 지불하지 않더라도 서비스를 이용할 수 있는 특성을 의미하므로 무임승차(free-riding)를 초래할 수밖에 없다.

ㄴ. 공급(provide)과 생산(produce)을 분리하여 생산을 민영화하는 추세이다.

ㄹ. 공공재 존재와 정보격차는 시장실패 요인으로 정부개입의 근거가 된다.

11 ② 정부가 직접 생산을 하면서도 민간의 시장기법(경쟁원리, 수익자부담주의 등)을 받아들이는 것은 내부시장화의 대표적 방법인 책임운영기관 형태이다. 책임집행기관(Agency)을 책임운영기관, 책임행정기관, 책임경영제 등으로 부르기도 한다.

③ 민간위탁은 정부가 생산을 직접 하는 것이 아니라 정부가 주선(arrange)만 하고 생산(produce)은 민간이 하는 것이다.

Answer   08. ①   09. ②   10. ④   11. ②

12 성과의 측정은 투입(input)지표, 산출(output)지표, 성과(outcome)지표, 영향(impact)지표 등을 통하여 이루어진다. 다음 사례에서 성과지표에 해당하는 것은?

> 고용노동부에서는 2013년도에 10억 원의 예산을 투입하여 강사 50명을 채용하고, 200명의 교육생에게 연 300시간의 직업교육을 실시하였다. 교육 이수 후 200명 중에서 50명이 취업하였으며, 이를 통하여 국가경쟁력이 3% 제고되었다.

① 연 300시간의 교육
② 200명의 교육생
③ 50명의 취업
④ 3%의 국가경쟁력 제고
⑤ 강사 50명 채용

★
12 ③의 50명 취업이 성과에 해당한다. 성과 또는 결과란 정책산출이 정책대상자에게 가져온 최종적이고 직접적인 변화를 말한다. 10억 원의 예산과 ⑤는 투입지표에 해당하고, ①과 ②는 산출투입, ④는 영향력 지표이다.

Answer 12. ③

행정이론

01 행정이론에 대한 설명으로 옳은 것은?

① 과학적 관리론은 최고관리자의 운영원리로 POSDCoRB를 제시하였다.
② 행정행태론은 가치와 사실을 구분하고 가치에 기반한 행정의 과학화를 시도하였다.
③ 신행정론은 실증주의적 방법론을 비판하고 사회적 형평성과 적실성을 강조하였다.
④ 신공공관리론은 민간과 공공 부문의 파트너십을 강조하고 기업가 정신보다 시민권을 중요시하였다.
⑤ 테일러는 1945년에 행정행태론을 주장하였다.

02 리그스(F. Riggs)의 프리즘적 모형에 대한 설명으로 가장 적절하지 않은 것은?

① 비생태론적 접근방법에 기반을 둔다.
② 프리즘적 사회의 특성으로서는 고도의 이질혼합성, 형식주의 등이 있다.
③ 프리즘적 사회는 농업사회에서 산업사회로 넘어가는 과도기적 사회를 말한다.
④ 프리즘적 사회에서 지배적인 행정모형은 사랑방 모형이다.
⑤ 리그스는 서구 행정제도가 후진국에서 잘 작동되지 않는 이유를 사회문화적 환경의 이질성에서 찾고 있다.

★

01 ③ 신행정학은 사회문제를 해결하기 위해 과학성을 강조하는 행태주의를 비판하고 형평성과 현실에 적합한 연구를 강조한다.
① POSDCoRB는 어윅과 귤릭이 주장한 내용이다.
② 행정행태론은 가치와 사실을 구분하고 사실에 기반한 행정의 과학화를 시도한다.
④ 거버넌스에 대한 내용이다.
⑤ 테일러를 사이먼으로 수정해야 한다. → 테일러는 1911년에 과학적 관리론을 주장하였다.

02 ① 프리즘적 모형은 환경을 고려하는 생태론적 접근방법에 기초한다.
② 프리즘적 사회의 특성으로는 고도의 이질혼합성(전통적 사회와 현대적 사회의 특징이 혼재), 형식주의(불필요한 절차가 많은 비효율적 상태) 등이 있다.
③ 프리즘적 사회는 개발도상국, 즉 과도기적 사회를 말한다.
④ 프리즘적 사회에서 관료제는 사랑방, 즉 공·사의 구분이 혼재된 공간이다.
⑤ 리그스의 비교행정론은 현상을 설명할 때 환경적 요인에 초점을 둔다.

Answer 01. ③ 02. ①

03 과학적 관리론과 인간관계론에 관한 설명 중 가장 적절한 것은?

① 과학적 관리론은 과학적 분석을 통해 다양한 사람들이 각자의 특성에 꼭 맞는 자기만의 최선의 방식을 발견하도록 돕는다.

② 인간관계론은 조직의 성과제고를 궁극적인 목표로 하며, 조직 내 인간관계의 중요성을 강조한다.

③ 호손실험(Hawthorne experiment)은 과학적 관리법의 실증적 근거가 되었다.

④ 과학적 관리론이 바라보는 인간은 맥그리거(D. McGregor)의 Y이론이 제시하는 인간형과 일맥상통한다.

⑤ 인간관계론을 주장한 학자는 테일러이다.

04 1960년대 말 이스턴(D. Easton)이 주장한 후기행태주의의 내용에 대한 설명으로 옳지 않은 것은?

> 가. 1960년대 전반까지 미국 행정학계를 지배해온 행태주의(Behavioralism) 사조는 지나치게 논리실증주의 연구방법만을 강조하여 당면한 사회문제 해결에 한계를 드러냈다.
> 나. 후기행태주의는 행태주의 연구방법론을 모두 부정하였다.
> 다. 후기행태주의는 과학적 연구도 중요하지만 가치의 문제도 함께 연구해야 한다고 주장하였다.
> 라. 후기행태주의자들이 중점적으로 다룬 연구주제는 '투표행동'이다.

① 가, 나   ② 다, 라   ③ 가, 다

④ 나, 라   ⑤ 가, 라

05 피터스(Peters)의 뉴거버넌스 정부개혁 모형 중 다음 설명에 해당되는 모형은?

> • 공공부문의 계층제에 대한 문제제기
> • 수평조직구조의 도입과 TQM, 팀제를 처방
> • 정책과정의 상향적 접근 방법을 선호

① 시장적 정부모형   ② 참여적 정부모형   ③ 신축적 정부모형

④ 탈규제 정부모형   ⑤ 유연조직 정부모형

06 덴하르트(Denhardt)가 제시한 신공공서비스론(New Public Service)의 기본 원칙에 해당되는 것은?

① 고객에 대한 봉사
② 기업가 정신의 중시
③ 방향 잡기
④ 전략적 사고와 민주적 행동
⑤ 금전적 인센티브 제도

★

03 ② 인간관계론은 조직 내 비공식적 요인에 초점을 두어 조직의 성과제고를 궁극적인 목표로 한다.
① 과학적 관리론은 과학적 분석을 통해 조직의 생산성을 제고할 수 있는 유일 최선의 길을 발견하고자 한다. (구성원에 대한 특수성 고려 ×)
③ 과학적 관리법은 1911년에 발표되었고, 호손실험은 1927년에 진행되었다. → 따라서 선지는 선후관계가 틀렸다.
④ 과학적 관리론이 바라보는 인간은 맥그리거(D. McGregor)의 X이론이 제시하는 인간형과 일맥상통한다.
⑤ 인간관계론을 주장한 대표적인 학자는 메이요이다.

04 나, 라는 틀리다.
나. 후기행태주의는 행태주의 연구방법론을 부정한 것이 아니라 과학적 지식을 사회문제 해결에 사용하자고 주장한다.
라. 선지는 공공선택론에 대한 내용이다.
가. 행태주의는 방향성에 대한 연구를 배제한 까닭에 사회문제 해결에 한계를 드러냈다.
다. 후기행태주의는 과학적 연구도 중요하지만 사회문제 처방을 위해서는 가치와 규범의 문제도 함께 연구해야 한다고 주장한다. → 가치 연구 강조

05 ② 보기의 내용은 참여모형에 대한 내용이다.
※ 피터스 모형

구분	전통적 정부에 대한 문제인식	구조개혁	관리개혁	정책결정개혁	공익의 기준
시장모형	독점	분권화	민간부문의 관리기법(성과급)	시장적인 동기	• 저렴한 공공서비스 • 소비자의 선택권 보장
참여모형	계층제	• 수평적 조직구조(평면조직) : 계층 완화 • 다양한 참여자	TQM, MBO 및 팀제	참여 및 협의	참여 및 협의
신축모형	불변성 및 영속성	가상조직: 유기적 구조(임시조직)	신축적(임시적) 관리	실험	저비용과 조정
탈규제모형	내부규제	없음	자율적인 관리 방식	기업가적 정부	창의성 및 능동성 (활동주의)

06 ④ 신공공서비스론은 관료와 시민의 협력, 그리고 시민의 참여를 강조한다.
① 시민에 대한 봉사로 수정해야 한다.
②, ③, ⑤ 신공공관리론에 대한 내용이다.

Answer 03. ② 04. ④ 05. ② 06. ④

07 다음 〈보기〉의 설명과 행정이론을 바르게 연결한 것은?

> ㄱ. 정치행정일원론적 성격을 지닌다.
> ㄴ. 행정관료를 다양한 이해관계의 조정자로 생각한다.
> ㄷ. 민주적 참여를 통해 정부에 대한 신뢰를 높일 수 있다.
> ㄹ. 성과에 대한 책임성을 통해 시민에 대한 대응성을 강조한다.
> ㅁ. 공공부문의 효율성 제고를 위해 시장원리인 경쟁을 적극 활용한다.

① 신공공관리론 - ㄱ, ㄴ
② 신공공관리론 - ㄴ, ㅁ
③ 신공공관리론 - ㄷ, ㄹ
④ 뉴거버넌스론 - ㄴ, ㄷ
⑤ 뉴거버넌스론 - ㄱ, ㄹ

08 초기 행정이론인 행정관리학파가 주장하는 조직의 원리와 가장 거리가 먼 것은?
① 전문화의 원리
② 통솔범위의 원리
③ 명령통일의 원리
④ 부성화의 원리
⑤ 권한위임의 원리

09 행정관리학파에 대한 설명으로 옳지 않은 것은?
① 대표적인 학자로는 귤릭(Gulick), 어윅(Urwick), 페이욜(Fayol) 등이 있다.
② 비공식 집단의 생성이나 조직 내의 갈등 등에 대한 설명을 용이하게 해준다.
③ 과학적 관리론, 고전적 관료제론 등과 함께 행정학의 출범 초기에 학문적 기초를 쌓는 데 크게 기여했다.
④ 조직과 구성원 간의 관계를 합리적 존재로만 봄으로써 조직을 일종의 기계 장치처럼 설계하려 하였다.
⑤ 능률적인 관리를 위한 일반원리를 주장하였다.

10 행정학의 주요 이론과 그에 대한 비판이 바르게 연결되지 않은 것은?

① 공공선택론 − 인간을 이기적이고 합리적인 존재로 가정한 것은 지나친 단순화이다.

② 거버넌스론 − 내재화된 변수가 많고 변수 간의 유기적 관계를 강조하기 때문에 모형화가 어렵다.

③ 신제도론 − 제도와 행위 사이의 정확한 인과관계를 설명하는 데 한계가 있다.

④ 과학적 관리론 − 인간을 지나치게 사회심리적이고 감정적인 존재로 인식한다.

⑤ 행태주의 − 사회과학과 자연과학을 구분하지 않고 개념의 조작화 기법에 치중한 나머지 경험적 보수주의에 빠지게 되었다.

★

07 ㄱ, ㄴ, ㄷ은 거버넌스, ㄹ, ㅁ은 신공공관리론의 특징에 각각 해당한다.
ㄱ. 거버넌스는 공사행정이원론(행정 ≠ 경영), 즉 정치행정일원론적 성격을 지녔다.
ㄴ. 거버넌스는 행정관료를 다양한 이해관계의 중립적 조정자로 생각한다.
ㄷ. 거버넌스는 협치를 위해 시장 및 시민사회의 참여를 강조한다.
ㄹ. 신공공관리는 재량부여 및 성과책임 강조를 통해 고객의 만족을 제고한다.
ㅁ. 신공공관리는 공공부문의 효율성 제고를 위해 시장원리인 경쟁과 분권을 적극적으로 활용한다.

08 행정관리학파 중에서 귤릭이나 어윅은 행정의 4대 원리인 전문화의 원리(분업의 원리), 통솔범위의 원리(적절한 부하의 수), 명령통일의 원리(한 명의 상관에게 보고), 부성화의 원리(특정 기준에 기초하여 부서를 편성)를 주장한다. → 원리주의는 관료제에 기초한 집권화를 강조하기 때문에 권한위임의 원리는 틀린 내용이다.

09 비공식 집단의 생성이나 조직 내 갈등에 대한 설명을 용이하게 해주는 것은 과학적 관리론이 아니라 인간관계론이다. 과학적 관리론은 인간의 기계화·부품화에 따른 사기 저하나 인간성 무시와 소외현상을 초래하였다. 또한, 공식구조만을 중시한 나머지 조직 내 인간변수나 인간관계 등 비공식적 요소나 갈등현상을 경시하였다는 비판을 받는다.

10 ④ 과학적 관리론은 인간을 합리적이고 경제적인 존재로 인식한다. 인간을 지나치게 사회심리적이고 감정적인 존재로 인식하는 것은 인간관계론이다.
① 인간을 이기적·합리적인 존재로만 가정한 것은 이타적·감정적 특성을 무시한 측면이 있다.
② 행정을 정부, 시장, 시민사회 등 모든 사회구성원들의 참여와 협력에 의해 이루어지는 활동으로 보기 때문에 구체적 이론 모형을 형성하기 어려운 측면이 있다.
③ 신제도주의는 제도와 개인 행위 간의 상호작용을 분석의 대상으로 삼고 있기 때문에 거시적인 제도와 미시적인 개인 간의 구체적이고 정확한 인과관계를 입증하기 곤란하다.

Answer 07. ④　08. ⑤　09. ②　10. ④

11 다음 중 인간관계론의 주요 내용이 아닌 것은?

① 사회적 능력과 사회적 규범에 의한 생산성 결정
② 시간과 동작에 관한 연구
③ 비경제적 요인의 우월성
④ 비공식 집단 중심의 사기 형성
⑤ 의사소통과 리더십

12 행태론적 접근방법에 대한 설명으로 가장 옳지 않은 것은?

① 종합 학문적인 성격을 지닌 접근방법이다.
② 인간행태의 규칙성을 가정하는 접근방법이다.
③ 인간행태의 진정한 의미를 이해하기 위해 외면적으로 드러난 객관적 사실뿐만 아니라 내면의 주관적 의지, 감정, 가치 등도 주요 연구대상으로 한다.
④ 연구대상 이외의 다른 대상에도 보편적으로 적용될 수 있는 일반법칙성을 추구한다.
⑤ 현상들 간의 정확한 인과관계를 규명하고자 한다.

13 행정학의 접근방법에 관한 설명으로 옳지 않은 것은?

① 생태론적 접근방법은 집단보다 행위자 개인을 분석단위로 한다.
② 행태론적 접근방법은 인식론적 근거로서 논리실증주의를 채택한다.
③ 체제론적 접근방법은 환류를 통한 체제의 지속적인 균형을 중시한다.
④ 공공선택론적 접근방법은 인간이 이기적임을 전제하고, 방법론적 개체주의를 채택한다.
⑤ 신제도주의적 접근방법은 방법론적 개체주의와 전체주의를 결합하였다.

14 비교행정의 한계에 대한 설명으로 옳지 않은 것은?

① 독자적인 연구대상을 획정하기가 어렵다.

② 환경과 행정의 교류적 관계를 경시한 정태적 접근이다.

③ 처방성과 문제해결성을 강조함에 따라 행정의 비과학화를 초래하였다.

④ 행정을 지나치게 과소평가함으로써 행정의 독자성을 무시하고 행정의 종속성을 강조하고 있다.

⑤ 거시적 이론보다는 중범위이론의 구축에 기여하였다.

15 리그스(Riggs)의 프리즘적 모형(Prismatic Model)에서 설명하는 프리즘적 사회의 특성으로 옳지 않은 것은?

① 고도의 이질혼합성
② 형식주의
③ 고도의 분화성
④ 다규범성
⑤ 양초점성

★

11 ②의 시간연구(time study)와 동작연구(motion study)는 인간관계론이 아니라 과학적 관리론 중 테일러(F. W. Taylor)가 주장한 과업관리(테일러시스템)의 특성에 해당한다. 테일러는 작업 여건을 표준화하여 최적의 일일 작업량(daily task)을 설정하기 위하여 종업원들이 한 단위 공정을 수행하는 데 소요되는 시간과 동작을 연구·분석하였다.

12 행태론은 가치와 사실을 분리하여 관찰 가능한 외면적 행태만을 연구대상으로 하며, 내면적인 가치, 감정 등은 연구대상에서 배제시킨다.

13 생태론적 접근방법은 행위자 개인보다 조직이나 집단을 분석단위로 한다.

14 ③은 발전행정론에 대한 내용이다.
비교행정학은 생태론처럼 행정연구의 과학화에 어느 정도 기여한 부분이 있다. 그러나, 비교행정론과 생태론의 한계는 환경결정론 입장에서 현상을 기술하기 때문에 행정을 환경의 종속물로 바라보는 한계를 벗어나지 못하였다는 점이다. 즉, 환경과 행정의 교류적 관계(동태적 관계)를 경시하는 정태적·균형적 성격의 이론에 불과하여(②), 행정의 독자성을 무시하고 행정의 종속성을 강조하게 되고(④), 하나의 독자적인 연구대상을 획정하기가 어렵다(①)는 비판에 직면하게 되었다. 한편, 이들은 미국이론의 보편성을 입증하는 데도 실패하여 중범위이론의 구축에 자극제가 된 정도의 공을 인정받을 뿐이다.

15 프리즘적 모형은 개발도상국 행정체제를 설명하는 모형으로 전통사회에서 산업사회로 이행하는 과정에서 파생된 과도기(전이) 사회를 가리킨다. 선진국의 산업사회가 분화된 사회(③)라면, 프리즘적 사회는 분화 중인 사회에 해당한다. 리그스(Riggs)는 프리즘적 사회에 ①, ②, ④, ⑤와 같은 특징이 나타난다고 주장한다.

Answer 11. ② 12. ③ 13. ① 14. ③ 15. ③

16 개방체제이론 요소에 포함되지 않는 것은?

① 총체주의적 관점
② 정의 엔트로피
③ 환경적 자각
④ 동일종국성
⑤ 구조기능주의

17 아래 제시된 비판들은 행정학의 접근방법 중 어떤 접근방법에 대한 비판인가?

- 행정과 환경의 교호작용을 강조하지만, 개발도상국과 같이 변화하는 행정현상을 연구하는 데 한계를 지닌다.
- 거시적인 접근방법을 취함으로써 구체적인 운영의 측면을 다루지 못한다.
- 현상유지적 성향으로 인해 정치, 사회적 변화를 설명하지 못한다.

① 생태론적 접근방법
② 행태론적 접근방법
③ 현상학적 접근방법
④ 체제론적 접근방법
⑤ 공공선택론적 접근방법

18 신행정학의 특징으로 가장 옳지 않은 것은?

① 정치행정일원론보다는 정치행정이원론에 가까운 입장이다.
② 행정학 연구에 있어 적실성을 강조한다.
③ 행정의 고객지향성을 강조한다.
④ 분권화와 참여를 강조한다.
⑤ 정책의 실천성을 강조한다.

19 공공선택론에 대한 설명으로 옳지 않은 것은?

① 정부를 공공재의 생산자로 규정하며, 시민들을 공공재의 소비자로 규정한다.

② 자유시장의 논리를 공공부문에 도입함으로써 시장실패라는 한계를 안고 있다.

③ 시민 개개인의 선호와 선택을 존중하며 경쟁을 통해 서비스를 생산하고 공급함으로써 행정의 대응성이 높아진다.

④ 뷰캐넌(J. Buchanan)이 창시하고 오스트롬(V. Ostrom)이 발전시킨 이론으로 정치학적인 분석도구를 중시한다.

⑤ 개인의 기득권을 계속 유지하려는 보수적인 접근이라는 비판이 있다.

20 공공선택론적 행정학 연구의 특징이 아닌 것은?

① 합리적 경제인으로서의 개인

② 방법론적 개체주의

③ 정치는 합리적 개인들 간의 자발적 교환작용의 산물

④ 제도적 장치의 경시

⑤ 경쟁적 관할구역 설정

★

16 개방체제는 체제의 안정과 균형·생존을 위하여 엔트로피(혼란)를 감소시키는 부정적 엔트로피(negative entropy)를 추구한다.
③ 환경적 자각이란 환경에 대한 인식을 말한다.
⑤ 구조기능주의란 체제를 구성하는 하위체제가 나름의 기능을 수행하면서 체제의 안정에 기여하는 것을 뜻한다.

17 문제에 제시된 비판은 체제이론에 대한 비판이다.

18 신행정론은 절박한 사회문제의 해결을 위하여 적실성과 실천성을 강조하므로 행정의 가치를 적극 추구하고 정책을 지향해야 한다는 정치행정일원론의 관점에 해당한다.

19 공공선택론은 현상을 설명할 때 경제학을 활용한다.

20 공공선택이론은 정부실패의 원인을 분석하고 그 해결책을 모색하기 위한 시도였으며, 이를 위해 공공부문에 시장원리 및 경쟁개념을 도입하여 시민들의 다양한 요구와 선호에 민감하게 부응할 수 있는 제도적 장치(관할구역을 중첩시키고 권한을 분산시키는 다중 공공관료장치 등)의 강구를 중시한다.

Answer 16. ② 17. ④ 18. ① 19. ④ 20. ④

21 티부(Tiebout)모형의 가정(assumptions)으로 옳지 않은 것은?

① 충분히 많은 수의 지방정부가 존재하여야 한다.

② 공급되는 공공서비스는 지방정부 간에 외부효과를 발생시킨다.

③ 주민들은 언제나 자유롭게 이동할 수 있어야 한다.

④ 주민들은 지방정부들의 세입과 지출 패턴에 관하여 완전히 알고 있다.

⑤ 모든 지방정부는 최소한 한 가지 이상의 고정 생산요소(fixed factor)가 존재하여야 한다.

22 다음 중 신공공관리론(NPM)의 오류에 대한 반작용으로 대두된 신공공서비스론(NPS)에서 주장하는 원칙에 해당하는 것은?

① 지출보다는 수익 창출

② 노젓기보다는 방향 잡기

③ 서비스 제공보다 권한 부여

④ 고객이 아닌 시민에 대한 봉사

⑤ 시장기구를 통한 변화 촉진

23 행정학의 주요 이론에 대한 설명으로 가장 적절하지 않은 것은?

① 신공공관리론(New Public Management)은 전통적 관료제에 의한 정부 운영방식의 한계를 극복하고 효율성을 확보하기 위해 민간기업의 운영방식을 공공부문에 접목하고자 한다.

② 피터스(B. G. Peters)는 전통적 형태의 정부모형에 대한 대안으로서 시장적 정부모형, 참여적 정부모형, 신축적 정부모형 및 탈내부규제 정부모형 등을 제시하였다.

③ 포스트 모더니즘(Post-Modernism)은 이성, 합리성 및 과학 등에 기초한 모더니즘(Modernism)을 비판하면서, 상상, 해체, 영역파괴, 타자성 등의 개념을 중심으로 한 거시이론 등을 통하여 행정현상을 설명하고자 한다.

④ 신공공서비스론(New Public Service)에서는 행정가가 업무수행의 효율성을 제고시키기보다는 모든 사람에게 더 나은 생활을 보장하여야 한다고 주장한다.

⑤ 공공선택이론은 공공영역의 문제를 경제학 이론을 적용하여 답을 찾자는 주장이다.

24 신제도주의에 대한 다음 설명 중 가장 옳지 않은 것은?

① 신제도주의는 행태주의에서 규명하고자 했던 개인의 선호체계와 행위결과 간의 직선적 인과관계에 의문을 제기한다.

② 합리적 선택 신제도주의 계열에는 거래비용경제학, 공공선택이론, 공유재이론 등이 있다.

③ 사회학적 신제도주의는 경제적 효율성이 아니라 사회적 정당성 때문에 새로운 제도적 관행이 채택된다고 주장한다.

④ 역사적 신제도주의는 경로의존성을 강조하므로 특정 제도가 급격한 변화에 의해 중단될 수 있는 가능성을 부정한다.

⑤ 사회학적 신제도주의는 사회구성원들이 다들 그럴듯하다고 여기는 신화와 의식으로 인하여 제도적 동형화가 초래된다고 본다.

★

21 티부가설에 따르면, 지방정부의 공공서비스는 지방정부 간 외부효과를 발생시키지 않는다고 전제한다. 나머지는 모두 옳은 설명이다.

22 신공공서비스론은 NPM의 지나친 능률성 및 생산성 강조를 비판하면서 나온 이론으로서 시민을 고객이 아닌 주권자로 인식하며, 이들에 대한 봉사를 강조한다. 나머지 선지는 모두 NPM에 대한 내용이다.

23 포스트모더니즘은 현상을 야기하는 보편적 원인을 탐구하려는 모더니즘을 비판하는 세계관이다. 따라서 포스트모더니즘은 인간 이성을 통해 형성된 거시이론, 거대설화(메타원리) 등을 부인한다.

24 역사적 신제도주의는 경로의존성을 중시하므로 제도의 지속성(제도가 좀처럼 변화하지 않음)을 강조하지만, 급격한 충격 변화(결절된 충격)에 의하여 변화될 수 있는 가능성을 인정한다.

Answer 21. ② 22. ④ 23. ③ 24. ④

25 신제도주의에 대한 설명으로 옳은 것만을 모두 고른 것은?

> ㄱ. 합리적 선택 신제도주의가 형성되는 데 거래비용접근법이 많은 영향을 미쳤다.
> ㄴ. 사회학적 신제도주의는 문화가 제도의 형성에 미치는 영향을 간과한다.
> ㄷ. 역사적 신제도주의는 행위자 간의 상호작용을 제약하는 제도의 영향력과 제도적 맥락을 강조한다.

① ㄱ   ② ㄴ

③ ㄷ   ④ ㄱ, ㄴ

⑤ ㄱ, ㄷ

26 전통적인 관료제 정부와 기업가적 정부에 대한 설명으로 옳은 것은?

① 행정의 가치적 측면에서 기업가적 정부는 형평성과 민주성을 추구한다.

② 행정관리 기제에 있어서 기업가적 정부는 임무 중심 관리를 추구한다.

③ 행정관리 방식에 있어서 전통적인 관료제 정부는 예측과 예방을 중시한다.

④ 공공서비스를 제공함에 있어서 전통적인 관료제 정부는 민영화 방식의 도입을 추진한다.

⑤ 기업가적 정부에서 선호하는 조직구조는 관료제이다.

27 신공공관리론에 대한 설명으로 옳지 않은 것은?

① 신공공관리론의 이면에는 공공선택론, 주인-대리인이론, 거래비용이론 등이 자리 잡고 있다.

② 신공공관리론에서는 수익자부담원칙의 강화, 정부부문 내 경쟁원리 도입 등을 행정개혁의 방향으로 제시한다.

③ 관료제는 비효율적이므로 다른 수단으로 대체되어야 하며, 혁신을 통해 기업형 정부로 변화되어야 한다고 본다.

④ 신공공관리론에서는 사회적 요구에 대한 능동적 대처를 위해 구조적 통합을 통한 분절화의 축소를 지향하고 있다.

⑤ 신공공관리론에서는 정책 목표달성 메커니즘으로 개인, 기업, NGO 등을 이용하므로 분권적 구조를 선호한다.

28 다음 중 신공공관리론자들이 지향하는 가치와 거리가 먼 것을 모두 고른 것은?

> ㄱ. 하이예크의 '노예에로의 길'
> ㄴ. 미국의 '위대한 사회(The Great Society)' 정책
> ㄷ. 성과에 의한 관리
> ㄹ. 오스본과 게블러의 '정부 재창조'
> ㅁ. 유럽식의 '최대의 봉사자가 최선의 정부'

① ㄱ, ㄴ   ② ㄱ, ㄷ

③ ㄴ, ㄹ   ④ ㄴ, ㅁ

⑤ ㄱ, ㅁ

★

25 ㄱ, ㄷ만 옳다.
ㄴ의 경우, 사회학적 신제도주의는 문화가 제도에 미치는 영향을 강조한다.

26 ② 기업가적 정부는 규칙보다는 임무 중심의 관리를 추구한다.
① 기업가적 정부는 경제성과 효율성, 효과성을 중시한다.
③ 전통적인 관료제 정부는 예방보다는 사후대처에 치중한다.
④ 민영화 방식의 도입을 추진하는 것은 기업가적 정부이며, 전통적인 관료제 정부는 독점적 공급을 중시한다.
⑤ 기업가적 정부에서 선호하는 조직구조는 네트워크조직이다.

27 ④는 신공공관리론이 아니라 탈신공공관리론의 특성에 해당한다. 신공공관리론은 정책과 집행의 분리, 책임운영기관 등 행정의 분절화를 강조하지만, 탈신공공관리론은 조직 분절화의 축소를 통한 합체적·총체적 정부를 지향한다.

28 ㄴ, ㅁ은 복지정책을 강조하는 행정국가 경향으로 탈행정국가를 지향하는 신공공관리론과는 거리가 멀다. ㄴ은 미국 존슨행정부가 추진한 빈곤과의 전쟁으로 행정국가 절정기 때 추진된 대표적인 복지정책이었다. ㅁ은 영국 대처행정부 이전에 추진되었던 복지정책 기조를 말한다. 나머지는 모두 행정국가의 문제점을 해결하기 위한 신공공관리론적 철학이나 특성과 관련된다. ㄱ에서 하이예크의 '노예에로의 길'(1944)은 시장에 대한 국가의 개입이나 국가기획을 반대한 입장으로 신자유주의나 대처리즘, 신공공관리론의 철학적 기초가 되었다.

Answer　25. ⑤　26. ②　27. ④　28. ④

29 오스본과 플래스트릭(D. Osborne & P. Plastrik)이 제시한 '정부혁신의 5가지 전략'에 대한 설명으로 옳지 않은 것은?

① 핵심전략 – 정책 수립 시 명확한 목표설정
② 통제전략 – 부패통제를 통한 행정투명성 확보
③ 결과전략 – 유인책을 통한 성과관리 강조
④ 고객전략 – 시민헌장 제정을 통한 고객에 대한 책임성 확보
⑤ 문화전략 – 공직사회의 기업가적 조직문화 창조

30 뉴거버넌스에 대한 설명으로 옳지 않은 것은?

① 참여자 간 신뢰와 협력을 강조한다.
② 정치적 과정은 중요하게 인식되지 않는다.
③ 정부만이 공공서비스를 독점적으로 생산하고 공급한다고 보지 않는다.
④ 정책과정에서 정부와 민간 부문 및 비영리 부문 간의 네트워크를 활용한다.
⑤ 공동체주의에 기반하고 있다.

31 신공공관리론과 뉴거버넌스론에 대한 설명으로 옳은 것은?

① 신공공관리론에서 관료의 역할은 조정자이며, 뉴거버넌스론에서 관료의 역할은 공공기업가이다.
② 신공공관리론과 뉴거버넌스론에서는 정부의 역할로서 노젓기(rowing)보다는 방향잡기(steering)를 강조한다.
③ 신공공관리론과 뉴거버넌스론에서는 산출(output)보다는 투입(input)에 대한 통제를 강조한다.
④ 신공공관리론에서는 부문 간 협력에, 뉴거버넌스론에서는 부분 간 경쟁에 역점을 둔다.
⑤ 작동원리 측면에서 신공공관리론은 협력을, 뉴거버넌스론에서는 경쟁을 강조한다.

32 다음 중 탈 신공공관리론에 대한 설명으로 가장 옳지 않은 것은?

① 통제와 재규제　　　　　　　　② 총체적 정부

③ 탈관료제 모형　　　　　　　　④ 구조적 분절화 축소

⑤ 지나친 분절화 지양

⭐

29 통제전략이란 관리자에 대한 통제를 줄이고 권한을 대폭 위임하며 결과에 대해 책임을 지도록 하는 전략이다.

30 ② 거버넌스는 네트워크에 의한 민·관 협력적 통치현상이며, 신공공관리론과는 달리 정치적 과정을 매우 중요하게 인식하므로 탈정치화가 아니라 재정치화를 강조한다.
　① 경쟁과 갈등보다 신뢰와 협력을 토대로 한다.
　③ 시민, 기업 등과의 민관협치, 즉 공동생산을 중시한다.
　④ 정부에 의한 독점적 공급보다는 민관 협력적 네트워크를 기반으로 한다.
　⑤ 거버넌스는 협력체계를 의미하는 바 공동체주의에 기반한다.

31 신공공관리론과 뉴거버넌스의 공통점은 정부의 역할로서 노젓기보다 방향잡기를 강조한다는 점이다.
　①, ④, ⑤는 반대로 서술되었다. ③은 투입보다는 산출을 중시한다고 해야 옳다.

32 탈 신공공관리론은 정부조직이 관료제 모형과 탈관료제 모형을 적절하게 조화할 필요가 있다고 주장한다.

Answer　**29.** ②　**30.** ②　**31.** ②　**32.** ③

33 행정이론에 대한 설명으로 옳지 않은 것은?

① 행정관리론에서는 계획과 집행을 분리하고 권한과 책임을 명확히 규정할 것을 강조하였다.

② 행태주의에서는 전문가에 의한 정부 운영으로 행정의 합리성을 추구하여야 한다고 보았다.

③ 신행정학에서는 정부의 적극적인 역할과 적실성 있는 정책의 수립을 강조하였다.

④ 신공공서비스론에서는 시민을 주인이 아닌 고객의 관점으로 볼 것을 강조하였다.

⑤ 뉴거버넌스론에서는 공공참여자의 활발한 의사소통, 수평적 합의, 네트워크 촉매자로서의 정부 역할을 강조하였다.

34 신공공서비스론(New Public Service)에 대한 설명으로 적절하지 않은 것은?

① 민주주의 이론, 비판이론, 포스트모더니즘 등이 인식론적 토대이다.

② 공익은 공유하고 있는 가치에 대하여 대화와 담론을 통해 얻은 결과물이다.

③ 시장의 가격 메커니즘과 경쟁의 원리를 적극적으로 도입한다.

④ 내외적으로 공유된 리더십을 갖는 협동적인 구조가 바람직하다.

⑤ 공무원의 책임은 복잡하고 다양한 성격을 지니므로 권한도 그에 맞게 제한적이어야 한다.

35 다음 중 신공공서비스론(NPS : New Public Service)에서 강조하는 공무원의 동기유발 요인은?

① 기업가정신   ② 인센티브
③ 신분 보호   ④ 사회봉사
⑤ 고객주의

36 다음 중 신공공서비스이론에 대한 설명으로 가장 옳지 않은 것은?

① 정부의 역할은 시민에 대해 봉사하는 것이다.

② 기대하는 조직은 주요 통제권이 조직 내 유보된 분권화된 조직이다.

③ 공유가치에 대한 담론의 결과를 공익으로 본다.

④ 경제적 합리성보다는 전략적 합리성을 전제한다.

⑤ 신공공관리론을 비판하면서 덴하르트 부부가 2000년에 제시한 이론이다.

37 주인과 대리인 관계에서 나타나는 여러 문제를 다루기 위하여 제기된 대리인이론(Agency Theory)에 대한 설명으로 가장 거리가 먼 것은?

① 주인과 대리인 모두 자신의 이익을 극대화하려는 합리적 행위자이다.

② 대리인의 선호가 주인의 선호와 일치하지 않을 수 있다.

③ 대리인에게 불리한 선택으로 인한 문제 해결에 초점을 둔다.

④ 주인과 대리인 간에는 정보의 비대칭성이 존재한다.

⑤ 대리인에 대한 통제의 필요성을 강조한 이론이다.

⭐

33 ④는 반대로 서술되었다. 신공공관리론에서는 기업형 정부와 고객지향적 행정관에 의하여 시민을 주인이 아닌 고객으로 보지만, 신공공서비스는 시장원리의 무분별한 도입에 반기를 들면서 시민을 고객(국정의 객체)이 아닌 시민(국정의 주체)으로 보아야 한다고 주장한다.

34 ③은 신공공서비스론이 비판의 대상으로 하는 신공공관리론의 특징에 해당한다. 신공공서비스론은 시장원리와 경쟁의 원리에 의존하는 NPM의 기업가정신을 비판하고 소통과 담론을 통한 공익추구와 시민정신에 입각한 서비스를 중시하는 후기산업사회의 대표적인 행정이론이다.

35 ④ 신공공서비스론은 이윤동기나 기업가정신만을 중시하는 신공공관리론과는 달리 사회봉사정신, 이타심, 사명감 등에 바탕을 둔 시민정신에의 부응이라는 공직 동기(public service motive)가 존재한다고 주장한다(J. Perry).
①, ②, ⑤는 NPM(신공공관리론)이 중시하는 동기유발 요인이고, ③은 직업공무원제 등 전통행정이론이 강조하는 동기유발 요인이다.

36 ②는 신공공관리론에서 기대하는 조직구조이다. 네트워크 조직에서 정부는 업무를 위탁한 시장에 있는 조직에게 서비스를 공급할 권한을 주되, 그들을 통제 및 관리한다.

37 ③ 대리인이론은 주인이 대리인에 대한 정보가 부족하여 부적격자를 대리인으로 선택하는 등 주인(위임자)에게 불리한 선택이 되는 문제, 즉 대리인 문제(대리손실)를 해결하는 데 초점을 둔다.
① 경제학적 관점에서 시장실패를 설명하기 때문이다.
② 각자 자신의 이익을 우선시하므로 선호의 불일치가 초래된다.
④ 대리인에 대한 정보 부족(정보격차)으로 대리손실이 발생한다.
⑤ 대리인에게 맡기면 대리손실이 발생하므로 주인에 의한 통제의 필요성을 제기한다.

Answer 33. ④ 34. ③ 35. ④ 36. ② 37. ③

01 행정이념에 대한 설명으로 옳지 않은 것은?

① 19세기 후반 현대 미국행정학의 태동기에 강조되었던 행정이념은 민주성과 합법성이었다.

② 효과성은 발전행정론에서 강조된 행정이념으로서 과정보나는 산출 결과에 중점을 둔다.

③ 롤스(J. Rawls)의 정의관은 자유와 평등의 조화를 추구하는 입장으로서 신행정론의 등장 이후 사회적 형평성 논의에 많은 영향을 미쳤다.

④ 민주성과 능률성은 항상 상충되는 것은 아니고 상호 보완적일 수 있다.

⑤ 1970년대의 격동기에 등장한 형평성은 신행정학이 추구하는 가치이다.

02 행정가치에 대한 다음 설명 중 옳은 것의 개수는?

> ㄱ. 실체설은 공익을 사익의 총합이라고 파악하며, 사익을 초월한 별도의 공익이란 존재하지 않는다고 본다.
>
> ㄴ. 롤스(Rawls)의 사회정의의 원리에 의하면 정의의 제1원리는 기본적 자유의 평등원리이며, 제2원리는 차등조정의 원리이다. 제2원리 내에서 충돌이 생길 때에는 차등원리가 기회균등의 원리에 우선되어야 한다.
>
> ㄷ. 과정설은 공익을 사익을 초월한 실체적, 규범적, 도덕적 개념으로 파악하며, 공익과 사익의 갈등이란 있을 수 없다고 본다.
>
> ㄹ. 베를린(Berlin)은 자유의 의미를 두 가지로 구분하면서, 간섭과 제약이 없는 상태를 적극적 자유라고 하고 무엇을 할 수 있는 자유를 소극적 자유라고 하였다.

① 0개   ② 1개

③ 2개   ④ 3개

⑤ 4개

03 롤스(Rawls)의 정의론에 대한 설명으로 가장 옳지 않은 것은?

① 타고난 차이 때문에 사회적 가치의 획득에서 불평등이 생겨나는 것은 사회적 정의에 어긋난다.

② 형평성이 확보되려면 우선적으로 결과의 평등이 전제되어야만 한다.

③ 원초적 상태에서 구성원들이 합의하는 규칙 또는 원칙이 공정할 것이라고 전제하고 있다.

④ 전통적 자유주의와 사회주의의 양극단을 지양하고 자유와 평등의 조화를 추구하는 중도적 입장을 취하고 있다.

⑤ 사회구성원들의 가상계약을 전제로 하는 절차적 정의관이다.

04 디목(Dimock)이 제창한 사회적 능률에 해당하지 않는 것은?

① 인간적 능률　　　　　　　　② 합목적적 능률

③ 상대적 능률　　　　　　　　④ 단기적 능률

⑤ 대내적 민주성

★

01 19세기 말 고전 행정학의 태동기에는 행정과 경영을 동일시하였기 때문에 능률성(산출/투입)을 지향하였다.

02 모두 틀리다.
ㄱ. 실체설이 아니라 과정설이다.
ㄴ. 롤스(Rawls)의 제2원리 내에서 충돌이 생길 때에는 차등원리보다 기회균등의 원리가 우선되어야 한다.
ㄷ. 과정설이 아니라 실체설이다.
ㄹ. 간섭과 제약이 없는 상태가 소극적 자유, 무엇인가를 할 수 있는 자유가 적극적 자유이다.

03 결과의 평등은 최종적으로 추구되어야 할 원리이다. 롤스(J. Rawls)는 무지의 베일과 원초적 입장 등의 가상적 개념을 전제로 정의의 두 가지 원리를 제시하였는데, 가장 먼저 선행되어야 할 우선적 원리는 제1의 원리(동등한 자유의 원리)이며, 다음으로 제2의 원리 중 기회균등의 원리(기회의 공평)를 적용한 후 최종적으로 차등조정의 원리(결과의 공평)에 의한 최소극대화 원리(maximin)를 적용하여 형평(정의)을 구현하여야 한다고 주장한다. 즉, 기본적 자유가 평등하게 먼저 보장되고 나서 기회의 공평이 실현되어야 하며, 그다음으로 차등조정(결과의 공평)이 이루어지되 그 차등조정은 가장 불리한 입장에 있는 약자들에게 편익이 많이 돌아가도록 하는 경우(maximin)에만 정당하다는 것이다.

04 단기적 능률은 기계적 능률에 해당한다.

Answer　01. ①　　02. ①　　03. ②　　04. ④

05 다음 중 행정이 추구하는 가치에 대한 설명으로 가장 적절한 것은?

① 기계적 효율성은 금전적 효율관을 비판하면서 제기된 효율관이다.
② 사이먼(Simon)이 주장하는 내용적 합리성은 목표에 비추어 가장 적합한 행동이 선택되는 정도를 의미한다.
③ 효과성은 투입 대비 산출의 비율로 표현된다.
④ 신행정론에서는 특히 합법성을 강조하였다.
⑤ 책임성의 측면에서 특히 중요한 요소는 공개이다.

06 가외성(redunduncy)에 대한 설명으로 잘못된 것은?

① 중복성은 동일한 기능을 여러 기관이 집행한다는 뜻이다.
② 정책오류 방지에 효과적이다.
③ 란도우(Landau)의 이론이다.
④ 동등잠재력은 중복성과 동일한 개념이다.
⑤ 능률성과는 대조되는 개념이다.

07 다음 중 행정의 가치에 대한 설명으로 옳지 않은 것은?

① 능률성(efficiency)은 일반적으로 '투입에 대한 산출의 비율'로 정의된다.
② 대응성(responsiveness)은 행정이 시민의 이익을 반영하고, 그에 반응하는 행정을 수행해야 한다는 것을 뜻한다.
③ 가외성의 특성 중 중첩성(overlapping)은 동일한 기능을 여러 기관들이 독자적인 상태에서 수행하는 것을 뜻한다.
④ 사이먼(Simon)은 합리성을 목표와 행위를 연결하는 기술적·과정적 개념으로 이해하고, 내용적 합리성(substantial rationality)과 절차적 합리성(procedural rationality)으로 구분하였다.
⑤ 공익에 대한 과정설은 절차적 합리성을 강조하여 적법절차의 준수에 의해 공익이 보장된다는 입장이다.

08 **행정가치 중 수단적 가치에 대한 설명으로 가장 옳지 않은 것은?**

① 민주성은 대내적 민주성과 대외적 민주성으로 분류된다.

② 수단적 가치는 본질적 가치의 실현을 가능하게 만드는 가치들이다.

③ 전통적으로 책임성은 제도적 책임성과 자율적 책임성으로 구분되어 논의되었다.

④ 사회적 효율성(social efficiency)은 과학적 관리론의 등장과 함께 강조되었다.

⑤ 효과성은 발전행정론에서 중시하는 가치이다.

★

05 ① 금전적 효율관을 비판하면서 제기된 효율관은 사회적 효율성이다.
③ 투입 대비 산출의 비율로 표현되는 것은 능률성이다.
④ 신행정론에서는 특히 형평성을 강조하였다.
⑤ 공개는 투명성의 측면에서 특히 중요한 요소이다.

06 가외성의 유형은 중첩성, 반복성(중복성), 동등잠재력이다. 세 가지는 상이한 개념이다.

07 중첩성(overlapping)은 기능이 여러 기관에 배타적으로 분할되어 있지 않고 혼합적으로 수행되는 상태로 행정기관이 상호의존성(협력과 관여)을 띠면서 기능을 공동으로 관리하는 현상을 말한다. 동일한 기능을 여러 기관들이 독자적인 상태에서 수행하는 것은 반복성(중복성, duplication)이다.

08 ④ 사회적 효율성은 인간관계론을 기초로 하여 통치기능설에서 본격적으로 강조한 개념이다.

①
구분	의견수렴 대상
대외적 민주성	국민
대내적 민주성	조직구성원

② 수단적 가치, 즉 능률성·민주성·합법성·효과성 등은 행정의 궁극적 가치(본질적 가치)의 실현을 가능하게 만드는 하위 가치이다.

③
제도적 책임 (accountability)	공무원이 공식적인 각종 제도적 통제로 인하여 국민 요구에 부응하는 타율적·수동적 책임
자율적 책임 (responsibility)	• 공무원이 전문가로서 직업윤리와 책임감에 기초해서 적극적이고 자발적인 재량을 발휘하여 확보되는 행정책임 • 객관적으로 기준을 확정하기 곤란하므로, 내면의 가치와 기준을 따름

⑤ 효과성은 정치행정새일원론, 즉 발전행정론에서 중시하는 가치이다.

Answer 05. ② 06. ④ 07. ③ 08. ④

행정의 구조 : 관료제

01 관료제에 대한 설명으로 가장 적절하지 않은 것은?

① 관료에게는 일정한 자격 또는 능력에 따라 규정된 기능을 수행하는 전문성이 요구된다.

② 베버(M. Weber)의 이념형 관료제는 성과급 제도와 부합한다.

③ 직무의 집행은 서류나 문서에 의거해서 수행되는 문서주의의 특징을 가진다.

④ 성문화된 법령이 조직 내 권위의 원천이 된다.

⑤ 관료제는 비정의성을 특징으로 한다.

02 애드호크라시(adhocracy)에 대한 설명 중 가장 옳지 않은 것은?

① 일상적 업무수행의 내부 효율성을 제고한다.

② 구성원의 능력을 최대한 발휘하게 하여 혁신을 촉진할 수 있다.

③ 동태적이고 복잡한 환경에 적합한 조직구조이다.

④ 낮은 수준의 공식화를 특징으로 하는 유기적 조직구조이다.

⑤ 애드호크라시는 탈관료제 모형에 포함된다.

03 베버의 관료제 모형에 대한 비판으로 등장한 후기관료제 모형의 공통적인 특징끼리 짝지어진 것은?

> ㄱ. 계서적 구조의 설계
> ㄴ. 상황적응적 유기적 구조
> ㄷ. 분업화의 강조
> ㄹ. 경계관념의 강조
> ㅁ. 환경변화에 대한 신속한 적응
> ㅂ. 임무와 능력의 중시

① ㄱ, ㄷ, ㄹ   ② ㄱ, ㄷ, ㅁ   ③ ㄴ, ㅁ, ㅂ

④ ㄴ, ㄷ, ㄹ   ⑤ ㄷ, ㄹ, ㅁ

04 베버(M. Weber)의 관료제론에 대한 설명으로 올바르지 않은 것은?

① 개개 직위의 관할범위는 법규에 의해서 규정된다.

② 이상적인 관료제는 비정의성(impersonality)에 따라 움직인다.

③ 이상적인 관료제는 정치적 전문성에 의해 충원되는 제도를 갖는다.

④ 관료제는 일정한 자격 또는 능력에 따라 규정된 기능을 수행하는 분업의 원리에 따른다.

⑤ 조직은 엄격한 계층제의 원리에 따라 운영되고 상명하복의 질서정연한 체제이다.

05 베버(M. Weber)의 관료제 모형에 대한 설명으로 옳지 않은 것은?

① 관료에게 지급되는 봉급은 업무수행 실적에 대한 평가에 따라 결정된다.

② 관료제 모형은 계층제의 원리를 근간으로 한다.

③ 베버(Weber)는 정당성을 기준으로 권위의 유형을 전통적 권위, 카리스마적 권위, 법적·합리적 권위로 나누었는데 근대적 관료제는 법적·합리적 권위에 기초를 두고 있다고 주장한다.

④ 관료제 모형은 '전문화로 인한 무능(trained incapacity)' 등 역기능을 초래할 수도 있다.

⑤ 관료제 모형은 법규주의에 따라 운영되므로 역할 구분이 명확하다.

★

01 ② 베버의 이념형 관료제는 연공급 제도와 부합한다.
① 관료제는 능력주의에 기초한 분업을 특징으로 한다.
③ 관료제 내에서 공무원은 구두가 아닌 문서에 기반해서 업무를 수행한다.
④ 관료제는 합법적 권위에 기초한다.
⑤ 관료제 내에서 관료는 사적인 감정에 따라 공무를 집행하지 않는다.

02 ① 유기적 구조인 애드호크라시는 일반적으로 낮은 수준의 복잡성, 공식화, 집권화의 특징을 보이므로 비일상적인 업무수행에 적합하다.
② 애드호크라시는 분권적인 의사결정구조를 통해 구성원의 능력을 최대한 발휘하게 하여 혁신을 촉진할 수 있다.
③, ④, ⑤ 애드호크라시는 유기적인 구조이다.

03 후기관료제 조직의 공통적 특징은 ① 비계서적 구조의 설계, ② 조직의 잠정성과 구성원의 직업적 유동성에 대한 전제, ③ 경계관념의 타파, ④ 임무와 능력의 중시, ⑤ 상황적응성의 강조, ⑥ 집단적 문제해결의 강조, ⑦ 의사전달의 공개주의, ⑧ 낮은 복잡성·공식성·집권성의 특징을 지닌다. → 따라서 보기 중에서는 ㄴ, ㅁ, ㅂ이 후기관료제 모형의 공통적 특성에 해당한다.

04 베버(M. Weber)의 이상적 관료제는 정치적 전문성이 아니라 기술적·행정적 전문성에 의한 충원을 강조한다. 정치적 전문성은 엽관관료제에서 강조하는 인사기준이다.

05 ① 막스 베버의 관료제 모형은 봉급이나 승진 등 전반적인 인사가 실적보다는 연공서열에 따라 이루어진다.
②, ③, ⑤는 막스 베버의 관료제 특성으로 옳은 지문이며, ④는 지나친 전문화로 인하여 안목과 시야가 좁아질 수 있다는 관료제의 병리현상을 설명한 것으로 역시 옳은 지문이다.

Answer 01. ② 02. ① 03. ③ 04. ③ 05. ①

06 관료제 병리에 관한 연구내용과 학자 간 연결이 옳지 않은 것은?

① 굴드너(Gouldner) - 관료들이 규칙의 범위 내에서 소극적으로 행동하는 무사안일주의를 초래한다.

② 굿셀(Goodsell) - 계층제 조직의 구성원이 각자의 능력을 넘는 수준까지 승진하게 되는 병리현상이 나타난다.

③ 머튼(Merton) - 최고관리자의 관료에 대한 지나친 통제가 관료들의 경직성을 초래한다.

④ 셀즈닉(Selznick) - 권한의 위임과 전문화가 조직 하위체제 간 이해관계의 지나친 분극을 초래한다.

⑤ 피터(Peter) - 연공서열에 기초한 승진체계는 무능한 자가 자신의 능력을 넘는 수준으로 승진하게 만들 수 있다.

07 관료제의 여러 병리현상 중 '과잉동조'에 대한 설명으로 옳은 것은?

① 목표 달성을 위해 마련된 규정이나 절차에 집착함으로써 결국 수단이 목표를 압도해 버리는 현상

② 세분화된 특정 업무에서는 전문적인 능력이 있지만, 그 밖의 업무에 대해서는 문외한이 되는 현상

③ 다양한 외부 환경의 변화에 둔감하고 조직목표의 혁신에 적극적으로 저항하는 현상

④ 자신이 소속된 기관이나 부서만을 생각하고 다른 기관이나 부서를 배려하지 않는 현상

⑤ 계서적 권한과 지시할 능력 간에는 괴리가 있고, 계서적 권한은 전문적 권한에 의해 제약받기 때문에 상관의 계서적 권한과 부하의 전문적 권한이 이원화되는 현상

08 학습조직과 관련된 설명으로 옳지 않은 것은?

① 개방체계와 자아실현적 인간관에 기반한다.

② 자극·반응적 학습을 주된 방법으로 활용한다.

③ 탈관료제의 유형 중 하나이다.

④ 핵심가치는 의사소통과 수평적 협력을 통한 조직의 문제해결이다.

⑤ 공식적 대면접촉보다 비공식적 대면접촉을 강조한다.

09 위원회(committee) 조직의 장점으로 보기 어려운 것은?

① 집단결정을 통해 행정의 안전성과 지속성을 확보할 수 있다.
② 조직 각 부문 간의 조정을 촉진한다.
③ 경험과 지식을 지닌 전문가를 활용할 수 있다.
④ 의사결정과정이 신속하고 합의가 용이하다.
⑤ 정책의 안정성과 일관성을 유지할 수 있다.

10 우리나라 행정기관 소속위원회에 대한 설명으로 옳지 않은 것은?

① 행정위원회와 자문위원회 등으로 크게 구분할 수 있다.
② 방송통신위원회, 금융위원회, 국민권익위원회는 행정위원회에 해당된다.
③ 관련 분야에 전문지식이 있는 외부전문가만으로 구성하여야 한다.
④ 자문위원회의 의사결정은 일반적으로 구속력을 갖지 않는다.
⑤ 조정위원회의 결정은 건의 성질만을 띠는 것도 있고 법적 구속력이 있는 경우도 있다.

---

06 ②는 굿셀(Goodsell)이 아니라 피터(Peter)가 주장한 병리현상이다. 굿셀(Goodsell)은 1980년대 중반 관료제 옹호론에서 관료제를 지나치게 비판하는 것은 바람직하지 않다고 주장하였다.

07 관료제의 병리현상으로 과잉동조에 해당하는 설명은 ①이다.
② 전문가적 무능, ③ 변화에 대한 저항, ④ 할거주의(국지주의), ⑤ 권력구조의 이원화를 설명하고 있다.

08 ② 자극・반응학습이란 '수동적 학습'을 의미한다. 학습조직의 학습은 시행착오나 실험적 행동을 통해 문제를 해결해 나가는 자아실현적 학습이다.
③ 학습조직은 유기적 구조이다.
④ 학습조직의 핵심가치는 팀워크에 기초한 팀학습으로 집단의 역량과 조직 전체의 역량을 극대화함으로써 문제해결능력을 제고하는 데 있다.

09 위원회 조직이란 복수의 구성원으로 구성된 합의제 행정기관이기 때문에 의사결정과정이 신속하지 못하고 합의의 도출도 용이하지 못하다는 단점이 있다.

10 ③ 위원회는 합의제 행정기관으로서 다양한 의견을 수렴하여 객관성을 확보하고자 하는 것이므로 각계각층 민간인의 참여를 필요로 한다. 그러나 또 다른 한편으로는 정책당국의 정책집행을 전제로 의견을 수렴하는 것이기 때문에 정책 당국자의 참여도 필요하다.
⑤ 예를 들어, 중앙노동위원회는 그 결정이 법적 구속력을 갖는 대표적인 조정위원회이다.

Answer 06. ② 07. ① 08. ② 09. ④ 10. ③

행정과 환경

01 다음 중 정부실패의 원인으로 옳지 않은 것은?

① 권력으로 인한 분배적 불공정성

② 정부조직의 내부성

③ 파생적 외부효과

④ 점증적 정책결정의 불확실성

⑤ 권력의 편재

02 정부실패와 시장실패에 대한 정부 대응의 설명으로 옳지 않은 것은?

① 시장실패를 교정하기 위한 정부의 역할은 공적 공급, 공적 유도, 정부 규제 등으로 구분할 수 있다.

② 사적목표의 설정, X-비효율성, 권력의 편재에 따른 정부실패에는 공통적으로 정부 보조 삭감의 방식으로 해결할 수 있다.

③ 시장실패를 해결하기 위해 정부가 개입하지만 의도하지 않은 부작용을 창출할 수 있다.

④ 시장실패를 야기하는 요인으로는 공공재의 존재, 외부효과의 발생, 자연독점, 불완전한 경쟁, 정보의 비대칭성 등이 있다.

⑤ 내부성은 정부 조직이 사익을 추구하는 현상이다.

03 시장실패에 대한 설명으로 가장 옳지 않은 것은?

① 자원배분의 효율성을 저해하는 불완전 경쟁은 시장실패의 원인이다.

② 제3자에게 의도하지 않은 이득이나 손해를 주는 현상은 시장실패의 원인이 되기도 한다.

③ 공공조직의 내부성(internalities)은 시장실패의 원인이다.

④ 시장실패에 대응하기 위해 정부는 공적 유도를 통한 시장에의 개입을 시도한다.

⑤ 정보의 비대칭성은 시장실패와 정부실패를 초래한다.

★

01 ④ 정책결정의 불확실성은 정부실패의 원인이 아니다.
①, ②, ③, ⑤ 정부실패와 정부의 대응

원인/대응	민영화	정부보조삭감	규제완화
사적목표설정(내부성)	○		
비용과 편익의 절연	○		
X비효율성	○	○	○
파생적 외부효과		○	○
권력의 편재	○		○

02 ② 사적 목표의 설정, X-비효율성, 권력의 편재에 따른 정부실패에는 공통적으로 민영화의 방식으로 해결해야 한다.
③ 파생적 외부효과에 대한 내용이다.
⑤ 내부성은 정부의 사익추구 현상을 의미하며, 민영화를 통해 해결해야 한다.
①, ③

	구분	공적 공급(조직)	공적 유도(보조금)	정부규제(권위)
시장실패와 정부대응	공공재의 존재	○		
	외부효과의 발생		○	○
	자연독점	○		○
	불완전 경쟁			○
	정보의 비대칭성		○	○
	구분	민영화	정부 보조 삭감	규제완화
정부실패와 정부대응	사적 목표의 설정	○		
	X비효율성	○	○	○
	파생적 외부효과		○	○
	권력의 편재	○		○

03 ③ 내부성은 관료들이 조직 내부의 목표를 사회목표보다 우선함으로써 공익보다는 사익을 추구하는 현상을 말한다. 이는 시장실패가 아니라 정부실패의 요인이다.
②는 시장실패의 원인인 외부효과에 대한 설명이고, ④는 이러한 (긍정적) 외부효과를 해결하기 위한 방법이다.
⑤의 정보의 비대칭성은 시장실패의 원인에 해당한다.

Answer 01. ④　　02. ②　　03. ③

04 시장실패 원인에 대응하는 정부의 방식에 대한 설명으로 가장 옳지 않은 것은?

① 외부효과 발생에 대해서는 보조금 혹은 정부규제로 대응할 수 있다.

② 자연독점에 대해서는 공적 공급 혹은 정부규제로 대응할 수 있다.

③ 정보의 비대칭성에 대해서는 보조금으로 대응할 수 있다.

④ 불완전경쟁에 대해서는 보조금 혹은 공적 공급으로 대응할 수 있다.

⑤ 공공재의 존재에 대해서는 공적 공급으로 대응할 수 있다.

05 시장실패의 원인에 대한 정부의 대응으로 적절하지 않은 것은?

① 공공재의 경우 원칙적으로 정부가 직접 공급한다.

② 독점의 폐해를 막기 위해 정부는 서비스를 직접 공급하거나 규제를 한다.

③ 외부불경제에서 나타나는 문제에 대응하기 위해 정부는 보조금을 지원한다.

④ 정보의 비대칭성에 기인하는 문제에 대응해 정부는 보조금을 지원하거나 규제를 한다.

⑤ 불완전한 시장경쟁으로 인한 폐해는 공적 규제로 대응한다.

06 다음 사례에 나타나는 현상으로 가장 적절한 것은?

> 정부가 경제적 약자 보호를 위해 무주택자에게 아파트에 대한 청약우선권을 부여하는
> 정책을 실시하였더니, 주택을 구입할 경제력이 있는 사람들이 우선 청약권을 얻기 위해
> 의도적으로 전세를 살면서 자발적 무주택자가 되었다.

① 불완전경쟁(imperfect competition)

② 파생적 외부효과(derived externality)

③ 역선택(adverse selection)

④ 적응적 흡수(co-optation)

⑤ 그레샴의 법칙(Gresham's law)

07 **정부실패에 대한 정부의 대응 방식으로 옳지 않은 것은?**

① 사적 목표의 설정에 대한 방안에는 민영화가 있다.

② X 비효율에 대한 방안에는 민영화, 정부 보조 삭감, 규제 완화 등이 있다.

③ 파생적 외부효과에 대한 방안으로 정부 보조 삭감, 규제 완화 등이 있다.

④ 권력의 편재에 대한 방안으로 정부 보조 삭감, 규제 완화 등이 있다.

⑤ 정부실패는 시장의 비효율적인 자원배분을 보정하기 위해 정부가 개입했으나 정부 역시 비효율적인 자원배분을 초래하는 현상이다.

★

04 불완전경쟁이란 기술적 독점을 의미하는 자연독점과 달리 담합, 정책 등 인위적인 방식에 의한 과점현상이므로 이를 해결하기 위해서는 공적 규제방식으로 대응하여야 한다.

원인/대응	공적 공급(직접 공급)	공적 유도(보조금)	정부 규제(공적 규제)
공공재 공급	○		
불완전한 정보		○	○
외부경제		○	
외부불경제			○
독점	○		○
과점			○

05 외부효과에 의한 시장실패는 공적 유인(보조금)이나 정부규제(과태료)로 대응하게 되는데, 그중 외부불경제에서 나타나는 문제에 대응하기 위해 정부는 규제를 강화하여야 하며, 외부경제에서 나타나는 문제에 대응하기 위해 정부는 유인(보조금)을 제공한다.

06 ② 제시된 사례는 정부실패의 한 원인으로 정부의 정책이 의도치 않게 부작용을 나타내는 파생적 외부효과에 대한 설명이다.
① 불완전경쟁은 담합이나 정책으로 발생하는 인위적 독과점 현상이며, ③ 역선택은 대리인에 대한 정보 부족으로 주인이 부적격자나 무능력자를 대리인으로 선임하는 현상을 가리키고, ④ 적응적 흡수란 조직의 위협을 회피하기 위하여 외부에 인적인 요소를 영입하는 적극적 생존전략으로서 셀즈닉(Selznick)이 제안한 개념이며, ⑤ 그레샴의 법칙은 악화가 양화를 구축(crowded-out)하는 병리적 현상을 말한다.

07 권력의 편재에 대한 방안으로는 정부 보조 삭감이 아닌 민영화, 규제 완화 등이 있다.

Answer　04. ④　05. ③　06. ②　07. ④

08 사회자본의 특징에 대한 설명으로 옳지 않은 것은?

① 사회자본은 행위자들 간의 관계 속에 존재하는 자본이다.

② 사회자본의 사회적 교환관계는 동등한 가치의 등가교환이다.

③ 사회자본은 지속적인 교환과정을 거쳐서 유지되고 재생산된다.

④ 사회자본은 거시적 차원에서 공공재의 속성을 가지고 있다.

⑤ 사회자본의 교환은 시간적으로 동시성을 전제로 하지 않는다.

09 현행 '전자정부법'상 행정기관이 전자정부의 구현·운영 및 발전을 추진할 때 우선적으로 고려해야 하는 사항으로 옳지 않은 것은?

① 대민서비스의 전자화 및 행정기관 편의의 증진

② 행정업무의 혁신 및 효율성의 향상

③ 정보시스템의 안정성·신뢰성의 확보

④ 행정정보의 공개 및 공동이용의 확대

⑤ 정보기술아키텍처를 기반으로 하는 전자정부 구현·운영의 원칙

10 유비쿼터스 정부(u-government)의 특성과 거리가 먼 것은?

① 중단 없는 정보서비스 제공

② 맞춤정보 제공

③ 고객지향성, 실시간성, 형평성 등의 가치 추구

④ 일방향정보 제공

⑤ 현실공간과 가상공간의 통합

11 정부 운영의 새로운 패러다임인 정부 3.0의 내용으로 옳지 않은 것은?

① 정부 3.0의 핵심키워드는 협력, 소통, 맞춤형 서비스, 일자리 창출, 칸막이 해소 등이다.

② 정부 3.0의 운영 방향은 공공정보의 개방과 공유, 정부-국민 간의 소통과 협력을 포함하고 있다.

③ 정부 3.0에서는 공공기관의 정보 제공에 초점을 둔 정부 중심의 국가 운영 거버넌스를 의미한다.

④ 정부 3.0은 기술적 관점에서 모바일 스마트 기반의 차세대 전자정부로 이해할 수 있다.

⑤ 핵심가치는 공유, 개방, 소통, 협력이다.

12 다음 중 한국의 대민전자정부(G2C 또는 G2B)의 사례가 아닌 것은?

① 민원 24 ② 국민신문고
③ 전자조달 나라장터 ④ 온-나라시스템
⑤ 전자통관시스템

★

08 사회적 자본의 교환관계는 등가물의 동시적 교환이 아니다. 등가물의 동시적 교환은 균형화된 호혜규범에 기초한 경제적 자본의 거래방식이다. 사회자본은 원칙적으로 일반화된 호혜규범에 기초하고 있는데, 이는 자신이 받은 것보다 더 많이, 더 빨리 되돌려 주려는 성향을 말한다.

09 ① 행정기관 편의의 증진이 아니라 국민편익의 증진이어야 옳다. 정부의 존재 근거는 국민이기 때문이다. 2010년 5월 전자정부법을 개정하면서 종래 기술개발 및 운영 외주의 원칙과 전자적 처리의 원칙은 삭제되고, 정보시스템의 안전성·신뢰성 확보, 정보기술아키텍처를 기반으로 하는 전자정부 구현·운영의 원칙, 행정기관 보유 개인정보의 당사자 의사에 반하는 사용금지원칙 등이 신설되었다.

10 일방향서비스는 초기 1.0 전자정부의 특성이다. 유비쿼터스는 양방향서비스를 중시하는 정부 2.0 내지는 정부 3.0을 말한다.

11 정부 3.0은 정부 중심의 국가 운영 거버넌스가 아닌, 민관협치를 강화하고 국민맞춤형서비스 제공에 의한 국민 중심의 정부 운영 패러다임을 말한다.

12 G2C(Government to Citizens)나 G2B(Government to Business)는 정부가 국민이나 기업을 상대로 전자상거래 내지는 소통을 하는 것으로 ①, ②는 G2C, ③, ⑤는 G2B에 해당한다. ④의 온-나라시스템은 대민전자정부가 아니라 정부 내부의 업무처리 전산화시스템으로 G2G(Government to Government)에 해당한다. 온-나라시스템은 비용 절감을 위해 정부가 수행하는 모든 업무를 체계적으로 분류하고, 온라인상에서 실시간으로 업무를 처리하는 전산시스템이다. 행정안전부가 전자정부의 일환으로 구축(2007)하여 주관하고 있다. 핵심은 정부 내부의 과제관리와 문서관리이다.

Answer 08. ② 09. ① 10. ④ 11. ③ 12. ④

정부관 : 큰 정부와 작은 정부

01 정부의 역할에 대한 입장을 바르게 설명하는 것만 모두 고른 것은?

> ㄱ. 진보주의 정부관에 따르면 정부에 대한 불신이 강하고 정부실패를 우려한다.
> ㄴ. 공공선택론의 입장은 정부를 공공재의 생산자로 규정하고 대규모 관료제에 의한 행정의 효율성을 높이는 것이 중요하다고 본다.
> ㄷ. 보수주의 정부관은 자유방임적 자본주의를 옹호한다.
> ㄹ. 신공공서비스론 입장에 따르면 정부의 역할은 시민들로 하여금 공유된 가치를 창출하고 충족시킬 수 있도록 봉사하는 데 있다.
> ㅁ. 행정국가 시대에는 '최대의 봉사가 최선의 정부'로 받아들여졌다.

① ㄱ, ㄴ, ㄷ   ② ㄴ, ㄷ, ㄹ
③ ㄷ, ㄹ, ㅁ   ④ ㄱ, ㄹ, ㅁ
⑤ ㄱ, ㄴ, ㅁ

02 행정국가화 현상에 대한 설명으로 가장 부적절한 것은?

① 행정체제가 공공부문뿐 아니라 민간부문까지도 운영을 주도한다.
② 행정기능이 단순해지고 축소되므로 작은 정부 실현에 도움이 된다.
③ 행정체제가 정책결정까지 담당하여 관료의 정치세력화 우려가 크다.
④ 정부사업 확대로 행정비용이 늘어나서 국민적 부담이 가중된다.
⑤ 행정체제의 독점적 권력 행사로 행정의 무사안일주의나 형식주의 등의 부작용이 나타난다.

03 신자유주의 정부 이념 및 관리수단과 연관성이 적은 것은?

① 시장실패의 해결사 역할을 해오던 정부가 오히려 문제의 유발자가 되었다는 인식을 바탕으로 다시 시장을 통한 문제해결을 강조하며 '작은 정부(small government)'를 추구한다.

② 민간기업의 성공적 경영기법을 행정에 접목시켜 효율적인 행정관리를 추구할 뿐 아니라 개방형 임용, 성과급 등을 통하여 행정에 경쟁 원리 도입을 추진한다.

③ 케인즈(Kenyes) 경제학에 기반을 둔 수요중시 경제정책을 강조하므로 공급 측면의 경제정책에 대하여는 반대 입장을 견지한다.

④ 정부의 민간부문에 대한 간섭과 규제는 최소화 또는 합리적으로 축소 · 조정되어야 한다는 입장에서 규제 완화, 민영화 등을 강조한다.

⑤ 80년대 초에 등장한 신자유주의는 통화주의자들이 주장하는 공급 중심의 경제학에 기초하고 있다.

⭐

01 ㄷ, ㄹ, ㅁ만 옳다.
ㄱ. 진보주의가 아니라 보수주의 정부관이다.
ㄴ. 공공선택론은 전통적인 대규모 관료제보다는 시민의 선호에 부응할 수 있는 분권화되고 시장화된 탈관료제조직이라는 새로운 제도적 장치를 선호한다.

02 ② 행정국가란 행정기능이 양적으로 팽창하고 질적으로 전문화되어 정부규제, 복지 등 정부기능이 전반적으로 팽창하는 정부를 말한다.
① 정부가 민간부문에 적극 개입한다.
③ 정부가 정책결정 등 정치적 기능까지 담당하는 행정의 정치화 즉, 정치행정일원론이 대두된다.
④ 정부재정이 팽창하고 국민들의 세금부담도 늘어난다.
⑤ 지나친 독단적 · 비민주적 행정으로 관료제 병리현상(무사안일, 형식주의 등)이 나타난다.

03 케인지안 경제학은 오히려 시장실패를 치유하기 위하여 유효수요를 창출하는 정부의 적극적 개입을 중시하는 행정국가 내지는 큰 정부를 뒷받침하는 이론이다. 정부개입을 줄이고 시장기능을 활성화하려는 레이거노믹스 등 공급 측면의 경제학이 신자유주의의 토대이다.

Answer **01.** ③ **02.** ② **03.** ③

04 정부규모 팽창에 대한 이론의 설명으로 옳은 것을 모두 고르면?

> ㄱ. 전위효과: 사회혼란기에 공공지출이 상향 조정되며 민간지출이 공공지출을 대체하
> 는 현상
> ㄴ. 와그너 법칙(Wagner's law): 1인당 국민소득이 증가할 때, 국민경제에서 차지하는
> 공공부문의 상대적 크기가 증대되는 현상
> ㄷ. 예산극대화 가설: 관료들이 권력의 극대화를 위해 자기부서의 예산극대화를 추구하
> 는 현상
> ㄹ. 파킨슨 법칙: 공무원의 수가 해야 할 업무의 경중이나 그 유무에 관계없이 일정 비율
> 로 증가하는 현상
> ㅁ. 보몰효과(Baumol's effect): 정부가 생산·공급하는 서비스의 생산비용이 상대적으
> 로 빨리 하락하여 정부 지출이 감소하는 현상

① ㄱ, ㄴ, ㄷ   ② ㄱ, ㄴ, ㄹ, ㅁ
③ ㄴ, ㄷ, ㄹ   ④ ㄱ, ㄷ, ㄹ, ㅁ
⑤ ㄱ, ㄴ, ㄷ, ㄹ

05 이념적 지향에 따라 진보주의와 보수주의로 구분할 때 진보주의의 특징이라고 보기 어려운 것은?

① 오류가능성 여지가 있는 인간이라는 관점
② 조세감면
③ 조세제도를 통한 소득재분배 선호
④ 번영과 진보에 대한 자유시장의 잠재력 인정
⑤ 정부의 역할증대 찬성

★

04 ㄱ, ㅁ은 틀리다.
　ㄱ. 전위효과란 위기 시에 공적지출이 사적지출을 대신하며 재정이 팽창하는 현상을 말한다.
　ㅁ. 보몰병은 행정의 노동집약적 성격으로 재정 규모가 팽창하는 병리적 현상을 말한다.

05 진보주의자는 정부의 적극적인 역할을 지지하는 까닭에, 많은 정부지출과 규제를 선호한다. 한편, 보수주의자
　는 작은 정부를 지향하는 바 조세감면을 강조한다.

Answer 04. ③   05. ②

Part

02

정책학

정책학의 기초

01 정책의 유형과 관련된 설명으로 옳지 않은 것은?

① 한글날의 공휴일 지정은 상징정책에 속한다.

② 최저임금제도의 시행은 재분배정책에 속한다.

③ 규제정책은 분배정책보다 정책결정과정에서 갈등이 더 심하다.

④ 밀어주기(log rolling), 나눠먹기(pork barrel) 등의 문제가 발생하는 정책은 분배정책이다.

⑤ 징병은 추출정책에 속한다.

02 로위(Lowi)의 정책 분류와 그 특징에 대한 설명으로 옳지 않은 것은?

① 배분정책은 재화와 서비스를 사회의 특정 부분에 배분하는 정책으로 수혜자와 비용부담자 간 갈등이 발생한다.

② 규제정책은 특정 개인이나 집단에 대한 선택의 자유를 제한하는 유형의 정책으로 정책불응자에게는 강제력을 행사한다.

③ 재분배정책은 고소득층으로부터 저소득층으로의 소득이전을 목적으로 하기 때문에 계급 대립적 성격을 지닌다.

④ 구성정책은 정부기관의 신설과 선거구 조정 등과 같이 정부기구의 구성 및 조정과 관련된 정책이다.

⑤ 규제 및 재분배정책에서는 제로섬 게임(zero-sum game)이 나타나지만, 분배 및 구성정책에서는 그렇지 않다.

03 정책의 유형과 그 사례를 바르게 연결한 것은?

① 분배정책(distribution policy) - 사회간접자본의 구축, 환경오염방지를 위한 기업 규제

② 경쟁적 규제정책(competitive regulatory policy) - TV · 라디오 방송권의 부여, 국공립학교를 통한 교육 서비스

③ 보호적 규제정책(protective regulatory policy) - 작업장 안전을 위한 기업 규제, 국민건강 보호를 위한 식품위생 규제

④ 재분배정책(redistribution policy) - 누진세를 통한 사회보장 지출 확대, 항공 노선 취항권의 부여

⑤ 구성정책(constituent policy) - 조세, 병역

04 정책을 규제정책, 분배정책, 재분배정책, 추출정책으로 분류할 때 저소득층을 위한 근로장려금 제도는 어느 정책으로 분류하는 것이 타당한가?

① 규제정책   ② 분배정책

③ 재분배정책   ④ 추출정책

⑤ 보호적 규제정책

★

01 최저임금제도의 시행은 재분배정책이 아니라 규제정책 중 보호적 규제정책에 해당한다. 보호적 규제정책이란 국민에게 유리하면 허용하고 불리하면 금지(규제)함으로써 국민을 보호하려는 목적을 가진 정책이다.

02 배분정책은 공적 재원으로 재화나 서비스를 특정인에게 배분하는 정책으로 수혜자와 비용부담자 간 갈등이 없어 추진하기가 용이한 정책이다.

03 리플리와 프랭클린(Ripley & Franklin)의 정책 유형을 묻는 문제로 ③만 옳다. ③의 산업안전이나 식품안전 등은 일반공중을 보호하기 위한 보호적 규제정책에 해당한다.
① 환경오염규제는 분배정책이 아니라 보호적 규제정책이고, ② 국공립학교 등 교육 서비스는 경쟁적 규제정책이 아니라 분배정책이며, ④ 항공 노선 취항인가는 재분배정책이 아니라 경쟁적 규제정책이다. ⑤ 해당 예시는 추출정책에 속한다. 추출정책이란 정책을 수행하기 위한 소요 자원을 국민으로부터 동원하는 정책을 말하는데, 인적 자원(공무원 충원, 징병, 공공근로요원), 물적 자원(조세정책) 등이 이에 해당한다.

04 저소득층을 위한 근로장려금 제도 등 복지정책은 재분배정책에 해당한다.

Answer 01. ② 02. ① 03. ③ 04. ③

05 분배정책과 재분배정책에 대한 설명으로 옳은 것만을 모두 고른 것은?

> ㄱ. 분배정책에서는 로그롤링(log rolling)이나 포크배럴(pork barrel)과 같은 정치적 현상이 나타나기도 한다.
> ㄴ. 분배정책은 사회 계급적인 접근을 기반으로 이루어지기 때문에 규제정책보다 갈등이 더 가시적이다.
> ㄷ. 재분배정책에는 누진소득세, 임대주택건설사업 등이 포함된다.
> ㄹ. 재분배정책은 자원배분에 있어서 이해당사자들 간의 연합이 분배정책에 비하여 안정적으로 이루어진다.

① ㄱ, ㄴ ② ㄱ, ㄷ
③ ㄴ, ㄷ ④ ㄷ, ㄹ
⑤ ㄱ, ㄹ

06 정책결정 참여자로서의 관료의 역할에 대한 설명으로 옳지 않은 것은?
① 조합주의는 정부의 적극적 역할을 옹호한다.
② 엘리트주의에서는 사회 내 지배계층의 역할에 주목한다.
③ 철의 삼각에서 관료는 특수 이익집단의 이익에 종속되는 경향이 있다.
④ 다원주의에서는 외부집단이나 지배계층보다 관료의 역할을 더욱 중요시한다.
⑤ 이슈네트워크에서는 사회적 이슈에 따라 다양한 참여자가 네트워크에 관여한다.

07 이론에 대한 다음 설명 중 옳은 것만을 모두 고른 것은?

> ㄱ. 엘리트론에 따르면 사회는 동질적·폐쇄적 엘리트와 대중으로 양분된다.
>
> ㄴ. 다원론에 따르면 사회 내 개인이나 이익집단 간 영향력 차이는 있으나(분산된 불공평성) 접근기회는 동등하다.
>
> ㄷ. 하위정부론은 정책 분야별로 이익집단, 정당, 해당 관료조직으로 구성된 실질적 정책결정권을 공유하는 네트워크가 존재한다고 주장한다.

① ㄱ

② ㄱ, ㄴ

③ ㄴ, ㄷ

④ ㄱ, ㄷ

⑤ ㄱ, ㄴ, ㄷ

---

05 ㄱ, ㄷ만 맞고 ㄴ, ㄹ은 틀리다.

ㄱ. 분배정책의 경우 공적 재원(조세)으로 추진되기 때문에 정책결정 전에는 치열한 유치전이 포크배럴과 로그롤링 현상으로 나타나며, 결정 이후에는 조용하게 수용되므로 정책집행 시 갈등이 거의 없다.

ㄷ. 재분배정책은 가진 자의 부를 거두어 가지지 못한 자에게 이전하는 이전정책으로 임대주택 건설사업, 누진소득세, 실업수당 등 복지정책이 포함된다.

ㄴ. 재분배정책에 대한 설명이다. 분배정책은 안정적 정책집행을 위한 루틴화(제도화)의 가능성이 높고 갈등이나 반발이 별로 없어 가장 집행이 용이한 정책이다.

ㄹ. 정반대로 설명하고 있다. 재분배정책은 분배정책에 비하여 안정적 정책을 위한 루틴화의 가능성이 낮고, 집행을 둘러싼 논란이 있어서 이데올로기의 논쟁 강도가 높으며, 감축을 위한 압력이나 반발이 심하여 집행이 가장 어려운 정책이다.

06 다원주의에서는 지배계층이나 관료의 역할보다는 이익집단 등 외부집단의 역할이 중요시된다.

07 ㄱ, ㄴ만 옳다.

ㄷ. 하위정부론(철의 삼각)의 구성원은 이익집단, 의회 상임위원회, 해당 관료조직이므로 정당이 들어가면 옳지 않다. 하위정부론은 이들로 구성된 실질적 정책결정권을 공유하는 네트워크가 바로 하위정부라고 주장한다.

Answer 05. ② 06. ④ 07. ②

08 조합주의(corporatism)에 대한 설명으로 옳지 않은 것은?

① 정부활동은 다양한 이익집단 간 이익의 소극적 중재자 역할에 한정된다.

② 이익집단은 단일적·위계적 이익대표체계를 형성한다.

③ 정부는 사회적 공동선을 달성하기 위해 중요 이익집단과 우호적 협력관계를 유지한다.

④ 이익집단은 상호 경쟁보다는 국가에 협조함으로써 특정 영역에서 자신의 요구를 정책과정에 투입한다.

⑤ 정부의 권위주의화를 초래할 수 있다는 비판을 받는다.

09 다국적 기업과 같은 중요 산업조직이 국가 또는 정부와 긴밀한 동맹관계를 형성하고 이들이 경제 및 산업정책을 함께 만들어 간다고 설명하는 이론은?

① 관료제론   ② 엘리트이론

③ 다원주의이론   ④ 신조합주의이론

⑤ 조합주의이론

10 하위정부(sub-government)모형에 대한 설명으로 옳지 않은 것은?

① 상대적으로 자율성과 안정성이 높다.

② 폐쇄적 관계를 강조하고 다른 이익집단의 참여를 배제한다.

③ 행정 수반의 관심이 약하거나 영향력이 적은 재분배정책 분야에서 주로 형성된다.

④ 헤클로(Heclo)는 이익집단이 늘어나고 다원화됨에 따라 적용의 한계가 있다고 지적한다.

⑤ 이 모형은 1970년대를 기점으로 이슈네트워크모형으로 대체되었다.

11 이슈네트워크(issue network)와 비교한 정책공동체(policy community)의 상대적 특성으로 옳지 않은 것은?

① 정책을 둘러싼 권력게임은 공동이익을 추구하는 정합게임(positive-sum game)의 성격을 띤다.

② 참여자들이 기본가치를 공유하며 그들 간의 접촉 빈도가 높다.

③ 참여자의 범위가 넓고 경계의 개방성이 높다.

④ 모든 참여자가 교환할 자원을 가지고 참여한다.

⑤ 단순한 이익공동체를 넘어 지식공동체로서 정책대안의 실질적 수립에 기여한다.

08 조합주의에서 보는 정부는 정책결정과정에서 능동적이고 적극적인 역할을 수행한다. 정부가 다양한 이익집단 간 이익의 소극적 중재자(중립적 심판자) 역할에 한정된다는 주장은 다원주의에 해당한다.

09 신조합주의이론에 대한 설명이다. 조합주의가 정책결정과정에서 국가의 주도적 입장을 주장한 반면, 신조합주의는 중요 산업조직(다국적기업)의 영향력을 강조하는 입장이다.

10 하위정부모형은 행정 수반의 관심이 약하거나 영향력이 적은 재분배정책 분야에서 형성되는 것이 아니라 공적 재원으로 추진되는 분배정책에서 주로 나타나며, 그 수단은 포크배럴과 로그롤링 등이다.

11 ③은 정책공동체가 아니라 이슈네트워크의 특징이다.

Answer 08. ① 09. ④ 10. ③ 11. ③

01 콥과 로스(Cobb & Ross)가 제시한 정책의제설정모형에 관한 내용으로 옳지 않은 것은?

① 외부주도형은 다원화되고 민주화된 선진국 정치체제에서 많이 나타나는 유형이다.

② 내부접근형은 고위의사결정자 등에 의해 정부의제가 먼저 설정되고 정책순응을 확보하기 위해 다각적인 홍보 등을 거쳐 최종적으로 정책의제로 채택되는 유형이다.

③ 외부주도형은 정부 바깥에 있는 집단이 사회문제를 정부가 해결해 줄 것을 요구하며 정부의제로 채택하도록 하는 유형이다.

④ 내부접근형은 국방, 외교 등 비밀 유지가 필요한 분야의 정책, 또는 강한 반대가 예상됨에도 불구하고 반드시 추진하려는 정책 등에서 찾아볼 수 있다.

⑤ 내부접근형은 '음모형'이라 불리기도 한다.

02 정책의제설정과 관련된 이론과 설명이 바르게 연결된 것은?

ㄱ. 조직의 주의 집중력은 한계가 있어 일부의 사회문제만이 정책의제로 선택된다.
ㄴ. 문지기(gate-keeper)가 선호하는 문제가 정책의제로 채택된다.
ㄷ. 이익집단들이나 일반 대중이 정책의제설정에 상당한 영향력을 행사한다.
ㄹ. 응집력있는 소수의 엘리트가 국가 내 대다수의 정책결정을 주도한다.

A. 사이먼(H. Simon)의 의사결정론
B. 체제이론
C. 다원주의론
D. 엘리트론

	A	B	C	D
①	ㄱ	ㄴ	ㄷ	ㄹ
②	ㄱ	ㄷ	ㄴ	ㄹ
③	ㄹ	ㄴ	ㄷ	ㄱ
④	ㄹ	ㄷ	ㄴ	ㄱ
⑤	ㄴ	ㄹ	ㄱ	ㄷ

03 다음 중 공중의제에 대한 설명으로 올바른 것을 모두 고르면?

> ㄱ. 일반 대중이 정부가 해결방안을 강구해야 한다고 공감하는 일련의 이슈를 의미한다.
> ㄴ. 문서화되거나 공식화되지 않은 의제이다.
> ㄷ. 사회문제의 성격이나 그 해결방안에 대하여 논란이 벌어지면 공중의제가 된다.
> ㄹ. 일단 공중의제가 되면 그 사회문제는 해결될 가능성이 매우 높아진다.

① ㄱ, ㄴ   ② ㄱ, ㄷ
③ ㄱ, ㄴ, ㄷ   ④ ㄱ, ㄴ, ㄹ
⑤ ㄱ, ㄴ, ㄷ, ㄹ

---

01 ②는 동원형에 대한 설명이다. 내부접근형은 정부PR(홍보)이 없다는 점에서 동원형과 다르며, 은밀하게 의제채택이 이루어지므로 음모형이라고도 불린다.
① 외부주도형은 국민에 의한 의제채택을 설명하는 바 다원화되고 민주화된 선진국 정치체제에서 많이 나타나는 유형이다.
③ 외부주도형은 정부 바깥에 있는 집단, 즉 국민이 특정한 사회문제를 정부가 해결해야 한다는 것을 요구하며 정부의제로 채택하도록 하는 유형이다.
④ 내부접근형은 행정 PR을 하지 않는 까닭에 국방, 외교 등 비밀 유지가 필요한 분야의 정책, 또는 강한 반대가 예상됨에도 불구하고 반드시 추진하려는 정책 등에서 찾아볼 수 있다.
⑤ 내부접근형은 의제설정과 이해관계가 있는 특정 집단이 은밀하게 정부관료에게 접근하여 의제채택을 주도하는 유형이다.

02 A는 ㄱ, B는 ㄴ, C는 ㄷ, D는 ㄹ과 각각 연관되므로 ①이 옳다.
ㄱ. 인간은 인지능력의 한계로 모든 문제를 다 인지하지는 못한다고 보는 사이먼의 의사결정론인 만족모형(A)의 특징에 해당한다.
ㄴ. 체제의 문제해결능력의 한계로 인하여 문지기가 선호하는 일부 문제만 정책의제로 채택이 된다는 이스턴(D. Easton)의 체제론(B)에 대한 특성이다.
ㄷ. 다원론(C)에 대한 설명이다.
ㄹ. 특정 소수가 정책결정을 지배하는 현상을 설명하는 엘리트론에 대한 내용이다.

03 ㄱ, ㄴ만 옳고 ㄷ, ㄹ은 틀리다.
ㄷ. 논쟁의 대상이 되는 것은 공중의제가 아니라 사회적 이슈화(쟁점화)이다. 사회적 이슈(social issue)란 그 해결책에 관해서 의견의 불일치가 있는 문제이다. 공중의제는 의견의 불일치나 논란을 넘어서 공중(일반국민)이 그 문제가 정부의 소관 사항으로서 해결책이 강구되어야 한다고 믿는 일련의 이슈이다. 다만, 정부에 의하여 문서화된 것도 아니고 구체적으로 공식화된 의제는 아니다.
ㄹ. 문제해결의 가능성이 높아지는 것은 공중의제(체제의제)가 아니라 정부의제(제도의제)이다. 정부의제는 예컨대 문제의 해결을 위하여 의안(법안)이 국회로 제출되는 것인데 공중의제가 모두 정부의제화되는 것은 아니며 또한 정부의제로 채택이 되어도 정부의제가 모두 정책결정으로 이어지는 것도 아니다. 그러나 일단 공식의제(정부의제)로 채택이 되면 그 문제에 대한 해결책이 강구될 가능성이 높다고 볼 수는 있다.

Answer   01. ②   02. ①   03. ①

04 정책의제설정모형에 대한 설명 중 동원모형에 해당되는 것은?

① 정부 지도자들이 대중들의 지지를 확보하기 위하여 공공관계 캠페인(public relations campaign)을 벌인다.

② 정책확장이 정책과 관련된 주제에 대하여 특별한 지식이나 관심을 가진 집단들에 한정하여 이루어진다.

③ 심볼 활용(symbol utilization)이나 매스 미디어 등을 통해 쟁점이 확산된다.

④ 주로 선진국에서 나타나는 의제설정모형이다.

⑤ 로비스트가 내부 정책결정자에게 은밀하게 접근하여 이루어지기 때문에 음모형이라고도 한다.

05 아이스톤(Eyestone)이 제시한 정책의제 형성과정에 대한 설명으로 옳지 않은 것은?

① 사회문제(social problem)는 개인의 문제가 다수로부터 공감을 얻게 되어 많은 사람들의 문제로 인식된 상태를 말한다.

② 공공의제(public agenda)는 일반 대중의 주목을 받을 가치는 있으나, 아직 정부가 문제해결을 하는 것이 정당한 것으로 인정되지 않는 상태를 말한다.

③ 사회논제(social issue)는 사회문제가 여러 가지 다른 견해를 갖는 다수의 집단들로 하여금 논쟁을 야기하며, 일반인의 관심을 집중하고 여론을 환기시키는 상태를 말한다.

④ 공식의제(official agenda)는 여러 가지 공공의제들 중에서 정부가 그 해결을 위하여 심각하게 관심과 행동을 집중하는 정부의제로 선별되는 상태를 말한다.

⑤ 사회문제를 사회논제로 진전시키는 데는 극적 사건(triggering event)과 주도자(initiator)의 역할이 중요하다.

06 킹던(Kingdon)의 정책의 창(정책흐름)모형에 대한 설명으로 옳지 않은 것은?

① 정책의 창은 대개 오랫동안 닫혀 있다가 어떤 계기로 인해 잠시 열릴 뿐이다.

② 정치의 흐름은 국가적 분위기 전환, 선거에 따른 행정부나 의회의 인적 교체, 이익집
단들의 로비활동과 압력행사 등과 같은 요소들로 구성된다.

③ 문제의 흐름, 정책의 흐름, 정치의 흐름의 세 가지 흐름은 상호 의존적 경로를 따라
진행된다.

④ 정책의 흐름은 문제를 검토하여 해결방안들을 제안하는 전문가들과 분석가들로 구성
되며, 여기서 여러 가능성들이 탐색되고 그 범위가 좁혀진다.

⑤ 세 가지 흐름 중 정책의 창을 여는 데 가장 강력한 요인은 정치의 흐름이다.

★

04 ①만 동원모형에 해당한다. 동원형의 경우 정부 지도자들이 대중들의 지지를 확보하기 위하여 공공관계 캠페
인(public relations campaign)을 벌인다. 동원모형에서 정책담당자들은 이슈들을 공식적 의제로부터 공중의
제로 확장시키려고 노력한다. 따라서 동원형은 대중적 지지가 없으면 정책의제 채택이 곤란하지만 이와 달리
내부주도형(내부접근형)은 대중적 지지를 얻기 위한 행정 PR단계가 생략된다.
②와 ⑤는 내부주도형(내부접근형)에, ③과 ④는 외부주도형에 해당한다.

05 공공의제(public agenda)는 일반 대중의 주목을 받을 가치가 있으며 정부가 문제를 해결하는 것이 정당한
것으로 인정되는 상태의 사회문제를 말한다.
⑤ 주도자란 특정 문제를 쟁점화시키려는 자이고, 점화장치란 잠재해 있던 문제를 극적 사건으로 부각시키는
사건을 말한다.

06 ③ 정책의 창 모형은 문제, 정책, 정치의 세 가지 흐름이 상호 의존적 경로를 따라 진행되는 것이 아니라 아무
연관성이 없이 독자적으로 흘러 다니다가 우연히 만나서 의사결정이 이루어진다는 것이다. 이 세 가지 변수의
흐름은 모두 의제설정과정에서 각기 다른 역할을 한다. 이들은 상호 관계없이 나름대로 흐름을 지속하는데,
각기 다른 맥락에서 흘러 다니다가 어떤 기회로 세 가지 흐름이 우연히 만나면(coupling) 바로 그때 문제에
대한 정책적 해결을 하게 된다.
① 창은 본래 잠시 환기를 위해 열어두다가 오랫동안 닫아두듯이 정책의 창도 마찬가지이다.
② 정치적 흐름에 대한 설명으로 옳다. 킹던은 정치적 흐름이 가장 중요하고 마지막에 열리는 흐름으로 본다.
④ 정책의 흐름은 해결책을 모색하는 과정이므로 옳은 설명이다.

Answer 04. ① 05. ② 06. ③

01 정책분석에서 사용되는 주요 미래예측기법 중 미국 랜드(RAND)연구소에서 개발된 것으로, 전문가들을 대상으로 설문을 반복하여 특정 주제에 대한 합의를 도출하는 접근 방식은?

① 델파이 분석　　　　　　　　　② 정책델파이 분석

③ 브레인스토밍　　　　　　　　　④ 변증법적 토론

⑤ 지명반론자기법

02 다음 중 정책문제의 구조화 방법의 일종인 브레인스토밍(brainstorming)에 대한 설명으로 옳지 않은 것은?

① 브레인스토밍 집단은 조사되고 있는 문제상황의 본질에 따라 구성되어야 한다.

② 아이디어 평가의 마지막 단계에서 아이디어에 우선순위를 부여한다.

③ 아이디어 평가는 첫 단계에서 모든 아이디어가 총망라된 다음에 시작되어야 한다.

④ 아이디어 개발단계에서의 브레인스토밍 활동의 분위기는 개방적이고 자유롭게 유지되어야 한다.

⑤ 아이디어 개발과 아이디어 평가는 동시에 이루어져야 한다.

03 정책델파이에 대한 설명으로 옳지 않은 것은?

① 일반적인 델파이와 달리 개인의 이해관계나 가치판단이 개입될 수 있다.

② 정책문제 해결을 위한 정책대안을 개발하고 그 결과를 예측하기 위해 만들어진 방법이다.

③ 대립되는 정책대안이나 결과가 표면화되더라도 모든 단계에서 익명성이 보장되어야 한다.

④ 정책문제의 성격이나 원인, 결과 등에 대해 전문성과 통찰력을 지닌 사람들이 참여한다.

⑤ 찬반 양론자들에 대해 공개토론으로 갈등을 조장하여 상반된 두 의견을 유도한다.

04 미국의 소아마비 재단이 20년간의 활동 끝에 소아마비 예방백신의 개발 목표가 달성되자, 관절염과 불구아 출생의 예방 및 치료라는 새로운 목표를 채택하였다면 이와 관련된 개념은 무엇인가?

① 목표의 전환

② 목표의 승계

③ 목표의 비중변동

④ 목표의 다원화

⑤ 목표의 축소

---

01 주관적 미래예측기법인 델파이 분석(delphi technique)에 대한 설명이다. 델파이기법은 전문가들을 대상으로 반복적 설문조사를 통하여 주제에 대한 합의를 도출하는 질적 예측기법이다.
④ 변증법적 토론은 대립적인 찬·반 두개의 팀으로 나누어 토론을 진행하는 과정에서 합의를 형성하는 기법으로서 두 집단으로 나누어 토론을 하기 때문에 특정 대안의 장점과 단점이 최대한 노출될 수 있다.(지명반론자 기법도 변증법적 토론의 한 형태에 해당한다.)
⑤ 지명반론자기법은 특정 조직원 또는 집단을 반론을 제기하는 집단으로 지정하여 반론자 역할을 부여한 후, 반론자의 견해를 합리적으로 반영하여 이성적인 의사결정을 유도하는 기법이다.

02 브레인스토밍은 대면적 접촉하에 자유분방하게 의견을 교환하는 집단자유토의기법(두뇌풍선기법)으로 아이디어의 산출과 평가의 두 단계로 진행이 되며, 첫 단계인 아이디어 산출에서는 비판이 금지된다.

03 ③ 끝까지 익명성이 보장되는 의견수렴기법은 전통적 델파이에 해당한다. 정책델파이는 어느 정도 결론이 표면화되고 나면, 컴퓨터상의 회의·대화나 면대면 토론을 통해 찬반양론의 대립된 의견을 유도하는 선택적 익명성을 특징으로 한다.

04 제시된 사례는 소아마비 재단이 본래의 목표를 달성 후 새로운 목표를 설정하여 조직이 존속하는 경우를 설명한 예이므로 목표의 승계에 해당한다.
② 목표의 승계는 본래 표방한 정책목표를 달성하였거나 표방한 목표를 달성할 수 없을 경우 새로운 목표를 재설정하는 것이다.
① 목표의 전환 혹은 대치는 조직목표가 다른 목표(사익추구) 혹은 수단으로 대체되는 현상이다.
③ 목표의 비중변동은 목표의 우선순위가 변화하는 현상이다. 예컨대, IMF시기에 민주성보다 능률성을 우선적으로 추구한 것이 이에 해당한다.
④ 목표의 다원화(추가)는 기존 목표에 새로운 목표를 추가하는 것이다.
⑤ 목표의 축소는 동종 혹은 이종 목표의 수나 범위가 줄어드는 현상이다.

Answer 01. ① 02. ⑤ 03. ③ 04. ②

05 미헬스의 '과두제의 철칙' 현상에 가장 부합하는 조직목표 변동 유형은?

① 목표대치
② 목표확대
③ 목표추가
④ 목표승계
⑤ 목표축소

06 목표의 변동에 대한 설명 중 옳지 않은 것은 몇 개인가?

> ㄱ. 기존 목표에 새로운 목표를 추가하는 것은 목표의 승계이다.
> ㄴ. 법규만능주의적 태도는 목표의 전환을 초래한다.
> ㄷ. 대학교가 교육목표 외에 사회봉사목표를 추가하는 것은 목표의 확대이다.
> ㄹ. 월드컵 축구대표팀이 16강 진출을 목표로 했으나, 실력이 향상되어 대표팀의 목표를
> 8강 진출로 바꾼 것은 목표의 확대이다.
> ㅁ. 과두제의 철칙, 할거주의는 목표의 승계이다.
> ㅂ. 목표달성이 낙관적일 때 목표의 수준을 보다 더 높이는 것은 목표의 추가이다.

① 2개   ② 3개
③ 4개   ④ 5개
⑤ 없음

07 조직목표 변동의 한 유형으로 조직이 추구하고자 하는 원래의 목표가 다른 목표로 뒤바뀌어 조직의 목표가 왜곡되는 현상을 일컫는 용어는?

① 목표의 대치
② 목표의 추가
③ 목표의 승계
④ 목표의 비중변동
⑤ 목표의 축소

05 과두제의 철칙은 조직의 일부 소수가 조직을 지배하는 경우로서 이를 통해 본래의 조직목표보다 엘리트의 사익추구를 야기할 수 있다. 과두제의 철칙(사익추구), 할거주의(사익추구), 법규만능주의(규칙에 대한 집착), 동조과잉(규칙에 대한 집착)은 목표의 대치 혹은 전환이다.
② 목표확대는 목표의 범주를 확대하거나 목표의 수준을 높이는 것이다.
③ 목표추가는 기존의 목표에 새로운 목표를 추가하는 것이다.
④ 목표승계는 본래 표방한 정책목표를 달성하였거나 표방한 목표를 달성할 수 없을 경우 새로운 목표를 재설정하는 것이다.
⑤ 목표축소는 동종 혹은 이종 목표의 수나 범위가 줄어드는 현상이다.

06 ㄱ, ㄷ, ㅁ, ㅂ이 틀리고, ㄴ, ㄹ이 옳다.
ㄱ. 기존 목표에 새로운 목표를 추가하는 것은 목표의 다원화(추가)이다.
ㄷ. 대학교가 교육목표 외에 사회봉사목표를 추가하는 것은 목표의 다원화(추가)이다.
ㅁ. 과두제의 철칙, 할거주의, 법규만능주의, 동조과잉은 목표의 대치 혹은 전환이다.
ㅂ. 목표달성이 낙관적일 때 목표의 수준을 보다 더 높이는 것은 목표의 확대이다.
ㄴ. 법규만능주의적 태도는 목표의 전환(대치)을 초래한다.
ㄹ. 월드컵 축구대표팀이 16강 진출을 목표로 했으나, 실력이 향상되어 대표팀의 목표를 8강 진출로 바꾼 것은 목표의 수준을 높이는 목표의 확대이다.

07 문제는 목표의 대치에 대한 설명이다(목표의 대치 = 목표의 왜곡).

Answer 05. ① 06. ③ 07. ①

Chapter 04 정책결정

01 앨리슨(Allison)의 관료정치모형(모형 III)에 대한 설명으로 옳은 것은?

① 정책결정은 준해결(quasi-resolution)적 상태에 머무르는 경우가 많다.

② 정책결정자들은 국가 전체의 이익이나 전략적 목표를 극대화하기 위한 결정을 한다.

③ 정책결정에 참여하는 구성원들 간의 목표 공유 정도와 정책결정의 일관성이 모두 매우 낮다.

④ 정부는 단일한 결정주체가 아니며 반독립적(semi-autonomous) 하위조직들이 느슨하게 연결된 집합체이다.

⑤ SOP에 의한 결정을 설명할 수 있다.

02 정책결정모형에 대한 설명으로 옳은 것은?

① 점증모형은 완전한 지식과 정보를 이용하여 가치 극대화를 추구하는 데 중점을 둔다.

② 최적모형에서 설명하는 상위정책 결정단계(meta-policy making)에는 정책결정전략의 결정 등이 포함된다.

③ 혼합주사모형은 갈등의 준해결, 문제 중심의 탐색, 불확실성의 회피, 조직의 학습, 표준운영절차(SOP)의 활용 등을 특징으로 한다.

④ 쓰레기통모형은 불명확한 인과관계, 문제성 있는 선호 등으로 높은 불확실성에 직면한 개인이 어떤 결정행태를 보이는지 분석한다.

⑤ 만족모형은 객관적인 의사결정 기준을 제시한다.

03 합리모형에서 설명하는 합리성의 가정과 가장 거리가 먼 것은?

① 문제상황에 대한 명확성

② 각 대안 간 우선순위의 명확성

③ 목표달성에 대한 만족 기준의 명확성

④ 각 대안의 비용과 편익의 명확성

⑤ 달성하고자 하는 목표의 명확성

04 정책결정모형 중에서 점증모형을 주장하는 논리적 근거로 적절하지 않은 것은?

① 정치적 실현가능성

② 정책 쇄신성

③ 매몰비용 고려

④ 제한적 합리성

⑤ 인간의 안정지향성

05 정책결정이론의 하나인 혼합탐사모형에 대한 설명으로 옳은 것은?

① 정책결정자가 추구하는 가치들은 중요도에 따라 분류되고 서열화된다.

② 복잡한 상황을 단순화시켜 대안의 중요한 결과만을 예측한다.

③ 조직 내 하위조직 사이의 상이한 목표로 인한 갈등은 협상을 통해 해결한다.

④ 정책결정은 근본적인 결정과 세부적인 결정의 지속적인 상호작용에 의해 이루어진다.

⑤ 조직화된 무정부 상태를 긍정적인 측면에서 체계적으로 분석하고자 한다.

★

01 ③ 관료정치모형은 고위 관료 간 사익추구를 반영한 결정을 설명하고 있다. → 따라서 구성원 간 목표 공유도 및 정책결정의 일관성이 낮다.
①, ④, ⑤ 엘리슨모형 중 조직과정모형에 대한 내용이다.
② 엘리슨모형 중 합리적 행위자 모델에 대한 내용이다.

02 ② 최적모형에서 설명하는 초정책결정단계, 즉 상위정책 결정단계는 결정을 위한 단계이다. → 즉, 정책대안의 방향성을 정하는 과정이다.
① 합리모형에 대한 설명이다.
③ 회사모형에 대한 설명이다.
④ 쓰레기통모형은 집단적 의사결정 모형에 해당한다.
⑤ 만족모형은 만족할 만한 수준의 결정을 추구하는 바 주관적인 성격을 띠는 모델이다.

03 의사결정자의 만족 수준에서 대안을 결정하는 것은 만족모형과 관련된다. 나머지는 모두 합리모형의 가정이자 전제조건이다.

04 변화·쇄신은 합리모형, 안정·타협은 점증모형의 특징이다. 점증모형은 급격한 정책의 변화·쇄신보다는 현재보다 약간 향상된 대안을 중시하므로 근본적인 변화(쇄신)가 어려우며 점진적(한계적) 변화를 추구한다.

05 혼합탐사모형의 특성에 해당하는 설명은 ④이다. 혼합탐사모형은 Etzioni가 제시한 제3의 모형으로 규범적·이상적이긴 하나 비현실적인 합리모형과, 현실적·실증적이긴 하나 보수적인 점증모형을 전략적(변증법적)으로 절충한 통합모형이다. 정책결정을 근본적 결정과 세부적 결정으로 나누고 전자는 합리모형, 후자는 점증모형을 탄력적으로 투사·적용하여 두 가지 모형이 상호작용하는 것으로 보는 모형이다.
①은 합리모형, ②는 만족모형, ③은 회사모형, ⑤는 쓰레기통모형의 특성에 해당하는 설명이다.

Answer 01. ③ 02. ② 03. ③ 04. ② 05. ④

06 **정책결정모형에 관한 설명으로 옳은 것은?**

① 합리모형 - 일반적으로 인간의 제한된 분석능력을 보완할 수 있는 기능을 포함한다.

② 점증모형 - 정책결정과정에서 정치적 합리성보다 경제적 합리성을 더욱 중요시한다.

③ 사이버네틱스모형 - 습관적인 의사결정을 설명하는 데 유용하며 반복적인 의사결정 과정의 수정이 환류된다.

④ 쓰레기통모형 - 위계적인 조직구조의 의사결정과정에 적용되며 정책갈등 상황 해결에 유용하다.

⑤ 혼합모형 - 모형의 비현실성과 점증모형의 보수성을 타파하고 합리성과 초합리성의 조화를 추구한다.

07 **다음 중 쓰레기통모형에 대한 설명으로 옳지 않은 것은?**

① 명확하지 않은 인과관계를 토대로 해결책이 제시되는 경우가 많다.

② 이해관계자들의 지속적인 의사결정 참여가 어렵다.

③ 목표나 평가기준이 명확하지 않은 경우가 많다.

④ 현실적합성이 낮아 이론적으로만 설명이 가능한 모형이다.

⑤ 참여자들이 유동적이고 선호도 명확하지 않다.

08 **의사결정모형 중 쓰레기통모형의 내용이 아닌 것은?**

① 진빼기 결정

② 의사결정을 구성하는 네 가지의 흐름

③ 조직화된 무정부 상태

④ 갈등의 준해결

⑤ 간과 또는 탈피

09 앨리슨(G. Allison)의 세 가지 의사결정모형에 대한 설명으로 옳지 않은 것은?

① 집단적 의사결정을 국가의 정책결정에 적용하기 위해 합리적 행위자모형, 조직과정모형, 관료정치모형으로 분류하였다.

② 관료정치모형은 조직 하위계층에의 적용가능성이 높고, 조직과정모형은 조직 상위계층에서의 적용가능성이 높다.

③ 실제 정책결정과정에서는 어느 하나의 모형이 아니라 세 가지 모형이 모두 적용될 수 있다.

④ 원래 국제 정치적 사건과 위기적 사건에 대응하는 정책결정을 설명하기 위한 모형으로 고안되었으나, 일반정책에도 적용 가능하다.

⑤ 정책결정은 아무리 합리적 분석기법이 발달해도 정치적 요인에 의존할 수밖에 없다는 점을 강조한다.

---

06 ③만 옳다. ①은 합리모형이 아니라 만족모형이며, ②는 점증모형이 아니라 합리모형이다. ④ 쓰레기통모형은 반위계적인 조직구조의 의사결정에 적용되는 것이며, ⑤는 최적모형에 대한 설명이다.

07 ④는 합리모형의 한계이며, 쓰레기통모형은 불확실하고 무질서한 현실적 제약조건하에서 흔히 일어나는 의사결정과정을 현실성 있게 설명한다.
①의 불명확한 인과기술로 인하여 불완전한 지식, ②의 시간적 제약으로 인한 일시적(부분적) 참여, ③의 불분명한 선호와 목표를 가리켜 '조직화된 무질서 상태'라 한다. 이는 쓰레기통모형의 현실적인 의사결정의 전제조건에 해당한다.

08 ④ 갈등(문제)의 준해결은 쓰레기통모형이 아니라 회사모형(연합모형)의 특징이다. 갈등의 준해결이란 표면상으로는 갈등이 해결되었지만, 어느 부처의 입장에서도 완전한 만족을 주지 못하는 상태로서 받아들일 만한 수준의 의사결정을 의미한다. 나머지는 모두 쓰레기통모형의 특징이다.
① 진빼기 결정(탈피 : choice by flight)은 결정이 어려울 때 걸림돌이 되는 관련 문제 주장자들이 주장을 되풀이하다가 힘이 빠져 다른 의사결정 기회를 찾아 떠날 때까지 기다렸다가 의사결정을 하는 것을 말한다.
② 의사결정을 구성하는 네 가지의 흐름이란 문제, 해결책, 해결 기회, 참여자의 흐름을 가리킨다.
③ 조직화된 무정부 상태란 의사결정의 현실적 조건을 가리키는데, 불명확한 선호, 불명확한 지식, 유동적인 참여자를 말한다.

09 ②는 설명이 반대로 되어 있다. 앨리슨은 쿠바 미사일 위기 사건을 대상으로 의사결정모형 세 가지를 적용하여 분석하였다. 관료정치모형은 최고관리자들의 권위가 공식적 권위에서 나오기 때문에 그 분포량은 상위층에 넓게 분포하므로 상위계층에 적용된다. 조직과정모형은 하위 단위조직들이 권한을 행사하는데, 이들의 권위는 전문성으로부터 나오는 기능적 권위로서 하위계층에 넓게 분포하기 때문에 하위계층에 적용된다고 한다. 한편, 군대조직과 같은 합리모형의 의사결정자(사령관)의 권위는 전 계층에 고르게 분포하여야 하므로 전 계층에 적용할 수 있다고 본다.

Answer 06. ③　07. ④　08. ④　09. ②

10 앨리슨(Allison)의 정책결정모형 중 Model II(조직과정모형)에 대한 설명으로 옳지 않은 것은?

① 정부는 느슨하게 연결된 연합체이다.

② 권력은 반독립적인 하위조직에 분산된다.

③ 정책결정은 SOP에 의해 프로그램 목록에서 대안을 추출한다.

④ 정책결정의 일관성이 강하다.

⑤ 조직 하위계층에 적용하는 것이 타당하다.

10 ④는 합리적 행위자모형(모형1)에 해당한다.

Answer 10. ④

정책집행

01 정책집행의 상향적 접근(bottom-up approach)에 관한 설명으로 가장 적절하지 않은 것은?

① 정책결정과 정책집행을 엄밀히 구분해서 바라보는 이원론적 접근을 취한다.

② 정책목표 대신 집행문제의 해결에 논의의 초점을 맞춘다.

③ 일선관료가 정책집행과정에서 큰 영향력을 행사한다고 본다.

④ 집행의 제도적 구조, 집행 자원 배분 등 집행의 거시적 틀을 무시한다는 비판을 받는다.

⑤ 립스키는 상향식 접근을 주장한 대표적인 학자이다.

02 정책집행에 관한 연구 중에서 하향적(top-down) 접근방법이 중시하는 효과적 정책집행의 조건으로 옳은 것을 모두 고르면?

> ㄱ. 일선관료의 재량권 확대
> ㄴ. 지배기관들(sovereigns)의 지원
> ㄷ. 집행을 위한 자원의 확보
> ㄹ. 명확하고 일관성 있는 목표

① ㄱ, ㄴ   ② ㄱ, ㄷ

③ ㄴ, ㄹ   ④ ㄴ, ㄷ, ㄹ

⑤ ㄱ, ㄴ, ㄷ, ㄹ

---

01 ① 상향식 접근은 일선 공무원이 재량권을 바탕으로 정책을 결정하는 것을 인정하는 바 정치행정일원론적 접근이다.
② 상향식 접근은 현장에서 발생하는 문제의 해결에 초점을 두고 있다.
③ 상향식 접근은 재량권을 지닌 일선관료가 정책집행과정에서 큰 영향력을 행사한다고 본다.
④ 상향식 접근은 현장의 불확실성을 강조하는 까닭에 집행의 거시적 틀을 무시한다는 비판을 받는다.
⑤ 립스키는 상향식, 프레스먼 등은 하향식 접근을 주장한 학자이다.

02 ㄱ만 틀리다. 하향적 정책집행모형에 입각한 사바티어(Sabatier)의 성공적 집행요건을 묻는 문제로 ㄱ은 하향식 접근이 아니라 상향식 집행요건이다.

Answer   01. ①   02. ④

03 다음 중 정책집행 연구에 대한 설명으로 옳지 않은 것은?

① 마즈마니언(Mazmanian)과 사바티어(Sabatier)는 하향식 접근법의 발전에 기여하였다.

② 상향식 접근방법은 정책결정과 정책집행 간의 엄밀한 구분에 의문을 제기한다.

③ 상향식 접근론자들은 정책집행을 이해하기 위해서는 일선관료의 행태를 고찰하여야 한다고 본다.

④ 하향식 접근방법은 공식적 정책목표를 중요한 변수로 취급하지 않는다.

⑤ 하향식 접근방법은 정책현장보다는 정책문제 그 자체를 중시한다.

04 사바티어(P. Sabatier)와 마즈마니언(D. Mazmanian)이 효과적인 정책집행을 위해서 필요하다고 본 전제조건에 해당되지 않는 것은?

① 정책결정의 내용은 타당한 인과이론에 바탕을 둔 것이어야 한다.

② 법령은 명확한 정책지침을 가지고 대상 집단의 순응을 극대화시켜야 한다.

③ 정책목표의 집행과정에서 우선순위를 탄력적이고 신축적으로 조정하여야 한다.

④ 유능하고 헌신적인 관료가 정책집행을 담당해야 한다.

⑤ 결정된 정책에 대해 행정부와 입법부를 포함하여 조직화된 이익집단, 유권자 등의 지속적 지지를 받아야 한다.

05 립스키(M. Lipsky)의 일선관료제이론에 대한 설명으로 옳지 않은 것은?

① 일선관료는 시민들과 직접 대면하면서 정책을 집행하는 사람이다.

② 일선관료들은 일반적으로 과중한 업무부담을 가진다.

③ 일선관료들은 모호하고 대립적인 기대들이 존재하는 업무 환경 때문에 정책목표를 달성할 수 없는 경우가 많다.

④ 일선관료들의 재량권이 부족하여 업무가 지연된다.

⑤ 시간이 지날수록 업무를 정형화와 단순화해 버리는 경향이 강해진다.

06 립스키(M. Lipsky)의 일선관료제론에서 일선관료들이 처하게 되는 문제성 있는 업무환경이 아닌 것은?

① 불충분한 자원
② 권위에 대한 위협과 도전
③ 집행 업무의 단순화와 정형화
④ 모호하고 대립되는 기대
⑤ 고객에 대한 대면처리

07 정책집행에 대한 설명으로 옳지 않은 것은?

① 프레스만과 윌다브스키(Pressman & Wildavsky)는 집행과정상 공동행위의 복잡성을 강조하였다.
② 버만(Berman)은 집행현장에서 집행조직과 정책사업 사이의 상호적응의 중요성을 강조하였다.
③ 나카무라와 스몰우드(Nakamura & Smallwood)의 정책집행자 유형 중 관료적 기업가형은 정책의 대략적인 방향을 정책결정자가 정하고, 정책집행자들은 이 목표의 구체적 집행에 필요한 폭넓은 재량권을 위임받아 정책을 집행하는 유형이다.
④ 사바티어(Sabatier)는 정책집행의 하향식 접근법과 상향식 접근법의 통합모형을 제시하였다.
⑤ 정책창도연합모형은 핵심신념에 기초한 지지연합의 상호작용과 시간의 흐름에 따른 정책지향적 학습, 사회경제적 변동과 정치체제구조의 변화가 정책변동을 일으킨다고 본다.

★

03 하향식 접근법은 공식적 정책목표를 중요한 변수로 취급하며, 공식목표의 달성 여부를 정책 성패의 관건으로 본다. ①의 경우, 마즈마니언(Mazmanian)과 사바티어(Sabatier)는 하향식 접근법을 주장하다가 나중에 정책지지연합모형이라는 통합모형을 주장하였다. ② 상향식 접근법은 집행단계에서도 정책이 수정될 수 있다고 주장하는 점에서 그러하다. 그러므로 ③처럼 일선관료들의 행태에 관심을 둔다.

04 사바티어와 마즈마니언은 집행과정에서 정책목표의 우선순위를 탄력적이고 신축적으로 조정하기보다는 정책목표 및 정책목표 간 우선순위의 명확성과 안정성을 제시하였다.

05 일선관료제하에서 일선관료들은 상당 부분 재량권을 가지고 있지만, 인적·물적 자원 및 시간이 부족하여 실질적으로 재량권을 발휘하지 못하고 업무 지연 등 비효율성을 초래하게 된다.

06 ③은 일선관료가 처한 환경의 특성이 아니라 일선관료들이 나타내는 결과적 행동으로서 잘못된 적응 메커니즘(단순화와 정형화)에 해당한다.

07 ③은 관료적 기업가형이 아니라 재량적 실험가형에 해당한다. 전자는 정책과정 전반을 집행자가 지배하는 형태인 반면, 후자는 추상적 목표를 결정자가 수립하고, 구체적 목표와 수단을 집행자에게 위임하는 형태이다.

Answer 03. ④ 04. ③ 05. ④ 06. ③ 07. ③

08 나카무라(Nakamura)와 스몰우드(Smallwood)의 정책집행에 있어 다음은 어느 유형인가?

> ㄱ. 일반 여론이나 언론기관에서 치안문제 등에 대해서 정부가 '무엇인가를 해야 한다'라
> 는 강한 압력을 받고 있지만, 정책결정자들이 무엇을 어떻게 해야 할지 모르는 경우
> ㄴ. 대립, 갈등하고 있는 정책결정자들 간에 구체적 정책목표 및 정책수단에 대해 합의를
> 보지 못하고 있는 경우

① 지시적 위임가형
② 협상자형
③ 재량적 실험가형
④ 관료적 기업가형
⑤ 혁신가형

09 나카무라(Nakamura)와 스몰우드(Smallwood)의 정책모형 중 정책집행자의 권한이 가장 강한 유형은?

① 협상형(bargainers)
② 관료적 기업가형(bureaucratic entrepreneur)
③ 고전적 기술자형(classical technocrats)
④ 지시적 위임형(instructed delegates)
⑤ 재량적 실험가형(discretionary experimenters)

★

08 ③ 제시문은 정책목표를 구체적으로 제시하지 못할 때 정책집행자가 정책목표를 구체화시키는 재량적 실험가
형에 해당하는 설명이다.
⑤는 관료적 기업가형을 가리킨다.

09 나카무라(Nakamura)와 스몰우드(Smallwood)의 정책모형 중 정책집행자의 권한이 가장 강한 유형은 관료적
기업가형이다.

Answer 08. ③ 09. ②

---

01 정책분석 및 평가연구에 적용되는 기준 중 내적 타당성에 대한 설명으로 옳은 것은?

① 분석 및 평가 결과를 다른 상황에서도 적용할 수 있는 정도를 의미한다.

② 이론적 구성요소들의 추상적 개념을 성공적으로 조작화한 정도를 의미한다.

③ 집행된 정책내용과 발생한 정책효과 간의 관계에 대한 인과적 추론의 정확성 정도를 의미한다.

④ 반복해서 측정했을 때 일관성 있는 결과를 얻는 정도를 의미한다.

⑤ 직무의 내용과 시험의 내용이 일치하는 정도를 뜻한다.

02 정책변동 유형 중 정책목표는 변동되지 않고 정책 또는 정책수단(조직·예산)을 근본적으로 수정 또는 대체하는 것으로서, 현존하는 정책의 기본적 성격을 바꾸는 것은?

① 정책승계   ② 정책유지   ③ 정책종결
④ 정책혁신   ⑤ 정책분할

★

01 ③ 내적 타당성은 정확한 인과관계를 의미한다.
① 외적 타당성에 대한 내용이다.
② 구성적 타당성에 대한 내용이다.
④ 신뢰도에 대한 내용이다.
⑤ 내용적 타당성에 대한 내용이다.

02 호그우드(Hogwood)와 피터스(Peters)는 정책변동의 유형으로 정책유지, 정책종결, 정책승계, 정책혁신을 들고 있는데, 설문은 정책승계에 해당한다.

정책혁신	• 기존에 없던 새로운 정책을 결정하는 것 → 기존에 없던 정책을 새롭게 형성하여 새로운 목표를 달성하는 것 • 기존에 없던 정책을 형성하는 과정에서 기존의 조직과 예산을 활용하지 않음
정책유지	본래의 정책목표를 달성하기 위해 기본적인 골자는 유지하지만 실질적인 정책내용은 변하지 않는 현상
정책종결	정책목표를 달성하기 위한 전반적인 정책수단을 소멸(기존의 정책 소멸)시키고 이를 대체할 다른 정책을 마련하지 않는 것
정책승계	정책의 기본적인 골자를 변화시키는 것(실제 정책과정에서 가장 많이 나타나는 유형) : 기존의 정책 → 새로운 정책
정책분할	하나의 정책이 둘 이상으로 분할되는 것

Answer 01. ③   02. ①

03 정책평가에 대한 설명으로 옳지 않은 것은?

① 역사요인, 성숙요인, 회귀요인은 모두 내적 타당성의 저해요인이다.

② 실험대상자들이 실험의 대상으로 자신들이 관찰되고 있다는 사실을 알게 되어 평소와 다른 행동을 함으로써 발생하는 효과는 외적 타당성의 저해요인이다.

③ 통계적 결론의 타당성은 1종 오류 및 2종 오류를 범하지 않는 정도를 말한다.

④ 총괄평가는 프로그램이 집행과정에 있으며 여전히 유동적일 때 프로그램의 개선을 위해서 실시하는 평가이다.

⑤ 총괄평가는 정책집행 후 목표의 달성도 등을 평가한다.

04 정책평가에 관한 설명으로 옳지 않은 것은?

① 준실험설계는 실험집단과 통제집단의 동질성을 확보하여야 한다.

② 내적 타당성은 정책집행 이후 변화가 오직 해당 정책에 기인한 것인지 아닌지를 밝히는 것과 관련된다.

③ 외적 타당성은 정책평가 결과의 일반화 가능성을 의미한다.

④ 허위변수는 두 변수 간에 전혀 관계가 없는데도 인과관계가 있는 것처럼 보이게 하는 제3의 변수이다.

⑤ 매개변수는 독립변수와 종속변수를 연결하는 변수이다.

05 정책평가의 유형에 대한 설명으로 옳지 않은 것은?

① 총괄평가(summative evaluation)는 정책집행이 종료된 후에 그 성과나 효과를 평가하는 것이다.

② 형성평가(formative evaluation)는 정책집행 도중에 과정의 적절성과 수단·목표 간 인과성 등을 평가하는 것이다.

③ 총괄평가는 주로 내부 평가자에 의해 수행된다.

④ 형성평가는 주로 내부 평가자 및 외부 평가자의 자문에 의해 평가를 진행하며, 정책집행단계에서 정책담당자 등을 돕기 위한 것이다.

⑤ 평가성사정은 프로그램 설계에 대한 예비평가로서, 공식평가나 의사평가의 결함을 극복하기 위해 W. Dunn이 제시하였다.

06 정책평가의 방법에 대한 설명으로 옳지 않은 것은?

① 착수직전분석(front-end-analysis)은 새로운 프로그램을 집행하거나 평가하기 위하여 집행 또는 평가에 착수하기 직전에 수행되는 평가작업이다.

② 평가성사정(evaluation assessment)은 평가의 실행가능성 등을 조사하는 일종의 예비평가이다.

③ 광의로서 과정평가는 계획의 준수여부를 평가한다.

④ 총괄평가(summative evaluation)는 정책이 집행되고 난 후에 인과관계의 경로를 검증·확인하고 정책이 사회에 미친 영향(impact)을 추정하는 판단활동이다.

⑤ 포괄적 평가(comprehensive evaluation)란 과정평가와 영향평가를 모두 포함하는 평가를 말한다.

★

03 ④는 형성평가(formative evaluation)에 대한 설명이다. → 총괄평가는 정책이 종료된 후에 그 정책이 당초 의도했던 효과를 가져왔는지의 여부를 판단하는 활동이다.
① 역사요인, 성숙요인, 회귀요인, 상실요인, 도구요인 등은 모두 내적 타당성의 저해요인이다.
② 선지는 호손효과에 대한 설명이며, 이는 외적 타당성의 저해요인이다.
③ 통계적 결론의 타당성은 경솔한 판단(1종 오류)과 지나치게 신중한 판단(2종 오류)을 범하지 않는 정도이다.

04 ① 준실험설계는 무작위 배정이 아닌 작위적 배정을 하는 바 표본의 동질성을 확보하지 못한다. 실험설계의 유형 중에서 표본의 동질성을 확보할 수 있는 것은 진실험설계이다.
② 내적 타당성은 정확한 인과관계와 관련된 개념이다.
③ 외적 타당성은 특정한 지식을 일반화할 수 있는 정도를 의미한다.
④ 허위변수는 두 변수 간에 전혀 관계가 없는데도 인과관계가 있는 것처럼 보이게 하는, 즉 허위관계를 만들어 내는 제3의 변수이다.
⑤ 매개변수는 독립변수의 종속변수이자, 종속변수의 독립변수 역할을 수행한다.

05 총괄평가는 정책집행이 종료된 후 정책 프로그램의 최종 성과를 확인하기 위한 평가(①)로서 이를 통해 정책 프로그램의 지속, 중단, 확대 등 정책적 판단을 하게 된다. 평가를 환류하여 '최종안'을 개선하는 자료는 과정평가나 형성평가를 통해 획득된다. 한편 평가자가 내부인인가 외부인인가 여부는 정책사업에 따라 선택할 문제이므로 이것이 총괄평가인지 여부를 확인하는 주요 기준이라고 볼 수는 없다. 다만 주로 외부 평가자에 의해 수행되는 것이 일반적이라고 할 수는 있다.
② 형성평가(집행분석)는 정책이 집행되는 과정·절차가 원래 의도한 대로 진행되는지를 집행 도중에 모니터링함으로써 정책집행 과정에서 발생하는 문제점을 개선하려는 목적으로 수행되는 평가이다. 그러므로 정책 프로그램에 대한 피드백을 위해 주로 내부 평가자와 외부 평가자의 자문에 의해 평가를 진행하고, 그 결과는 정책집행고정에 환류함으로써 정책집행자에게 도움을 제공하게 된다.

06 '인과관계의 경로를 검증·확인'하는 것은 정책의 인과경로를 평가하는 것으로 협의의 과정평가(인과관계의 경로평가)에 해당한다. 총괄평가는 정책수단과 정책효과 간의 '인과관계 유무'를 추정하여 정책이 사회에 미친 영향을 알아보려는 것이지 정책효과가 어떠한 인과경로를 통하여 발생하였는지를 알아보는 '인과경로 평가'는 아니다.

Answer 03. ④ 04. ① 05. ③ 06. ④

07 쿡(Cook)과 캠벨(Cambell)이 분류한 정책타당도에 대한 설명으로 옳지 않은 것은?

① 내적 타당도는 정책수단과 정책효과 사이의 인과관계를 파악할 수 있게 한다.

② 외적 타당도는 정책이 다른 상황에서도 실험에서 발견된 효과들이 그대로 나타날 수 있는가이다.

③ 구성타당도(개념적 타당도)란 처리, 결과, 상황 등에 대한 이론적 구성요소들이 성공적으로 조직화된 정도를 말한다.

④ 결론타당도(통계적 타당도)란 정책실시와 영향의 관계에서 정확도를 의미한다.

⑤ 크리밍(creaming)효과, 호손(Hawthorne)효과는 내적 타당도를 저해하는 요인이다.

08 정책평가에 있어서 평가 대상 프로그램과 성과 간의 실질적인 상관관계가 일부 존재하기는 하나 실제보다 과대 혹은 과소 추정되는 경우가 발생할 수 있다. 이때 정책평가자가 가장 우려해야 할 변수는?

① 허위변수   ② 혼란변수   ③ 선행변수
④ 독립변수   ⑤ 종속변수

09 다음 제시문의 ㄱ, ㄴ에 들어갈 용어가 바르게 연결된 것은?

> (ㄱ)는 독립변수인 정책수단과 함께 종속변수인 정책효과를 가져오는 요인으로 정책수단과 정책효과 사이의 인과관계를 과대 또는 과소평가한다. (ㄴ)는 독립변수인 정책수단의 효과가 전혀 없을 때, 숨어서 정책효과를 가져오는 변수로 정책수단과 정책효과 사이의 인과관계를 완전히 왜곡하는 요인이다.

	ㄱ	ㄴ
①	허위변수	왜곡변수
②	혼란변수	허위변수
③	혼란변수	매개변수
④	억제변수	혼란변수
⑤	선행변수	억제변수

10 정책평가에 있어 타당성(validity)과 관련된 설명으로 옳지 않은 것은?

① 외적 타당성(external validity)은 어떤 특정한 상황에서 내적 타당성을 확보한 정책평가가 다른 상황에서도 적용될 가능성을 의미한다.

② 정책평가를 위하여 고찰된 통계적·실험적 방법들은 외적 타당성을 제고하는 것을 제1차적 목적으로 한다.

③ 성숙효과(maturation effect)는 평가에 동원된 집단구성원들이 정책의 효과와는 관계없이 스스로 성장함으로써 나타날 수 있는 효과로서 내적 타당성을 저하시킬 수 있는 요인에 속한다.

④ 회귀인공요소(regression artifact)들은 프로그램 집행 전의 1회 측정에서 극단적인 점수를 얻은 것을 기초로 개인들을 선발하게 되면, 다음의 측정에서 그들의 평균점수가 덜 극단적인 방향으로 이동하게 되는 것을 의미한다.

⑤ 선정요소는 실험집단과 통제집단을 구성할 때 구성원의 동질성을 확보하지 않아서 통제집단이 아닌 실험집단에 선정되었다는 이유만으로 측정이 부정확해지는 현상이다.

★

07 호손효과는 정책평가의 외적 타당도를 저하시키는 요인이다. 크리밍효과(creaming effect)란 모집단에서 선정(선발)을 잘못하여 표본이 모집단을 대표하지 못하는 현상을 말한다. 따라서 크리밍효과(creaming effect)는 선정요인으로 인해 대표성을 확보하지 못해서 나타나는 현상이므로 내적 타당도와 외적 타당도 모두를 저해한다.

08 ② 문제의 내용은 혼란변수에 해당한다.
① 허위변수는 이와 정반대로 실질적인 상관관계는 없으나 외형적으로 관계가 있는 것처럼 보이게 하는 제3의 변수를 가리킨다.
③ 선행변수는 독립변수보다 선행하여 독립변수에 영향력을 행사하는 변수이다.
④ 독립변수는 종속변수에 독립적으로 영향을 미치는 변수이다.
⑤ 종속변수는 독립변수에 종속되어 독립변수의 변화에 따라 공동으로 변화하는 변수이다.

09 혼란변수란 정책효과를 실제보다 과대 또는 과소평가하도록 영향을 미치는 제3의 변수를 말하며, 허위변수란 실제로는 없는 정책효과를 마치 있는 것처럼 영향을 주는 변수를 의미한다. 그러므로 ㄱ은 혼란변수, ㄴ은 허위변수에 해당한다.

10 정책평가를 위하여 고찰된 모든 통계적·실험적 방법들은 내적 타당성을 제고하는 것을 주요(제1차적) 목적으로 한다. 여러 타당도 중에서도 내적 타당도가 실험적 방법이 확보해야 할 생명과도 같은 것이기 때문이다.

Answer 07. ⑤   08. ②   09. ②   10. ②

11 내적 타당성의 위협 요인에 대한 설명을 바르게 연결한 것은?

> A. 실험(testing)효과
> B. 회귀(regression)효과
> C. 성숙(maturation)효과
> D. 역사(history)효과

> ㄱ. 순전히 시간의 경과 때문에 발생하는 조사대상 집단의 특성 변화가 나타나는 경우
> ㄴ. 정책 및 프로그램의 실시 전후 유사한 검사를 반복하는 경우에 시험에 친숙도가 높아져 측정값에 영향을 미치는 경우
> ㄷ. 특정 프로그램 처리가 집행될 즈음에 발생한 다른 어떤 외부적 사건 때문에 나타난 효과
> ㄹ. 극단적인 점수를 얻은 실험대상들이 시간이 흐름에 따라 보다 덜 극난적인 상태로 표류하게 되는 경향

	A	B	C	D
①	ㄱ	ㄴ	ㄹ	ㄷ
②	ㄴ	ㄹ	ㄱ	ㄷ
③	ㄹ	ㄷ	ㄴ	ㄱ
④	ㄹ	ㄷ	ㄱ	ㄴ
⑤	ㄷ	ㄴ	ㄹ	ㄱ

12 다음 내용에서 정책평가의 내적 타당성을 위협하는 요인은?

> 정부는 혼잡통행료 제도의 효과를 측정하기 위해 혼잡통행료 실시 이전과 이후의 도심의 교통 흐름도를 측정, 비교하였다. 그런데 두 측정 시점 사이에 유류가격이 급등하는 상황이 발생하였다.

① 상실요인
② 회귀요인
③ 역사요인
④ 검사요인
⑤ 오염효과

13 호그우드(Hogwood)와 피터스(Peters)의 정책변동 유형 중 다음은 어떤 유형인가?

> • 정책의 기본골격은 유지하면서 정책의 구체적인 구성요소들이 지속적으로 완만하게 대체 또는 변경해 나가는 형태이다.
> • 이는 기존정책의 전면적인 교체가 아니라 원래의 정책목표에 충실할 수 있도록 정책산출을 조정한다.
> • 정책목표의 변동 없이 정책수혜자집단의 범위나 수혜 수준을 조정하는 경우가 이에 해당한다.
> • 예를 들면, 정부미 방출정책은 유지하면서 추곡수매 예산액을 축소한다.

① 정책혁신   ② 정책종결   ③ 정책유지
④ 정책승계   ⑤ 정책전환

14 정책의 효과가 다른 경쟁적 원인보다는 당해 정책에만 기인하는 것이라고 판단할 수 있는 정도를 의미하는 것은?

① 구성적 타당성   ② 통계적 결론의 타당성   ③ 내적 타당성
④ 외적 타당성   ⑤ 내용적 타당성

★

11 ㄱ은 성숙(maturation, 성장)효과, ㄴ은 실험(testing, 측정)효과, ㄷ은 역사(history, 사건)효과, ㄹ은 회귀(regression)효과에 해당한다.

12 제시문은 혼잡통행료 제도라는 정책과 그 정책의 효과 간 인과관계를 측정하려는 것으로, 정책투입과 효과 발생 사이에 유류가격 급등이라는 역사적 사건이 발생한 것이므로 역사요인 또는 사건효과에 해당한다.

13 제시문의 설명은 정책유지에 해당한다. 정책목적이 유지된다는 점에서는 정책유지와 승계 모두 같다. 문제는 정책수단의 실질적 변화, 즉 기본적 성격의 변화 여부에 따라 양자가 구분되는데, 실질적 정책수단의 변화는 정책승계이나, 수단의 실질적 변화 없이 사소한 절차상의 변화만을 가져오는 것은 정책유지에 해당한다. 사례는 사소한 절차상의 변화를 선택하였다는 점에서 정책승계가 아닌 정책유지라고 보아야 한다.

14 문제는 내적 타당성에 관한 설명이다. 내적 타당성은 인과관계의 정확성 정도를 의미하는 개념이므로 특정 결과가 오로지 한 개의 원인에 의해 발생한다면 내적인 타당성이 높다고 할 수 있다.

외적 타당성	특정 상황, 시기 및 집단에서 얻은 연구결과의 일반화 범위
통계적 결론의 타당성	• 정책수단과 이로 인한 변화 사이에 관련이 있는지에 대한 통계적인 의사결정의 타당성 • 통계학에서 말하는 제1종 오류와 제2종 오류를 범할 경우 통계적 결론의 타당성은 낮아지는 바 정책효과의 측정을 위해 충분히 정밀한 연구 설계가 이루어진 정도를 의미함
구성적 타당성	• 추상적인 개념을 잘 측정했는가(조작화)를 나타내는 개념 • 연구에서 이용된 이론적 개념과 이를 측정하는 측정 수단 간의 일치정도
내용적 타당성	시험의 내용과 직무의 내용이 일치하는 정도

Answer   11. ②   12. ③   13. ③   14. ③

Part

03

조직론

조직구조론

01 조직구조에 대한 설명으로 옳지 않은 것은?

① 일반적으로 단순하고 반복적 직무일수록, 조직의 규모가 클수록 그리고 안정적인 조직환경일수록 공식화가 높아진다.

② 조직구조의 구성요소 중 집권화란 조직 내에 존재하는 활동이 분화되어 있는 성도를 말한다.

③ 지나친 전문화는 조직구성원을 기계화하고 비인간화시키며, 조직구성원 간의 조정을 어렵게 하는 단점이 있다.

④ 공식화의 정도가 높을수록 조직적응력은 떨어진다.

⑤ 유기적인 조직일수록 책임관계가 모호할 가능성이 크다.

02 조직의 구조를 결정하는 기본변수가 아닌 것은?

① 의사결정 권한의 분산 정도

② 구조의 수직적 · 수평적 분화 정도

③ 행동을 표준화하는 문서화 · 규정화의 정도

④ 조직의 투입을 산출로 전환하는 데 필요한 지식 및 기술(skills)의 정도

⑤ 지리적 · 공간적 분화 정도

03 조직구조에 대한 설명으로 옳지 않은 것은?

① 수평적 분화가 심할수록 전문성을 가진 부서 간 커뮤니케이션과 업무협조가 용이하다.

② 수직적 분화는 조직의 종적인 분화로서 책임과 권한의 계층적 분화를 말한다.

③ 공간적 분화는 조직의 구성원과 물리적인 시설이 지역적으로 분산되어 있는 정도를 말한다.

④ 구조의 복잡성은 조직이 얼마나 나누어지고 흩어져 있는가의 분화 정도를 말한다.

⑤ 복잡성은 조직의 분화 정도를 나타내는 구조설계의 기본변수이다.

04 조직구조에 대한 설명으로 옳지 않은 것은?

① 공식화(formalization)의 수준이 높을수록 조직구성원의 재량이 증가한다.

② 통솔범위(span of control)가 넓은 조직은 일반적으로 저층구조의 형태를 보인다.

③ 집권화(centralization)의 수준이 높은 조직의 의사결정 권한은 조직의 상층부에 집중된다.

④ 명령체계(chain of command)는 조직 내 구성원을 연결하는 연속된 권한의 흐름으로, 누가 누구에게 보고하는지를 결정한다.

⑤ 공식화(formalization)의 수준은 조직 내 존재하는 규칙의 수를 의미한다.

★

01 ② 조직구조의 구성요소 중 집권화는 의사결정권이 조직의 상층부에 집중된 정도를 의미한다. → 조직 내에 존재하는 활동이 분화되어 있는 정도는 복잡성과 관련된 내용이다.
① 일반적으로 일상적인 기술을 활용할수록, 조직의 규모가 클수록 그리고 조직환경이 안정적일수록 공식화가 높아진다.
③ 지나친 전문화는 조직구성원을 부품화하고, 조직구성원 간의 통합 및 조정을 어렵게 하는 단점이 있다.
④ 표준화 정도가 높을수록(규칙의 수가 많을수록) 조직적응력은 떨어진다.
⑤ 유기적인 조직일수록 조직의 경계가 불투명한 까닭에 책임관계가 모호할 가능성이 크다.

02 조직의 구조적 특성을 나타내는 대표적인 지표(구조변수)는 일반적으로 조직구조 형성에 직접 영향을 미치는 기본변수를 말하는데, 기본변수에는 복잡성(분화), 공식화, 집권성이 있다. 기술·규모·환경 등 상황변수는 기본변수에 영향을 미치는 이차적·간접적인 변수이다. ④는 상황변수 중 기술에 관한 설명이다.
①은 집권성, ②와 ⑤는 복잡성, ③은 공식화에 대한 설명이다.

03 ① 수평적 분화는 개인 간·단위부서 간 업무의 세분화(분업)를 의미하기 때문에 세분화가 심할수록 부서 간 커뮤니케이션과 업무협조가 어려워진다.
② 수직적 분화는 조직 내 계층의 수를 의미하며, 수직적 분화가 심화될수록 조직은 명확한 상하관계를 가진 위계질서로 구성되며, 계층의 각 수준마다 권한과 책임이 달라지게 된다.
③ 공간적 분화는 장소적 또는 지역적 분화라고도 하는데, 이는 조직의 물리적인 이용시설·생활시설 등의 복지시설과 사회복지사 등의 인력 등이 지리적으로 흩어져 있는 정도를 의미한다.
④ 구조의 복잡성은 분화의 정도를 의미하며, 조직목적을 달성하기 위한 활동이 분산되어 있는 정도를 가리킨다.

04 ① 공식화의 수준(규칙의 수)이 높을수록 구성원의 재량이 감소한다.
② 통솔범위는 적절한 부하의 수를 의미한다. 따라서 한 사람이 관리하는 부하의 수가 많을수록 하나의 계층에 존재하는 구성원이 증가하는 바 통솔범위(span of control)가 넓은 조직은 일반적으로 저층구조의 형태를 보인다.
③ 집권화(centralization)는 의사결정권이 조직의 상층부에 집중된 정도를 나타낸다.
④ 명령체계(chain of command)는 조직의 보고체계를 의미한다.
⑤ 공식화(formalization)의 수준은 표준화 정도를 뜻한다.

Answer 01. ② 02. ④ 03. ① 04. ①

05 조직의 구조적 특성에 대한 설명으로 옳지 않은 것은?

① 복잡성은 조직의 분화 정도를 의미하며, 단위 부서 간에 업무를 세분화하는 것을 수직적 분화라고 한다.

② 공간적 분화는 조직의 시설과 구성원이 물리적으로 분리되어 있는 정도를 의미한다.

③ 공식화는 일반적으로 업무수행 방식에 대한 공식적 규정의 수준을 의미한다.

④ 집권화는 의사결정 권한이 조직의 고위층에 집중되어 있는 정도를 의미한다.

⑤ 수직적 분화는 조직 내 계층의 수를 나타낸다.

06 조직상황 요인과 조직구조 간의 관계를 설명한 것으로 옳지 않은 것은?

① 조직 규모가 커질수록, 복잡성 정도가 낮은 조직구조가 적합하다.

② 조직 환경이 불확실할수록, 분권화 정도는 높고 공식화 정도는 낮은 조직구조가 적합하다.

③ 조직이 비일상적인 기술을 사용할수록, 분권화 정도는 높고 공식화 정도는 낮은 조직구조가 적합하다.

④ 조직 규모가 커질수록, 공식화 정도가 높은 조직구조가 적합하다.

⑤ 조직 규모가 커질수록, 집권화 정도가 낮은 조직구조가 적합하다.

★

05 ① 복잡성은 조직의 분화 정도를 의미하며, 단위 부서 간에 업무를 세분화하는 것은 수평적인 분화라고 한다. 수직적인 분화는 계층의 수를 의미한다.
② 공간적 분화는 조직의 물리적인 시설(사무실, 공장, 창고 등)과 구성원이 지역적으로 분산되어 있는 정도를 의미한다.
③ 공식화는 일반적으로 업무수행 방식에 대한 표준화 정도를 의미한다.
④ 집권화는 의사결정 권한이 조직의 상층부에 집중되어 있는 정도를 의미한다.

06 ① 조직 규모가 커질수록, 복잡성 정도가 높은 조직구조가 적합하다.
※ 상황변수와 기본변수 간 관계

구분		복잡성	공식화	집권화
규모	조직의 규모↑	+	+	−
환경	불확실성↑	+	−	−
기술	비일상적 기술↑	+	−	−

Answer　05. ①　　06. ①

조직유형론

01 **조직구조의 유형에 대한 설명으로 옳지 않은 것은?**

① 사업(부)구조는 조직의 산출물에 기반을 둔 구조화 방식으로 사업(부) 간 기능 조정이 용이하다.

② 매트릭스 구조는 수직적 기능구조에 수평적 사업구조를 결합시켜 조직운영상의 신축성을 확보한다.

③ 네트워크 구조는 복수의 조직이 각자의 경계를 넘어 연결고리를 통해 결합관계를 이루어 환경 변화에 대처한다.

④ 수평(팀제)구조는 핵심업무 과정 중심의 구조화 방식으로 부서 사이의 경계를 제거하여 의사소통을 원활하게 한다.

⑤ 관료제는 대표적인 기계적 구조에 해당한다.

★

01 ① 조직 내 각 사업구조는 독립적인 조직이므로 사업구조 간 기능 조정은 필요 없다.

② 매트릭스 구조는 기능구조와 사업구조를 결합한 조직이며, 유기적 구조에 해당한다.

③ 네트워크 구조는 여러 하위조직 간 협력적 네트워크를 활용하여 환경 변화에 대처하는 유기적 구조이다.

④ 수평구조는 팀별 핵심업무를 연결한 조직이며, 유기적 구조에 해당한다.

⑤ 관료제는 복잡성, 공식화, 집권화 수준이 높은 조직이므로 기계적 구조이다.

`Answer` **01.** ①

02 조직구조에 관한 설명으로 옳지 않은 것은?

① 수평구조는 수직적 계층과 부서 간 경계를 실질적으로 제거하고 의사소통을 원활하게 만든 유기적 구조이다.

② 네트워크 조직은 높은 독자성을 지닌 조직 단위나 조직들 간에 협력적 연계장치로 구성된 조직으로 조직행위자 간 상호의존성과 관계성이 중요시된다.

③ 기계적 구조는 조직의 외부환경이 안정적일 때 채택되며, 의사결정 집권화, 규칙과 절차 준수, 명확한 업무구분이 특징이다.

④ 학습조직은 시행착오나 실패를 두려워하여 철저한 사전 준비를 통해 시행착오나 실패의 제로(zero)를 추구한다.

⑤ 사업구조는 자기완결적 단위라는 특징을 지닌다.

03 외부환경의 불확실성에 대응하는 조직구조상의 특징에 따라 기계적 조직과 유기적 조직으로 구분하는 경우에, 유기적 조직의 특성에 해당하는 것만을 모두 고른 것은?

ㄱ. 넓은 직무 범위	ㄴ. 분명한 책임관계
ㄷ. 몰인간적 대면관계	ㄹ. 다원화된 의사소통 채널
ㅁ. 높은 공식화 수준	ㅂ. 모호한 책임관계

① ㄱ, ㄹ, ㅂ   ② ㄴ, ㄷ, ㅁ

③ ㄴ, ㄹ, ㅁ   ④ ㄱ, ㄷ, ㅂ

⑤ ㄹ, ㅁ, ㅂ

04 조직구조모형을 유기적인 성격이 약한 것에서 강한 것 순으로 바르게 배열한 것은?

① 네트워크 구조 < 매트릭스 구조 < 수평구조 < 사업구조 < 기능구조

② 수평구조 < 기능구조 < 사업구조 < 매트릭스 구조 < 네트워크 구조

③ 기능구조 < 사업구조 < 매트릭스 구조 < 수평구조 < 네트워크 구조

④ 사업구조 < 매트릭스 구조 < 기능구조 < 수평구조 < 네트워크 구조

⑤ 매트릭스 구조 < 사업구조 < 기능구조 < 수평구조 < 네트워크 구조

05 **다음 중 조직모형에 대한 설명으로 옳지 않은 것은?**

① 사업구조는 각 기능의 조정이 사업부서 내에서 이루어지므로 기능구조보다 분권적인 조직구조를 갖고 있다.

② 매트릭스 구조는 단일의 권한체계를 통하여 불안정하고 급변하는 조직환경에 대응하고자 고안된 조직구조이다.

③ 팀 구조는 특정한 업무과정에서 일하는 개인을 팀으로 모아 의사소통과 조정을 쉽게 하는 조직구조이다.

④ 네트워크 구조는 핵심기능을 제외한 기능들을 외부기관과의 계약관계를 통하여 수행하는 조직구조이다.

⑤ 기능구조는 조직의 전체업무를 공동기능별로 부서화한 조직으로 수평적 조정의 필요성이 낮을 때 효과적이다.

---

02 ④ 학습조직은 시행착오나 실패를 두려워하는 것이 아니라 오히려 시행착오나 실패를 통하여 학습능력과 문제해결능력을 제고할 수 있다는 점을 강조하는 조직이다.
① 수평구조는 핵심업무 과정을 중시하는 조직으로 수직적 계층과 부서 간 경계를 실질적으로 제거하고 의사소통을 원활하게 만든 유기적 구조이다.
② 네트워크 조직은 핵심기능을 수행하는 주요 조직과 높은 독자성을 지닌 조직 단위나 조직 간에 협력적 연계장치로 구성된 조직으로 조직행위자 간 상호의존성과 관계성이 중요하다.
③ 기계적 구조는 높은 수준의 복잡성, 공식화, 집권화의 특징을 지니는 바 조직의 외부환경이 안정적일 때 채택되며, 의사결정 집권화, 규칙과 절차 준수, 명확한 업무 구분 등을 중시한다.
⑤ 사업구조는 특정 사업을 운영하기 위한 필수적 기능을 모두 지니고 있다.

03 ㄱ, ㄹ, ㅂ만 유기적 구조의 특징에 해당한다. 나머지는 모두 기계적 구조의 특징이다.

04 기계적 구조에서부터 유기적 구조 순서대로 나열하면 '기계적 구조 → 기능구조 → 사업구조 → 매트릭스 구조 → 수평구조 → 네트워크 구조 → 유기적 구조' 순이다.

05 매트릭스 조직은 기능구조와 사업부제를 결합하여 인적·물적자원을 공유하는 이중구조적 조직으로, 이중적 권한체계를 통하여 불확실한 환경에 대응하려는 동태적 조직이다.

Answer **02.** ④ **03.** ① **04.** ③ **05.** ②

06 조직구조의 유형 중에서 기능별 구조(functional structure)와 비교하여 사업별 구조(divisional structure)가 가지는 장점으로 보기 어려운 것은?

① 사업부서 내의 기능 간 조정이 용이하고 변화하는 환경에 신속하게 대응할 수 있다.

② 성과 책임의 소재가 분명해 성과관리체제에 유리하다.

③ 특정 산출물별로 운영되기 때문에 고객만족도를 제고할 수 있다.

④ 중복과 낭비를 예방하고 기능 내에서 규모의 경제를 구현할 수 있다.

⑤ 부서 간 상호의존성이 중요하고, 외부지향적인 조직목표를 가진 경우에 유리하다.

07 조직구조에 있어 기능구조와 사업구조의 장단점에 대한 설명으로 가장 옳지 않은 것은?

① 기능구조는 중복과 낭비를 예방하고, 기능 내에서 규모의 경제를 구현할 수 있다.

② 기능구조는 각 기능부서들 간의 조정과 협력이 요구되는 환경에 적응하기 곤란할 수 있다.

③ 사업구조는 의사결정의 상위 집중화로 최고관리층의 업무부담이 증가될 수 있다.

④ 사업구조는 성과 책임의 소재가 분명해 성과관리체제에 유리하다.

⑤ 기능구조는 특정 기능에 관련된 구성원들의 지식과 기술을 통합적으로 활용할 수 있다.

08 매트릭스(matrix) 조직구조의 특징으로 옳지 않은 것은?

① 잦은 대면과 회의를 통해 과업조정이 이루어지기 때문에 신속한 결정이 가능하다.

② 구성원들은 다양한 경험을 통해 전문기술을 개발하면서, 넓은 시야와 목표관을 가질 수 있다.

③ 급변하는 환경변화에 탄력적으로 대응할 수 있다.

④ 경직화되어 가는 대규모 관료제 조직에 융통성을 부여해줄 수 있다.

⑤ 기능구조의 전문성과 사업구조의 신속성이라는 장점을 통합한 조직이다.

09 네트워크 조직에 대한 설명으로 옳은 것을 모두 고르면?

ㄱ. 구조의 유연성이 강조된다.
ㄴ. 조직 간 연계장치는 상명하복 체계에 바탕을 둔다.
ㄷ. 개방적 의사전달과 참여보다는 타율적 관리가 강조된다.
ㄹ. 조직의 경계는 유동적이며 모호하다.

① ㄱ, ㄴ   ② ㄱ, ㄹ
③ ㄴ, ㄷ   ④ ㄷ, ㄹ
⑤ ㄱ, ㄷ

★

06 사업별 구조는 각각의 사업부서 내에서 여러 가지 기능을 중복적으로 수행한다. 따라서 공통관리비의 절감효과가 작아 중복과 낭비가 초래되고 규모의 경제를 구현할 수 없다. ④는 기능별 구조의 장점이다.

07 ③ 사업구조는 중간관리자에게 권한을 위임하고 성과에 대한 책임을 묻는 분권화된 자기완결적 조직구조이므로 최고관리층의 업무부담이 경감된다.
① 기능구조는 규모의 경제를 통해 중복과 낭비를 예방할 수 있다.
② 기능구조는 전문화로 인해 할거주의를 초래하므로 기능 간의 갈등이 발생하고 이는 기능 간 조정·협력을 어렵게 만든다.
④ 사업구조는 사업별로 조직부서가 편성되기 때문에 단위사업별 책임소재가 명확하여 성과관리가 용이해진다.

08 매트릭스 조직은 사업부제의 대응성을 접목한 조직이므로 환경변화에 탄력적으로 대응할 수는 있으나, 이중적 명령구조 때문에 잦은 대면과 회의를 통해 과업조정을 해야 하므로 신속한 결정은 어렵다.

09 ㄱ, ㄹ이 옳고, ㄴ, ㄷ은 틀리다.
ㄴ의 경우 연계된 조직 간에는 수평적인 협력과 신뢰관계가 바탕이 되어야 하며, ㄷ의 경우 타율적 관리보다는 자발적 연결과 관리(과정적 자율성)가 중요하다.

Answer 06. ④   07. ③   08. ①   09. ②

10 조직구조의 모형에 대한 설명이 바르게 연결된 것은?

> ㄱ. 수평적 조정의 필요성이 낮을 때 효과적인 조직구조로서 규모의 경제를 제고할 수 있다.
> ㄴ. 자기완결적 기능을 단위로 기능 간 조정이 용이하여 환경변화에 대한 대응이 신축적이다.
> ㄷ. 조직구성원을 핵심 업무과정 중심으로 조직화하는 방식이다.
> ㄹ. 조직 자체 기능은 핵심역량 위주로 하고 여타 기능은 외부 계약관계를 통해서 수행한다.

① ㄱ - 사업구조
② ㄴ - 매트릭스 구조
③ ㄷ - 수직구조
④ ㄹ - 네트워크 구조
⑤ ㄷ - 기능구조

11 A기업이 봉급에 관한 업무는 '갑'회사에, 광고에 관한 업무는 '을'회사에, 생산은 '병'공장에 각각 위탁하고, 전략수립과 판매는 A기업이 직접 담당한다면, 이러한 조직구조의 특징으로 가장 거리가 먼 것은?

① 정보통신기술 활용
② 모호한 책임 관계
③ 넓은 직무범위
④ 표준운영절차
⑤ 적은 규칙

---

10 ④ 네트워크 구조는 조직 자체 기능은 핵심역량 위주로 하고 여타 기능은 외부 계약관계를 통해서 수행한다.
ㄱ. 수평적 조정의 필요성이 낮을 때 효과적인 조직구조로서 규모의 경제를 제고할 수 있는 조직은 사업구조가 아니라 기능별 구조이다.
ㄴ. 자기완결적 기능을 단위로 기능 간 조정이 용이하여 환경변화에 대한 대응이 신축적인 조직은 매트릭스 구조가 아니라 사업구조이다.
ㄷ. 조직구성원을 핵심 업무과정 중심으로 조직화하는 방식은 수직구조가 아니라 수평구조(팀조직)이다.

11 문제의 설명은 유기적 구조의 대표적 조직모형에 해당하는 네트워크 조직에 대한 내용이다. 네트워크조직은 전략, 기획 등 핵심적인 기능은 조직이 직접 수행하고 광고, 생산, 보관, 유통 등 부수적인 업무는 다른 조직에 아웃소싱(위탁)한다.
④ 표준운영절차(SOP)에 의한 업무처리는 기계적 구조의 특징이다.
① 네트워크 조직은 분절화 현상을 조정하기 위해 정보통신기술을 활용한다.

Answer 10. ④ 11. ④

조직관리기법

01 다음 중 목표관리제(MBO)가 성공하기 쉬운 조직의 특성은?

① 집권화되어 있고 계층적 질서가 뚜렷하다.

② 성과와 관련 없이 보수를 균등하게 지급한다.

③ 목표를 계량적으로 측정하기가 용이하다.

④ 업무환경이 가변적이고 불확실성이 크다.

⑤ 추상적이고 장기적인 목표를 지향한다.

02 총체적 품질관리(TQM)에 대한 설명으로 옳지 않은 것은?

① NPM의 영향으로 등장하였다.

② 계획과 문제해결의 주된 방법은 집단적 과정이다.

③ TQM의 관심은 내향적이어서 고객의 필요에 따라 목표를 설정하는 것을 강조한다.

④ 산출물의 일관성 유지를 위해 과정통제계획과 같은 계량화된 통제수단을 활용한다.

⑤ 품질관리가 서비스 생산 및 공급이 이루어지는 과정의 매 단계에서 이루어진다.

01 ③ MBO는 가시적 · 계량적 · 미시적 목표를 중시하므로 목표를 계량화할 수 있어야 한다.
① 분권화된 비계층제적 조직에 더 적합하다.
② MBO하에서는 목표달성결과에 따른 보상이 이루어져야 한다.
④ 폐쇄모형이므로 가변적이고 불확실한 환경에는 적용가능성이 낮아진다.
⑤ MBO는 성과측정이 용이한 단기적 · 양적 · 구체적 목표를 지향한다.

02 ③ TQM은 MBO 등과 달리 외향적(외부지향적)이어서 고객의 필요에 따라 목표를 설정하고 품질도 평가한다.
② 개인적 노력이 아니라 팀워크나 전체 구성원에 의한 집단적 노력이나 총체적 헌신을 중시한다.
④, ⑤ TQM은 결과가 아닌 과정에 대한 계량적 통제기법이다.

Answer 01. ③   02. ③

03 **총체적 품질관리(TQM)에 대한 설명으로 옳지 않은 것은?**

① 모든 조직구성원들은 한편으로 공급자이면서 다른 한편으로는 고객인 이중적 역할을 수행하는 것으로 본다.

② 환경의 불확실성을 통제하기 위하여 단기적 전략과 교정적·사후적 통제에 치중한다.

③ 목표관리제(MBO)와 달리 TQM의 관심은 외향적이어서 고객의 필요에 따라 목표를 설정하는 것을 강조한다.

④ 하급직원들에게 힘을 실어 주는 일과 분권화를 촉구하지만, 계층제의 완전한 폐지를 주장하지는 않는다.

⑤ TQM은 개인성과보다는 구성원의 총체적 헌신을 통한 집단성과를 중시하는 관리기법이다.

04 **균형성과표(BSC)에 대한 설명으로 옳은 것만을 모두 고른 것은?**

ㄱ. 조직의 비전과 목표, 전략으로부터 도출된 성과지표의 집합체이다.
ㄴ. 재무지표 중심의 기존 성과관리의 한계를 극복하기 위한 것이다.
ㄷ. 조직의 내부요소보다는 외부요소를 중시한다.
ㄹ. 재무, 고객, 내부 프로세스, 학습과 성장이라는 4가지 관점 간의 균형을 중시한다.
ㅁ. 성과관리의 과정보다는 결과를 중시한다.

① ㄱ, ㄴ, ㅁ   ② ㄴ, ㄷ, ㄹ
③ ㄱ, ㄴ, ㄹ   ④ ㄷ, ㄹ, ㅁ
⑤ ㄴ, ㄹ, ㅁ

05 다음 중 성과평가시스템으로서의 균형성과표(BSC : Balanced Score Card)에 대한 설명으로 옳지 않은 것은?

① BSC는 추상성이 높은 비전에서부터 구체적인 성과지표로 이어지는 위계적인 체제를 가진다.

② 잘 개발된 BSC라 할지라도 조직구성원들에게 조직의 전략과 목적 달성에 필요한 성과가 무엇인지 알려주는 데 한계가 있기 때문에 조직전략의 해석지침으로는 적합하지 않다.

③ 내부 프로세스 관점의 대표적인 지표들로는 의사결정과정에 시민참여, 적법절차, 조직 내 커뮤니케이션 구조 등이 있다.

④ BSC를 공공부문에 적용할 때 재무적 관점이라 함은 국민이 요구하는 수준의 공공서비스를 제공할 수 있는 재정자원을 확보하여야 한다는 측면을 포함하며 지원시스템의 예산 부분이 여기에 해당한다.

⑤ BSC를 공공부문에 적용할 때는 고객, 즉 국민의 관점을 가장 중시한다.

★

03 ② TQM은 환경의 불확실성을 통제하기 위하여 장기적 전략과 예방적 통제에 치중한다.
① 모든 조직구성원들은 한편으로 서비스 공급자이면서 다른 한편으로는 내부 고객인 이중적 역할(prosumer)을 수행하는 것으로 본다.
③ 목표관리제(MBO)와 달리 TQM의 관심은 외향적이어서, 전문가 관리자가 아니니 고객의 필요에 따라 목표를 설정하는 것을 강조한다.
④ TQM은 분권화를 촉구하지만 계층제의 완전한 폐지를 주장하지는 않는다. 즉, 관료제의 근본과 상충된다고 보지는 않는다.

04 균형성과표(BSC)는 재무와 비재무, 결과와 과정, 과거와 현재, 미래, 외부와 내부 등을 균형 있게 고려하는 성과관리체제이다. 따라서 ㄷ, ㅁ은 틀리다.
ㄷ. 내부(프로세스, 학습과 성장 관점)와 외부(고객과 재무 관점)적 관점의 균형이 필요하다.
ㅁ. 과정(프로세스)과 결과(재무, 고객 관점)의 균형을 중시한다.

05 BSC(균형성과표)는 기관의 임무 · 비전 등이 하향적(위계적)으로 제시되고 거기에 따라 전략목표와 구체적인 성과목표를 연계시키는 성과관리전략이므로 조직구성원들에게 조직의 전략과 목적 달성에 필요한 성과가 무엇인지 알려주는 데 도움이 되고 조직전략의 해석지침으로 적합하다.

Answer 03. ② 04. ③ 05. ②

조직구조 안정화 메커니즘

01 바스(Bass)가 제시한 변혁적 리더십(transformational leadership)에 대한 설명으로 옳지 않은 것은?

① 리더는 구성원 개개인의 니즈에 관심을 가지며 잠재력 개발을 돕는다.

② 리더는 성과계약과 같이 교환과 거래에 기반한 관리방식을 활용한다.

③ 리더는 혁신적이고 창조적인 관점에서 해결책을 구하도록 구성원을 자극하고 변화를 유도한다.

④ 리더는 조직이 나아갈 비전을 제시하고 구성원들과의 소통을 통하여 이를 공유하고자 한다.

⑤ 리더는 기존의 형식과 관행을 타파하여 부하로 하여금 새로운 관념을 촉발시킨다.

02 변혁적 리더십(transformational leadership)의 특징이 아닌 것은?

① 리더는 부하의 욕구와 직무수행에 필요한 자원을 정확히 파악하여 그에 대한 보상과 지원을 제공하고, 부하는 그에 상응하는 노력을 통하여 리더가 제시한 과업 목표를 달성한다.

② 부하의 변화 측면에 초점을 맞추어 재량권을 부여하고 부하를 리더로 키운다.

③ 부하의 자기실현과 존중감 등 높은 수준의 욕구 실현에 관심을 갖는다.

④ 조직이 나아갈 비전을 제시하고 구성원들로 하여금 비전을 공유할 수 있도록 만든다.

⑤ 유기적 구조에 적합한 리더십이다.

03 리더십에 대한 이론과 그에 대한 설명으로 옳지 않은 것은?

① 자질이론 - 지도자의 특성으로 지능과 인성뿐 아니라 육체적 특징을 들고 있다.

② 행태이론 - 상이한 지도유형이 구성원의 과업 성과에 어떤 영향을 주는가를 분석한다.

③ 권력·영향력 이론 - 특정 상황에 따른 각 지도자 행태의 효과성에 관심을 갖는다.

④ 상황 리더십이론 - 모든 조직에 적용할 수 있는 가장 효과적인 지도자 유형은 존재하지 않는다고 본다.

⑤ 거래적 리더십론 - 부하와의 거래를 통해 리더십을 행사하는 현상을 설명한다.

★

01 ② 변혁적 리더십이 아니라 거래적 리더십에 해당한다.
① 개별적 배려에 대한 설명으로 변혁적 리더십의 요소에 해당한다.
③ 지적 자극을 설명하는 것으로 변혁적 리더십의 요소에 해당한다.
④ 영감적 리더십으로 변혁적 리더십의 특징에 해당한다.
⑤ 촉매적 리더십으로 변혁적 리더십의 내용이다.

02 ①은 거래적 리더십에 대한 내용이다. 거래적 리더십이란 부하가 가치 있다고 생각하는 것을 교환함으로써 추종자에게 영향력을 행사하는 리더십이다. 한편 변혁적 리더십은 변화하는 환경에 적응하기 위해 최고관리자가 변화를 유도하는 리더십이다(유기적 구조에 적합).
※ 변혁적 리더십의 특징

구분	내용
카리스마적 (위광적) 리더십	• 리더가 난관을 극복하고 현재 상황에 대한 각성을 확고하게 표명함으로써 부하에게 자긍심과 신념을 심어줌 • 즉, 리더가 특출한 성격과 능력으로 추종자들의 강한 헌신과 리더와의 일체화를 이끌어내는 리더십 → 솔선수범을 통해 존경과 신뢰를 얻음 • 변혁적 리더십은 카리스마적 리더십을 기반으로 하는 바 카리스마적 리더십과 중첩되는 면이 있음
영감적 리더십	리더가 부하로 하여금 도전적인 목표와 임무, 그리고 미래에 대한 비전을 열정적으로 받아들이고 추구하도록 격려 → 비전제시 및 공유
개별적 배려	• 리더가 부하에게 특별한 관심을 보이고 각 부하의 특정한 요구를 이해해 줌으로써 부하에 대한 개인적인 존중을 표현(자긍심과 신념을 심어줌)하는 것 • 즉, 리더는 구성원 개개인의 니즈에 관심을 가지면서 잠재력 개발을 도움 → 부하의 자아실현과 존중감 등 높은 수준의 욕구 실현에 관심을 둠 • 리더는 조직의 혁신을 위해 부하의 변화에 초점을 두고 재량권을 부여하면서 부하를 리더로 키움
지적 자극: 촉매적 리더십	리더가 부하로 하여금 형식적 관례(conventional practice)와 사고(thinking)를 다시 생각하게 함으로써 새로운 관념을 형성하는 것

03 ③ 권력·영향력 이론은 리더가 보유한 권한의 정도에 따른 조직의 생산성을 설명하는 이론이다. 선지는 상황 리더십이론에 대한 내용이다.
① 자질이론은 지도자의 타고난 특성으로 지능과 인성뿐 아니라 육체적 특징을 제시하는 이론이다.
② 행태이론은 리더의 행동이 조직성과에 어떤 영향을 주는가를 분석하는 이론이다.
④ 상황 리더십이론은 상황에 맞는 행동이 존재한다는 관점이므로 모든 조직에 적용할 수 있는 가장 효과적인 지도자 유형은 없음을 강조하는 이론이다.
⑤ 거래적 리더십론은 합리적 거래를 통해 리더십을 행사하는 현상을 설명한 모델이다.

Answer 01. ② 02. ① 03. ③

04 리더십이론에 대한 설명으로 가장 적절하지 않은 것은?

① Lewin, Lippit, White는 리더십 유형을 직원중심형과 생산중심형의 두 가지로 분류하였다.

② 피들러(Fiedler)는 리더십 유형을 과업지향적 리더와 인간관계지향적 리더의 두 가지로 분류하였다.

③ 하우스와 에반스(House & Evans)는 리더십 유형을 지시적, 지원적, 성취지향적, 참여적 리더십의 네 가지로 분류하였다.

④ 블레이크와 머튼(Blake & Mouton)은 리더십 유형을 무관심형, 친목형, 과업형, 타협형, 단합형의 다섯 가지로 분류하였다.

⑤ 피들러(Fiedler)는 리더의 행동유형을 파악하기 위해 LPC척도를 개발하였다.

05 바스(B. M. Bass)가 주장한 변혁적 리더십의 특징이 아닌 것은?

① 유기적 구조에 적합한 리더십   ② 지적 자극

③ 업적에 따른 보상   ④ 영감적 동기유발

⑤ 개별적 배려

06 **리더십에 대한 설명으로 가장 적절하지 않은 것은?**

① 리더십은 상황, 행태, 자질 등 다양한 요소를 바탕으로 설명할 수 있다.

② 변혁적(transformational) 리더십은 조직에서 변화를 주도하고 관리하는 리더십으로 카리스마적 리더십과 중첩되는 측면이 있다.

③ 피들러(F. Fiedler)의 상황조건론은 리더에게 유리한 리더십 상황(단순하고 명확한 과업구조, 강한 직위 권력 등)에서 인간관계 중심형 리더십이 효과적이라 주장한다.

④ 리더십은 조직의 공식적 구조와 설계의 불완전성을 보완해줄 수 있다.

⑤ 특성론은 리더의 타고난 자질을 중시하는 이론이다.

---

04 ① Lewin, Lippit, White는 리더십 유형을 권위형, 민주형, 방임형으로 나누어 관찰한 결과, 생산성에서는 큰 차이가 없으나, 구성원의 사기 등을 포함하여 전체적으로 민주형이 가장 효율적이라고 주장했다. (리더십 유형을 직원중심형과 생산중심형으로 구분한 것은 미시건 대학 연구이다.)
②, ⑤ 피들러(Fiedler)는 리더십 유형을 과업지향적 리더와 인간관계 지향적 리더의 두 가지로 분류하고, 리더의 스타일을 파악하기 위하여 LPC척도를 개발했다(LPC점수가 높을 경우 리더는 관계성 행동을 한다.).
③ 하우스와 에반스(House & Evans)는 '부하의 특성'과 '업무환경'을 고려하여 리더십 유형을 지시적, 지원적, 성취지향적, 참여적 리더십 네 가지로 분류하였다.
④ 블레이크와 머튼(Blake & Mouton)은 관리그리드 모형에서 리더십 유형을 무관심형, 친목(관계지향)형, 과업(생산지향)형, 타협형, 단합(팀형성)형의 다섯 가지로 구분하였다.

05 ③ 업적에 따른 보상을 통해 구성원의 순응을 이끌어 내는 것은 거래적 리더십이다.
① 변혁적 리더십은 조직의 변화를 유도하므로 유기적 구조에 적합하다.

06 ③ 피들러(F. Fiedler)에 따르면 상황적 유리성이 중간 정도인 경우에는 인간관계 중심형 리더십이 효과적이다. (상황적 유리성이 유·불리한 경우는 과업지향적 리더십이 효과적이다.)
① 리더의 타고난 특징, 후천적인 행동, 상황적 조건 등은 리더십을 설명할 때 고려할 수 있는 변수이다.
② 변혁적(transformational) 리더십은 카리스마 리더십을 포괄하는 개념이다.
④ 리더십, 조직문화, 갈등관리 등은 조직의 공식적 구조와 설계의 불완전성을 보완해줄 수 있다.
⑤ 특성론은 신체, 지능 등 리더의 타고난 자질을 강조하는 이론이다.

Answer **04.** ① **05.** ③ **06.** ③

사람, 그리고 일에 대하여

01 다음의 동기부여 이론과 학자에 대한 내용 중 옳은 것만을 모두 고른 것은?

> ㄱ. 인간의 욕구에는 존재, 관계, 성장 등의 욕구가 있으며, 두 가지 이상의 욕구가 복합적으로 작용하여 하나의 행동을 유발한다고 주장한 학자는 앨더퍼(Alderfer)이다.
> ㄴ. 욕구는 학습되는 것이므로 개인마다 욕구계층에 차이가 있고, 학습된 욕구들은 성취, 권력, 친교욕구 등으로 구분할 수 있다고 주장한 학자는 맥클리랜드(McClelland)이다.
> ㄷ. 동기유발은 과업에 대한 개인의 기대감, 수단성, 보상의 유의미성에 의해 결정된다고 주장한 학자는 샤인(Schein)이다.
> ㄹ. 인간의 욕구체계는 매우 복잡하고 때와 장소, 조직생활의 경험, 직무 등 여러 상황에 따라서 달라진다고 주장한 학자는 해크맨(Hackman)과 올드햄(Oldham)이다.

① ㄱ, ㄴ   ② ㄱ, ㄹ
③ ㄴ, ㄷ   ④ ㄷ, ㄹ
⑤ ㄱ, ㄷ

02 동기부여 이론가들과 그 주장에 바탕을 둔 관리 방식을 연결한 것이다. 이들 중 동기부여 효과가 가장 낮다고 판단되는 것은?

① 매슬로우(Maslow) - 근로자의 자아실현욕구를 일깨워 준다.
② 허즈버그(Herzberg) - 근로 환경 가운데 위생요인을 제거해 준다.
③ 맥그리거(McGregor)의 Y이론 - 근로자들은 작업을 놀이처럼 즐기고 스스로 통제할 줄 아는 존재이므로 자율성을 부여한다.
④ 앨더퍼(Alderfer) - 개인의 능력개발과 창의적 성취감을 북돋운다.
⑤ 아지리스(Argyris) - 성숙인에게는 개인적 성공경험을 인정해 준다.

03 다음 내용이 설명하는 인간관에 부합하는 조직관리전략은?

> 대부분의 사람들은 본질적으로 일을 싫어하는 것이 아니다. 사람들에게 일이란 작업조건만 제대로 정비되면 놀이를 하거나 쉬는 것과 같이 극히 자연스러운 것이며, 인간이 물리적·사회적 환경에 도전하는 여러 방법 중의 하나이다.

① 업무 지시를 정확하게 하고 엄격한 상벌원칙을 제시해야 한다.

② 업무 평가 하위 10%에 해당하는 직원에 대한 20%의 급여삭감계획은 더욱 많은 업무 노력을 이끌어 낼 수 있는 방법이다.

③ 의사결정 시 부하직원을 참여시키고 자율적으로 업무를 수행할 수 있도록 해야 한다.

④ 관리자가 조직구성원에게 적절한 업무량을 부과하여 수행하도록 해야 한다.

⑤ 목표 초과달성에는 성과급을, 미달인 경우에는 보수 삭감조치를 취한다.

★

01 ㄱ, ㄴ만 옳다.
ㄷ. 브룸의 기대이론(VIE이론)에 대한 설명이다. 브룸(Vroom)은 개인의 동기는 그 자신의 노력이 어떤 성과를 가져오리라는 기대감(E)과, 그러한 성과가 보상을 가져다주리라는 수단성(I), 보상에 대한 유의성(V)의 함수에 의해 결정된다고 주장하였다.
ㄹ. 샤인(E. Schein)의 복잡인 모형에 대한 설명이다.

02 허즈버그의 위생요인은 불만요인으로서 제거되어도 불만만 없애줄 뿐, 만족이나 동기부여를 가져다주지는 못한다. 나머지는 모두 동기부여의 효과가 높은 상위욕구들이다.

03 제시문은 맥그리거(McGregor)의 X·Y이론 중 사회인을 가정하는 Y이론에 대한 설명이다. 따라서 ③만 옳다. Y이론이 가정하는 인간관은 자율적으로 자기규제를 할 수 있는 인간이므로 자율적 행동과 자기규제, 자기평가를 중시한다.
나머지 지문은 모두 X이론 전략이다. ①의 신상필벌주의나, ②의 차별적 성과급제도, ④의 표준과업량에 의한 과업관리, ⑤의 성과급체계 등은 모두 과학적 관리론이 중시하는 X이론적 관리전략이다.

Answer **01.** ① **02.** ② **03.** ③

04 동기이론에 대한 설명으로 옳지 않은 것은?

① 매슬로우(Maslow)는 상위 차원의 욕구가 충족되지 못하거나 좌절될 경우, 하위욕구를 더욱더 충족시키고자 한다고 주장하였다.

② 앨더퍼(Alderfer)는 ERG이론에서 매슬로우의 욕구 5단계를 줄여서 생존욕구, 대인관계 욕구, 성장욕구의 세 단계를 제시하였다.

③ 허즈버그(Herzberg)는 욕구충족요인 이원론에서 불만족 요인(위생요인)을 제거한다고 해서 만족을 보장하는 것은 아니라고 주장하였다.

④ 애덤스(Adams)는 형평성이론에서 자신의 노력과 그 결과로 얻어지는 보상과의 관계를 다른 사람의 것과 비교해 상대적으로 느끼는 공평한 정도가 행동동기에 영향을 준다고 본다.

⑤ 앨더퍼(Alderfer)는 ERG이론에서 욕구가 순차적으로 발현된다는 매슬로우를 비판하였다.

05 조직구성원들의 동기이론에 대한 설명 중 옳은 것만을 모두 고르면?

> ㄱ. ERG이론 : 앨더퍼(C. Alderfer)는 욕구를 존재욕구, 관계욕구, 성장욕구로 구분한 후 상위욕구와 하위욕구 간에 '좌절-퇴행' 관계를 주장하였다.
> ㄴ. X · Y이론 : 맥그리거(D. McGregor)의 X이론은 매슬로우(A. Maslow)가 주장했던 욕구계층 중에서 주로 상위욕구를, Y이론은 주로 하위욕구를 중요시하였다.
> ㄷ. 형평이론 : 애덤스(J. Adams)는 자기의 노력과 그 결과로 얻어지는 보상을 준거인물과 비교하여 공정하다고 인식할 때 동기가 유발된다고 주장하였다.
> ㄹ. 기대이론 : 브룸(V. Vroom)은 보상에 대한 매력성, 결과에 따른 보상, 그리고 결과 발생에 대한 기대감에 의해 동기유발의 강도가 좌우된다고 보았다.

① ㄱ, ㄷ   ② ㄱ, ㄹ

③ ㄴ, ㄷ   ④ ㄷ, ㄹ

⑤ ㄱ, ㄴ

06 조직인의 동기이론에 대한 설명으로 가장 옳지 않은 것은?

① 앨더퍼(Alderfer)는 매슬로우가 제시한 욕구를 세 가지로 단순화했다.

② 앨더퍼(Alderfer)는 ERG이론에서 상위욕구가 만족되지 않거나 좌절될 때 하위욕구를 더욱 충족시키고자 한다는 좌절-퇴행법을 주장하였다.

③ 허즈버그(Herzberg)의 욕구충족요인 이원론에서 불만요인은 개인의 불만족을 방지하는 효과를 가져오는 요인으로서, 충족되면 만족감을 갖게 되어 동기가 유발된다.

④ 맥클랜드(McCelland)의 성취동기이론에 의하면 성취욕구는 행운을 바라는 대신 우수한 결과를 얻기 위해 높은 기준을 설정하고 이를 달성하려는 욕구이다.

⑤ 매슬로우(Maslow)는 모든 인간이 획일적인 욕구계층을 갖고 있다고 보았다.

★

04 ①은 앨더퍼(Alderfer)의 ERG이론이다. 욕구 5단계설을 주장한 매슬로우는 하위욕구가 충족되면 상위욕구로 나아간다고 주장하였으나, 사람들은 상위욕구가 좌절될 경우에 하위욕구를 추구하기도 한다는 점을 간과하였다는 비판을 받는다.
③ 만족과 불만족은 반대개념이 아닌 전혀 별개 차원의 개념이라고 한다.
④ 애덤스(Adams) 형평성이론의 핵심은 비교 대상이 자신의 보상과 준거인물의 보상이라는 점, 공평성 여부는 전적으로 주관적이라는 점이다.

05 ㄱ, ㄹ만 옳다.
ㄴ. X이론은 하위욕구, Y이론은 주로 상위욕구를 중시한다.
ㄷ. 애덤스의 형평성 이론에서는 자신의 노력과 보상을 준거인물과 비교하여 불공정하다고 인식할 때 동기가 유발된다고 주장하였다.

06 허즈버그(Herzberg)의 욕구충족요인 이원론은 만족요인과 불만요인은 전혀 별개 차원의 개념으로서 상호관련성이 없다는 입장이다. 즉, 불만요인의 제거는 불만족을 해소하는 효과를 가져오지만, 그렇다고 만족감을 채워주지는 않기 때문에 동기를 유발하지는 않는다는 것이다.

Answer 04. ① 05. ② 06. ③

07 동기부여 이론에 대한 다음 설명 중 가장 옳지 않은 것은?

① 브룸(V. Vroom)의 기대이론 − 성취욕구, 권력욕구, 자율욕구가 구성될 때 동기부여가 기대될 수 있다고 본다.

② 앨더퍼(C. Alderfer)의 ERG이론 − 매슬로우의 욕구이론을 수정하여 개인의 기본욕구를 존재욕구, 관계욕구, 성장욕구의 3단계로 구분하였다.

③ 매슬로우(A. H. Maslow)의 욕구이론 − 5단계의 욕구 체계 중 가장 하위의 욕구는 생리적 욕구이다.

④ 아지리스(Argyris)의 미성숙·성숙이론 − 인간은 시간이 지남에 따라 성숙해지는 까닭에 자율성 부여를 통한 동기부여가 중요하다.

⑤ 매슬로우(A. H. Maslow)의 욕구이론 − 머슬로에 따르면 인간은 하위욕구를 어느 정도 충족할 경우 상위욕구를 추구하게 된다.

08 다음 중 조직론에서 주장되는 동기이론의 하나인 브룸(V. Vroom)의 기대이론에 대한 설명에 해당되지 않는 것은?

① 일정한 노력을 기울이면 근무성과를 가져올 수 있으리라는 가능성에 대한 인간의 주관적인 확률과 관련된 믿음을 기대감(expectancy)이라 한다.

② 브룸(Vroom)은 성과에 영향을 미치는 요인으로 노력 이외에도 직무수행의 능력과 직무수행에 필요한 여러 가지 환경요인을 들고 있다.

③ 개인이 지각한 투입과 산출의 비율이 불균형 상태에 있을 때 이것이 동기유발에 미치는 영향에 관심을 갖는다.

④ 개인이 지각하기에 어떤 특정한 수준의 성과를 달성하면 바람직한 보상이 주어지리라고 믿는 정도를 수단성(instrumentality)이라고 한다.

⑤ 어느 개인이 원하는 특정한 보상에 대한 선호의 강도를 유의성(valence)이라고 하며, 유의성은 직무상에서 받을 수 있는 보상에 대하여 그 개인이 느끼는 보상의 매력도를 의미한다.

09 허즈버그(F. Herzberg)가 주장한 만족요인·동기요인으로만 구성된 것은?

① 보수, 대인관계, 작업조건 ② 성취감, 책임감, 직무내용

③ 보수, 직무내용, 작업조건 ④ 승진, 직무내용, 대인관계

⑤ 성취감, 대인관계, 작업조건

10 동기부여이론에 관한 설명 중 가장 적절한 것은?

① 매슬로우(A. H. Maslow)의 욕구단계이론은 인간의 욕구를 다섯 가지로 구분하고 하위 욕구를 완전히 충족해야 상위욕구를 추구하게 된다고 주장한다.

② 맥그리거(D. McGregor)의 X이론은 근로자들의 자율행동과 자기규제를 중시한다.

③ 아담스(J. S. Adams)의 형평성(공정성)이론은 개인이 지각하는 산출-투입비율이 타인의 산출-투입비율과 대등하면 동기가 유발되지 않는다고 주장한다.

④ 브룸(V. H. Vroom)의 기대이론은 기대감, 수단성, 유의성과 함께 만족감을 동기부여의 주요 요인으로 본다.

⑤ 브룸의 기대이론은 내용이론에 포함된다.

★

07 브룸(V. Vroom)의 기대이론에 따르면, 인간이 가진 욕구 강도는 기대감과 수단성 및 유의성의 곱의 합산으로 나타난다. ①의 내용 중 인간의 욕구를 권력욕구, 관계욕구, 성취욕구로 구분하고 성취욕구가 강할 때 동기유인 효과가 크다는 주장은 맥클랜드(McClleland)의 성취동기이론이다.

08 ③은 애덤스(Adams)의 공정성(형평성)이론에 대한 내용으로서 타인과의 투입-산출 비율이 불공정하다고 인식되면 이를 해소하기 위하여 동기가 유발된다는 이론이다. 브룸(Vroom)의 선호-기대이론은 기대감(expectancy, 노력과 업무성과의 관계), 수단성(instrumentality, 업무성과와 보상의 관계), 유의성(valence, 보상에 대한 중요도)에 의하여 동기가 유발된다는 이론이다.

09 Herzberg는 인간의 욕구를 충족시키는 요인에는 불만요인과 만족요인이 있다고 보고, 이들 요인은 서로 독립적 관계임을 주장한다. 불만요인과 만족요인의 종류는 아래와 같다.
※ 만족요인과 불만족요인
- 만족요인(동기요인) : 성취감(자아실현), 책임감, 안정감, 자기존중감, 상사의 인정, 승진(승진으로 인해 일에 대한 책임감 제고), 직무 자체에 대한 보람, 성장 및 발전, 직무충실(책임감·자율성↑) 등
- 불만족요인(위생요인) : 대인관계, 작업조건, 조직의 방침과 관행(조직정책), 임금(보수), 지위, 상관의 감독방식, 직무확장, 신분보장 등

10 ③ 아담스(J. S. Adams)의 형평성(공정성)이론은 개인이 지각하는 산출-투입비율이 타인의 산출-투입비율과 대등하면 행동변화를 위한 동기가 유발되지 않는 현상을 설명한다.
① 매슬로우(A. H. Maslow)의 욕구단계이론은 인간의 욕구를 다섯 가지로 구분하고 하위 욕구를 어느 정도 충족해야 상위욕구를 추구하게 된다고 주장한다.
② 맥그리거(D. McGregor)의 Y이론은 근로자들의 자율행동과 자기규제를 중시한다.
④ 브룸(V. H. Vroom)의 기대이론은 기대감, 수단성, 유의성을 동기부여의 주요 요인으로 간주한다.
⑤ 브룸의 기대이론은 과정이론에 해당한다.

Answer　07. ①　08. ③　09. ②　10. ③

Chapter 06 조직이론 : 조직이론의 전개를 중심으로

01 조직이론에 대한 설명 중 옳지 않은 것은?

① 고전적 조직이론에서는 조직 내부의 효율성과 합리성이 중요한 논의 대상이었다.

② 신고전적 조직이론은 인간에 대한 관심을 불러일으켰고 조직행태론 연구의 출발점이 되었다.

③ 신고전적 조직이론은 인간의 조직 내 사회적 관계와 더불어 조직과 환경의 관계를 중점적으로 다루었다.

④ 현대적 조직이론은 동태적이고 유기체적인 조직을 상정하며 조직발전(OD)을 중시해 왔다.

⑤ 고전적 조직이론은 인간을 기계화하였다는 비판을 받는다.

02 다음 중 고전적 조직이론(classic organization theory)의 특징에 대한 설명으로 가장 옳지 않은 것은?

① 기계론적 조직관에 입각하고 있다.

② 공조직과 사조직의 관리는 완전히 다르다는 공사행정이원론에 입각하고 있다.

③ 공식적인 조직구조를 강조한다.

④ 과학적 관리론과 밀접한 관련을 가지고 있다.

⑤ 조직의 생산성 제고에 관심을 두고 있다.

★

01 ③ 신고전적 조직이론은 조직 내 사회적 관계에 대해서는 관심이 높았으나, 조직과 환경의 관계를 중점적으로 다루지는 못하였다. 여전히 폐쇄조직이론에 속한다.

02 고전적 조직이론은 관리주의를 의미하는 바 공사행정일원론의 입장이다.

Answer 01. ③   02. ②

최욱진 행정학개론
문제집

Part

04

인사행정

인사행정의 기초

01 엽관주의(Spoils System)에 대한 설명으로 가장 적절한 것은?

① 주로 학벌, 지연, 혈연과 같은 개인적 친분관계를 임용의 기준으로 삼는다.

② 오늘날은 직업공무원으로 하여금 시민들의 요구와 선호를 적극적으로 반영하게 만드는 장치로 활용되고 있다.

③ 1883년 미국의 펜들턴법(Pendleton Act)을 기회로 엽관주의가 활성화되기 시작하였다.

④ 행정의 능률성을 강화시키는 반면 행정의 민주성을 약화시키는 단점이 있다.

⑤ 시험을 통해 공무원을 임용하는 제도이다.

02 엽관주의와 실적주의에 대한 설명으로 옳지 않은 것은?

① 엽관주의는 행정의 민주화에 공헌한다는 장점이 있다.

② 실적주의는 공무원의 정치적 중립을 강조한다.

③ 잭슨(Jackson) 대통령이 암살당한 사건은 미국에서 실적주의 도입의 배경이 되었다.

④ 엽관주의는 공직의 상품화를 가져올 가능성이 있다.

⑤ 실적주의는 국가의 간섭에 대한 사회적 요구가 증대하면서 등장하였다.

03 공무원 인사제도에 대한 설명으로 옳지 않은 것은?

① 직업공무원제란 젊은 인재들을 공직에 적극적으로 유치하기 위하여 만든 것으로 공직에 근무하는 것을 명예롭게 생각하면서 일생 동안 공무원으로 근무하도록 하기 위한 것이다.

② 직업공무원제를 올바르게 수립하기 위해서는 공직에 대한 높은 사회적 평가가 있어야 한다.

③ 엽관주의는 공직부패와 행정의 비능률성을 초래함으로써 민주주의의 진전과 함께 소멸되고 있다.

④ 우리나라의 공무원 인사제도는 계급제를 기본으로 직위분류제를 가미하고 있다.

⑤ 임용 측면에서 보면, 엽관주의는 수직적 형평성을, 실적주의는 수평적 형평성을 실현하는 데 기여하였다.

04 다음 중 대표관료제에 대한 설명으로 옳지 않은 것은?

① 대표관료제는 실적주의의 폐단을 보완하기 위해 도입되었다.

② 대표관료제는 관료 조직 내의 내부통제를 약화시킨다.

③ 대표관료제는 사회경제적 인구구성을 반영토록 하여 해당 관료가 출신 집단에 책임을 질 수 있도록 보장하기 위한 제도적 장치이다.

④ 대표관료제는 할당제와 역차별로 인한 사회분열을 조장할 수 있다.

⑤ 대표관료제는 사회적 약자를 보호하기 위한 형평성을 지향한다.

★

01 ② 엽관주의는 우리나라에서 장·차관 임명 등에 활용되고 있다. → 이는 직업공무원으로 하여금 시민들의 요구와 선호를 적극적으로 반영하게 만드는 장점이 있다.
① 주로 학벌, 지연, 혈연과 같은 개인적 친분관계를 임용의 기준으로 삼는 제도는 정실주의이다.
③ 1883년 미국의 펜들턴법(Pendleton Act)을 기회로 실적주의가 활성화되기 시작하였다.
④ 엽관주의는 행정의 민주성을 강화시키는 반면 행정의 능률성을 약화시키는 단점이 있다.
⑤ 선지는 실적주의에 대한 내용이다.

02 1881년 7월 엽관주의자이자 자신의 선거운동원이었던 찰스 기토(C. Guiteau)에 의한 제임스 가필드(James Garfield) 20대 대통령의 암살사건은 실적주의의 도입 배경이 되었다. 잭슨 대통령은 엽관주의를 통해 공직의 대중화를 추진하였다.

03 ② 엽관주의란 선거에서 승리한 정당이 모든 관직을 전리품처럼 정치적 충성도(정치적 보상)에 따라 임의대로 처분할 수 있는 교체임용제 또는 공직경질제로서 민주주의 및 정당정치와 관련하여 발달한 제도이다. 최근 실적주의의 소극성을 극복하기 위하여 적극적 인사라는 이름으로 엽관제가 다시 부분적으로 강조되고 있는 추세이다.
⑤ 엽관주의는 학력, 신분 계층과 상관없이 정당원이면 모두 공직에 취임할 수 있기 때문에 상대적으로 수직적 형평을 확보하는 데 기여하였고, 실적주의는 능력과 자격이 있는 사람에게는 모두 공직 등용의 기회를 부여하였기 때문에 수평적 형평성을 실현하는 데 기여하였다.

04 대표관료제는 공직사회의 대표성과 다양성을 확보하기 위하여 사회 출신 집단별로 할당하여 공직을 구성하는 방식이다. 이는 약화된 외부통제를 보완하기 위하여 출신 집단별로 공직을 구성함으로써 내부통제를 강화하기 위한 수단이다.

Answer 01. ② 02. ③ 03. ③ 04. ②

05 대표관료제(representative bureaucracy)에 대한 설명으로 옳지 않은 것은?

① 킹슬리(Kingsley)가 처음 사용한 용어로서 엽관주의 인사제도의 폐단을 극복하기 위해 등장하였다.

② 관료제의 인적 구성 측면을 강조하며, 관료제의 대표성과 대응성을 강화하기 위한 제도이다.

③ 기회의 공평이라는 자유주의 이념보다는 결과의 공평이라는 사회주의적 이데올로기에 기반하고 있다.

④ 사회적 약자 집단에게 임용 기회를 많이 주려는 복지정책의 일환이므로 감축 관리나 작은 정부하에서는 채택하기 어렵다.

⑤ 정부관료의 충원에 있어서 다양한 집단을 참여시킴으로써 정부관료제의 민주화에 기여할 수 있다.

06 직업공무원제에 대한 설명으로 옳지 않은 것은?

① 공무원집단이 환경적 요청에 민감하지 못하고 특권집단화될 우려가 있다.

② 직업공무원제가 성공적으로 확립되기 위해서는 공직에 대한 사회적 평가가 높아야 한다.

③ 직업공무원제는 행정의 계속성과 안정성 및 일관성 유지에 유리하다.

④ 직업공무원제는 일반적으로 전문행정가 양성에 유리하기 때문에 행정의 전문화 요구에 부응한다.

⑤ 우수인력의 조기 발굴·영입에 유리하나 공직사회의 전반적인 질을 저하시킬 수 있다.

07 우리나라와 같은 유형의 중앙인사기관이 갖는 특성으로 적절한 것은?

① 대통령의 신속하고 강력한 정책 추진력을 확보할 수 있으나, 인사행정의 정실화를 초래할 수 있다.

② 행정수반의 적극적인 지원을 받고 있어 인사상의 공정성 확보가 용이하다.

③ 복수 위원들 간의 합의에 의한 결정방식을 특징으로 한다.

④ 1883년 펜들턴(Pendleton)법에 의해 창설된 미국의 연방인사기구가 이 유형에 속한다.

⑤ 중요한 이익집단의 요구를 균형 있게 수용할 수 있으나, 책임소재가 모호하다.

08 직업공무원제에 대한 설명으로 가장 옳지 않은 것은?

① 직업공무원제는 실적주의의 확립을 필요조건으로 한다.

② 직업공무원제는 직위분류제와 폐쇄형 임용체계를 중요시한다.

③ 직업공무원제는 행정의 지속성, 안정성을 유지하는 데 기여한다.

④ 직업공무원제는 인재채용 시 학력과 연령을 제한한다.

⑤ 직업공무원제는 어리고 잠재성 있는 사람을 공무원으로 채용한 후 정년을 보장하는 인사행정제도이다.

Part 04

05 대표관료제는 인구 출신계층·집단별로 할당하여 공직을 구성하는 제도다. 이는 시험성적에만 의존하는 실적 주의의 폐단을 극복하기 위하여 등장하였다.

06 ④ 직업공무원제는 외부로부터의 전문인력 충원이 어렵고, 계급제와 연동으로 운영되므로 전문행정가의 육성이 어려워 행정의 전문화를 저해한다. 그러나 폐쇄형 충원방식을 채택하기 때문에 다양한 직무경험을 쌓을 수 있는 장점이 있어서 일반관리자를 양성하는 데 유리한 제도이다.
① 무사안일주의와 관료제의 병리가 만연하여 변동에의 저항, 특권의식, 도덕적 해이가 발생한다.
② 민주적 공직관에 입각한 공공봉사자로서의 높은 사회적 평가를 유지해야 한다.
③ 정권교체 등 정치적 변혁이 있는 경우에도 공무원의 신분을 보장하여 행정의 정치적 중립성 및 독립성, 안정성을 유지한다.
⑤ 공직사회의 질 저하는 강한 신분보장으로 인한 무사안일, 복지부동현상과 관계된다.

07 현재 우리나라의 중앙인사기관은 인사혁신처로서 비독립단독형(집행부형)이다. 이러한 집행부형은 인사의 공정성 및 안정성 확보는 어렵지만, 인사에 대한 의사결정이 신속하고 책임소재가 명확하다는 점이 장점이다.
③, ④, ⑤는 모두 독립합의형(위원회형) 인사기관의 특징이다. 미국은 1883년 펜들턴법에 의하여 독립합의제 인사기관인 인사위원회(Civil Service Commission)가 설치되었다.

08 ② 직업공무원제는 계급제와 일반행정가, 폐쇄형 임용 등을 특징으로 한다.
①, ④ 직업공무원제는 어리고 잠재성 있는 사람을 공무원으로 충원하는 바 실적주의의 확립을 필요조건으로 한다.
③ 직업공무원제는 공무원의 정년을 보장하므로 행정의 지속성, 안정성을 유지하는 데 기여한다.
⑤ 직업공무원제는 어리고 잠재성 있는 사람을 공무원으로 채용한 후 장기간의 정년을 보장하는 인사행정제도이다.

Answer 05. ①   06. ④   07. ①   08. ②

09 대표관료제에 대한 설명으로 가장 적절하지 않은 것은?

① 대표관료제는 역차별과 사회분열을 초래할 수 있다는 비판을 받는다.

② 대표관료제라는 용어를 처음으로 사용한 사람은 크랜츠(H.Kranz)이며, 킹슬리(D.Kingsley)는 비례대표로 그 개념을 확대하였다.

③ 소극적 대표성이란 관료들이 출신 집단의 태도를 지니는 것을 의미한다.

④ 대표관료제는 할당제를 강요하는 결과를 초래하여 현대 인사행정의 기본 원칙인 실적주의를 훼손하고 행정능률을 저해할 수 있다는 비판을 받는다.

⑤ 대표관료제는 실적주의를 비판하면서 등장한 인사행정제도이다.

10 다음은 인사행정의 제도적 기반에 관한 설명이다. 바르지 못한 것은?

① 엽관주의는 행정의 대응성을 제고할 수 있다.

② 실적주의는 시험을 통해 공무원을 선발하므로 공직의 특권화를 배제할 수 있다.

③ 직업공무원제를 확립하기 위해서는 폐쇄형에 따라 공무원을 충원하는 것이 바람직하다.

④ 대표관료제는 출신성분과 인간의 행동 간에는 밀접한 관계가 있다는 것을 전제한다.

⑤ 미국의 실적주의는 펜들턴법을 제정하면서 성립되었다.

★

09 ② 킹슬리와 크랜츠의 위치가 바뀌어야 한다. 크랜츠(H. Kranz)는 대표관료제를 민족, 인종, 지역, 성별, 직업 등의 기준에서 국민 전체의 인적 구성비율을 반영하도록 공무원을 충원하는 제도로 정의했다.
① 대표관료제는 모든 계층을 고르게 충원하는 과정에서 역차별과 사회분열을 초래할 수 있다는 비판을 받는다.
③ 소극적 대표성이란 관료들이 출신 집단에 대한 심리적 공감대를 지니는 것을 의미한다.
④ 대표관료제는 모든 계층을 고르게 충원하는 과정에서 실적주의를 훼손하고 행정능률을 저해할 수 있다는 비판을 받기도 한다.
⑤ 대표관료제는 특정 계층의 공직독점을 초래한 실적주의를 비판하면서 등장한 인사행정제도이다.

10 ② 실적주의는 시험을 통해 공무원을 선발하므로 공직임용의 기회균등을 제고할 수 있다는 장점이 있으나 지나친 신분보장으로 인해 공직의 특권화를 유발할 수 있다.
① 엽관주의는 공무원의 신분보장을 인정하지 않는 까닭에 행정의 대응성을 제고할 수 있다.
③ 직업공무원제는 낙하산 인사 등을 인정하지 않는다.
④ 대표관료제는 소극적 대표가 적극적 대표로 이어진다는 것을 전제로 하는 인사행정제도이다.
⑤ 미국의 실적주의는 1883년에 펜들턴법을 제정하면서 성립되었다.

Answer 09. ② 10. ②

공직구조의 형성

01 다음 표의 빈칸 A-B-C-D에 적합한 내용들끼리 가장 잘 배열한 것은?

구분	특징	
	계급제	직위분류제
행정인	일반가	전문가
인사배치	융통적	비융통적
사기	(A)	(B)
직업공무원제	확립용이	확립곤란
부서 간 조정과 협조	(C)	(D)

   (A)   (B)   (C)   (D)

① 낮음 – 높음 – 용이 – 곤란

② 높음 – 낮음 – 곤란 – 용이

③ 높음 – 낮음 – 용이 – 곤란

④ 낮음 – 높음 – 곤란 – 용이

⑤ 낮음 – 낮음 – 곤란 – 용이

★

01 (A), (B) : 계급제는 폐쇄형이므로 재직자의 신분이 보장되어 사기가 높고, 직위분류제는 신분보장이 되지 않기 때문에 사기가 낮다.
(C), (D) : 계급제는 수평적 융통성이 높고 수평적 이동이 활발하므로 부서 간 조정과 협조가 용이하지만, 직위분류제는 그렇지 못하다.

Answer 01. ③

02 개방형 인사관리에 대한 설명으로 옳지 않은 것은?

① 민간부분과의 인사교류로 적극적 인사행정이 가능하다.

② 공직의 침체, 무사안일주의 등 관료제의 병리를 억제시킬 수 있다.

③ 행정의 일체성과 일관성을 가져오는 데 유리하다.

④ 직업공무원제의 확립과 충돌하는 경향이 있다.

⑤ 폐쇄형에 비해 경쟁이 치열한 제도이다.

03 공무원의 분류로 옳지 않은 것은?

① 충청남도교육청 부교육감 - 국가공무원

② 국회 수석전문위원 - 별정직 공무원

③ 지방의회 의원 - 정무직 공무원

④ 충청남도 행정부지사 - 지방공무원

⑤ 감사원 사무차장 - 일반직 공무원

04 우리나라 경력직 공무원에 해당하는 사람을 모두 고른 것은?

> ㉠ 담당업무가 특수하여 자격·신분보장·복무 등에 있어서 개별 특별법이 우선 적용되는 공무원
>
> ㉡ 비서관·비서 등 보좌업무 등을 수행하는 공무원
>
> ㉢ 기술, 연구 또는 행정 일반에 대한 업무에 종사하는 공무원
>
> ㉣ 선거로 취임하는 공무원
>
> ㉤ 국회의 동의를 거쳐 임명하는 등 주로 정치적 판단이나 정책결정을 필요로 하는 업무를 담당하는 공무원
>
> ㉥ 실적과 자격에 따라 임용되고 그 신분이 보장되며 평생 동안(근무기간을 정하여 임용하는 공무원의 경우에는 그 기간 동안을 말한다) 공무원으로 근무할 것이 예정되는 공무원

① ㉠, ㉡, ㉣　　　　　② ㉠, ㉢, ㉥　　　　　③ ㉡, ㉢, ㉤

④ ㉡, ㉣, ㉤　　　　　⑤ ㉢, ㉣, ㉤

05 **공직분류에 관한 설명으로 옳지 않은 것은?**

① 사람을 기준으로 한 공직분류는 공무원의 신분보장에 용이하다.

② 개인의 능력과 자격을 기준으로 한 공직분류는 일반행정가 양성에 용이하다.

③ 직무분석을 통한 직무의 구조적 배열에 중점을 둔 공직분류는 외부에 대한 공직개방에 용이하다.

④ 직무의 난이도와 책임도를 기준으로 한 공직분류는 순환보직제도를 통한 탄력적 인력운용에 용이하다.

⑤ 개인의 능력과 자격을 기준으로 한 공직분류는 소규모 단순한 조직에 유리하다.

★

02 ③ 공직내의 일관성과 일체성, 안정성을 유지하는 데 유리한 것은 개방형 인사관리가 아닌 폐쇄형 인사관리이다.
①, ② 개방형은 외부 인사가 조직의 중간 계층에 유입될 수 있으므로 공직의 침체 등을 억제할 수 있다.
④ 직업공무원제는 폐쇄형이므로 직업공무원제의 확립과 충돌하는 경향이 있다.
⑤ 개방형은 낙하산 인사를 인정하므로 폐쇄형에 비해 경쟁이 치열한 제도이다.

03 ④ 부교육감, 광역지방자치단체 행정부단체장은 고위공무원단이다(국가직).
② 국회 수석전문위원은 별정직이지만, 전문위원은 일반직이다.
③ 지방의회 의원은 선거에 의해 임용되는 바 정무직 공무원이다.
⑤ 감사원 사무차장은 일반직 공무원이고, 감사원 사무총장은 정무직이다.

04 ㄱ, ㄷ, ㅂ이 옳고, ㄴ, ㄹ, ㅁ은 틀리다.
ㄱ. 담당업무가 특수하여 자격, 신분보장, 복무 등에 있어서 개별 특별법이 우선 적용되는 공무원은 특정직 공무원이다.
ㄷ. 기술, 연구 또는 행정 일반에 대한 업무에 종사하는 공무원은 일반직 공무원이다.
ㅂ. 실적과 자격에 따라 임용되고 그 신분이 보장되며 평생 동안(근무기간을 정하여 임용하는 공무원의 경우에는 그 기간 동안을 말한다) 공무원으로 근무할 것이 예정되는 공무원은 경력직 공무원이다.
ㄴ. 비서관, 비서 등 보좌업무 등을 수행하는 공무원은 별정직이다.
ㄹ. 선거로 취임하는 공무원은 정무직 공무원이다.
ㅁ. 국회의 동의를 거쳐 임명하는 등 주로 정치적 판단이나 정책결정을 필요로 하는 업무를 담당하는 공무원은 정무직 공무원이다.

05 사람의 능력이나 자격을 중심으로 한 공직분류는 계급제를, 직무의 난이도와 책임도를 기준으로 한 공직분류는 직위분류제를 말한다. 직위분류제는 직렬 간 엄격한 구분으로 인하여 순환보직 등 탄력적 인력운용이 곤란하다. ④는 직무가 아닌 사람의 출신이나 능력을 중시하는 계급제의 장점이다.

Answer 02. ③　03. ④　04. ②　05. ④

06 공직의 분류에 대한 설명으로 옳지 않은 것은?

① 계급제는 사람을 중심으로, 직위분류제는 직무를 중심으로 공직을 분류하는 인사제도이다.

② 직위분류제에 비해 계급제는 인적 자원의 탄력적 활용이라는 측면에서 유리한 제도이다.

③ 직위분류제에 비해 계급제는 폭넓은 안목을 지닌 일반행정가를 양성하는 데 유리한 제도이다.

④ 계급제에 비해 직위분류제는 공무원의 신분을 강하게 보장하는 경향이 있는 제도이다.

⑤ 계급제에 비해 직위분류제는 상위계층보다는 하위계층에 적용하기가 유리하다.

07 직위분류제를 형성하는 개념에 대한 다음 설명 중 옳지 않은 것은?

① 직급 - 직무의 종류는 다르지만 그 곤란성·책임도 및 자격 수준이 상당히 유사하여 동일한 보수를 지급할 수 있는 모든 직위를 포함하는 것

② 직류 - 동일한 직렬 내에서 담당 직책이 유사한 직무의 군

③ 직렬 - 난이도와 책임도는 서로 다르지만 직무의 종류가 유사한 직급의 군

④ 직군 - 직무의 종류가 광범위하게 유사한 직렬의 범주

⑤ 등급 - 직무의 종류는 다르지만 직무의 곤란도·책임도나 자격요건이 유사하여 동일한 보수를 줄 수 있는 모든 직위의 집단

08 직위분류제에서 직무의 난이도와 책임의 경중에 따라 직위의 상대적 수준과 등급을 구분하는 것은?

① 직무평가(job evaluation)

② 직무분석(job analysis)

③ 정급(allocation)

④ 직급명세(class specification)

⑤ 직무기술서(job description)

09 다음 ㄱ, ㄴ에 들어갈 말을 바르게 나열한 것은?

> 국가공무원법상 행정각부의 차관은 (ㄱ) 공무원 중 (ㄴ) 공무원이다.

	ㄱ	ㄴ
①	경력직	일반직
②	경력직	특정직
③	특수경력직	별정직
④	특수경력직	정무직
⑤	특수경력직	임기제

10 개방형 인사관리에 관한 설명으로 틀린 것은?

① 정치적 리더십의 요구에 따른 고위층의 조직 장악력을 강화할 수 있다.
② 개방형은 승진 기회의 제약으로, 직무의 폐지는 대개 퇴직으로 이어진다.
③ 폭넓은 지식을 갖춘 일반행정가를 육성하는 데에 효과적이다.
④ 공직의 침체, 무사안일주의 등 관료제의 병리를 억제한다.
⑤ 민간부문과의 인사교류로 적극적 인사행정이 가능하다.

★

06 ④ 계급제에 비하여 직위분류제는 신분보장이 강하지 못하므로 직업공무원제에 불리한 제도이다.
⑤ 직위분류제는 전문가 지향적이므로 전체적 시야를 갖지 못하여 상위직에는 적합하지 않다.

07 직급은 직무의 종류도 유사하고 그 곤란성·책임도 및 자격 수준이 상당히 유사하여 동일한 보수를 지급할 수 있는 모든 직위를 포함하는 것이다.

08 ① 문제의 설명은 직위분류제 수립 절차 중 직무평가에 해당한다.
⑤ 직무기술서(job description)란 직무에 필요한 객관적 요건을 기술한 문서로, 직무의 내용, 책임도·곤란도, 자격요건에 관한 모든 정보를 담고 있다. 직무조사를 할 때 이용한다.

09 국가공무원법상 행정각부의 장관과 차관은 특수경력직 공무원 중 정무직 공무원이다.

10 직위분류제 등 개방형 인사제도는 외부의 전문가를 유입하여 행정의 전문화에는 기여할 수 있으나, 폭넓은 지식과 안목을 갖춘 일반행정가 양성은 폐쇄형인 계급제나 직업공무원제가 더 유리하다. 한편 현행법 규정에서도 개방형직위의 지정목적은 효율성과 전문성에 둔다.

Answer 06. ④ 07. ① 08. ① 09. ④ 10. ③

11 중앙행정기관의 개방형 임용제도에 대한 설명으로 옳지 않은 것은?

① 경력개방형직위제도는 공무원과 민간인이 경쟁하여 최적임자를 선발하는 것이다.

② 개방형직위는 고위공무원단 또는 과장급 직위 총수의 20% 범위에서 지정한다.

③ 공무원이 개방형직위나 공모직위를 통해 임용된 경우 공히 임용기간 만료 후 원소속으로 복귀가 가능하다.

④ 공모직위제도는 타 부처 공무원들과의 경쟁을 통해 최적임자를 선발하는 제도로 경력직 고위공무원단 직위 수의 30% 범위에서 지정한다.

⑤ 소속장관은 개방형직위로 지정, 변경 및 해제되는 직위와 지정범위에 관하여 인사혁신처장과 협의하여야 한다.

12 다음 중 우리나라의 고위공무원단에 대한 설명으로 옳지 않은 것은?

① 고위공무원단의 일부는 공모직위제도에 의해 충원된다.

② 고위공무원단제도는 지방자치단체의 지방공무원에 대해서는 도입되지 않고 있다.

③ 고위공무원단은 계급제가 아닌 직무등급제를 기반으로 운영된다.

④ 고위공무원단의 대상은 일반직 공무원이며 별정직 공무원은 그 대상에서 제외된다.

⑤ 고위공무원단의 성과연봉은 전년도 근무성과에 따라 결정된다.

13 다음에 해당하는 직위분류제의 개념은?

> 직위가 내포하는 직무의 종류 및 난이도, 책임의 정도가 유사해 채용과 보수 등에서 동일하게 다룰 수 있는 직위의 집단

① 직위

② 직급

③ 직렬

④ 등급

⑤ 직무

14 경력직 공무원에 관한 내용으로 옳지 않은 것은?

① 실적과 자격에 의해 임용된다.

② 신분이 보장되며, 정년까지 공무원으로 근무할 것이 예정된다.

③ 특정직 공무원은 경력직 공무원에 포함된다.

④ 경찰공무원과 소방공무원은 경력직 공무원이다.

⑤ 별정직 공무원은 경력직 공무원이다.

---

11 경력개방형직위제도는 공무원과 민간인이 경쟁하여 최적임자를 선발하는 개방형직위와 달리 민간인으로만 채용하는 직위를 말하며, 2015년 7월에 도입된 제도이다.

12 ④ 고위공무원단의 대상은 일반직, 별정직, 특정직(외무직)이 포함된다.
① 고위공무원단의 직위는 개방형직위(20% 이내), 공모직위(30% 이내) 및 자율직위(50% 이내)로 구성된다.
② 광역자치단체 행정부지사·부시장 및 기획관리실장, 지방교육행정기관 부교육감은 국가공무원이므로 포함된다.
③ 계급이 폐지되고 직위와 직무등급으로만 운영된다.
⑤ 고위공무원단의 보수는 직무성과급적 연봉제로 기본연봉은 기준급과 직무급으로 나누어지고, 성과연봉은 전년도 근무성과에 따라 결정된다.

13 제시문은 직급에 관한 설명이다. 직급은 직무의 종류(종적인 기준)와 난이도 및 책임성(횡적인 기준)이 유사한 직위의 군이다.
국가공무원법 제5조 【정의】 이 법에서 사용하는 용어의 뜻은 다음과 같다.
1. "직위(職位)"란 1명의 공무원에게 부여할 수 있는 직무와 책임을 말한다.
2. "직급(職級)"이란 직무의 종류·곤란성과 책임도가 상당히 유사한 직위의 군을 말한다.
3. "정급(定級)"이란 직위를 직급 또는 직무등급에 배정하는 것을 말한다.
4. "강임(降任)"이란 같은 직렬 내에서 하위 직급에 임명하거나 하위 직급이 없어 다른 직렬의 하위 직급으로 임명하거나 고위공무원단에 속하는 일반직공무원(제4조 제2항에 따라 같은 조 제1항의 계급 구분을 적용하지 아니하는 공무원은 제외한다)을 고위공무원단 직위가 아닌 하위 직위에 임명하는 것을 말한다.
5. "전직(轉職)"이란 직렬을 달리하는 임명을 말한다.
6. "전보(轉補)"란 같은 직급 내에서의 보직 변경 또는 고위공무원단 직위 간의 보직 변경(제4조 제2항에 따라 같은 조 제1항의 계급 구분을 적용하지 아니하는 공무원은 고위공무원단 직위와 대통령령으로 정하는 직위 간의 보직 변경을 포함한다)을 말한다.
7. "직군(職群)"이란 직무의 성질이 유사한 직렬의 군을 말한다.
8. "직렬(職列)"이란 직무의 종류가 유사하고 그 책임과 곤란성의 정도가 서로 다른 직급의 군을 말한다.
9. "직류(職類)"란 같은 직렬 내에서 담당 분야가 같은 직무의 군을 말한다.
10. "직무등급"이란 직무의 곤란성과 책임도가 상당히 유사한 직위의 군을 말한다.

14 ⑤ 별정직 공무원은 특수경력직 공무원에 해당한다.
①, ② 국가공무원법 제2조 【공무원의 구분】 ① 국가공무원(이하 "공무원"이라 한다)은 경력직공무원과 특수경력직공무원으로 구분한다. ② "경력직공무원"이란 실적과 자격에 따라 임용되고 그 신분이 보장되며 평생 동안(근무기간을 정하여 임용하는 공무원의 경우에는 그 기간 동안을 말한다) 공무원으로 근무할 것이 예정되는 공무원을 말하며, 그 종류는 다음 각 호와 같다.
③, ④ 경찰공무원과 소방공무원은 특정직 공무원이므로 경력직 공무원에 포함된다.

Answer 11. ①   12. ④   13. ②   14. ⑤

15 **고위공무원단 제도에 관한 설명으로 옳지 않은 것은?**

① 1978년 미국의 연방공무원개혁법에 의하여 최초로 도입되었다.

② 고위공무원단에 진입하기 위해서는 역량평가를 통과해야 한다.

③ 광역시의 행정부시장과 도의 행정부지사는 고위공무원단에 포함되지 않는다.

④ 고위공무원단의 직위는 개방형직위, 공모직위, 기관(부처)자율직위로 구분된다.

⑤ 고위공무원단제도는 계급을 폐지하고 직무를 중심으로 인사관리하는 제도이다.

★

15 ③ 고위공무원단에는 광역지자체 행정부단체장 및 부교육감이 포함된다.

① 고위공무원단 제도는 1978년 미국의 카터 행정부에서 연방공무원개혁법에 의하여 최초로 도입되었다.

② 고위공무원단 인사규정 제7조 【고위공무원단후보자】 ① 제9조에 따른 역량평가를 통과한 사람으로서 다음 각 호의 어느 하나에 해당하는 사람은 고위공무원단후보자가 된다. 이 경우 재직한 기간의 계산에 관하여는 임용령 제31조의 승진소요최저연수에 산입되는 재직연수 계산 방식을 준용한다.

④ 고위공무원단의 직위는 개방형직위, 공모직위, 기관(부처)자율직위로 구분된다.

개방형직위	• 전체 고위공무원단 직위 총수의 20% 범위 내에서는 개방형으로 충원 • 민간 vs 공직 내부
공모직위	• 전체 고위공무원단 직위 총수의 30% 범위 내에서는 공모직위로 채용 • 기관 내 공무원 vs 다른 부처 공무원
공모직위, 개방형직위 임용 시 선발의 공정성 및 객관성 제고를 위해 선발심사 및 선발시험위원회를 둠	
부처자율직위	• 나머지 50%는 부처자율직위로 채용 • 부처자율인사 직위는 부처 장관이 자율적으로 임용 방법을 결정하는 방식인데, 일반적으로 내부 공무원 승진과 외부경력자 채용 방식이 있음

⑤ 고위공무원단은 직무등급을 기초로 가급 고공단과 나급 고공단으로 구분해서 운영된다.

Answer 15. ③

공무원 임용 및 능력 발전

01 (가)~(다)에 해당하는 공무원 인사이동으로 옳은 것은?

> (가) 동일 직렬, 동일 직급 내에서 보직변경 또는 고위공무원단 직위 간의 보직변경을 말한다.
>
> (나) 인사관할을 달리하는 다른 기관 소속 공무원을 이동시켜 임용하는 것을 말한다.
>
> (다) 상이한 직렬의 동일한 계급 또는 등급으로 수평이동하는 것을 말한다.

	(가)	(나)	(다)
①	전직	전보	전입
②	전직	전입	전보
③	전보	전입	전직
④	전보	전직	전입
⑤	전입	전보	전직

01 (가)는 보직이동, 즉 전보에 대한 내용이다.
(나)는 전입(◑ 행정부에서 국회로 이동)에 대한 내용이다.
(다)는 직렬이동이므로 전직에 대한 내용이다.

Answer 01. ③

02 정부 내의 인적자원을 효율적으로 활용하기 위한 배치전환의 본질적인 용도와 가장 거리가 먼 것은?

① 선발에서의 불완전성을 보완할 수 있다.

② 조직구조 변화에 필요한 비용을 절감한다.

③ 부서 간 업무 협조를 유도하고 구성원 간 갈등을 해소한다.

④ 징계의 대용이나 사임을 유도하는 수단으로 사용한다.

⑤ 타성으로 인한 조직 침체를 방지하고 근무 의욕을 향상시킨다.

03 다음 중 연구조사방법론에서 사용하는 타당성(validity)에 대한 설명으로 가장 옳지 않은 것은?

① 기준타당성(criterion-related validity)은 하나의 측정도구를 이용하여 측정한 결과와 다른 기준을 적용하여 측정한 결과를 비교했을 때 도출된 연관성의 정도이다.

② 구성타당성(construct validity)은 연구에서 이용된 이론적 구성개념과 이를 측정하는 측정수단 간의 일치하는 정도를 의미한다.

③ 내용타당성(content validity)은 측정도구를 구성하는 측정지표 간의 일관성이다.

④ 수렴적 타당성(convergent validity)은 동일한 개념을 다른 측정방법으로 측정했을 때 측정된 값 간의 상관관계를 의미한다.

⑤ 차별적 타당성(discriminant validity)은 서로 다른 이론적 구성개념을 나타내는 측정지표 간의 관계를 의미하며, 서로 다른 구성개념을 측정하는 지표 간의 상관관계가 낮을수록 차별적 타당성이 높다.

---

02 ④는 배치전환의 본질적(적극적) 용도가 아니다. 배치전환은 전직, 전보, 파견 등 수평적인 인사이동이다. 조직에 활력을 불어넣고 부처 간 교류와 협력을 증진하고자 하는 것이 본질적·적극적 용도이며, 징계나 사임의 수단으로 악용되는 것은 소극적·부정적 용도이다.

03 ③은 내용타당성이 아니라 측정의 신뢰도 개념이다.

Answer 02. ④ 03. ③

공무원 평가 : 성과 관리

01 **근무성적평정에 관한 다음의 설명 중 옳지 않은 것은?**

① 상동적 오차(stereotyping)는 평정자가 자기 자신과 성향이 유사한 부하에게 후한 점수를 주는 오차이다.

② 우리나라의 성과계약평가 대상은 4급 이상 공무원 및 연구원·지도관이지만, 5급 이하도 가능하다.

③ 쌍쌍 비교법(paired comparison method)은 피평정자를 두 사람씩 짝을 지어 비교를 되풀이하여 평정하는 방법이다.

④ 체크리스트법(check list)은 공무원을 평가하는 데 적절하다고 판단되는 표준행동목록을 미리 작성해 두고, 이 목록에 가부를 표시하게 하는 방법이다.

⑤ 행태기준척도법은 평정의 임의성·주관성을 배제하기 위해 도표식척도법에다 중요사건기록법을 가미하는 방법이다.

---

01 ① 평정자가 자기 자신과 성향이 유사한 부하에게 후한 점수를 주는 오차는 유사성 착오(similarity error)이다. 상동적 오차(stereotyping)는 고정관념이나 편견에 의한 유형화의 착오이다.
④의 경우 사실표지법이라고도 하며, 평정서에 나타난 표준행동목록 중 피평정자에게 해당하는 항목을 표시하게 하는 방법이다.

Answer 01. ①

02 근무성적평가를 할 때 다음과 같은 오류는 각각 무엇인가?

> ㄱ. 평정자인 A팀장은 부하들의 근무성적을 평가할 때 평상시 출근시간 준수 여부를 특히 강조하여 모든 평정 요소의 평정을 이에 영향을 받아서 평가하는 경향을 보인다.
> ㄴ. A과장은 B공무원의 근무성적평정을 수행함에 있어서 B가 명문대학 출신이기 때문에 당연히 업무처리 능력이 우수할 것이라는 생각으로 근무성적평정 시 높은 점수를 주었다.

	ㄱ	ㄴ
①	선입견에 의한 오류	규칙적 오차
②	유상성 효과	체계적 오차
③	분포상의 오류	상동적 오차
④	연쇄효과	상동적 오차
⑤	최초효과	규칙적 오차

03 평정자인 A팀장은 피평정자인 B팀원이 성실하다는 것을 이유로 창의적이고 청렴하다고 평정하였다. A팀장이 범한 오류에 가장 가까운 것은?

① 연쇄효과
② 근접효과
③ 관대화 경향
④ 선입견과 편견
⑤ 논리적 착오

04 다음과 같은 상황을 가장 잘 설명하는 근무성적평정 오류는?

> 임용된 이후 단 한 번도 무단결근을 하지 않던 어떤 직원이 근무성적평정 하루 전날 무단결근을 하게 되었다. 이로 인하여 이 직원은 평정요소 중 직무수행태도에 대하여 낮은 점수를 받게 되었다.

① 집중화 오류(central tendency error)
② 근접효과로 인한 오류(recency effect error)
③ 연쇄효과로 인한 오류(halo effect error)
④ 선입견에 의한 오류(personal bias error)
⑤ 총계 오류(total error)

05 근무성적평정의 오류인 관대화 경향, 엄격화 경향, 집중화 경향을 방지할 수 있는 방법 중 가장 효과적인 것은?

① 서열법

② 강제배분법

③ 체크리스트법

④ 중요사건 기록법

⑤ 강제선택법

02 ㄱ. 출근시간 준수 여부가 모든 평정요소에 영향을 미친다고 여기는 것은 특정 평정요소에 대한 평정자의 판단이 연쇄적으로 다른 요소의 평정에도 영향을 주는 연쇄효과이다.

ㄴ. B가 명문대학 출신이기 때문에 당연히 근무성적도 좋을 것이라는 착각은 일종이 범주화의 오류(유형화의 오류)로, 이처럼 고정관념이나 편견에서 오는 착오를 상동적 오차라고 한다.

03 문제에서 제시된 내용은 연쇄효과(Halo Effect)에 해당한다. '성실하다'라는 것과 '창의적이고 청렴하다'라는 것은 별개의 평가 항목임에도 불구하고 성실하면 창의적이고 청렴하다는 평가가 전형적인 예이다. 이처럼 연쇄효과란 양 평가요소 간에 아무런 관련성이 없음에도 불구하고, 특정 평가항목의 평가 결과가 다른 평가항목에 영향을 주는 것을 말한다.

04 제시문은 근접효과로 인한 오류(recency effect error)에 해당한다.

05 일관되게 후한 점수를 주는 관대화나 그 반대로 평가하는 엄격화, 가운데로 점수가 몰리는 집중화(중심화) 등은 도표식평정법을 사용하는 데서 주로 발생한다. 이를 방지하기 위해 우리나라에서는 점수 분포 비율을 등급별로 강제로 할당시키는 강제배분법(집단서열법)을 도입하고 있다.

Answer **02.** ④   **03.** ①   **04.** ②   **05.** ②

06 **공무원 평정제도에 관한 설명으로 옳지 않은 것은?**

① 다면평가제도는 다수의 평정자로 인해 평가의 객관성과 공정성을 향상시킬 수 있다.

② 도표식 평정법은 상벌의 목적에 이용하기 편리하다.

③ 행태기준 평정척도법은 행태에 관한 구체적인 사건을 기준으로 평정하며, 사건의 빈도수를 표시하는 척도를 이용한다.

④ 우리나라는 평정결과에 대해 소청할 수 없다.

⑤ 도표식 평정법은 평정과정에서 연쇄효과가 발생할 수 있다.

★

06 ③은 행태관찰척도법에 대한 내용이다. 행태기준평정척도법은 행동의 상호배타성을 표현할 수 있으나 행동의 빈도를 나타내지 못한다.

① 다면평가제도는 입체적인 평정제도이므로 평가의 객관성과 공정성을 향상시킬 수 있다.

② 도표식 평정법은 평정 요소에 대한 등급을 매길 수 있으므로 상벌의 목적에 이용하기 편리하다.

④ 소청은 처분이 위법한 경우에 한해 제기할 수 있으며, 근무평정결과나 승진탈락 등은 소청의 대상이 아니다.

⑤ 도표식 평정법은 각 분야를 연속적으로 평정하는 과정에서 연쇄효과가 발생할 수 있다.

※ 도표식 평정법 예시

평정요소 : 전문지식 · 사회성	등급				
전문성 : 담당직무 수행에 직접적으로 필요한 이론 혹은 실무지식 보유	5	4	3	2	1
	매우 미흡	미흡	보통	우수	매우 우수
사회성 : 직무수행에 있어서 의사소통 여부	5	4	3	2	1
	매우 미흡	미흡	보통	우수	매우 우수

Answer 06. ③

Chapter
05

공무원 동기 부여

01 **공무원 보수에 대한 설명으로 옳지 않은 것은?**

① 직능급이란 직무의 난이도와 책임에 따라 결정되는 보수이다.

② 성과급은 개인이나 집단의 근무실적과 보수를 연결시킨 것이다.

③ 생활급은 생계비를 기준으로 하는 보수로서 공무원과 그 가족의 기본적인 생활을 보장하기 위한 것이다.

④ 연공급은 근속연수와 같은 인적 요소를 기준으로 하는 보수이다.

⑤ 직무급은 노동의 가치를 기준으로 지급하는 속직급이다.

★

01 직무의 난이도와 책임에 따라 결정되는 보수는 직능급이 아니라 직무급에 해당한다. 직능급은 직무수행능력에 상응하는 보수이다.

Answer 01. ①

공무원의 의무와 권리, 그리고 통제

01 공무원의 직위해제에 대한 설명으로 옳은 것은?

① 직위해제는 공무원 징계의 한 종류이다.

② 직위해제 처분을 받은 공무원은 잠정적으로 공무원 신분이 상실된다.

③ 직무수행 능력이 부족하거나 근무성적이 극히 나쁜 자에 대해서도 직위해제가 가능하다.

④ 직위해제의 사유가 소멸된 경우 임용권자는 인사위원회의 심의를 거쳐 3개월 이내에 직위를 부여하여야 한다.

⑤ 직권면직과 같은 개념이다.

02 다음 사례에 해당하는 공직부패의 유형이 바르게 연결된 것은?

> ㄱ - 인허가와 관련된 업무를 처리할 때 급행료를 지불하는 것을 당연시하는 경우
> ㄴ - 공무원이 사적 이익을 취할 목적이 없이 공적 이익을 위하여 거짓말 하는 경우
> ㄷ - 직위를 남용하여 공금 유용, 횡령, 회계부정을 저지르는 부패

(ㄱ)	(ㄴ)	(ㄷ)

① 제도적 부패 - 백색부패 - 사기형 부패

② 우발적 부패 - 회색부패 - 거래형 부패

③ 제도적 부패 - 회색부패 - 사기형 부패

④ 우발적 부패 - 백색부패 - 거래형 부패

⑤ 제도적 부패 - 흑색부패 - 거래형 부패

03 다음 중 공무원의 징계에 대한 설명으로 옳지 않은 것은?

① 징계로 파면처분을 받은 때부터 5년이 지나지 않은 자는 공무원으로 임용될 수 없다.

② 금품 및 향응 수수, 공금의 횡령·유용으로 징계 해임된 자의 퇴직급여는 감액하지 않는다.

③ 탄핵 또는 징계에 의하여 파면된 경우, 재직기간이 5년 이상인 사람의 퇴직급여는 1/2을 감액하여 지급한다.

④ 탄핵 또는 징계에 의하여 파면된 경우, 재직기간이 5년 미만인 사람의 퇴직급여는 1/4을 감액하여 지급한다.

⑤ 징계로 해임처분을 받은 때부터 3년이 지나지 않은 자는 공무원으로 임용될 수 없다.

---

01 ③은 직위해제 사유에 해당한다.
① 직위해제는 징계가 아니다.
② 직위해제는 신분을 유지하되, 직무에서 격리된 상태이다.
④ 아래의 조항 참고
국가공무원법 제73조의3【직위해제】② 제1항에 따라 직위를 부여하지 아니한 경우에 그 사유가 소멸되면 임용권자는 지체 없이 직위를 부여하여야 한다.
⑤ 직위해제는 직권면직과 다른 개념이다. → 전자는 신분을 보유하지만, 후자는 그렇지 않다.

02 ㄱ. 제도적 부패는 부패가 일상생활이 된 상태를 뜻한다.
ㄴ. 백색부패는 공무원이 국민을 위해 선의의 거짓말을 하는 행동이다.
ㄷ. 사기형 부패는 거래 대상자가 없는 부패이다.

03 해임은 원칙적으로 퇴직급여에 영향을 주지 않으나, 금품 및 향응 수수, 공금의 횡령·유용으로 징계 해임된 자의 퇴직급여는 감액된다. 재직기간 5년 미만의 경우 1/8, 5년 이상인 경우에는 1/4을 감액 지급한다.

Answer 01. ③ 02. ① 03. ②

04 공무원의 부패 유형에 대한 설명으로 옳지 않은 것은?

① 공금횡령, 개인적인 이익의 편취, 회계부정 등은 사기형 부패에 속한다.

② 법에 규정하기는 곤란하여 윤리강령에 규정하는 부패의 유형은 회색부패에 속한다.

③ 대부분의 부패행위는 개인 수준에서 발생하는데, 일반적으로 잘 드러나는 부패는 조직 수준의 부패이다.

④ 인허가와 관련된 업무를 처리할 때 이른바 '급행료'를 지불하는 것을 당연시하는 것은 제도화된 부패의 예이다.

⑤ 뇌물을 매개로 이권이나 특혜를 불법적으로 제공하는 가장 전형적인 부패는 거래형 부패이다.

05 공무원 부패에 대한 체제론적 접근방법을 설명한 것으로 옳은 것은?

① 공무원 부패는 개인들의 윤리의식과 자질 때문에 발생한다.

② 부패는 하나의 변수가 아니라 다양한 요인에 의해 복합적으로 나타난다.

③ 사회의 법과 제도상의 결함 때문에 부패가 발생한다.

④ 특정한 지배적 관습이나 경험적 습성과 같은 것이 부패를 조장한다.

⑤ 부패는 국가발전이나 산업화의 부산물로서 사회가 성장하면 자동으로 소멸된다.

06 다음 공무원 부패의 원인에 대한 접근방법을 설명한 것 중 가장 옳지 않은 것은?

① 도덕적 접근은 부패의 원인을 부패를 저지르는 관료 개인의 윤리의식과 자질의 탓으로 돌린다.

② 제도적 접근은 법과 제도상의 결함이나 운영의 미숙 등이 부정부패의 원인으로 작용한다고 본다.

③ 사회문화적 접근은 관료 부패를 사회문화적 환경의 독립 변수로 본다.

④ 체제론적 접근은 관료 부패 현상을 관료 개인의 속성과 제도, 사회문화 환경 등 여러 요인이 복합적으로 상호작용한 결과로 이해한다.

⑤ 구조적 접근은 공직자들의 잘못된 의식구조를 공무원 부패의 원인으로 보는 견해이다.

07 우리나라 내부임용제도에 대한 설명으로 옳지 않은 것은?

① 승급은 같은 계급 또는 등급 내에서 호봉이 높아지는 것을 말한다.

② 전보는 동일한 직급 내에서 보직을 변경하는 것을 말한다.

③ 파면은 연금법상의 불이익은 없으나, 3년 동안 공무원 피임용권을 박탈하는 것을 말한다.

④ 직권면직은 폐직 또는 과원발생 등의 경우 임용권자가 직권에 의해 공무원의 신분을 박탈하는 것을 말한다.

⑤ 배치전환은 수평적인 이동을 의미한다.

★

04 ③ 조직부패는 내부 조직문화나 분위기 등이 압력으로 작용하기 때문에 개인부패에 비해 잘 드러나지 않는 경향이 있다.
① 사기형 부패는 거래의 상대방 없이 혼자 물질적 이익을 취하는 부패이다.
② 회색부패는 현재적 위험은 없으나 잠재적 위험 때문에 처벌 여부에 대해 구성원들 간에 논란이 있는 부패이다. 그러한 논란 때문에 법제화하기보다는 윤리강령에 규정하는 경향이 있다.
④ 제도화된 부패는 부패가 오히려 정상적인 행태로 여겨지는 문화 때문에 공식적 규범이 형해화되어 버리는 경향이 강하다.

05 ② 체제론적 접근법은 부패의 원인이 어느 하나가 아니라 조직의 구조, 법률, 제도, 개인의 도덕심, 사회문화 등 다양한 요인에 의해서 복합적으로 나타난다고 본다. 이는 어느 한 부분의 지엽적인 대응만으로는 척결하기 어렵다는 점을 시사해 준다.
①은 도덕적 접근법, ③은 제도적 접근법, ④는 시민(사회)문화적 접근법, ⑤는 기능주의적 접근법에 해당한다.

06 사회문화적 접근은 부패의 원인을 사회의 지배적인 관습이나 경험, 즉 시민문화에서 찾는 입장이다. 따라서 부패를 사회문화적 환경의 종속 변수로 본다.

07 ③ 3년 동안 공무원 피임용권을 박탈하는 것은 해임이며, 파면은 5년간 공무원에 재임용될 수 없는 징계이다.
① 승급은 호봉이 상승하는 것을 뜻한다.
② 전보는 직무의 종류가 변하지 않으면서 보직이 바뀌는 것을 의미한다.
④ 국가공무원법 제70조【직권 면직】① 임용권자는 공무원이 다음 각 호의 어느 하나에 해당하면 직권으로 면직시킬 수 있다.
3. 직제와 정원의 개폐 또는 예산의 감소 등에 따라 폐직(廢職) 또는 과원(過員)이 되었을 때
⑤ 배치전환은 내부임용의 종류 중 수평이동에 해당한다.

Answer 04. ③ 05. ② 06. ③ 07. ③

08 다음 중 공무원의 행동규범에 대한 설명으로 옳지 않은 것은?

① 공직자가 공익을 현저히 침해하는 경우 국민 300명 이상의 연서로 감사원에 감사를 청구할 수 있다.

② 우리나라의 공무원은 정치적 중립을 지키도록 법률로 명문화되어 있다.

③ 공직자윤리법에서는 부정부패를 방지하기 위해 공직자의 재산등록 및 공개, 퇴직공무원의 취업제한 등을 규정하고 있다.

④ 공직자는 부패 사실을 알게 되었을 경우 부패행위를 신고하도록 의무화되어 있다.

⑤ 모든 공무원은 형의 선고·징계 처분 또는 국가공무원법에 정하는 사유에 의하지 아니하고는 그 의사에 반해 휴직·강임 또는 면직을 당하지 아니한다.

09 공무원 신분의 변경과 소멸에 대한 설명으로 옳지 않은 것은?

① 직권면직은 법률상 징계의 종류로 규정되어 있지 않다.

② 정직은 징계처분의 일종으로, 정직 기간 중에는 보수의 1/2을 감하도록 되어 있다.

③ 임용권자는 사정에 따라서는 공무원 본인의 의사에도 불구하고 휴직을 명해야 한다.

④ 임용권자는 직무수행 능력 부족을 이유로 직위해제를 받은 공무원이 직위해제 기간에 능력의 향상을 기대하기 어렵다고 인정된 때에 직권면직을 통해 공무원의 신분을 박탈할 수 있다.

⑤ 임용권자는 휴직 기간이 끝나거나 휴직 사유가 소멸된 후에도 공무원이 직무에 복귀하지 않았을 때 직권면직을 통해 공무원의 신분을 박탈할 수 있다.

10 국가공무원법상의 징계에 대한 설명으로 가장 적절하지 않은 것은?

① 강등은 1계급 아래로 직급을 내리고 공무원 신분을 3개월간 박탈한다.

② 해임과 파면은 신분박탈형 징계로 일정기간 공무원 임용의 결격사유가 된다.

③ 감봉은 보수의 불이익을 받는 것으로 감봉기간 동안 보수의 1/3을 감한다.

④ 정직은 1개월 이상 3개월 이하의 기간으로 하고, 정직 처분을 받은 자는 그 기간 중 공무원의 신분은 보유하나 직무에 종사하지 못하며 보수의 전액을 감한다.

⑤ 징계는 파면·해임·강등·정직(停職)·감봉·견책(譴責)으로 구분한다.

08 ⑤ 국가공무원법 제68조【의사에 반한 신분 조치】공무원은 형의 선고, 징계처분 또는 이 법에서 정하는 사유에 따르지 아니하고는 본인의 의사에 반하여 휴직·강임 또는 면직을 당하지 아니한다. 다만, 1급 공무원과 제23조에 따라 배정된 직무등급이 가장 높은 등급의 직위에 임용된 고위공무원단에 속하는 공무원은 그러하지 아니하다.

① 부패방지권익위법 제72조【감사청구권】① 18세 이상의 국민은 공공기관의 사무처리가 법령위반 또는 부패행위로 인하여 공익을 현저히 해하는 경우 대통령령으로 정하는 일정한 수 이상의 국민의 연서로 감사원에 감사를 청구할 수 있다. 다만, 국회·법원·헌법재판소·선거관리위원회 또는 감사원의 사무에 대하여는 국회의장·대법원장·헌법재판소장·중앙선거관리위원회 위원장 또는 감사원장(이하 "당해 기관의 장"이라 한다)에게 감사를 청구하여야 한다.

> 부패방지권익위법 시행령 제84조【감사청구인】법 제72조 제1항 본문에서 "대통령령으로 정하는 일정한 수"란 300명을 말한다.

② 국가공무원법 제65조【정치 운동의 금지】① 공무원은 정당이나 그 밖의 정치단체의 결성에 관여하거나 이에 가입할 수 없다.

③ 공직자윤리법 제1조【목적】이 법은 공직자 및 공직후보자의 재산등록, 등록재산 공개 및 재산형성과정 소명과 공직을 이용한 재산취득의 규제, 공직자의 선물신고 및 주식백지신탁, 퇴직공직자의 취업제한 및 행위제한 등을 규정함으로써 공직자의 부정한 재산 증식을 방지하고, 공무집행의 공정성을 확보하는 등 공익과 사익의 이해충돌을 방지하여 국민에 대한 봉사자로서 가져야 할 공직자의 윤리를 확립함을 목적으로 한다.

④ 부패방지권익위법 제56조【공직자의 부패행위 신고의무】공직자는 그 직무를 행함에 있어 다른 공직자가 부패행위를 한 사실을 알게 되었거나 부패행위를 강요 또는 제의받은 경우에는 지체 없이 이를 수사기관·감사원 또는 위원회에 신고하여야 한다. (→「부패방지 및 국민권익위원회의 설치와 운영에 관한 법률」에서는 내부고발자 보호제도를 규정하고 있음)

09 ② 정직은 징계처분의 일종으로, 정직 기간 중에는 보수의 전액을 감하도록 되어 있다.
국가공무원법 제80조【징계의 효력】③ 정직은 1개월 이상 3개월 이하의 기간으로 하고, 정직 처분을 받은 자는 그 기간 중 공무원의 신분은 보유하나 직무에 종사하지 못하며 보수는 전액을 감한다.

① 국가공무원법 제79조【징계의 종류】징계는 파면·해임·강등·정직(停職)·감봉·견책(譴責)으로 구분한다.

③ 국가공무원법 제71조【휴직】② 임용권자는 공무원이 다음 각 호의 어느 하나에 해당하는 사유로 휴직을 원하면 휴직을 명할 수 있다. 다만, 제4호의 경우에는 대통령령으로 정하는 특별한 사정이 없으면 휴직을 명하여야 한다.
4. 만 8세 이하 또는 초등학교 2학년 이하의 자녀를 양육하기 위하여 필요하거나 여성공무원이 임신 또는 출산하게 된 때

④ 국가공무원법 제70조【직권 면직】① 임용권자는 공무원이 다음 각 호의 어느 하나에 해당하면 직권으로 면직시킬 수 있다.
5. 제73조의3 제3항에 따라 대기 명령을 받은 자가 그 기간에 능력 또는 근무성적의 향상을 기대하기 어렵다고 인정된 때
국가공무원법 제73조의 3【직위해제】① 임용권자는 다음 각 호의 어느 하나에 해당하는 자에게는 직위를 부여하지 아니할 수 있다.
2. 직무수행 능력이 부족하거나 근무성적이 극히 나쁜 자
③ 임용권자는 제1항 제2호에 따라 직위해제된 자에게 3개월의 범위에서 대기를 명한다.

⑤ 국가공무원법 제70조【직권 면직】① 임용권자는 공무원이 다음 각 호의 어느 하나에 해당하면 직권으로 면직시킬 수 있다.
4. 휴직 기간이 끝나거나 휴직 사유가 소멸된 후에도 직무에 복귀하지 아니하거나 직무를 감당할 수 없을 때

10 ① 강등은 공무원 신분을 박탈하는 징계가 아니다.
국가공무원법 제80조【징계의 효력】① 강등은 1계급 아래로 직급을 내리고(고위공무원단에 속하는 공무원은 3급으로 임용하고, 연구관 및 지도관은 연구사 및 지도사로 한다) 공무원신분은 보유하나 3개월간 직무에 종사하지 못하며 그 기간 중 보수는 전액을 감한다. 다만, 제4조 제2항에 따라 계급을 구분하지 아니하는 공무원과 임기제공무원에 대해서는 강등을 적용하지 아니한다. ③ 정직은 1개월 이상 3개월 이하의 기간으로 하고, 정직 처분을 받은 자는 그 기간 중 공무원의 신분은 보유하나 직무에 종사하지 못하며 보수는 전액을 감한다.
④ 감봉은 1개월 이상 3개월 이하의 기간 동안 보수의 3분의 1을 감한다.
② 해임과 파면은 신분박탈형 징계로 일정기간(해임은 3년·파면은 5년) 공무원 임용의 결격사유가 된다.
⑤ 국가공무원법 제79조【징계의 종류】징계는 파면·해임·강등·정직(停職)·감봉·견책(譴責)으로 구분한다.

Answer 08. ⑤   09. ②   10. ①

Part

05

재무행정

Chapter 01 예산제도의 발달 과정

01 품목별예산제도에 관한 설명으로 옳지 않은 것은?

① 예산의 유용이나 남용을 방지하는 데 도움이 된다.

② 투입지향적 예산제도이다.

③ 정부사업의 우선순위 파악이 용이하다.

④ 의회의 예산심의가 용이하다.

⑤ 통제지향적인 예산편성제도이다.

02 다음 중 예산개혁의 경향을 시대에 따라 변화해 온 순서대로 나열한 것은?

① 통제지향 – 관리지향 – 기획지향 – 감축지향 – 참여지향

② 통제지향 – 감축지향 – 기획지향 – 관리지향 – 참여지향

③ 관리지향 – 감축지향 – 통제지향 – 기획지향 – 참여지향

④ 관리지향 – 기획지향 – 통제지향 – 감축지향 – 참여지향

⑤ 기획지향 – 감축지향 – 통제지향 – 관리지향 – 참여지향

03 품목별예산제도에 대한 설명으로 옳지 않은 것은?

① 재정민주주의 구현에 유리한 통제지향 예산제도이다.

② 정부 활동의 중복방지와 통합 · 조정에 유리한 예산제도이다.

③ 지출 대상에 따라 자세히 예산이 표시되어 있으므로 예산심의가 용이하다.

④ 정부가 수행하는 사업과 그 효과에 대한 명확한 정보를 제공하지 못한다.

⑤ 관료를 신뢰할 수 없다고 판단되던 시기의 개혁장치이다.

04 예산제도에 대한 설명으로 옳지 않은 것은?

① 계획예산제도(PPBS)는 계획(plan) − 사업(program) − 예산(budget)의 체계적 연계를 강조한다.

② 영기준예산제도(ZBB)는 원칙적으로 정부사업과 예산항목을 원점(zero base)에서 재검토하는 예산제도이다.

③ 목표관리예산제도(MBO)는 참여를 통해 설정한 세부사업의 목표를 예산 편성과 연계하는 제도이다.

④ 품목별예산제도(line-item budgeting)는 주어진 재원 수준에서 달성한 산출물 수준을 성과지표에 표시한다.

⑤ 성과주의예산제도(PBS)는 투입과 산출을 연계하여 재정성과를 지향하는 제도이다.

★

01 ③ 품목별예산편성제도는 품목별로(투입중심) 예산을 편성하기 때문에 사업·정책의 우선순위를 알 수 없다.
①, ⑤ 품목별예산편성제도는 통제지향적인 제도이므로 예산의 유용이나 남용을 방지하는 데 도움이 된다.
④ 품목별예산편성제도는 심의에 있어서 전문성을 요하지 않는 까닭에 의회의 예산심의가 용이하다.

02 예산제도는 일반적으로 품목별예산(통제중심) → 성과주의예산(관리중심) → 계획예산(기획중심) → 영기준예산(감축중심) → 주민참여예산(참여중심)으로 발전해 왔다.

03 품목별예산제도는 특정 사업 및 정책이 아닌 지출대상인 품목별로 분류하기 때문에 사업의 내용과 목적을 알수 없다. 그래서 정부활동(사업 또는 정책)의 중복 방지와 통합·조정에 불리한 예산제도이다. 투입 중심의 품목별 분류로 예산심의가 용이하므로(③) 재정통제가 쉽고 재정민주주의를 실현하는 데 기여하지만(①), 사업별 예산이 아니므로 사업의 효과성 파악이 어렵다(④). 또한 근대예산제도 형성기에 예산개혁을 위한 조치로서 충분한 역할을 수행하였다고 평가받는다(⑤).

04 ④는 품목별예산이 아니라 신성과주의예산의 특징에 해당한다. 품목별예산제도는 산출이나 성과 중심의 예산이 아니다.

Answer 01. ③　02. ①　03. ②　04. ④

05 성과주의예산제도에 관한 설명으로 옳은 것을 모두 고른 것은?

> ㄱ. 재원은 소규모 활동단위를 중심으로 배분된다.
> ㄴ. 사업의 대안들을 제시하도록 하고, 가장 효과적인 프로그램에 대해 재원배분을 선택
>   하도록 한다.
> ㄷ. 예산의 배정과정에서 필요 사업량이 제시되므로 예산과 사업을 연계시킬 수 있다.
> ㄹ. 장기적인 계획과의 연계보다는 단위사업만을 중시하기 때문에 전략적인 목표의식이
>   결여될 수 있다.

① ㄱ, ㄴ 　　　　　　　　　② ㄴ, ㄷ
③ ㄱ, ㄷ, ㄹ 　　　　　　　④ ㄴ, ㄷ, ㄹ
⑤ ㄱ, ㄴ, ㄷ

06 다음 중 성과주의예산제도에 대한 설명으로 옳지 않은 것은?

① 정부가 무슨 일을 하느냐에 중점을 두는 제도이다.
② 기능별예산제도 또는 활동별예산제도라고 부르기도 한다.
③ 관리지향성을 지니며, 예산관리를 포함하는 행정관리작용의 능률을 지향한다.
④ 시장실패 이후에 등장한 예산편성제도이다.
⑤ 정부사업에 대한 회계책임을 묻는 데 용이하다.

07 계획예산제도(PPBS)에 관한 설명으로 옳은 것은?

① 품목별예산은 하향식 예산과정을 수반하지만 계획예산제도는 하향식 접근을 선택할
  수 있게 해준다.
② 프로그램예산 형식을 취하고 있으며 예산편성에서 계량기법의 도입에 대해서는 적극
  적이지 못했다.
③ 폐쇄체제적 관점의 예산편성제도이다.
④ 미국 연방정부 차원에서 도입되었으나 전반적으로 실패한 것으로 평가되고 있다.
⑤ 품목별예산과는 달리 정책별로 예산을 배분하지 않고 부서별로 예산을 배정한다.

08 영기준예산제도(ZBB)의 장점으로 옳지 않은 것은?

① 국방비, 공무원의 보수, 교육비와 같은 경직성 경비가 많으면 영기준예산제도의 효용이 커진다.

② 최고관리자는 각 기관의 업무수행에 대한 보다 상세한 자료를 입수할 수 있다.

③ 예산과정에 대한 관리자 및 실무자의 참여를 촉진한다.

④ 전년도 답습주의로 인한 재정의 경직성을 완화할 수 있다.

⑤ 분석가의 주관적 판단에 의존하고, 우선순위 결정이 어렵다.

05 ㄴ은 PPBS(계획예산)의 특징이다. 성과주의예산은 정책목표 달성을 위한 대안의 타당성이나 우선순위 분석이 결여되어 있으므로 가장 효과적인 프로그램이나 대안의 탐색·평가에 도움을 주지 못한다.

06 성과주의예산은 품목이 아닌 정책이나 사업계획에 중점을 두므로 입법부의 예산통제가 곤란하고 회계책임의 한계가 모호하며 공금관리가 곤란하다. 회계책임을 묻기 위한 재정통제가 용이한 예산은 품목별예산제도(LIBS)이다.

07 ④ 계획예산제도(PPBS)는 1965년 존슨(Johnson)행정부에 의하여 미국 연방정부에 도입되었지만 전반적으로는 실패한 예산으로 평가받았다.
① PPBS는 하향식 흐름이나 품목별예산은 상향식 흐름의 예산이다.
② PPBS는 비용편익분석 등 계량적 기법의 도입에 적극적이었다.
③ PPBS는 부서별 구분(장벽)을 없애고 예산을 대규모 사업을 중심으로 배정하는 바 개방체제적 관점의 예산편성제도이다.
⑤ PPBS는 부서별로 예산을 배정하지 않고 정책별로 배분한다는 점이 과거의 품목별예산과 다르다.

08 ① 공공부문에서는 국방비, 인건비, 교육비 등 경직성 업무나 경비가 많고 국민 생활의 연속성이 고려되어야 하며 법령상의 제약이 심하기 때문에 사업의 축소나 폐지가 용이하지 않아 영기준예산의 적용이 제한될 수밖에 없다.
② 관리자는 조직 내 각 의사결정단위들이 제출한 의사결정패키지들에 의하여 상세한 정보를 접할 수 있기 때문이다.
③ 정책결정 항목이 위로 올라가면서 상향적으로 검토되고 우선순위가 결정되므로 전문 참모가 아닌 계선기관의 중간관리자나 하급관리자에게 참여기회가 제공된다.
④ 모든 사업을 영기준(백지상태)에서 검토하므로 전년도를 답습하지 않는다. 그러므로 사업성이 없는 것은 과감하게 축소, 폐지할 수 있어서 재정의 경직성을 타파하고 재정운영의 탄력성을 제고시킨다.
⑤ 우선순위 판단은 주관적일 수밖에 없다.

Answer 05. ③   06. ⑤   07. ④   08. ①

09 **계획예산(PPBS)과 영기준예산(ZBB)에 관한 설명으로 가장 부적절한 것은?**

① PPBS가 하향적일 때 ZBB는 상향적이다.

② PPBS가 미시적 분석을 좋아할 때 ZBB는 거시적 분석을 좋아한다.

③ PPBS가 새로운 프로그램이나 기존의 프로그램 간의 예산변동액에 주요 관심을 가질 때 ZBB는 기존의 프로그램의 계속적인 재평가에 주요 관심을 기울인다.

④ PPBS가 개방체제의 성격을 띨 때 ZBB는 폐쇄체제의 성격을 띠고 있다.

⑤ PPBS가 정책정향적이고 계획정향적인 성격을 강하게 띠고 있을 때 ZBB는 사업정향적 성격을 강하게 띠고 있다.

10 **일몰법과 영기준예산에 대한 설명으로 부적절한 것은?**

① 둘 다 감축관리의 실행에 활용된다.

② 일몰법은 대개 3~7년의 기간 후에 사업을 종료한다.

③ 영기준예산은 매년 심사하여 결정한다.

④ 둘 다 자원의 합리적 배분을 의도한다.

⑤ 영기준예산은 입법적 과정이다.

11 결과기준예산제도의 단점에 해당되지 않는 것은?

① 억울한 책임

② 성과 책임의 애로

③ 목표·성과기준 설정의 애로

④ 성과 비교의 애로

⑤ 정보 부족

09 ②는 반대로 서술되었다. 계획예산(PPBS)이 거시적·하향적이라면 영기준예산(ZBB)는 미시적·상향적이다.

10 영기준예산이 행정적 과정이라면, 일몰법 예산은 입법적 과정이다.

11 ⑤ 정보 부족이 아니라 정보의 과다가 문제이다. 많은 정보는 상황 판단에 유리하긴 하다. 그러나 지나치게 많은 정보는 정보의 주체를 정보의 홍수 속에 파묻히게 하여서 오히려 정보에 대한 판단능력을 상실하게 한다. 이런 현상을 백색잡음효과(white noise effect)라 한다. 이는 과다한 정보가 오히려 해가 된다는 정보화 사회의 폐단을 가리키는 용어이다.
① 신성과주의의 핵심은 많은 재량(자율성)을 주는 것만큼 그에 비례하여 성과에 대한 책임을 묻겠다는 데 있다. 재량에 비례하여 책임을 지운다는 것인데, 이것이 억울하다는 것은 어폐가 있어 보인다. 그러나 오늘날 정보화 사회는 통제 불가능한 많은 변수 속에서 재량을 행사하기 때문에 불확실성이 높다. 이러한 환경에서 모든 책임을 묻겠다는 것은 불가항력에 대해 책임을 지우는 것과 같다. 따라서 아무리 재량이 많이 주어졌다 하더라도 그 결과에 모든 책임을 지는 것은 억울하다는 의미이다.
②, ③, ④ 공공부문의 무형성·추상성은 공공사업의 성과측정이나 측정지표의 수립을 어렵게 만들 수 있다.

Answer 09. ② 10. ⑤ 11. ⑤

01 프로그램예산제도에 대한 설명으로 옳지 않은 것은?

① 동일한 정책목표를 가진 단위사업들을 하나의 프로그램으로 묶어 예산 및 성과관리의
기본단위로 삼는다.

② 우리나라에서는 지방자치단체가 2004년부터, 중앙정부는 2008년부터 공식적으로 채
택하였다.

③ 자원배분의 투명성을 높일 수 있고, 일반 국민이 예산사업을 쉽게 이해할 수 있게 한다.

④ 우리나라가 도입한 배경에는 투입 중심 예산운용의 한계를 극복하고자 하는 측면이
있었다.

⑤ 프로그램이란 동일한 정책목표를 달성하기 위한 단위사업(activity)의 묶음으로 정책
적인 독립성을 지닌 최소단위이다.

02 우리나라 주민참여 예산제도에 대한 설명으로 가장 적절하지 않은 것은?

① 행정안전부장관은 지방자치단체의 재정적 지역적 여건 등을 고려하여 대통령령으로
정하는 바에 따라 지방자치단체별 주민참여예산제도의 운영에 대하여 평가를 실시할
수 있다.

② 주민이 참여할 수 있는 예산 과정은 예산편성, 심의·의결, 집행, 결산 등 전 과정을
포함한다.

③ 2011년 9월 지방재정법 개정을 통해 모든 지방자치단체가 의무적으로 이행해야 하는
제도로 전환되었다.

④ 지방자치단체장은 예산안을 지방의회에 제출할 때 주민의 의견을 수렴해야 하며, 수
렴된 주민의견서를 예산안에 첨부해야 한다.

⑤ 재정민주주의를 실현하기 위한 제도이다.

01 ② 우리나라에서 중앙정부는 2007년부터, 지방자치단체는 2008년부터 공식적으로 채택하였다.

① 프로그램이란 동일한 정책목표를 달성하기 위한 단위사업(activity)의 묶음으로 정책적으로 독립성을 지닌 최소단위이다. 즉 프로그램은 단일관리자에 의해 책임이 부여되고 동일한 성격의 사업들로 구성이 되며 정책의 투입·산출, 목표가 관리되고 성과관리가 이루어지는 기본 단위이다.

③ 사업관리 시스템이 함께 운용되기 때문에 재정집행의 투명성을 제고할 수 있고 일반 국민들이 예산사업을 쉽게 이해할 수 있게 된다.

④ 프로그램예산제도의 도입으로 품목 중심의 투입관리와 통제 중심의 재정운용에서 프로그램 중심의 성과·자율·책임 중심 재정운용으로 전환되었다.

02 ② 지방의회 의결사항은 제외된다.

① 지방재정법 제39조【지방예산 편성 등 예산과정의 주민 참여】④ 행정안전부장관은 지방자치단체의 재정적·지역적 여건 등을 고려하여 대통령령으로 정하는 바에 따라 지방자치단체별 주민참여예산제도의 운영에 대하여 평가를 실시할 수 있다.

③ 지방재정법 제39조【지방예산 편성 등 예산과정의 주민 참여】① 지방자치단체의 장은 대통령령으로 정하는 바에 따라 지방예산 편성 등 예산과정(「지방자치법」제47조에 따른 지방의회의 의결사항은 제외한다. 이하 이 조에서 같다)에 주민이 참여할 수 있는 제도(이하 이 조에서 "주민참여예산제도"라 한다)를 마련하여 시행하여야 한다.

④ 지방재정법 제39조【지방예산 편성 등 예산과정의 주민 참여】③ 지방자치단체의 장은 주민참여예산제도를 통하여 수렴한 주민의 의견서를 지방의회에 제출하는 예산안에 첨부하여야 한다.

⑤ 재정민주주의(납세자 주권)란 정부가 주민 혹은 국민의 돈을 사용함에 있어서 주민이나 국민의 견해를 반영하는 것 혹은 공금의 부적절한 사용에 대해 주민이나 국민이 이의를 제기하는 것을 말한다.

Answer 01. ②　　02. ②

예산의 기초

01 **우리나라 예산 및 법률에 대한 설명으로 가장 적절하지 않은 것은?**

① 대통령은 국회가 의결한 법률안에 대해 거부권이 있지만, 국회에서 의결된 예산에 대해서는 거부권을 행사할 수 없다.

② 예산은 정부만이 제안권을 갖고 있고, 국회는 제안권을 갖고 있지 않다.

③ 국회는 정부의 동의 없이 정부가 제출한 지출예산 각항의 금액을 증가시키거나 새 비목을 설치할 수 있다.

④ 예산을 심의할 때, 국회는 정부가 제출한 예산안의 범위 내에서 삭감할 수 있다.

⑤ 행정부는 예산안을 회계연도 개시 120일 전까지 의회에 제출해야 한다.

02 **다음은 우리나라의 예산에 관한 설명이다. 옳지 않은 설명은?**

① 예산은 정부만이 제안권을 갖고 있고 국회는 제안권을 갖고 있지 않다.

② 예산안을 심의할 때 국회는 정부가 제출한 예산안의 범위 내에서 삭감할 수 있으나, 정부의 동의 없이 지출예산 각 항의 금액을 증액할 수 없다.

③ 예산은 국가기관만을 구속한다.

④ 예산은 국회의 의결로 성립하지만 정부의 수입 지출 권한과 의무는 별도의 법률로 규정된다.

⑤ 국회에서 의결된 예산에 대해서 대통령이 거부권을 행사할 수 있다.

03 예산의 원칙과 그 예외사항에 대한 설명으로 옳은 것은?

① 특정 수입과 특정 지출이 연계되어서는 안 된다는 것은 단일성의 원칙이다.

② 예산이 주어진 목적, 규모 그리고 시간에 따라 집행되어야 한다는 원칙은 예산총계주의이다.

③ 예산구조나 과목은 이해하기 쉽도록 단순해야 한다는 것은 통일성의 원칙이다.

④ 특별회계는 통일성의 원칙과 단일성의 원칙의 예외적인 장치에 해당된다.

⑤ 수입과 지출 등의 용도를 모든 국민이 알기 쉽게 명확하게 분류하는 것은 정확성의 원칙이다.

★

01 국회는 정부의 동의 없이 정부가 제출한 지출예산 각항의 금액을 증가시키거나 새 비목을 설치할 수 없다.
→ 단, 삭감은 가능하다.
헌법 제57조 국회는 정부의 동의 없이 정부가 제출한 지출예산 각항의 금액을 증가하거나 새 비목을 설치할 수 없다.
①, ②, ⑤

구분	예산	법률
제출권자	정부	국회, 정부
제출기한	회계연도 개시 120일 전	제한 없음
심의기한	회계연도 개시 30일 전	제한 없음
대통령 거부권	거부권 행사 불가	거부권 행사 가능
국회심의의 범위	예산의 증액 및 새로운 비목설치 불가능 - 정부의 동의가 있으면 가능	자유롭게 수정할 수 있음
대인적 효력	국가기관을 구속	국가기관 및 국민 모두를 구속
시간적 효력	회계연도에 국한	폐지할 때까지 계속적인 효력
지역적 효력	국내외 불구 효력 발생	원칙상 국내에 한정

※ 우리나라에서는 예산으로 법률을 변경할 수 없고, 법률로 예산을 변경할 수 없음 → 양자는 다른 형식

02 우리나라는 법률주의 방식이 아니라 의결주의(예산주의) 방식으로 예산이 성립되기 때문에 법률에 대해서는 거부권 행사가 가능하지만, 예산에 대해서는 거부권 행사가 불가능하다.

03 ④ 특별회계는 통일성의 원칙과 단일성의 원칙의 예외로 옳은 지문이다.
①은 통일성의 원칙, ②는 한정성의 원칙, ③과 ⑤는 명료성의 원칙에 해당한다.

Answer 01. ③   02. ⑤   03. ④

04 다음은 예산의 원칙에 대한 설명이다. 바르게 짝지어진 것은?

> ㄱ: 한 회계연도의 세입과 세출은 모두 예산에 계상하여야 한다.
> ㄴ: 모든 수입은 국고에 편입되고 여기에서부터 지출이 이루어져야 한다.

	ㄱ	ㄴ
①	예산 단일의 원칙	예산 총계주의 원칙
②	예산 총계주의 원칙	예산 단일의 원칙
③	예산 통일의 원칙	예산 총계주의 원칙
④	예산 총계주의 원칙	예산 통일의 원칙
⑤	예산 정확성의 원칙	예산 완전성의 원칙

05 다음 제시문에서 ㄱ과 ㄴ에 해당하는 내용을 바르게 연결한 것은?

> (ㄱ)은/는 국가가 특별한 용역 또는 시설을 제공하고 그 제공을 받은 자로부터 비용을 징수하는 경우의 당해 경비로서 기획재정부장관이 정하는 경비를 의미하며, 국가재정법상 (ㄴ)의 예외로 규정되어 있다.

	ㄱ	ㄴ
①	수입대체경비	예산 총계주의 원칙
②	전대차관	예산 총계주의 원칙
③	수익지출금	예산 명료성의 원칙
④	수입대체경비	예산 공개의 원칙
⑤	사용료	예산 정확성의 원칙

06 예산원칙에 대한 설명으로 옳지 않은 것은?

① 입법부가 사전에 의결한 사항만 집행이 가능하다는 사전의결의 원칙의 예외로는 긴급명령과 준예산 등이 있다.

② 예산 총계주의는 모든 세입과 세출이 예산에 계상되어야 한다는 것을 의미한다.

③ 정부가 특정 수입과 특정 지출을 직접 연계해서는 안 된다는 한계성 원칙의 예외로는 예비비, 계속비 등이 있다.

④ 예산은 결산과 일치해야 한다는 예산 엄밀성의 원칙은 정확성의 원칙이라고도 불린다.

⑤ 모든 세입과 세출은 하나의 국고금으로 수납되고 하나의 국고금에서 통일적으로 지출되어야 한다는 국고통일주의를 비영향의 원칙이라고도 한다.

07 다음에 해당하는 예산의 원칙은?

> 지방정부가 각종 개발부담금을 징수하여 중앙정부의 세입 장부로 이전시킬 때, 징수비용을 제외한 순수입만을 중앙정부 세입예산에 반영시켜서는 안 된다는 것이다. 예를 들어 100원을 징수하는 과정에서 10원의 비용이 있었다면, 100원을 보고하고 10원을 사후적으로 보상받는 방식을 채택해야 하며, 90원만 이전시켜서는 안 된다.

① 한정성의 원칙　　　　　　　　② 단일성의 원칙
③ 완전성의 원칙　　　　　　　　④ 명확성의 원칙
⑤ 통일성의 원칙

★

04 ㄱ은 예산 완전성의 원칙(포괄성원칙＝예산 총계주의 원칙), ㄴ은 예산 통일성의 원칙(자기목적 구속금지원칙 ＝수입·지출 연계금지원칙)에 해당한다.

05 ㄱ은 수입대체경비에 해당하고, ㄴ은 예산 총계주의(완전성) 원칙에 해당한다. 수입대체경비란 국가가 특별한 용역 또는 시설을 제공하고 그 제공을 받은 자로부터 징수하는 비용으로 지출이 수입을 수반하는 경비를 말한다. 현물출자, 전대차관과 함께 수입대체경비는 국가재정법상 예산 총계주의의 예외로 규정되어 있다.

06 ③은 통일성의 원칙을 의미하며, 이 원칙의 예외로는 목적세, 수입대체경비, 특별회계, 기금 등이 있다. 예비비, 계속비 등은 한정성(한계성) 원칙의 예외이다.

07 지문은 예산총계주의를 나타낸다. 이는 모든 세입과 세출은 예산에 명시적으로 나열되어 있어야 한다는 완전성의 원칙을 뜻한다.
※ 전통적 예산원칙

	개념	예외	
단일성 원칙	• 단일한 회계장부에 기록 • 예산은 가능한 한 모든 재정활동을 포괄하는 단일의 예산 내에서 정리되어야 함	특별회계, 추가경정예산, 기금	
통일성 원칙	세입은 국고를 거쳐 세출	목적세, 수입대체경비, 특별회계, 기금	
명료성 원칙	수입 및 지출 용도 구분	총괄예산 등	
한정성 원칙	사용목적·범위·기간의 명확한 한계 • 목적 외 사용금지 • 초과지출 금지 • 회계연도 독립의 원칙	목적(질적) 한정성 예외	이용, 전용
		규모(양적) 한정성 예외	예비비, 추가경정예산
		시간(시기) 한정성 예외	이월, 계속비, 국고채무부담행위 등

Answer 04. ④　05. ①　06. ③　07. ③

Chapter 04 예산의 종류 및 분류

01 예산의 분류방식과 그 내용이 잘못 연결된 것은?

① 예산의 사용목적에 따른 구분 - 일반회계, 특별회계

② 세입·세출의 성질에 따른 구분 - 일반회계, 특별회계

③ 예산 성립시기에 따른 구분 - 본예산, 수정예산, 잠정예산

④ 예산 불성립 시 예산 집행을 위한 구분 - 준예산, 가예산

⑤ 회계 간 중복 거래 포함여부에 따른 구분 - 예산총계, 예산순계

02 다음 중 준예산의 사용 목적에 해당하지 않는 것은?

① 법률상 지출의무의 이행

② 전쟁이나 대규모 재해가 발생한 경우

③ 이미 예산으로 승인된 사업의 계속

④ 헌법에 의하여 설치된 기관 또는 시설을 유지·운영하는 경우

⑤ 법률에 의하여 설치된 기관 또는 시설을 유지·운영하는 경우

03 우리나라 기금 운영에 대한 설명으로 옳지 않은 것은?

① 기금이란 국가가 특정한 목적을 위하여 특정한 자금을 신축적으로 운용할 필요가 있을 때에 한하여 법률로써 설치한다.

② 기금운용계획안은 국회의 심의와 의결을 거쳐 확정된다.

③ 군인연금, 공무원연금, 국민연금은 기금으로 운영된다.

④ 주한 미군기지 이전, 행정 중심 복합도시 건설 등 기존의 일반회계에서 처리하기 곤란한 대규모 국책사업을 실행하기 위해 운영된다.

⑤ 기금은 세입세출예산에 의하지 아니하고 운용할 수 있다.

04 우리나라 특별회계에 대한 설명으로 옳지 않은 것은?

① 예산 단일성과 예산 통일성 원칙에 대한 예외이다.

② 일반회계와 구분해 계리할 필요가 있을 때 설치하므로, 일반회계로부터 전입은 금지된다.

③ 정부가 "2017년 세출예산은 400.7조 원이다."라고 발표했다면, 이는 특별회계 지출이 포함된 규모이다.

④ 현재 정부기업 특별회계로는 양곡관리, 조달사업, 우편사업 등이 운영되고 있다.

⑤ 중앙관서의 장이 소관 사무와 관련하여 특별회계를 신설하고자 하는 때에는 해당 법률안을 입법예고하기 전에 특별회계의 신설에 관한 계획서를 기획재정부장관에게 제출하여 그 신설의 타당성에 관한 심사를 요청하여야 한다.

★

01 예산은 사용목적 혹은 세입세출의 성질에 따라 일반회계와 특별회계로, 예산의 성립시기에 따라 본예산, 수정예산, 추가경정예산 그리고 예산 불성립 시 예산집행을 위한 구분에 따르면 준예산, 가예산, 잠정예산으로 분류된다.
⑤ 회계 간 중복거래 포함 여부

예산총계	회계 간 중복 거래 금액을 포함하는 예산
예산순계	회계 간 중복 거래 금액을 포함하지 않는 예산

02 ②는 추가경정예산 편성사유에 해당한다.
①, ③, ④
헌법 제54조 ③ 새로운 회계연도가 개시될 때까지 예산안이 의결되지 못한 때에는 정부는 국회에서 예산안이 의결될 때까지 다음의 목적을 위한 경비는 전년도 예산에 준하여 집행할 수 있다.
1. 헌법이나 법률에 의하여 설치된 기관 또는 시설의 유지·운영
2. 법률상 지출의무의 이행
3. 이미 예산으로 승인된 사업의 계속

03 ④ 특별회계는 특정 사업 운영을 위해 설치하나, 기금은 특정 자금 운용을 위해 설치한다. 일반회계에서 처리하기 곤란한 대규모 국책사업을 시행하기 위해서는 기금이 아니라 특별회계를 설치·운영해야 한다. 주한 미군기지 이전 특별회계, 행정 중심 복합도시건설 특별회계가 현재 설치·운영되고 있다.
③의 경우, 군인연금법 제37조 등에 근거를 두고 있다.

04 ② 일반회계와 특별회계, 기금 상호 간에는 전·출입(교류)이 허용된다.
③ 특별회계는 예산에 포함되므로 올바른 선지이다.

Answer 01. ③   02. ②   03. ④   04. ②

05 우리나라 정부의 예산구조에 관한 기술로 틀린 것은?

① 특별회계와 기금은 법률로써 설치한다.

② 기금운용계획의 확정 및 기금의 결산은 국회의 심의·의결을 거친다.

③ 일반회계는 조세수입 등을 주요 세입으로 하여 국가의 일반적인 세출에 충당하기 위하여 설치한다.

④ 특별회계는 국가가 특정한 목적을 위하여 특정한 자금을 신축적으로 운용할 필요가 있을 때 설치한다.

⑤ 국회는 정부가 제출한 기금운용계획안의 주요항목 지출금액을 증액하거나 새로운 과목을 설치하고자 하는 때에는 미리 정부의 동의를 얻어야 한다.

06 다음 (   ) 안에 들어가기에 적합한 용어는?

최근 미국은 의회의 연방예산 처리지연으로 예산편성 및 집행에 큰 어려움을 겪으면서 행정업무가 마비되는 사태를 겪은 바 있다. 우리나라는 새로운 회계연도가 개시될 때까지 예산안이 국회에서 의결되지 못한 경우에 대비하여 (   )제도를 시행하고 있다.

① 준예산   ② 가예산
③ 수정예산   ④ 잠정예산
⑤ 본예산

07 성인지예산(gender budgeting)에 대한 설명으로 옳지 않은 것은?

① 예산과정에 성주류화(gender mainstreaming)의 적용을 의미한다.

② 기회균등에 기초한 성중립적(gender neutral) 관점에서 출발한다.

③ 우리나라는 국가재정법에서 성인지예산서와 결산서 작성을 의무화하였다.

④ 성인지적 관점의 예산 운영은 새로운 재정 운영의 규범이 되고 있다.

⑤ 실질적 남녀평등을 위한 제도이다.

08 특별회계에 대한 설명으로 옳은 것은?

① 특별회계에서 발생한 잉여금을 일반회계로 전입시킬 수 있다.

② 특별회계는 일반회계와는 달리 입법부의 심의를 받지 않는다.

③ 특별회계는 기금과는 달리 예산단일의 원칙에 부합한다.

④ 특별회계의 세입은 주로 조세수입으로 이루어진다.

⑤ 특별회계는 특정한 세입으로 특정한 세출에 충당하기 위한 것으로, 일반회계와 구분하기는 어렵다.

★

05 ④는 특별회계가 아니라 기금에 대한 설명이다. 특별회계는 국가가 특정한 사업을 운영하거나 특정한 자금을 운용하거나, 기타 특정한 세입으로 특정한 세출에 충당할 필요가 있을 때 법률로 설치한다. 특별회계와 기금은 특정 자금 운용목적에서 같으나, 전자는 후자에 비해 통제가 강해 신축성이 약하다.

06 제시문은 우리나라의 준예산을 설명하고 있다.
※ 예산불성립 시 집행장치

종류	국회의 의결	지출항목	채택국가	기간
준예산	불필요	한정적	한국, 독일	제한 없음
잠정예산	필요	전반적	영국, 미국, 일본, 캐나다	제한 없음
가예산	필요	전반적	프랑스, 한국의 제1공화국	최초 1개월

07 성중립적(gender neutral) 관점은 성인지적 관점과 다르다. 성중립적 관점은 남녀 간의 획일적인 평등을 강조하는 소극적 기회의 공평을 전제하는 반면, 성인지적(gender perspective) 관점은 남녀 간의 적극적인 공평을 구현하려는 적극적 결과의 공평을 전제로 한다. 후자의 관점이 성예산제도를 반영한 것이다. 이처럼 성(평등)예산이란 예산과정에서 예산이 남녀에게 미치는 영향이 서로 다르다고 보고, 예산과정에서 남녀평등을 적극적으로 실현하려는 성주류화 예산을 말한다. 성중립적 관점에 따르면 남녀 공중화장실을 1:1로 설치해야 하나, 성인지적 관점에 따르면 1:1.5로 설치해야 한다. 현행 공중화장실 설치·운영법이 남녀화장실을 1:1.5의 비율로 설치하도록 규정하고 있는 것은 바로 성인지적 관점을 반영한 결과이다.

08 ①만 옳다.
② 특별회계는 예산이므로 입법부의 심의를 받는다.
③ 특별회계는 단일성 원칙의 예외에 해당한다.
④ 특별회계의 세입은 주로 조세가 아닌 수입으로 구성된다.
⑤ 특별회계는 특정한 세입으로 특정한 세출에 충당하기 위한 것으로, 일반회계와 구분해서 법률로 설치한다.

Answer 05. ④   06. ①   07. ②   08. ①

01 우리나라 예산제도에 대한 설명으로 옳지 않은 것은?

① '국회법'에 따르면 예산결산특별위원회는 소관 상임위원회의 예비심사 내용을 존중하
여야 하며, 소관 상임위원회에서 삭감한 세출예산 각 항의 금액을 증가하게 하거나
새 비목을 설치할 경우에는 소관 상임위원회의 동의를 받아야 한다.

② '국가재정법'에 따르면 기획재정부장관은 예산배정요구서에 따라 분기별 예산배정계
획을 작성하여 국무회의의 심의를 거친 후 대통령의 승인을 얻어야 한다.

③ 예산편성-예산심의·의결-예산집행-예산결산으로 이루어진 예산주기는 1년이다.

④ 예산이 효력을 갖는 일정기간을 회계연도(fiscal year)라 한다.

⑤ 국회는 정부의 동의 없이 정부의 예산을 삭감할 수 있다.

02 추가경정예산에 대한 설명 중 가장 적절한 것은?

① 예산안이 제출된 이후 국회의결 이전에 기존안의 일부를 수정해 제출한 예산이다.

② 예산팽창의 원인이 될 수 있으므로 '국가재정법'에서 그 편성 사유를 제한하고 있다.

③ 예산심의가 종료된 후 발생한 변화에 대처하기 위하여 연 1회 편성하는 예산이다.

④ 국회에서 확정되기 전에 정부가 미리 배정하거나 집행할 수 있는 예산이다.

⑤ 예산안이 의결되었을 때 최초로 성립되는 예산이다.

03 우리나라 예산과정과 관련된 기술로 맞는 것은?

① 기획재정부장관의 예산안편성지침 통보에 따라 각 중앙관서의 장은 중기사업계획서와 예산요구서를 작성하여 기획재정부에 제출한다.

② 국가재정법에 따르면 기획재정부장관은 국무회의 심의로 확정된 다음연도 예산안을 회계연도 개시 90일 전까지 국회에 제출하여야 한다.

③ 국회의 예산안 심의는 정부 예산안 제출 → 국회 소관 상임위원회의 예비심사 → 국회 예산결산특별위원회의 종합심사 → 시정연설 → 본회의 의결 순으로 진행된다.

④ 기획재정부장관은 분기별 예산배정계획을 작성하여 국무회의 심의와 대통령 승인 후 각 중앙관서의 장에게 예산을 배정하며, 중앙관서의 장은 배정된 예산을 다시 하급기관에 재배정한다.

⑤ 국회는 결산에 대한 심의·의결을 정기국회 폐회 전까지 완료해야 한다.

Part 05

★

01 ③ 예산주기는 3년이다.
① 국회법 제84조【예산안·결산의 회부 및 심사】⑤ 예산결산특별위원회는 소관 상임위원회의 예비심사 내용을 존중하여야 하며, 소관 상임위원회에서 삭감한 세출예산 각 항의 금액을 증가하게 하거나 새 비목(費目)을 설치할 경우에는 소관 상임위원회의 동의를 받아야 한다.
② 국가재정법 제43조【예산의 배정】① 기획재정부장관은 제42조의 규정에 따른 예산배정요구서에 따라 분기별 예산배정계획을 작성하여 국무회의의 심의를 거친 후 대통령의 승인을 얻어야 한다.
④ 예산이 집행되는 연도, 즉 예산이 효력을 갖는 일정기간을 회계연도라고 한다.
⑤ 국회는 행정부의 예산을 삭감할 수 있는 권한을 가지고 있다. → 예산심의권

02 ② 추경예산은 전쟁이나 대규모의 자연재해, 경기침체나 대량실업 등의 경우에 한하여 편성할 수 있다.
① 예산안이 제출된 이후 국회의결 이전에 기존안의 일부를 수정해 제출하는 예산은 수정예산이다.
③ 추경예산은 편성 횟수 제한이 없다.
④ 국회에서 예산이 확정되기 전에 정부가 예산을 미리 배정하거나 집행할 수는 없다.
⑤ 본예산에 대한 설명이다.

03 ④만 옳다.
① 중기사업계획서는 예산편성지침이 통보되기 전 매월 1월 말까지 중앙관서장이 기획재정부장관에게 먼저 제출한다.
② 국가재정법에 따르면 기획재정부장관은 국무회의 심의로 확정된 다음연도 예산안을 회계연도 개시 120일 전까지 국회에 제출하여야 한다.
③ 국회의 예산안 심의는 정부 예산안 제출 → 본회의 시정연설 → 국회 소관 상임위원회의 예비심사 → 국회 예산결산특별위원회의 종합심사 → 본회의 의결 순으로 진행된다.
⑤ 국회는 결산에 대한 심의·의결을 정기회 개회(매년 9월 1일) 전까지 완료해야 한다.

Answer 01. ③   02. ②   03. ④

04 우리나라의 예산과정에 대한 설명으로 옳은 것은?

> ㄱ. 결산은 정부의 예산집행의 결과가 정당한 경우 집행 책임을 해제하는 법적 효과를 가진다.
> ㄴ. 결산심의에서 위법하거나 부당한 지출이 지적되면 그 정부활동은 무효나 취소된다.
> ㄷ. 국회 심의과정에서 증액된 부분은 부처별 한도액 제한을 받는다.
> ㄹ. 국회심의 후의 예산은 당초 행정부 제출 예산보다 증액되기도 한다.
> ㅁ. 예산집행의 신축성을 확보하기 위한 장치로는 회계연도 개시 전 예산배정, 국고채무 부담행위 등이 있다.

① ㄱ, ㄷ, ㄹ   ② ㄱ, ㄹ, ㅁ
③ ㄴ, ㄷ, ㅁ   ④ ㄴ, ㄹ, ㅁ
⑤ ㄱ, ㄴ, ㄷ

05 우리나라 정부의 예산편성 절차를 올바르게 나열한 것은?

> ㄱ. 예산편성지침 통보   ㄴ. 예산의 사정
> ㄷ. 국무회의 심의와 대통령 승인   ㄹ. 중기사업계획서 제출
> ㅁ. 예산요구서 작성 및 제출

① ㄱ - ㄹ - ㅁ - ㄴ - ㄷ
② ㄹ - ㄱ - ㅁ - ㄴ - ㄷ
③ ㄱ - ㅁ - ㄹ - ㄷ - ㄴ
④ ㄹ - ㄴ - ㄱ - ㅁ - ㄷ
⑤ ㅁ - ㄹ - ㄱ - ㄷ - ㄴ

06 우리나라 예산과정에 대한 설명으로 옳은 것은?

① 국가재정법에 따르면 정부는 회계연도마다 예산안을 편성하여 회계연도 개시 90일 전까지 국회에 제출해야 한다.

② 예산총액배분 자율편성제도는 중앙예산기관과 정부 부처 사이의 정보 비대칭성을 완화하려는 목적을 갖고 있다.

③ 예산집행의 신축성을 확보하기 위한 제도로서 이용, 총괄예산, 계속비, 배정과 재배정 제도가 있다.

④ 예산불성립 시 조치로서 가예산 제도를 채택하고 있다.

⑤ 예산심의에서 상임위원회는 재정지향적 성격이, 예산결산특별위원회는 사업지향적 성격이 강하게 나타난다.

★

04 ㄴ, ㄷ는 옳지 않다.

ㄴ. 국회의 결산에 대한 승인의 의미는 행정부의 '정치적 책임'을 해제시킨다는 것이다. 따라서 심의과정에서 위법하거나 부당한 지출이 발견되더라도 그 정부활동을 무효 또는 취소시키는 법적 효력까지 인정되지는 않는다.

ㄷ. 부처별 한도액 제한은 행정부 예산편성과정에서 적용되는 총액배분 자율편성제도의 일환일 뿐 이것이 국회 심의과정까지 구속하지는 않는다.

ㅁ. 국고채무부담행위는 일부 재정통제 수단으로 보는 견해가 있으나 국고채무부담행위 그 자체는 세출예산 외로 별도의 채무부담행위가 인정되는 것이므로 신축성 유지방안으로 보는 것이 일반적이다.

05 우리나라 정부의 예산편성 절차는 다음과 같다.

중기사업계획서의 제출(ㄹ) → 예산지침 시달(ㄱ) → 예산요구서의 작성·제출(ㅁ) → 예산의 사정(ㄴ) → 국무회의 심의와 대통령 승인(ㄷ)

06 ② 총액배분 자율편성 예산제도는 중앙예산기관과 정부 부처 사이의 정보 비대칭성을 완화하려는 목적을 갖고 있다. 사업의 우선순위나 전문성 등 정보 면에서 정부부처가 더 유리하므로 지출한도(총액)만 중앙예산기관이 정해주고, 구체적 항목별 사업의 우선순위나 기관의 전문성 등은 해당 부처에 재량을 부여하는 제도이다.

① 국가재정법에 따르면 정부는 회계연도 개시 90일이 아니라 120일 전까지 예산안을 제출하여야 한다.

③ 배정과 재배정제도는 신축성을 확보하기 위한 제도가 아니라 재정통제제도이다.

④ 가예산제도는 제1공화국 때 사용한 제도이며, 현재는 가예산이 아닌 준예산제도를 채택하고 있다.

⑤ 반대로 서술되었다. 재정지향성은 축소지향적 성향을, 사업지향성은 확대지향적 성향을 의미한다.

Answer 04. ② 05. ② 06. ②

07 국회의 예산심의에 대한 설명으로 옳지 않은 것은?

① 일반적으로 대통령제에서는 엄격한 심사가, 내각책임제에서는 형식적 심사가 이루어지는 편이다.

② 예산결산특별위원회는 소관 상임위원회의 동의 없이 상임위원회에서 삭감한 세출예산 각 항의 금액을 증액할 수 있다.

③ 국회는 정부의 동의 없이 정부가 제출한 지출예산 각 항의 금액을 증가하거나 새 비목을 설치할 수 없다.

④ 국회의장은 예산안을 소관 상임위원회에 회부할 때에는 심사기간을 정할 수 있으며, 상임위원회가 이유 없이 그 기간 내에 심사를 마치지 아니한 때에는 이를 바로 예산결산특별위원회에 회부할 수 있다.

⑤ 상임위원회의 예비심사를 거친 정부예산안은 예산결산특별위원회에 회부되고, 예산결산특별위원회에서 종합심사가 종결되면 본회의에 부의된다.

08 국회의 예산심의에 대한 설명으로 옳은 것만을 모두 고른 것은?

ㄱ. 상임위원회의 예비심사를 거친 예산안은 예산결산특별위원회에 회부된다.
ㄴ. 예산결산특별위원회의 심사를 거친 예산안은 본회의에 부의된다.
ㄷ. 예산결산특별위원회를 구성할 때에는 그 활동기한을 정하여야 한다. 다만, 본회의의 의결로 그 기간을 연장할 수 있다.
ㄹ. 예산결산특별위원회는 소관 상임위원회의 동의 없이 새 비목을 설치할 수 있다.

① ㄱ, ㄴ
② ㄷ, ㄹ
③ ㄱ, ㄷ, ㄹ
④ ㄴ, ㄹ
⑤ ㄱ, ㄴ, ㄷ

09 우리나라 행정부의 예산집행 통제장치에 해당하지 않는 것은?

① 정원 및 보수를 통제하여 경직성 경비의 증대를 억제한다.

② 정부조직 등에 관한 법령의 제정, 개정, 폐지로 인해 그 직무권한에 변동이 있을 때 예산도 이에 따라서 변동시킬 수 있다.

③ 각 중앙관서의 장은 2년 이상 소요되는 사업 중 대통령령이 정하는 대규모사업에 대해 사업규모·총사업비·사업기간을 정해 미리 기획재정부장관과 협의해야 한다.

④ 각 중앙관서의 장은 월별로 기획재정부장관에게 사업집행 보고서를 제출해야 한다.

⑤ 기획재정부장관은 총사업비가 500억 원 이상이고 국가의 재정지원 규모가 300억 원 이상인 신규 사업에 대한 예산을 편성하기 위하여 미리 예비타당성조사를 실시하고, 그 결과를 국회 소관 상임위원회와 예산결산특별위원회에 제출하여야 한다.

---

07 예산결산특별위원회는 소관 상임위원회의 동의 없이 상임위원회에서 삭감한 세출예산 각 항의 금액을 증액할 수 없다.

08 ㄱ, ㄴ만 옳다.
ㄷ. 예산특별위원회는 다른 특별위와 달리 활동시한 없이 연중 활동하는 상설위원회이다.
ㄹ. 예산특별위원회에서 삭감은 자유롭게 할 수 있지만 증액이나 신비목 설치는 상임위원회의 동의를 얻어야 한다.

09 ②는 예산의 이체에 관한 설명이다. 이는 통제장치가 아니라 신축성 유지방안에 해당한다.
①은 정원 및 보수에 대한 통제, ③은 총사업비제도에 대한 통제, ④는 집행통제, ⑤는 예비타당성조사로서 재정통제장치에 해당한다.

Answer 07. ② 08. ① 09. ②

10 예산집행과 관련된 기술로 옳지 않은 것은?

① 예산집행은 재정통제와 재정신축성이라는 상반된 목표를 동시에 추구한다.

② 중앙관서의 장은 대통령령이 정하는 바에 따라 기획재정부장관의 승인을 얻어 세항 또는 목의 금액을 전용할 수 있다.

③ 예비비로 공무원의 보수 인상을 위한 인건비를 충당하기 위해서는 예산총칙 등에 따라 미리 사용 목적을 지정하여야 한다.

④ 중앙관서의 장은 완성에 2년 이상 소요되고 총사업비가 일정 규모 이상인 사업에 대해서는 사전에 기획재정부장관과 협의하여야 한다.

⑤ 기획재정부장관은 대통령령이 정하는 사업으로서 세부내용을 미리 확정하기 곤란한 사업의 경우에는 이를 총액으로 예산에 계상할 수 있다.

11 예산집행의 신축성을 유지하여 예산집행자로 하여금 보다 예산 목적에 부합하는 집행성과를 올릴 수 있도록 하는 우리나라 예산집행의 장치로 보기 어려운 것은?

① 계속비

② 예비타당성조사와 총사업비제도

③ 예산의 이용과 전용

④ 예산의 이체와 이월

⑤ 예비비

12 다음 중 우리나라의 예산에 대한 설명으로 옳지 않은 것은?

① 정부는 예측할 수 없는 예산 외의 지출 또는 예산초과지출에 충당하기 위하여 일반회계 예산총액의 1/100 이내의 금액을 예비비로 세입세출예산에 계상할 수 있다.

② 완성에 수년도를 요하는 공사나 제조 및 연구개발사업은 그 경비의 총액과 연부액을 정하여 미리 국회의 의결을 얻는 범위 안에서 그 회계연도부터 10년 이내로 정하여 수년도에 걸쳐서 지출할 수 있다고 보는 것이 원칙이다.

③ 매 회계연도의 세출예산은 다음 연도에 이월하여 사용할 수 없는 것이 원칙이다.

④ 각 중앙관서의 장은 세출예산이 정한 목적 외에 경비를 사용할 수 없는 것이 원칙이다.

⑤ 각 중앙관서의 장은 예산의 목적범위 안에서 재원의 효율적 활용을 위하여 대통령령이 정하는 바에 따라 기획재정부장관의 승인을 얻어 각 세항 또는 목의 금액을 전용할 수 있다.

13 다음은 예산의 이용과 전용에 대한 설명이다. ㄱ과 ㄴ에 각각 해당하는 것은?

> 이용은 국회에서 승인된 예산 중 (ㄱ) 간 울타리를 뛰어넘어 자금을 이전하는 것을 말하며, 이를 위해서는 국회의 승인을 받아야 한다. 반면, 전용은 (ㄴ) 간 울타리를 뛰어넘어 자금을 이전하는 것을 말하며 이를 위해서는 국회의 승인을 받을 필요가 없다.

	ㄱ	ㄴ
①	장	관, 항, 세항, 목
②	장, 관	항, 세항, 목
③	장, 관, 항	세항, 목
④	장, 관, 세항	항, 목
⑤	장, 관, 항, 세항	목

---

10 ③ 공무원의 보수 인상을 위한 인건비 충당을 위하여는 예비비의 사용목적을 지정할 수 없다(국가재정법 제22조).
① 재정통제를 통해 민주성을 확보하고, 재정신축성을 통해 효율성을 추구한다. 즉 예산과정은 민주성(정치성) 과 효율성이라는 상반된 가치의 조화를 추구한다.
② 전용은 이용과 달리 국회의 승인을 필요로 하지 않는다(제46조).
④ 총사업비제도(제50조)
⑤ 총액계상제도(제37조)

11 예비타당성조사와 총사업비제도는 예산집행의 신축성을 유지하는 장치가 아니라 재정통제수단이다. 이 밖에 예산의 배정·재배정, 정원·보수에 대한 통제, 예산안편성지침 등이 재정통제수단에 해당한다.

12 계속비는 원칙적으로 5년이며 사업의 규모나 재정여건상 필요한 경우 예외적으로 10년 이내로 할 수 있으며 그 이상의 연장은 국회의결이 필요하다(법 제23조).

13 ㄱ과 ㄴ은 각각 입법과목, 행정과목에 해당한다. 입법과목에는 장, 관, 항이 있고, 행정과목에는 세항, 목이 있다.

Answer 10. ③ 11. ② 12. ② 13. ③

14 예산집행에서 이용과 전용에 대한 설명으로 옳지 않은 것은?

① 이용과 전용의 주체는 모두 각 중앙관서의 장이다.

② 이용은 국회의결이 필요하나, 전용은 국회의결을 필요로 하지 않는다.

③ 이용은 국회승인만 있으면 대상비용의 성격과 무관하게 할 수 있으나, 전용은 국회승인을 받지 않지만 대상 사업에 제한이 따른다.

④ 중앙관서의 장이 전용을 하려면 기획재정부장관의 승인이 필요하다.

⑤ 국회가 의결한 취지와 다르게 사업예산을 집행하는 경우에는 전용할 수 없다.

15 예산의 결산과정에 대한 설명으로 옳지 않은 것은?

① 한 회계연도에 속하는 세입세출의 출납에 관한 사무는 다음연도 2월 10일까지 완결하여야 한다.

② 각 중앙관서의 장은 매 회계연도에 그 소관에 속하는 결산보고서를 작성하여 다음연도 2월 말까지 기획재정부장관에게 제출한다.

③ 기획재정부장관은 각 중앙관서의 장이 제출하는 결산보고서에 의거하여 총결산보고서를 작성하여 다음연도 4월 말까지 감사원에 제출한다.

④ 감사원은 결산 확인이 끝나면 그 보고서를 다음연도 5월 20일까지 기획재정부장관에게 송부한다.

⑤ 정부는 감사원의 검사를 거친 결산보고서를 다음연도 5월 말일까지 국회에 제출한다.

16 총액배분 자율편성 예산제도에 대한 설명으로 옳지 않은 것은?

① 사전에 결정된 예산의 지출 한도 내에서 각 부처가 자율적으로 예산을 편성해 운영한다.

② 부처의 자율성이 높아지는 예산제도로 상향식(bottom-up) 방식이다.

③ 중기적 시각에서 정부 전체의 재정규모를 검토하기 때문에 전략적 계획의 발전을 촉진하고 재정의 경기조절기능을 강화할 수 있다.

④ 미래 예측을 강조함으로써 점증주의적 예산 편성 관행을 바꾸는 데 기여할 수 있다.

⑤ 정부 각 기관에 예산 자율권을 부여하는 예산관리모형이다.

17 다음 중 추가경정예산안을 편성할 수 있는 경우가 아닌 것은?

① 전쟁이 발생한 경우

② 대내·외 여건에 중대한 변화가 발생하였거나 발생할 우려가 있는 경우

③ 법령에 따라 국가가 지급하여야 하는 지출이 발생하거나 증가하는 경우

④ 공무원의 보수 인상을 위한 인건비 충당을 위한 경우

⑤ 대규모 재해가 발생한 경우

18 외교통상부의 통상사무가 산업자원부로 이관되어 산업통상자원부가 되었다. 이와 같은 '정부조직개편'과 가장 관련이 있는 것은?

① 전용   ② 이용   ③ 이체

④ 이월   ⑤ 수입대체경비

14 국가재정법이 개정되어 이용의 경우에도 일정한 한계를 두고 있다. 즉, 국가재정법 제47조에 따르면, 법령상 지출의무이행경비 및 기관 운영 필수 경비의 부족액이 발생하는 경우, 환율변동·유가변동 등 사전에 예측하기 어려운 불가피한 사정이 발생하는 경우, 재해대책 재원 등으로 사용할 시급한 필요가 있는 경우에 한하여 이용할 수 있다.

15 기획재정부장관은 각 중앙관서의 장이 제출하는 결산보고서에 의거하여 총결산보고서를 작성하여 다음연도 4월 10일까지 감사원에 제출한다.

16 총액배분자율편성제도는 부처의 자율성이 높아지는 예산제도이지만, 전체적인 의사결정의 흐름은 하향식(top-down) 방식이다.

17 ④는 추경예산편성사유에 해당하지 않는다.
국가재정법 제89조【추가경정예산안의 편성】① 정부는 다음 각 호의 어느 하나에 해당하게 되어 이미 확정된 예산에 변경을 가할 필요가 있는 경우에는 추가경정예산안을 편성할 수 있다.
1. 전쟁이나 대규모 재해(「재난 및 안전관리 기본법」 제3조에서 정의한 자연재난과 사회재난의 발생에 따른 피해를 말한다)가 발생한 경우
2. 경기침체, 대량실업, 남북관계의 변화, 경제협력과 같은 대내·외 여건에 중대한 변화가 발생하였거나 발생할 우려가 있는 경우
3. 법령에 따라 국가가 지급하여야 하는 지출이 발생하거나 증가하는 경우

18 ③ 예산의 이체(移替)는 정부조직 등에 관한 법령의 제·개정, 폐지 등의 사유가 있을 때 자금의 책임소관을 변경하는 제도이다.
① 전용은 행정과목 간의 융통을 말한다.(→ 세항·목 간에 융통)
② 이용은 입법과목 간의 융통을 말한다.(→ 일반적으로 장·관·항 간에 융통)
④ 이월은 회계연도 내에 사용하지 못한 예산을 다음 회계연도로 넘겨서 다음 연도의 예산으로 활용하는 것이다.
⑤ 수입대체경비는 수입을 발생시키는 지출을 말한다.

Answer   14. ③   15. ③   16. ②   17. ④   18. ③

19 다음 중 우리나라 법령에 담긴 예산운영과 과정에 관한 내용으로 옳지 않은 것은?

① 재정운용의 효율화와 건전화를 위하여 매년 당해 회계연도부터 5회계연도 이상의 기간에 대한 국가재정운용계획을 수립하여 회계연도 개시 120일 전까지 국회에 제출하여야 한다.

② 정부는 예산안을 회계연도 개시 90일 전까지 제출해야 한다고 헌법에 명시되어 있다.

③ 감사원의 결산검사를 거친 결산 및 첨부서류를 다음 연도 5월 31일까지 국회에 제출하여야 한다.

④ 예산이 여성과 남성에게 미칠 영향을 미리 분석한 보고서를 작성하여야 한다.

⑤ 특정 목적을 위해 설치한 특별회계와 기금은 여유 재원이 있는 경우라 할지라도 회계와 기금 간 또는 회계 및 기금 상호 간에 여유 재원을 전입 또는 전출할 수 없다.

20 국가재정법상 예산편성 시 정부가 세출예산요구액을 감액하는 경우 해당기관의 장의 의견을 구하여야 하는 기관이 아닌 것은?

① 감사원

② 중앙선거관리위원회

③ 국회

④ 공정거래위원회

⑤ 헌법재판소

19 ⑤ 국가재정법 제13조 【회계·기금 간 여유재원의 전입·전출】 ① 정부는 국가재정의 효율적 운용을 위하여 필요한 경우에는 다른 법률의 규정에 불구하고 회계 및 기금의 목적 수행에 지장을 초래하지 아니하는 범위 안에서 회계와 기금 간 또는 회계 및 기금 상호 간에 여유재원을 전입 또는 전출하여 통합적으로 활용할 수 있다. 다만, 다음 각 호의 특별회계 및 기금을 제외한다.

① 국가재정법 제7조 【국가재정운용계획의 수립 등】 ① 정부는 재정운용의 효율화와 건전화를 위하여 매년 당해 회계연도부터 5회계연도 이상의 기간에 대한 재정운용계획(이하 "국가재정운용계획"이라 한다)을 수립하여 회계연도 개시 120일 전까지 국회에 제출하여야 한다.

② 헌법 제54조 ① 국회는 국가의 예산안을 심의·확정한다. ② 정부는 회계연도마다 예산안을 편성하여 회계연도 개시 90일전까지 국회에 제출하고, 국회는 회계연도 개시 30일전까지 이를 의결하여야 한다.

③ 국가재정법 제61조 【국가결산보고서의 국회제출】 정부는 제60조에 따라 감사원의 검사를 거친 국가결산보고서를 다음 연도 5월 31일까지 국회에 제출하여야 한다.

④ 국가재정법 제26조 【성인지 예산서의 작성】 ① 정부는 예산이 여성과 남성에게 미칠 영향을 미리 분석한 보고서[이하 "성인지(性認知)예산서"라 한다]를 작성하여야 한다.

20 ④ 세출예산요구액을 감액하는 경우 해당기관의 장의 의견을 구하여야 하는 독립기관은 국회·대법원·헌법재판소·중앙선거관리위원회·감사원이다.

국가재정법 제6조 【독립기관 및 중앙관서】 ① 이 법에서 "독립기관"이라 함은 국회·대법원·헌법재판소 및 중앙선거관리위원회를 말한다. ② 이 법에서 "중앙관서"라 함은 「헌법」 또는 「정부조직법」 그 밖의 법률에 따라 설치된 중앙행정기관을 말한다. ③ 국회의 사무총장, 법원행정처장, 헌법재판소의 사무처장 및 중앙선거관리위원회의 사무총장은 이 법의 적용에 있어 중앙관서의 장으로 본다.

동법 제40조 【독립기관의 예산】 ① 정부는 독립기관의 예산을 편성함에 있어 당해 독립기관의 장의 의견을 최대한 존중하여야 하며, 국가재정상황 등에 따라 조정이 필요한 때에는 당해 독립기관의 장과 미리 협의하여야 한다.

동법 제41조 【감사원의 예산】 정부는 감사원의 세출예산요구액을 감액하고자 할 때에는 국무회의에서 감사원장의 의견을 구하여야 한다.

Answer 19. ⑤ 20. ④

01 **다음 ㄱ, ㄴ에 들어갈 내용으로 바르게 짝지어진 것은?**

> 정부회계의 '발생주의'는 정부의 수입을 (ㄱ) 시점으로, 정부의 지출을 (ㄴ) 시점으로 계산하는 방식을 의미한다.

	ㄱ	ㄴ
①	현금 수취	현금 지불
②	현금 수취	지출원인행위
③	납세 고지	현금 지불
④	납세 고지	지출원인행위
⑤	현금 지불	납세 고지

02 **정부회계를 복식부기의 원리에 따라 기록할 경우 차변에 위치할 항목은?**

① 차입금의 감소　　　　　② 순자산의 증가

③ 현금의 감소　　　　　　④ 수익의 발생

⑤ 비용의 감소

---

01 발생주의는 수입과 지출의 실질적인 원인이 발생한 시점을 기준으로 회계계리를 하므로 납세고지 시점을 수입으로, 지출원인행위 시점을 지출로 인식한다.

02 차입금(부채)의 감소는 차변에 기입한다. 나머지 순자산(자본)의 증가, 현금(자산)의 감소, 수익의 증가(발생)는 모두 대변에 기입해야 할 항목들이다.

Answer 01. ④　　02. ①

최욱진 행정학개론
문제집

01 행정책임과 통제

01 다음 중 행정통제에 관한 설명으로 가장 옳지 않은 것은?

① 사법부에 의한 통제는 소극적인 성격이 강하다.

② 프리드리히(C. Friedrich)는 행정국가의 불가피성과 외부통제의 어려움으로 인해 내부통제가 더 강조되어야 한다고 보았다.

③ 정치행정이원론적 입장에 따르면 외부통제가 더 바람직하다.

④ 전통적인 통제 방식으로 중시된 것은 행정부에 의한 통제이다.

⑤ 감사원에 의한 통제는 내부통제수단이다.

02 공무원 개인이나 조직의 일탈에 대한 감시와 처벌을 통해 목표를 달성하려는 행정통제(administrative control)는 행정의 책임을 확보하려는 수단이다. 이러한 기능을 수행하는 외부통제기관으로만 구성된 것은?

ㄱ. 국민권익위원회　　　　　　ㄴ. 기획재정부
ㄷ. 법원　　　　　　　　　　　ㄹ. 국회
ㅁ. 시민단체　　　　　　　　　ㅂ. 감사원

① ㄱ, ㄴ, ㄹ　　　　　② ㄱ, ㄴ, ㅂ　　　　　③ ㄷ, ㄹ, ㅁ
④ ㄷ, ㅁ, ㅂ　　　　　⑤ ㄴ, ㅁ, ㅂ

03 더브닉과 롬잭(Dubnick & Romzek)의 행정책임성 유형 중 내부지향적이고, 통제의 정도가 높은 책임성은?

① 정치적 책임성

② 법적 책임성

③ 전문가적 책임성

④ 관료적 책임성

⑤ 시민적 책임성

04 길버트(Gilbert)는 행정통제를 통제자의 위치와 제도화 여부에 따라 다음과 같이 네 가지 유형으로 구분하였다. 각 유형에 해당되는 우리나라의 행정통제 방법으로 옳지 않은 것은?

통제자 위치 제도화 여부	외부	내부
공식적 통제	ㄱ	ㄴ
비공식적 통제	ㄷ	ㄹ

① ㄱ - 국민권익위원회에 의한 통제
② ㄴ - 감사원에 의한 통제
③ ㄷ - 이익집단 및 언론에 의한 통제
④ ㄹ - 직업윤리에 의한 통제
⑤ ㄴ - 교차기능조직에 의한 통제

★

01 ④ 전통적인 통제 방식으로 중시된 것은 입법부에 의한 외부통제이다. → 입법국가 시대에는 의회가 행정부보다 강력한 권한을 바탕으로 행정부를 통제하였다.
① 사법부에 의한 통제는 소송에 의하거나, 합법성 여부만 가리기 때문에 소극적인 성격이 강하다.
② 프리드리히는 현대적인 책임을 강조한 학자이다. 따라서 자율적인 책임과 관련 있는 내부통제를 강조한다.
③ 정치행정이원론에서 행정부는 입법부가 결정한 대로 집행하는 조직이다.
⑤ 감사원은 대통령 소속이므로 내부통제수단이다.

02 ㄷ, ㄹ, ㅁ은 외부통제기관이고, ㄱ, ㄴ, ㅂ은 내부통제기관에 해당한다.

03 ① 정치적 책임성과 ② 법적 책임성은 외부적인 통제 원천에 근거한 책임 유형이고, ③ 전문가적 책임성과 ④ 관료적 책임성은 내부적인 통제 원천에 근거한 책임 유형이다. 그중 전문가적 책임성의 통제 수준이 낮고, 통제의 강도가 높은 것은 관료적 책임성이다.

04 ① 국민권익위원회는 공식적 내부통제, 즉 ㄴ에 해당한다.
② 감사원에 의한 통제는 공식적 내부통제이다.
③ 이익집단 및 언론에 의한 통제는 비공식적 외부통제다.
④ 직업윤리에 의한 통제는 비공식적 내부통제에 해당한다.
⑤ 교차기능조직은 참모조직을 말한다. 이는 공식적 내부통제에 해당한다.

Answer 01. ④ 02. ③ 03. ④ 04. ①

05 다음 중 민중통제의 방법에 속하지 않는 것은?

① 언론기관에 의한 통제
② 정당에 의한 통제
③ 직업윤리에 의한 통제
④ 선거권에 의한 통제
⑤ 여론에 의한 통제

06 행정통제의 유형과 사례를 연결한 것으로 옳지 않은 것은?

① 외부·공식적 통제 - 국회의 국정감사
② 내부·비공식적 통제 - 국무조정실의 직무감찰
③ 외부·비공식적 통제 - 시민단체의 정보공개 요구 및 비판
④ 내부·공식적 통제 - 감사원의 정기감사
⑤ 내부·비공식적 통제 - 공무원노동조합

07 우리나라의 행정통제에 대한 설명으로 옳은 것은?

① 국민권익위원회는 내부적·공식적 통제이나, 국가인권위원회는 외부적·공식적 통제 장치에 해당한다.
② 권위주의적 정치·행정문화 속에서 행정의 내·외부통제가 보다 효과적으로 이루어졌다.
③ 헌법재판소는 행정에 대한 통제기능을 수행하지는 못한다.
④ 입법부의 구성이 여당 우위일 경우 효과적인 행정통제 기능을 수행할 수 있다.
⑤ 행정부, 국회, 법원, 헌법재판소 공무원의 직무감찰을 하기 위하여 대통령 소속하에 감사원을 두고 있다.

08 옴부즈만(Ombudsman)제도에 대한 설명으로 옳은 것만을 모두 고른 것은?

> ㄱ. 옴부즈만제도는 설치 주체에 따라 크게 의회 소속형과 행정기관 소속형으로 구분된다.
> ㄴ. 옴부즈만제도는 정부 행정활동의 비약적인 증대에 따른 시민의 권리침해 가능성에 대해 충분한 구제제도를 두기 위하여 핀란드에서 최초로 도입되었다.
> ㄷ. 옴부즈만은 행정행위의 합법성뿐만 아니라 합목적성 여부도 다룰 수 있다.
> ㄹ. 우리나라의 경우 대통령 직속의 국민권익위원회가 옴부즈만에 해당한다.

① ㄱ, ㄴ ② ㄱ, ㄷ
③ ㄷ, ㄹ ④ ㄴ, ㄹ
⑤ ㄱ, ㄹ

05 직업윤리에 의한 통제는 내부 · 비공식적 통제에 속한다. 나머지는 외부 · 비공식적 통제에 해당한다.

06 국무조정실에 의한 통제는 내부 · 공식적 통제이며, 직무감찰은 국무조정실이 아닌 감사원의 기능이다.

07 ①만 옳다.
② 권위주의적 정치 · 행정문화 속에서 행정의 내 · 외부통제가 효과적으로 이루어지지 못하였다.
③ 헌법재판소도 권한쟁의심판, 헌법소원심판, 탄핵심판, 위헌법률심판 등으로 행정에 대한 강력한 통제기능을 수행한다.
④ 입법부의 구성이 여당보다는 야당 우위일 경우 효과적인 행정통제 기능을 수행할 수 있다. 여당이 우위일 경우에 국회는 행정부의 거수기 역할에 그칠 수 있기 때문이다.
⑤ 감사원법 제24조 제1항은 직무감찰 대상의 범위를 행정부 및 지자체와 교육기관 소속 공무원으로 국한하고, 제3항은 '제1항의 공무원에는 국회 · 법원 및 헌법재판소에 소속한 공무원은 제외한다'고 규정하고 있다.

08 ㄱ, ㄷ만 옳다. ㄱ의 사례를 찾아보면, 덴마크는 의회 소속형인 반면 우리나라와 프랑스는 행정부 소속형이다.
ㄴ. 핀란드가 아니라 스웨덴에서 1809년에 최초로 도입되었다.
ㄹ. 우리나라의 옴부즈만인 국민권익위원회는 대통령이 아니라 국무총리 소속이다.

Answer 05. ③ 06. ② 07. ① 08. ②

09 옴부즈만제도에 대한 설명으로 옳지 않은 것은?

① 옴부즈만은 입법부 및 행정부로부터 정치적으로 독립되어 있다.

② 옴부즈만은 행정행위의 합법성뿐만 아니라 합목적성 여부도 다룰 수 있다.

③ 옴부즈만은 보통 국민의 불편 제기에 의해 활동을 개시하지만 직권으로 조사를 할 수도 있다.

④ 옴부즈만은 법원이나 행정기관의 결정이나 행위를 무효로 할 수는 없지만, 취소 또는 변경할 수는 있다.

⑤ 사법적 통제에 비해 비용이 적고, 신속한 해결이 가능하다.

10 국민권익위원회에 대한 설명으로 옳지 않은 것은?

① 국민권익위원회는 행정체제 내의 독립통제기관으로 옴부즈만의 일종이라고 할 수 있다.

② 국민권익위원회는 국무총리 소속이며, 상임위원은 국무총리가 제청하고 대통령이 임명한다.

③ 국민권익위원회에 중앙행정심판위원회를 두도록 하고, 국민권익위원회의 부위원장 중 1명이 중앙행정심판위원회의 위원장이 된다.

④ 국민권익위원회는 내부·공식적 통제수단이다.

⑤ 국민권익위원회는 고충민원을 처리하고 그에 관련된 불합리한 행정제도 개선을 권고할 수 있다.

11 제도적 책임성(accountability)과 대비되는 자율적 책임성(responsibility)에 대한 설명으로 가장 적합하지 않은 것은?

① 전문가로서의 직업윤리와 책임감에 기초해서 적극적·자발적 재량을 발휘하여 확보되는 책임

② 객관적으로 기준을 확정하기 곤란하므로, 내면의 가치와 기준에 따르는 것

③ 국민들의 요구와 기대를 정확하게 인식해서 이에 능동적으로 대응하는 것

④ 궁극적으로 국민의 여망이나 공익에 부응해야 한다는 의무를 강조하는 법률적 책임

⑤ 고객에 대한 만족을 위하여 절차보다는 성과를 강조하는 책임

12 국민권익위원회에 대한 설명으로 옳지 않은 것을 모두 고른 것은?

> ㄱ. 공공기관의 부패행위로 인하여 공익을 현저히 해하는 경우, 국민권익위원회에 감사를 청구할 수 있는 국민감사청구제도가 시행되고 있다.
> ㄴ. 국민권익위원회의 위원장과 위원의 임기는 각각 3년으로 하되, 1차에 한하여 연임할 수 있다.
> ㄷ. 국민권익위원회는 국무총리 소속이며, 부위원장은 국무총리의 제청으로 대통령이 임명한다.
> ㄹ. 국민권익위원회에 접수된 고충민원은 접수일로부터 60일 이내에 처리하여야 한다.

① ㄱ

② ㄱ, ㄴ

③ ㄴ, ㄷ

④ ㄷ, ㄹ

⑤ ㄱ, ㄷ

09 옴부즈만은 법원이나 행정기관의 결정이나 행위를 무효로 하거나 취소·변경할 수 없다. 즉 간접적 통제에 그친다.

10 국민권익위원회는 국무총리 소속이며, 상임위원은 국무총리가 아닌 위원장의 제청으로 대통령이 임명한다.

11 ④는 객관적·제도적 책임에 해당한다.
③ 국민들의 요구와 기대에 부응하여 능동적·자발적으로 대응하려는 것은 자율적·정치적 책임에 해당한다.

12 틀린 것은 ㄱ이다.
ㄱ. 국민감사청구제도는 감사원에 감사를 청구하는 제도이다.
부패방지권익위법 제72조【감사청구권】① 18세 이상의 국민은 공공기관의 사무처리가 법령위반 또는 부패행위로 인하여 공익을 현저히 해하는 경우 대통령령으로 정하는 일정한 수 이상의 국민의 연서로 감사원에 감사를 청구할 수 있다.

> 부패방지권익위법 시행령 제84조【감사청구인】법 제72조 제1항 본문에서 "대통령령으로 정하는 일정한 수"란 300명을 말한다.

ㄴ. 부패방지권익위법 제16조【직무상 독립과 신분보장】② 위원장과 위원의 임기는 각각 3년으로 하되 1차에 한하여 연임할 수 있다.
ㄷ. 부패방지권익위법 제13조【위원회의 구성】③ 위원장 및 부위원장은 국무총리의 제청으로 대통령이 임명하고, 상임위원은 위원장의 제청으로 대통령이 임명하며, 상임이 아닌 위원은 대통령이 임명 또는 위촉한다.
ㄹ. 부패방지권익위법 시행령 제42조【고충민원의 처리기간】① 권익위원회(국민권익위원회 또는 시민고충처리위원회)는 접수된 고충민원을 접수일부터 60일 이내에 처리하여야 한다.

Answer 09. ④ 10. ② 11. ④ 12. ①

01 행정개혁에 대한 저항을 극복하는 방법으로 옳지 않은 것은?

① 강제적 방법은 저항을 근본적으로 해결하기보다는 단기적으로 또는 피상적으로 해결하는 방법으로서, 장래에 더 큰 저항을 야기할 위험이 있다.

② 공리적·기술적 방법에는 개혁의 시기 조정, 경제적 손실에 대한 보상, 개혁이 가져오는 가치와 개인적 이득의 실증 등이 있다.

③ 규범적·사회적 방법에는 개혁지도자의 신망 개선, 의사전달과 참여의 원활화, 사명감 고취와 자존적 욕구의 충족 등이 있다.

④ 저항을 가장 근본적으로 해결하는 방법은 공리적·기술적 방법이다.

⑤ 공리적·기술적 방법이 성공하기 위해서는 점진적인 방법으로 기득권 침해의 폭을 감소하여야 한다.

02 미국 클린턴(B. Clinton) 행정부의 국정성과평가팀(National Performance Review)이 추구한 행정개혁에 대한 내용으로 옳지 않은 것은?

① 고객우선주의　　　　　　　　　② 문서주의의 지양

③ 권한위임　　　　　　　　　　　④ 내부관리에 대한 통제 강화

⑤ 성과책임 강조

03 행정개혁에 대한 저항을 극복하는 방법에 관한 설명으로 가장 옳지 않은 것은?

① 강제적 방법은 저항을 근본적으로 해결하기보다는 단기적으로 또는 피상적으로 해결하는 방법으로서, 장래에 더 큰 저항을 야기할 위험이 있다.

② 저항을 가장 근본적으로 해결하는 방법은 공리적·기술적 방법이다.

③ 공리적·기술적 방법에는 개혁의 시기 조정, 경제적 손실에 대한 보상 등이 있다.

④ 규범적·사회적 방법에는 개혁지도자의 신망 개선, 의사전달과 참여의 원활화, 사명감 고취와 자존적 욕구의 충족 등이 있다.

★

01 개혁에 대한 저항을 근본적으로 해결할 수 있는 방법은 공리적·기술적 전략이 아니라 규범적·사회적 전략이다.

02 NPR은 신공공관리 개혁을 담당한 조직이므로 내부관리에 대한 통제를 강화하기보다 분권화를 통해 공무원의 재량을 확대하고 성과책임(결과중심의 관리)을 강조하였다.
①②③ 국정성과팀은 Gore 부통령 및 직업관료 250인을 중심으로 결성된 조직이다. 해당 조직이 수행한 개혁의 결과로써 Gore 보고서가 나왔는데, 그 내용에는 관료적 형식주의(Red-tape) 제거, 고객우선주의, 성과산출을 위한 공무원의 권한강화(분권화) 등이 있다.

03 저항을 가장 근본적으로 해결하는 방법은 규범적·사회적 방법이다. 이는 참여와 대화를 통해 대상자의 자발적 순응을 유도하기 때문이다.

Answer 01. ④   02. ④   03. ②

Part

07

지방자치론

01 주민자치와 구별되는 단체자치의 특성으로 옳지 않은 것은?

① 법률적 의미의 자치
② 고유사무와 위임사무의 구분
③ 대륙형 지방자치
④ 개별적 수권
⑤ 전래권설

02 지방정부의 사무에 대한 설명으로 옳지 않은 것은?

① 기관위임사무의 처리에 드는 경비는 중앙정부와 지방정부가 공동 부담하는 것이 원칙이다.
② 단체위임사무는 집행기관장이 아닌 지방정부 그 자체에 위임된 사무이다.
③ 지방의회는 단체위임사무의 처리 과정에 관한 조례를 제정할 수 있다.
④ 중앙정부는 자치사무에 대해 합법성 위주의 통제를 주로 한다.
⑤ 기관위임사무는 집행기관장에게 위임된 사무이다.

03 단체위임사무와 기관위임사무에 대한 설명으로 가장 옳지 않은 것은?

① 단체위임사무는 법령에 의하여 국가 또는 상급 지방자치단체로부터 지방자치단체에 위임된 사무이고, 기관위임사무는 법령 등에 의하여 국가 또는 상급 지방자치단체로부터 지방자치단체의 장에게 위임된 사무이다.
② 단체위임사무의 경비는 지방자치단체와 위임기관이 공동으로 부담하며, 기관위임사무의 경비는 그 전액을 위임기관이 부담하는 것이 원칙이다.
③ 단체위임사무는 지방의회가 관여하는 것이 불가능하고, 기관위임사무는 지방의회가 관여할 수 있다.
④ 단체위임사무의 예로는 예방접종, 보건소의 운영 등이 있고, 기관위임사무의 예로는 국민투표 사무, 선거사무 등이 있다.
⑤ 단체위임사무는 국가적 이해관계와 지방적 이해관계가 공존한다.

★

01 개별적 수권은 단체자치가 아닌 주민자치의 특징이다. → 단체자치는 포괄적 수권방식에 해당한다.
  ※ 주민자치와 단체자치

구분	주민자치 : 주민에 의한 자치	단체자치 : 지방자치단체에 의한 자치
발전국가	미국과 영국 등	독일과 프랑스 등 대륙계 국가
자치권의 본질	고유권설 : 자치권은 주민의 천부적인 권리	• 전래권설 : 국가에 의해 인정받은 실정법상의 권리 • 주로 헤겔(Hegel)의 영향을 받은 독일의 공법학자들이 주장
재량의 정도	광범위한 자치권	협소한 자치권
통제방식	입법통제와 사법통제	행정통제
지방자치의 성격	내용적·본질적·실질적·정치적	형식적·법제적
지방자치의 중점	• 주민참여 : 민주주의 강조 – 주민통제(아래로부터의 통제) – 대내적 자치 : 주민과의 관계에 중점	• 중앙정부로부터의 독립 : 지방분권 강조 – 중앙통제(위로부터의 통제) – 대외적 자치 : 국가와의 관계에 중점
권한부여 방식	개별적 수권주의 위주 : 대부분을 차지하는 고유사무를 제외한 일부 사무를 개별적으로 지정	포괄적 위탁주의 위주 : 통일적인 일을 위해 모든 자치단체에게 일반적인 권한을 법률로 위임하는 방식
기관구성	기관통합형	기관분리형

02 ① 기관위임사무의 처리에 드는 경비는 중앙정부가 부담하는 것이 원칙이다.
  ②, ③ 단체위임사무는 지방정부에게 위임된 사무이므로 지방의회는 단체위임사무의 처리 과정에 관한 조례를 제정할 수 있다.
  ④ 자치사무는 지방자치단체가 자체 재원으로 집행하는 사무이므로 중앙정부는 자치사무에 대해 합법성 위주의 통제를 주로 한다.
  ⑤ 기관위임사무는 지자체의 장이 중앙정부의 기관이 되어 중앙정부 대신 집행하는 사무이다.

03 ③ 기관위임사무는 지방의회가 관여하는 것이 불가능하고, 단체위임사무는 지방의회가 관여할 수 있다. → 즉, 단체위임사무는 국가와 지방의 이해관계가 공존하므로 지방의회가 관여할 수 있지만, 기관위임사무는 지방적 이해관계가 없으므로 지방의회가 관여하거나 지휘할 수 없다.
  ① 단체위임사무는 개별 법령에 의하여 국가 또는 상급 지방자치단체로부터 지방자치단체에 위임된 사무이고, 기관위임사무는 법령 등에 의하여 집행기관인 지방자치단체의 장에게 위임된 사무이다.
  ② 단체위임사무는 국가와 지방적 이해관계가 공존하므로 경비를 지방자치단체와 위임기관이 공동으로 부담하지만, 기관위임사무는 지방과는 관계없는 국가사무이므로 그 경비를 전액 위임기관이 부담하는 것이 원칙이다.
  ④ 단체위임사무의 예로는 재해구호, 예방접종, 보건소의 운영 등이 있고, 기관위임사무의 예로는 국민투표사무, 선거사무, 여권발급사무 등이 있다.

Answer 01. ④   02. ①   03. ③

Part
07

04 **기관위임사무에 대한 설명으로 옳지 않은 것은?**

① 법령에 의하여 국가 또는 상급지방자치단체로부터 지방자치단체의 장에게 위임된 사무를 말한다.

② 국가와 지방자치단체 사이의 행정적 책임의 소재를 명확하게 해준다.

③ 지방자치단체를 국가의 하급기관으로 전락시키는 요인으로 작용할 수 있다.

④ 전국적으로 획일적인 행정을 강조함으로써 지방적 특수성이 희생되기도 한다.

⑤ 기관위임사무는 일반적으로 국가가 사무처리비용을 전액 부담한다.

05 **'○○광역시'의 명칭을 '△△광역시'로 바꾸려고 한다. 이를 위한 현행 법령의 절차로서 옳은 것은?**

① ○○광역시 의회의 의결을 거쳐 조례로 정한다.

② ○○광역시 의회의 의견을 들어 법률로 정한다.

③ ○○광역시장의 신청에 의해 행정법원에서 재결한다.

④ ○○광역시 주민투표로 확정하여 대통령령으로 정한다.

⑤ 국무회의의 심의를 거쳐 대통령령으로 정한다.

06 **우리나라 지방자치제에 대한 설명으로 옳지 않은 것은?**

① 지방자치단체의 의사를 결정하는 의결기관과 의사를 집행하는 집행기관을 이원적으로 구성하는 기관대립형이다.

② 지방분권화의 세계적 흐름에 따라 지방사무의 배분방식은 제한적 열거방식을 채택하고 있다.

③ 자치경찰제는 현재 모든 지방자치단체에서 실시되고 있다.

④ 특별지방행정기관은 중앙행정기관이 소관 사무를 집행하기 위해 설치한 지방행정기관이며, 세무서와 출입국관리사무소는 특별지방행정기관에 해당한다.

⑤ 지방자치단체는 법인이다.

07 지방자치법상 지방의회의 의결사항으로 옳은 것만을 모두 고른 것은?

> ㄱ. 예산의 심의·확정
> ㄴ. 법령에 규정된 수수료의 부과 및 징수
> ㄷ. 외국 지방자치단체와의 교류 협력에 관한 사항
> ㄹ. 중요재산의 취득·처분 및 기금의 설치·운용

① ㄱ, ㄴ   ② ㄱ, ㄹ

③ ㄱ, ㄷ, ㄹ   ④ ㄴ, ㄷ, ㄹ

⑤ ㄱ, ㄴ, ㄷ

08 지방자치단체의 기관구성에 대한 설명으로 옳지 않은 것은?

① 기관대립형은 견제와 균형을 통해 민주적이고 합리적인 지방자치를 실시하는 방식이다.

② 기관통합형은 주민 직선으로 지방의회를 구성하고 의회 의장이 단체장을 겸하는 방식이다.

③ 기관분리형은 집행부와 의회의 기구가 병존함에 따라 비효율성을 줄일 수 있다는 장점이 있다.

④ 기관통합형은 의결기능과 집행기능이 통합되어 있기 때문에 지방자치행정을 기관 간 마찰 없이 안정적으로 수행할 수 있다는 장점이 있다.

⑤ 기관대립형은 지방행정의 책임성과 공정성을 확보하기 어렵다.

★

04 ② 기관위임사무는 국가사무로서 지방자치단체와는 아무 관계가 없으면서 국가를 대신하여 처리하는 사무이므로 책임소재를 불명확하게 한다는 단점이 있다.
  ① 기관위임사무는 일반적으로 개별법령에 의하여 위임된 사무는 아니지만 자치단체의 장에게 위임된 사무이고, 지방자치법에 의한 포괄적 위임근거가 있으므로 맞는 지문이다. 지방자치법에 따르면, 국가사무는 법령에 다른 규정이 없는 한 자치단체의 장에게 위임하여 행한다.

05 ○○광역시 의회의 의견을 듣거나 주민투표를 거쳐 법률로 정한다.

06 우리나라의 지방자치사무 배분방식은 세계적 흐름과는 달리 절충형인 포괄적 예시주의방식을 채택하고 있다.

07 ㄴ만 틀리다. 법령에 규정된 수수료는 법령에 의거하여 징수하므로 지방의회의결을 거칠 필요가 없다. 법령에 규정되지 아니한 수수료 등의 부과 및 징수가 지방의회의 의결 대상이다.

08 기관대립형(기관분리형)은 집행부인 자치단체장과 의결기관인 의회가 분리되어 견제와 균형을 유지할 수 있는 장점은 있으나, 집행기관과 의결기관 간 갈등과 대립으로 지방행정에 비효율을 초래할 수 있다.

`Answer`   04. ②   05. ②   06. ②   07. ③   08. ③

09 지방자치단체의 계층구조에 대한 설명으로 옳지 않은 것은?

① 단층제는 신속한 행정과 지역적 특수성을 존중할 수 있다.

② 중층제는 기초자치단체와 중앙정부의 의사소통이 원활하지 못할 수 있다.

③ 단층제는 중복행정으로 인한 행정 지연의 낭비를 줄일 수 있다.

④ 중층제는 광역과 기초 간의 명확한 역할분담으로 책임행정을 실현할 수 있다.

⑤ 단층제는 행정서비스에 대한 주민접근이 어려워서 주민 불만을 초래할 수 있다.

10 우리나라 지방자치단체에 대한 설명으로 옳지 않은 것은?

① 특별자치시와 특별자치도에는 자치구를 두고 있다.

② 특별시·광역시 및 특별자치시가 아닌 인구 50만 이상의 시에는 행정구를 둘 수 있다.

③ 도농복합형태의 시에서 도시의 형태를 갖춘 지역에는 동을, 그 밖의 지역에는 읍·면을 둔다.

④ 보통지방자치단체 외에 특정한 목적을 수행하기 위해 필요하면 따로 특별지방자치단체를 설치할 수 있다.

⑤ 제주특별자치단체는 특별자치단체가 아니라 보통자치단체이다.

11 다음 중 지방자치의 의의로 가장 옳지 않은 것은?

① 민주주의의 훈련

② 다양한 정책실험의 실시

③ 공공서비스의 균질화

④ 지역주민에 대한 행정의 반응성 제고

⑤ 행정에 대한 주민 통제 강화

12 우리나라의 지방자치제도에 대한 설명으로 옳지 않은 것은?

① 지방의회는 법률에 위배되는 내용을 포함한 조례를 제정할 수 없다.

② 지방의회는 지방자치단체의 장을 감시하고 통제하는 기능을 하지만, 지방자치단체의 장에 대한 불신임권은 갖고 있지 않다.

③ 우리나라 지방자치단체의 기관구성 형태는 기관통합형이다.

④ 조례안이 지방의회에서 의결되면 의장은 의결된 날부터 5일 이내에 그 지방자치단체의 장에게 이를 이송하여야 한다.

⑤ 조례와 규칙은 특별한 규정이 없으면 공포한 날부터 20일이 지나면 효력을 발생한다.

13 우리나라 지방자치제도에 대한 설명으로 옳지 않은 것은?

① 자치사무와 달리 법령에 의하여 지방자치단체에 속하는 사무에 관해서는 조례로 규정할 수 없다.

② 합의제 행정기관의 설치·운영에 관하여 필요한 사항은 대통령령 또는 조례로 정한다.

③ 지방자치단체는 공공시설을 부정 사용한 자에 대하여 과태료를 부과하는 규정을 조례로 정할 수 있다.

④ 지방자치단체는 공공시설을 관계 지방자치단체의 동의를 얻어 그 지방자치단체의 구역 밖에 설치할 수 있다.

⑤ 지방자치단체의 사용료·수수료 또는 분담금의 징수에 관한 사항은 조례로 정한다.

---

09 중층제는 단층제에 비하여 계층이 많고, 역할 분담이 모호하여 책임소재가 명확하지 않다.
나머지 선지는 모두 옳다.

10 ① 세종특별자치시와 제주특별자치도는 단층제로 운영되므로 현재 자치구를 두고 있지 않다.
⑤ 제주도는 광역지방자치단체이므로 보통지방자치단체에 속한다.

11 지방자치는 민주적 행정이념을 구현해 주지만 지역 간 형평성이나 균형 발전 등을 실현해 주지는 못한다.

12 ③ 우리나라 지방자치단체는 의결기관과 집행기관이 분리되어 견제와 균형을 유지하는 기관대립형이다.
① 지방의회는 법령의 범위 내에서만 조례를 제정할 수 있다.
② 의장 및 부의장에 대한 불신임 결의권이 허용되지만, 지방자치단체장에 대한 불신임권은 인정되지 않는다.

13 ① 법령에 의하여 지방자치단체에 속하는 사무(단체위임사무)는 지방의회의 관할사항이므로 당연히 조례제정권을 가진 의회가 조례로 규정할 수 있다.
②는 제116조에서 법령이나 그 지방자치단체의 조례로 정한다고 규정하고 있으므로 옳은 지문이며, ③은 제139조에 따른 내용이고, ④는 제144조 제3항의 내용으로서 옳다. ⑤는 제139조에서 규정하고 있다.

Answer 09. ④ 10. ① 11. ③ 12. ③ 13. ①

정부 간 관계

01 **특별지방행정기관에 대한 설명으로 옳지 않은 것은?**

① 특별지방행정기관의 소속 공무원은 지방공무원이기 때문에 상급기관과의 인사이동에 장벽이 있다.

② 특별지방행정기관은 중앙의 통제를 받다 보니 지방자치단체에 비해 주민의 요구에 대한 대응이 둔감하다.

③ 행정서비스의 특성에 따른 적정수준의 광역행정을 실현하기 위하여 특별지방행정기관의 설치가 필요하다.

④ 고유의 법인격은 물론 자치권도 가지고 있지 않다.

⑤ 지방병무청, 유역환경청 등은 특별지방행정기관이다.

02 **지방자치법에서 규정하고 있는 지방자치단체 간의 수평적 협력방식만 고른 것은?**

ㄱ. 사무위탁	ㄴ. 지방자치단체조합
ㄷ. 분쟁조정위원회	ㄹ. 지방자치단체연합

① ㄱ, ㄴ   ② ㄱ, ㄹ

③ ㄴ, ㄷ   ④ ㄷ, ㄹ

⑤ ㄱ, ㄴ, ㄹ

03 다음은 지방자치단체 상호관계에 대한 설명이다. 현행 지방자치법상 지방자치단체 상호 간 협력방식으로 ㄱ~ㄹ에 들어갈 말을 순서대로 바르게 나열한 것은?

> • 2개 이상의 지방자치단체가 하나 또는 둘 이상의 사무를 공동으로 처리할 필요가 있을 때에는 규약을 정하여 그 지방의회의 의결을 거쳐 시·도는 행정안전부장관, 시·군 및 자치구는 시·도지사의 승인을 받아 ㄱ 을/를 설립할 수 있다.
> • 지방자치단체의 장이나 지방의회의 의장은 상호 간의 교류와 협력을 증진하고, 공동의 문제를 협의하기 위하여 전국적 ㄴ 을/를 설립할 수 있다.
> • 지방자치단체 상호 간이나 지방자치단체의 장 상호 간 사무를 처리할 때 의견이 달라 생긴 다툼(분쟁)의 조정과 행정협의회에서 합의가 이루어지지 아니한 사항의 조정에 필요한 사항을 심의의결하기 위하여 행정안전부에 ㄷ 를 둔다.
> • 지방자치단체는 2개 이상의 지방자치단체에 관련된 사무의 일부를 공동으로 처리하기 위하여 관계 지방자치단체 간의 ㄹ 을/를 구성할 수 있다.

① 행정협의회 - 지방자치단체조합 - 지방자치단체지방분쟁조정위원회 - 협의체
② 지방자치단체조합 - 행정협의회 - 지방자치단체지방분쟁조정위원회 - 협의체
③ 행정협의회 - 협의체 - 지방자치단체중앙분쟁조정위원회 - 지방자치단체장 협의회
④ 지방자치단체조합 - 협의체 - 지방자치단체중앙분쟁조정위원회 - 행정협의회
⑤ 협의체 - 행정협의회 - 지방자치단체지방분쟁조정위원회 - 지방자치단체조합

★

01 ① 특별지방행정기관(일선기관)은 지방자치단체가 아니라 국가의 일선하급기관(소속기관)이며 소속 공무원은 국가공무원이기 때문에 상급기관과의 인사이동에 장벽이 없다.
② 특별지방행정기관은 중앙행정기관의 소속기관이므로 지방자치단체에 비해 주민의 요구에 대한 대응이 둔하다.
③ 국가사무를 광역적으로 구현하기 위해서는 특별지방행정기관의 설치가 필요하다.
④ 특별지방행정기관은 중앙행정기관을 대신해서 업무를 집행하는 일선 행정기관이다. 이는 법인으로서 자치권을 지닌 지방자치단체와는 구별된다.
⑤ 지방병무청, 유역환경청 등은 지방에 설치된 일선 행정기관이다.

02 지방자치법에는 자치단체 간 수평적 협력방식으로 사무위탁, 자치단체조합, 행정협의회 방식 등이 규정되어 있다.
ㄷ. 분쟁조정위원회는 중앙과 지방자치단체 또는 지방자치단체 상호 간에 갈등(다툼)이 있을 때 이를 조정하는 장치이다.
ㄹ. 연합은 이론상 방식이지 현행법이 인정하는 방식이 아니다.

03 옳게 연결된 것은 ④이다.

Answer 01. ①   02. ①   03. ④

04 **특별지방행정기관에 대한 설명으로 옳지 않은 것은?**

① 관할지역 주민들의 직접적인 통제와 참여가 용이하기 때문에 책임행정을 실현할 수 있다.

② 출입국관리, 공정거래, 근로조건 등 국가적 통일성이 요구되는 업무를 수행한다.

③ 현장의 정보를 중앙정부에 전달하거나 중앙정부와 지방자치단체 사이의 매개 역할을 수행하기도 한다.

④ 국가의 사무를 집행하기 위해 중앙정부에서 설치한 일선행정기관으로 자치권을 가지고 있지 않다.

⑤ 신속한 업무처리 및 통일적 행정을 수행하기 편리하다.

05 **특별지방행정기관에 해당하지 않는 것은?**

① 농촌진흥청

② 유역환경청

③ 지방중소기업청

④ 지방국세청

⑤ 지방병무청

06 **광역행정에 대한 설명으로 옳지 않은 것은?**

① 광역행정이란 둘 이상의 지방자치단체 관할구역에 걸쳐서 공동적 또는 통일적으로 수행되는 행정을 말한다.

② 사회경제권역의 확대는 광역행정을 촉진시키는 요인으로 작용한다.

③ 공동처리방식은 둘 이상의 지방자치단체가 상호 협력하여 광역행정사무를 공동으로 처리하는 방식이다.

④ 연합방식은 일정한 광역권 안에 여러 자치단체를 통합한 단일의 정부를 설립하여 광역행정사무를 처리하는 방식이다.

⑤ 둘 이상의 지방자치단체가 협력해서 일을 처리하기 때문에 행정의 책임소재를 불분명하게 만들 수 있다.

07 다음 중 행정안전부에 설치된 지방자치단체 중앙분쟁조정위원회의 조정사항이라고 보기 어려운 것은?

① 시 · 도 간 또는 그 장 간의 분쟁
② 시 · 도를 달리하는 시 · 군 및 자치구 간 또는 그 장 간의 분쟁
③ 시 · 도와 시 · 군 및 자치구 간 또는 그 장 간의 분쟁
④ 동일 광역자치단체 내 기초자치단체 간의 분쟁
⑤ 시 · 도를 달리하는 지방자치단체조합 간 또는 그 장 간의 분쟁

04 ① 특별지방행정기관은 국가가 국가사무를 처리하게 하기 위하여 지역별로 설치한 일선기관으로 자치단체가 아니기 때문에 주민참여가 불가능하고 자치행정이나 책임행정을 저해한다. 또한 ② 행정 통일에는 기여하나, ④ 자치단체가 아니므로 자치권은 없다.

05 ① 농촌진흥청은 특별지방행정기관이 아닌 중앙행정기관에 해당한다. 농촌진흥청 산하 특별지방행정기관은 농촌지도소 등이다.
②는 환경부 산하, ③은 중소벤처기업부, ④는 기획재정부, ⑤는 국방부 산하 특별지방행정기관이다.

06 ④는 통합방식에 대한 내용이다. 연합방식은 기존의 자치단체가 각각 독립적인 법인격을 유지하면서 그 위에 광역행정을 전담하는 새로운 자치단체를 신설하는 방식이다.

07 ④ 동일 광역자치단체 내 기초자치단체 간의 분쟁은 시 · 도에 설치된 지방분쟁조정위원회에서 조정한다.
지방자치법 제166조【지방자치단체중앙분쟁조정위원회 등의 설치와 구성 등】① 제165조 제1항에 따른 분쟁의 조정과 제173조 제1항에 따른 협의사항의 조정에 필요한 사항을 심의 · 의결하기 위하여 행정안전부에 지방자치단체중앙분쟁조정위원회(이하 "중앙분쟁조정위원회"라 한다)를, 시 · 도에 지방자치단체지방분쟁조정위원회(이하 "지방분쟁조정위원회"라 한다)를 둔다.
② 중앙분쟁조정위원회는 다음 각 호의 분쟁을 심의 · 의결한다.
1. 시 · 도 간 또는 그 장 간의 분쟁
2. 시 · 도를 달리하는 시 · 군 및 자치구 간 또는 그 장 간의 분쟁
3. 시 · 도와 시 · 군 및 자치구 간 또는 그 장 간의 분쟁
6. 시 · 도를 달리하는 지방자치단체조합 간 또는 그 장 간의 분쟁

Answer 04. ①   05. ①   06. ④   07. ④

03 주민참여

01 2021년 1월 전부개정된 '지방자치법'에서 처음으로 도입된 제도는?

① 주민소환

② 주민의 감사청구

③ 조례의 제정과 개정·폐지 청구

④ 특례시에 대한 조항

⑤ 주민투표

02 다음 중 '지방자치법' 및 '주민소환에 관한 법률'상 주민소환제도에 대한 설명으로 옳지 않은 것은?

① 시·도지사의 소환 청구 요건은 주민투표권자 총수의 100분의 10 이상이다.

② 비례대표 의원은 주민소환의 대상이 아니다.

③ 주민소환 투표권자의 연령은 주민소환투표일 현재를 기준으로 계산한다.

④ 주민소환 투표권자의 4분의 1 이상이 투표에 참여해야 한다.

⑤ 선출직 지방공직자의 해직을 임기 만료 전에 청구하여 주민투표로 결정하는 제도이다.

03 주민참여에 대한 설명으로 옳은 것은?

① '지방자치법'은 주민투표의 대상, 청구요건, 효력 등에 관한 상세규정을 두고 있다.

② '지방자치법'상 주민감사청구를 하지 않은 주민도 주민소송을 제기할 수 있다.

③ 조례의 제정 및 개폐 청구제도는 주민발안에 해당한다.

④ 주민의 활발한 참여는 의사결정시간을 줄일 수 있다.

⑤ 주민투표의 발의는 주민의 권한이다.

★

01 ④는 전부개정된 지방자치법에서 처음으로 도입된 제도이다.

지방자치법 제198조【대도시 등에 대한 특례 인정】② 제1항에도 불구하고 서울특별시·광역시 및 특별자치시를 제외한 다음 각 호의 어느 하나에 해당하는 대도시 및 시·군·구의 행정, 재정 운영 및 국가의 지도·감독에 대해서는 그 특성을 고려하여 관계 법률로 정하는 바에 따라 추가로 특례를 둘 수 있다.

1. 인구 100만 이상 대도시(이하 "특례시"라 한다)

02 ④ 주민소환은 주민소환 투표권자 총수의 3분의 1 이상의 투표와 유효투표 총수 과반수의 찬성으로 확정된다.

주민소환법 제22조【주민소환투표결과의 확정】① 주민소환은 제3조의 규정에 의한 주민소환투표권자(이하 "주민소환투표권자"라 한다) 총수의 3분의 1 이상의 투표와 유효투표 총수 과반수의 찬성으로 확정된다.

① 시·도지사의 소환 청구 요건은 주민투표권자 총수의 100분의 10 이상이다.

주민소환법 제7조【주민소환투표의 청구】① 전년도 12월 31일 현재 주민등록표 및 외국인등록표에 등록된 제3조 제1항 제1호 및 제2호에 해당하는 자(이하 "주민소환투표청구권자"라 한다)는 해당 지방자치단체의 장 및 지방의회의원(비례대표선거구시·도의회의원 및 비례대표선거구자치구·시·군의회의원은 제외하며, 이하 "선출직 지방공직자"라 한다)에 대하여 다음 각 호에 해당하는 주민의 서명으로 그 소환사유를 서면에 구체적으로 명시하여 관할선거관리위원회에 주민소환투표의 실시를 청구할 수 있다.

1. 특별시장·광역시장·도지사(이하 "시·도지사"라 한다) : 당해 지방자치단체의 주민소환투표청구권자 총수의 100분의 10 이상
2. 시장·군수·자치구의 구청장 : 당해 지방자치단체의 주민소환투표청구권자 총수의 100분의 15 이상
3. 지역선거구시·도의회의원(이하 "지역구시·도의원"이라 한다) 및 지역선거구자치구·시·군의회의원(이하 "지역구자치구·시·군의원"이라 한다) : 당해 지방의회의원의 선거구 안의 주민소환투표청구권자 총수의 100분의 20 이상 → 지역구 지방의회 의원에 대한 주민소환투표는 당해 지방의회의원의 지역선거구를 대상으로 한다.

② 비례대표 의원은 주민소환의 대상이 아니다.

지방자치법 제25조【주민소환】① 주민은 그 지방자치단체의 장 및 지방의회의원(비례대표 지방의회의원은 제외한다)을 소환할 권리를 가진다.

③ 주민소환 투표권자의 연령은 주민소환투표일 현재를 기준으로 계산한다.

주민소환법 제3조【주민소환투표권】② 주민소환투표권자의 연령은 주민소환투표일 현재를 기준으로 계산한다.

⑤ 주민소환제의 정의를 설명한 선지이다.

03 ③ 조례의 제정 및 개폐 청구제도는 주민발안제도의 일종으로 지역주민들이 해당 지방의회에 조례를 제정하거나 개정하거나 폐지할 것을 청구할 수 있는 제도이다.

① 주민투표의 대상, 청구요건, 효력 등은 「주민투표법」에 규정되어 있다.

② 주민소송은 지방자치단체의 공금지출·회계 등 재무행위가 위법하다고 인정되어 주민이 감사기관에 감사를 청구하고도 그 감사결과에 불만족 하는 경우에 법원에 재판을 청구하는 제도이다.

④ 주민의 참여가 많으면 의사결정에 소요되는 시간이 증가한다.

⑤ 주민투표의 발의는 지방자치단체장의 권한이다.

`Answer` **01.** ④ **02.** ④ **03.** ③

04 지방자치법이 규정하고 있는 제도가 아닌 것은?

① 주민소환제도
② 주민정보공개청구제도
③ 주민소송제도
④ 주민감사청구제도
⑤ 주민투표제도

05 주민감사청구제도에 대한 설명으로 옳지 않은 것은?

① 시 · 도에서 주민감사청구권을 행사하려면 18세 이상 주민 300명 범위 내에서 조례로 정하는 수 이상의 연서를 받아야 한다.
② 인구 50만 이상의 대도시에서 주민감사청구권을 행사하려면 18세 이상 주민 200명 범위 내에서 조례로 정하는 수 이상의 연서를 받아야 한다.
③ 시 · 군 · 자치구에서 주민감사청구권을 행사하려면 18세 이상 주민 150명 범위 내에서 조례로 정하는 수 이상의 연서를 받아야 한다.
④ 외국인은 주민감사청구를 할 수 없다.
⑤ 개인의 사생활을 침해할 우려가 있는 사항은 주민감사청구 대상이 아니다.

06 조례의 제정 및 개폐청구권에 대한 다음 설명 중 틀린 것은?

① 청구자격은 해당 지방자치단체의 관할구역에 주민등록이 되어 있는 주민이어야 한다.
② 해당 지방자치단체에 거소가 있는 재외국민과 영주의 체류자격 취득일 후 3년이 경과한 외국인으로서 외국인등록대장에 등재된 자도 청구할 수 있다.
③ 행정기구를 설치 · 변경하는 것에 관한 사항은 청구할 수 있으나, 공공시설의 설치를 반대하는 사항은 청구할 수 없다.
④ 지방세 · 사용료 · 수수료 · 부담금의 부과 · 징수 또는 감면에 관한 사항은 청구할 수 없다.
⑤ 지방의회는 주민청구조례안이 수리된 날부터 1년 이내에 주민청구조례안을 의결하여야 한다.

04 주민정보공개청구제도는 지방자치법에 규정되어 있지 않고, 공공기관의 정보공개에 관한 법률에 규정되어 있다. 동법에는 국가는 물론 지방자치단체에 대한 주민의 정보공개청구가 함께 규정되어 있다.

05 ④ 일정 자격을 갖춘 외국인도 주민감사청구를 할 수 있다.
지방자치법 제21조【주민의 감사 청구】① 지방자치단체의 18세 이상의 주민으로서 다음 각 호의 어느 하나에 해당하는 사람은 시·도는 300명, 제198조에 따른 인구 50만 이상 대도시는 200명, 그 밖의 시·군 및 자치구는 150명 이내에서 그 지방자치단체의 조례로 정하는 수 이상의 18세 이상의 주민이 연대 서명하여 그 지방자치단체와 그 장의 권한에 속하는 사무의 처리가 법령에 위반되거나 공익을 현저히 해친다고 인정되면 시·도의 경우에는 주무부장관에게, 시·군 및 자치구의 경우에는 시·도지사에게 감사를 청구할 수 있다.
1. 해당 지방자치단체의 관할 구역에 주민등록이 되어 있는 사람
2. 「출입국관리법」 제10조에 따른 영주(永住)할 수 있는 체류자격 취득일 후 3년이 경과한 외국인으로서 같은 법 제34조에 따라 해당 지방자치단체의 외국인등록대장에 올라 있는 사람
② 다음 각 호의 사항은 감사 청구의 대상에서 제외한다.
1. 수사나 재판에 관여하게 되는 사항
2. 개인의 사생활을 침해할 우려가 있는 사항
3. 다른 기관에서 감사하였거나 감사 중인 사항. 다만, 다른 기관에서 감사한 사항이라도 새로운 사항이 발견되거나 중요 사항이 감사에서 누락된 경우와 제22조 제1항에 따라 주민소송의 대상이 되는 경우에는 그러하지 아니하다.

06 ③ 행정기구를 설치·변경하는 것에 관한 사항이나 공공시설의 설치를 반대하는 사항은 청구할 수 없다.
주민조례발안법 제2조【주민조례청구권자】18세 이상의 주민으로서 다음 각 호의 어느 하나에 해당하는 사람(「공직선거법」 제18조에 따른 선거권이 없는 사람은 제외한다. 이하 "청구권자"라 한다)은 해당 지방자치단체의 의회(이하 "지방의회"라 한다)에 조례를 제정하거나 개정 또는 폐지할 것을 청구(이하 "주민조례청구"라 한다)할 수 있다.
1. 해당 지방자치단체의 관할 구역에 주민등록이 되어 있는 사람
2. 「출입국관리법」 제10조에 따른 영주(永住)할 수 있는 체류자격 취득일 후 3년이 지난 외국인으로서 같은 법 제34조에 따라 해당 지방자치단체의 외국인등록대장에 올라 있는 사람
주민조례발안법 제4조【주민조례청구 제외 대상】다음 각 호의 사항은 주민조례청구 대상에서 제외한다.
1. 법령을 위반하는 사항
2. 지방세·사용료·수수료·부담금을 부과·징수 또는 감면하는 사항
3. 행정기구를 설치하거나 변경하는 사항
4. 공공시설의 설치를 반대하는 사항

Answer 04. ② 05. ④ 06. ③

07 주민에게 과도한 부담을 주거나 중대한 영향을 미치는 지방자치단체의 주요 결정사항으로서 그 지방자치단체의 조례로 정하는 사항은 주민투표에 부칠 수 있다. 이에 대한 설명으로 옳지 않은 것은?

① 지방자치단체장은 주민 또는 지방의회의 청구에 의하거나 직권에 의해 주민투표를 실시할 수 있다.

② 지방자치법은 주민투표의 대상·발의자·발의요건, 그 밖의 투표절차 등에 관한 사항은 따로 법률로 정하도록 규정하고 있다.

③ 지방자치단체장 및 지방의회는 주민투표 결과 확정된 사항에 대해 원칙적으로 2년 이내에는 이를 변경하거나 새로운 결정을 할 수 없다.

④ 주민투표에 부쳐진 사항은 주민투표권자 총수의 1/3 이상의 투표와 유효투표수 과반수의 득표로 확정된다.

⑤ 주민은 투표청구권자 총수의 1/20~1/5의 범위 안에서 조례로 정하는 수 이상의 서명으로 단체장에게 청구하여야 한다.

08 우리나라 주민감사청구제도에 대한 설명으로 옳지 않은 것은?

① 지방자치단체와 그 장의 권한에 속하는 사무의 처리가 법령에 위반되는 경우에만 청구할 수 있다.

② 사무처리가 있었던 날이나 끝난 날부터 3년이 지나면 제기할 수 없다.

③ 주무부장관이나 시·도지사는 감사청구를 수리한 날부터 60일 이내에 감사 청구된 사항에 대하여 감사를 끝내야 한다.

④ 주무부장관이나 시·도지사는 감사결과에 따라 기간을 정하여 해당 지방자치단체의 장에게 필요한 조치를 요구할 수 있다.

⑤ 주무부장관이나 시·도지사는 주민감사청구를 처리할 때 청구인의 대표자에게 반드시 증거 제출 및 의견 진술의 기회를 주어야 한다.

09 **주민소환제에 대한 설명으로 옳은 것은?**

① 주민은 그 지방자치단체의 장 및 비례대표를 포함한 지방의회의원을 소환할 권리를 가진다.

② 선출직 지방공직자의 임기만료일로부터 1년 미만일 때에는 주민소환투표의 실시를 청구할 수 없다.

③ 주민소환은 주민소환투표권자 총수의 1/2 이상의 투표자와 유효투표 총수 과반수의 찬성으로 확정된다.

④ 지방행정의 민주성과 책임성을 제고할 목적으로 도입한 주민 간접참여방식의 제도이다.

⑤ 주민소환투표의 효력에 이의가 있는 경우 투표결과가 공표된 날부터 10일 이내에 소청할 수 있다.

★

07 ④ 주민투표에 부쳐진 사항은 투표청구권자 총수의 1/4 이상의 투표와 유효투표수 과반수의 득표로 확정된다.
② 주민투표절차, 발의요건 등 구체적인 사항은 지방자치법이 아닌 주민투표법에서 규정하고 있다.

08 지방자치단체와 그 장의 권한에 속하는 사무의 처리가 법령에 위반되거나 공익을 현저히 해친다고 인정되면 감사를 청구할 수 있다.

09 ②만 옳다.
① 비례대표의원은 제외된다.
③ 1/3 이상 투표, 유효투표 과반수의 찬성으로 확정된다.
④ 직접참여방식이다.
⑤ 14일 이내에 소청심사청구를, 소청결정서를 받을 날로부터 10일 이내에 소송을 제기할 수 있다.

Answer 07. ④   08. ①   09. ②

10 우리나라의 주민참여제도에 대한 연결로 옳지 않은 것은?

① 주민투표제도 – 주민에게 과도한 부담을 주거나 중대한 영향을 미치는 지방자치단체의 주요 결정사항으로서, 그 지방자치단체의 조례로 정하는 사항을 주민이 직접 결정하는 제도이다.

② 주민참여예산제도 – 법령이 정하는 절차에 따라 수렴된 주민의 의견을 검토하고, 그 결과를 예산편성에 반영하지 않을 수도 있다.

③ 주민발의제도 – 주민이 직접 조례의 제정 및 개폐를 청구할 수 있는 제도로, 주민은 지방자치단체장에게 이를 청구하게 되어 있다.

④ 주민소환제도 – 주민은 그 지방자치단체의 장 및 지방의회의원을 소환할 수 있다. 단, 비례대표의원은 제외된다.

⑤ 주민참여예산제도 – 우리나라의 지방재정법에 명시되어 있는 제도이다.

11 주민에 의한 지방자치단체의 감사청구에 관한 설명으로 틀린 것은?

① 19세 이상의 주민이 감사청구에 참여한다.

② 수사에 관여하게 되는 사항은 감사청구사항이 아니다.

③ 재판에 관여하게 되는 사항은 감사청구사항이 아니다.

④ 개인의 사생활을 침해할 우려가 있는 사항은 감사청구사항이 아니다.

⑤ 주민이 단체장 또는 자치단체의 권한에 속하는 사무의 처리가 법령에 위반되거나 공익을 현저히 해친다고 인정될 경우 상급자치단체장이나 주무부장관에게 감사를 청구할 수 있도록 하는 제도이다.

10 ③ 조례제정개폐청구는 지방의회에 해야 한다.
주민조례발안법 제2조【주민조례청구권자】18세 이상의 주민으로서 다음 각 호의 어느 하나에 해당하는 사람(「공직선거법」 제18조에 따른 선거권이 없는 사람은 제외한다. 이하 "청구권자"라 한다)은 해당 지방자치단체의 의회(이하 "지방의회"라 한다)에 조례를 제정하거나 개정 또는 폐지할 것을 청구(이하 "주민조례청구"라 한다)할 수 있다.
① 주민투표법 제7조【주민투표의 대상】① 주민에게 과도한 부담을 주거나 중대한 영향을 미치는 지방자치단체의 주요결정사항으로서 그 지방자치단체의 조례로 정하는 사항은 주민투표에 부칠 수 있다.
② 지방재정법 시행령 제46조【지방예산 편성과정에의 주민참여 절차】② 지방자치단체의 장은 제1항의 규정에 의하여 수렴된 주민의견을 검토하고 그 결과를 예산과정에 반영할 수 있다.
④ 지방자치법 제25조【주민소환】① 주민은 그 지방자치단체의 장 및 지방의회의원(비례대표 지방의회의원은 제외한다)을 소환할 권리를 가진다.
⑤ 주민참여예산제도는 우리나라의 지방재정법에 명시되어 있는 제도이다.

11 ① 18세 이상의 주민이 감사청구에 참여할 수 있다.
지방자치법 제21조【주민의 감사 청구】① 지방자치단체의 18세 이상의 주민으로서 다음 각 호의 어느 하나에 해당하는 사람은 시·도는 300명, 제198조에 따른 인구 50만 이상 대도시는 200명, 그 밖의 시·군 및 자치구는 150명 이내에서 그 지방자치단체의 조례로 정하는 수 이상의 18세 이상의 주민이 연대 서명하여 그 지방자치단체와 그 장의 권한에 속하는 사무의 처리가 법령에 위반되거나 공익을 현저히 해친다고 인정되면 시·도의 경우에는 주무부장관에게, 시·군 및 자치구의 경우에는 시·도지사에게 감사를 청구할 수 있다.
② 다음 각 호의 사항은 감사 청구의 대상에서 제외한다.
1. 수사나 재판에 관여하게 되는 사항
2. 개인의 사생활을 침해할 우려가 있는 사항
3. 다른 기관에서 감사하였거나 감사 중인 사항. 다만, 다른 기관에서 감사한 사항이라도 새로운 사항이 발견되거나 중요 사항이 감사에서 누락된 경우와 제22조 제1항에 따라 주민소송의 대상이 되는 경우에는 그러하지 아니하다.

Answer 10. ③   11. ①

Chapter 04 지방자치단체의 재정

01 우리나라의 국세 중 직접세에 해당하는 것으로만 묶은 것은?

> 가. 소득세
> 나. 종합부동산세
> 다. 법인세
> 라. 부가가치세
> 마. 주세
> 바. 자동차세

① 가, 나, 다
② 나, 마, 바
③ 가, 다, 바
④ 나, 다, 마
⑤ 나, 라, 마

02 지방교부세에 관한 설명으로 옳지 않은 것은?

① 지방교부세는 지방정부 간 균형화와 최소한의 행정서비스를 보장하는 것이 목적이다.
② 지방교부세는 부동산교부세 및 소방안전교부세를 포함한다.
③ 보통교부세는 중앙정부의 정치적 의도나 정책적 의지에 의해서 지원되기 때문에 지원 규모를 예측하기 힘들다.
④ 특별교부세는 재난이 발생한 경우 관할 지방정부에 교부할 수 있다.
⑤ 지방교부세의 재원은 국세의 일부이다.

03 우리나라 지방교부세에 관한 설명으로 옳지 않은 것은?

① 현행 제도상 보통교부세를 교부받지 않는 지방자치단체도 존재하고 있다.

② 보통교부세는 사용용도가 정해져 있지 않은 일반재원이다.

③ 지방자치단체 간 재정불균형의 조정은 가능하나 중앙정부와 지방자치단체 간 재정균형 기능은 미흡하다.

④ 특별교부세는 사용용도가 정해져 있는 특정재원이다.

⑤ 지방자치단체들은 재정자립도 향상 차원에서 지방교부세의 증액을 위해 노력하고 있다.

01 자동차세는 지방세이며, 부가가치세와 주세는 간접세이다.
※ 국세의 종류

국세	내국세	직접세	소득세(개인소득), 법인세(법인소득), 상속·증여세, 종합부동산세
		간접세	부가가치세, 개별소비세, 주세, 인지세, 증권거래세
	목적세		교통·에너지·환경세, 교육세, 농어촌특별세
	관세		—

02 ③ 보통교부세는 중앙정부의 정치적 의도나 정책적 의지보다 재정력 지수에 기초해서 지원된다. 또한, 보통교부세는 지방정부의 재정수요와 재정수입을 비교하여 부족한 재원을 중앙정부가 보전하는 것이므로 지원규모를 예측하기 용이하다.
① 지방교부세의 목적은 지방자치단체 간 재정격차를 줄임으로써 기초적인 행정서비스가 제공될 수 있도록 하는 데 있다. → 수평적 재정조정
② 지방교부세는 보통교부세, 특별교부세, 부동산교부세, 소방안전교부세로 구분할 수 있다.
④ 특별교부세는 재난이 발생한 경우 관할 지방정부에 교부할 수 있다.
지방교부세법 제9조【특별교부세의 교부】① 특별교부세는 다음 각 호의 구분에 따라 교부한다.
2. 보통교부세의 산정기일 후에 발생한 재난을 복구하거나 재난 및 안전관리를 위한 특별한 재정수요가 생기거나 재정수입이 감소한 경우 : 특별교부세 재원의 100분의 50에 해당하는 금액
⑤ 지방교부세의 재원은 종합부동산세 전액, 담배개별소비세 45%, 내국세 일부이다.

03 ⑤ 재정자립도는 총 세입 중에서 자주재원이 차지하는 비중이다. → 지방교부세는 자주재원이 아니라 중앙정부가 교부하는 의존재원이므로 지방교부세가 늘어날수록 재정자립도는 낮아진다.
① 재정력 지수가 양호한 지방자치단체에게는 보통교부세를 지급하지 않는다.
②, ④ 보통교부세와 부동산교부세는 일반재원, 특별교부세 및 소방안전교부세는 특정재원이다.
③ 지방교부세의 목적은 지방자치단체 간 재정격차를 줄임으로써 기초적인 행정서비스가 제공될 수 있도록 하는 데 있다.(수평적 재정조정) → 따라서 지방교부세는 지방자치단체 간 재정불균형의 조정은 가능하나 중앙정부와 지방자치단체 간 재정균형 기능은 미흡하다.

Answer 01. ① 02. ③ 03. ⑤

04 우리나라 자치재정권에 대한 설명으로 옳지 않은 것은?

① 지방자치단체는 법률로 정하는 바에 따라 지방세를 부과·징수할 수 있다.

② 지방자치단체는 공공시설의 이용 또는 재산의 사용에 대하여 사용료를 징수할 수 있다.

③ 지방자치단체는 행정 목적을 달성하기 위하여 특정한 자금을 운용하기 위한 기금을 설치할 경우 행정안전부장관의 승인을 얻어야 한다.

④ 지방자치단체의 장이나 지방자치단체조합은 따로 법률이 정하는 바에 따라 지방채를 발행할 수 있다.

⑤ 지방자치단체는 그 재산 또는 공공시설의 설치로 주민의 일부가 특히 이익을 받으면 이익을 받는 자로부터 그 이익의 범위에서 분담금을 징수할 수 있다.

05 서울특별시에서 확보할 수 있는 자주재원으로 볼 수 없는 것은?

① 주민세   ② 담배소비세   ③ 상속세

④ 취득세   ⑤ 자동차세

06 다음 중 특별(광역)시세로만 짝지어진 것은?

ㄱ. 레저세	ㄴ. 담배소비세	ㄷ. 지방소비세
ㄹ. 주민세	ㅁ. 자동차세	ㅂ. 재산세
ㅅ. 지방교육세	ㅇ. 등록면허세	ㅈ. 지역자원시설세

① ㄱ, ㄴ, ㄷ   ② ㄹ, ㅁ, ㅂ   ③ ㄹ, ㅁ, ㅇ

④ ㅅ, ㅇ, ㅈ   ⑤ ㅂ, ㅅ, ㅇ

07 다음 지방세 중 자치구세의 개수는?

• 재산세	• 주민세
• 지방소득세	• 등록면허세
• 담배소비세	• 레저세

① 1개   ② 2개   ③ 3개

④ 4개   ⑤ 5개

08 세외수입의 종류와 그에 대한 설명을 바르게 연결한 것은?

> ㄱ. 지방자치단체가 주민의 복지증진을 위해 설치한 공공시설을 특정 소비자가 사용할 때 그 반대급부로 개별적인 보상원칙에 따라 지방자치단체의 조례에 의거하여 강제적으로 부과·징수하는 공과금이다.
> ㄴ. 지방자치단체의 재산 또는 공공시설의 설치로 인해 주민의 일부가 특별히 이익을 받을 때 그 비용의 일부를 부담시키기 위해 그 이익을 받는 자로부터 수익의 정도에 따라 징수하는 공과금이다.
> ㄷ. 지방자치단체가 특정인에게 제공한 행정서비스에 의해 이익을 받는 자로부터 그 비용의 전부 또는 일부를 반대급부로 징수하는 수입이다.

	ㄱ	ㄴ	ㄷ
①	사용료	분담금	수수료
②	수수료	부담금	과년도 수입
③	사용료	부담금	과년도 수입
④	수수료	분담금	사용료
⑤	분담금	전입금	부담금

04 ③ 자치단체의 기금은 조례로 설치하도록 되어 있으며, 행정안전부장관의 승인은 필요 없다. 지방자치법에 따르면, 지방자치단체는 행정목적을 달성하기 위한 경우나 공익상 필요한 경우에는 재산을 보유하거나 특정한 자금을 운용하기 위한 기금을 설치할 수 있다. 재산의 보유, 기금의 설치·운용에 관하여 필요한 사항은 조례로 정한다.

05 상속세는 국세이다.

06 ㅂ의 재산세와 ㅇ의 등록면허세를 제외하고는 모두 특별(광역)시세에 해당한다.

07 현행 지방세의 자치구세에는 등록면허세와 재산세가 있다.

08 사용료는 시설 사용의 대가로 주민이 부담하는 것이고, 수수료는 서비스의 대가로 주민이 부담하는 것이다. 한편, 분담금이 이익을 본 지역주민이 부담하는 것이라면, 부담금은 사무를 위임한 상급정부가 부담하는 것이다.

Answer 04. ③ 05. ③ 06. ① 07. ② 08. ①

09 다음 중 우리나라의 지방재정조정제도에 대한 설명으로 옳지 않은 것은?

① 지방교부세의 재원은 내국세의 19.24%에 해당하는 금액과 종합부동산세 전액 및 담배에 부과하는 개별소비세 45%로 구성된다.

② 국고보조금은 행정서비스의 구역 외 확산에 대처할 수 있지만, 지역 간 재정력 격차 및 불균형을 심화시키기도 한다.

③ 지방교부세는 용도가 정해져 있지 않다는 점에서 국고보조금과 다르다.

④ 재정자립도를 산정할 때 지방교부세는 지방자치단체의 의존재원에 속한다.

⑤ 중앙정부가 지방자치단체별로 지방교부세를 교부할 때 사용하는 기준지표는 지방재정자립도이다.

10 우리나라의 지방교부세에 대한 설명으로 옳지 않은 것은?

① 국고보조금제도와 함께 지방재정조정제도 중에 하나로 운영되고 있다.

② 지방교부세는 대표적인 지방세로서, 내국세의 일정 비율의 금액으로 법정되어 있다.

③ 보통교부세는 그 용도를 특정하지 아니한 일반재원이다.

④ 특별교부세는 중앙정부가 지방정부를 통제하기 위한 수단으로 사용된다는 비판도 있다.

⑤ 부동산교부세의 재원은 국세인 종합부동산세 100%이다.

11 특별시 · 광역시가 자치구의 재정적 불균형을 해소하기 위하여 지원하는 재정조정제도는?

① 자치구 조정교부금   ② 재정보전금
③ 시 · 군 조정교부금   ④ 징수교부금
⑤ 지방교부세

12 우리나라 지방행정체제와 관련된 내용으로 옳지 않은 것은?

① 자치구의 자치권 범위는 시·군의 경우와 같다.

② 특별시·광역시·도와 특별자치시는 같은 수준의 자치행정계층이다.

③ 광역시가 아닌 시라도 인구 50만 이상의 경우에는 자치구가 아닌 구를 둘 수 있다.

④ 시는 도의 관할구역 안에, 군은 광역시, 특별자치시나 도의 관할구역 안에 둔다.

⑤ 자치구는 특별시와 광역시의 관할구역 안의 구만을 말한다.

09 ⑤ 중앙정부가 지방자치단체별로 지방교부세를 교부할 때 사용하는 기준지표는 지방재정력 지수이다. 이는 기준재정수입액을 기준재정수요액으로 나눈 값이다.
① 2015년 1월 1일부터 개정된 지방교부세법에 따라 종래의 분권교부세는 폐지되고 소방안전교부세가 신설되었으며, 그 재원으로 담배에 부과하는 개별소비세액의 45%가 배정되었다. 따라서 현시점에서 지방교부세의 재원은 목적세를 제외한 내국세의 19.24%에 종합부동산세 100%를 더하고, 여기에 담배에 부과하는 개별소비세액의 45%가 더 추가된다.

10 ② 지방교부세는 자주재원인 지방세가 아니라, 국가가 지방자치단체의 재정불균형을 시정하기 위하여 교부하는 의존재원인 조정재원이다.
① 국고보조금과 지방교부세는 우리나라의 대표적인 지방재정조정제도이다.
③ 보통교부세는 일반재원이다.
④ 특별교부세는 용도가 정해진 특정재원이므로 재정통제가 수반된다.

11 ① 특별시·광역시가 자치구의 재정적 불균형을 해소하기 위하여 지원하는 재정조정제도는 자치구 조정교부금이다.
②, ③ 종전 재정보전금은 현재 시·군 조정교부금으로 바뀌었다.

12 자치구는 시·군에 비하여 자치권도 제한되고 세목의 수도 작다. 지방자치법에 따르면 자치구의 자치권 범위는 법령으로 정하는 바에 따라 시·군과 다르게 할 수 있다.

Answer 09. ⑤   10. ②   11. ①   12. ①

13 우리나라의 지방자치제에 대한 설명으로 옳지 않은 것은?

① 지방자치단체의 기관구성에 있어 기관대립형 구조를 채택하고 있다.

② 주민투표제, 조례 제정·개폐 청구, 주민감사청구, 주민소송제 등을 통해 주민참여를 보장하고 있다.

③ 지방자치단체가 지방 고유사무와 관련된 영역에 한해 법령의 근거 없이 스스로 세목을 개발하고 지방세를 부과·징수할 수 있다.

④ 지역 간 재정 형평성을 확보하기 위해 지방재정조정제도를 운영하고 있다.

⑤ 단체자치의 전통과 달리 특별지방행정기관은 주민자치에서 나타나는 분리형 일선기관을 채택하고 있다.

14 우리나라 지방자치단체의 권한에 대한 설명으로 옳지 않은 것은?

① 지방자치단체는 법령이나 상급 지방자치단체의 조례를 위반하여 그 사무를 처리할 수 없다.

② 지방자치단체는 그 사무를 분장하기 위하여 필요한 행정기구와 지방공무원을 둔다.

③ 지방자치단체는 조례와 규칙으로 정하는 바에 따라 지방세를 부과·징수할 수 있다.

④ 지방자치단체는 관할 구역의 자치사무와 법령에 따라 지방자치단체에 속하는 사무를 처리한다.

⑤ 지방자치단체의 장은 공익을 위하여 필요하다고 인정하면 미리 지방의회의 의결을 받아 보증채무부담행위를 할 수 있다.

15 우리나라의 지방세가 아닌 것은?

① 종합부동산세   ② 담배소비세

③ 재산세   ④ 취득세

⑤ 레저세

16 우리나라 지방자치단체의 세입·세출에 대한 설명으로 옳지 않은 것은?

① 의존재원의 비중이 높아지면 재정분권이 취약해질 수 있다.

② 보통교부세는 중앙정부가 용도를 제한하여 지방자치단체의 재량권이 없는 재원이다.

③ 지방세와 세외수입은 자주재원에 속하고, 보조금은 의존재원에 속한다.

④ 현행법상 지방자치단체의 관할구역 자치사무에 필요한 경비는 그 지방자치단체가 전액을 부담한다.

⑤ 국고보조금은 특정 재원이다.

★

13 우리나라는 지방세를 포함한 모든 조세의 종목과 세율을 법률로 정하도록 하고 있다. 따라서 지방세도 법정주의를 따른다.

14 우리나라는 조세법정주의에 의하여 지방세도 모두 법률로 정하도록 되어 있다. 따라서 자치단체는 법률로 정하는 바에 따라 지방세를 부과·징수할 수 있으며 조례와 규칙으로는 지방세를 부과·징수할 수 없다.

15 종합부동산세는 국세이며, 나머지는 모두 지방세이다.

16 ② 보통교부세는 중앙정부가 용도를 제한하지 않는 일반재원이므로 지방자치단체의 재량권이 있는 재원이다.
① 지자체가 중앙이나 상급 지자체에서 지원받는 의존재원의 비중이 높아지면 재정분권이 취약해질 수 있다.
③ 지방세와 세외수입은 자주재원에 속하고, 국고보조금은 지방교부세, 조정교부금과 더불어 의존재원에 속한다.
④ 현행법상 지방자치단체의 관할구역 자치사무에 필요한 경비는 그 지방자치단체가 전액을 부담한다.
지방재정법 제20조【자치사무에 관한 경비】지방자치단체의 관할구역 자치사무에 필요한 경비는 그 지방자치단체가 전액을 부담한다.
⑤ 국고보조금은 돈의 용도가 지정된 특정 재원이다.

Answer 13. ③ 14. ③ 15. ① 16. ②

행정학총론

01 **책임운영기관제도에 대한 설명으로 가장 옳지 않은 것은?**

① 책임운영기관의 설치·운영에 관한 법률은 1999년에 제정되었다.

② 책임운영기관에 대한 종합평가는 기획재정부 장관이 평가단을 구성하여 시행한다.

③ 소속책임운영기관과 중앙책임운영기관으로 구분되며 중앙책임운영기관으로는 특허청이 유일하다.

④ 소속책임운영기관장의 임기는 5년의 범위에서 소속중앙행정기관의 장이 정하되, 최소한 2년 이상으로 하여야 하며 신분은 공무원이다.

⑤ 국립현대미술관은 소속책임운영기관이다.

02 **책임운영기관에 대한 설명으로 옳지 않은 것은?**

① 책임운영기관은 집행기능 중심의 조직이다.

② 책임운영기관의 성격은 정부기관이며 구성원은 공무원이다.

③ 책임운영기관은 융통성과 책임성을 조화시킬 수 있다.

④ 책임운영기관은 공공성이 강하고 성과관리가 어려운 분야에 적용할 필요가 있다.

⑤ 책임운영기관은 정부팽창의 은폐수단 혹은 민영화의 회피수단으로 사용될 가능성이 있다.

03 **다음 중 우리나라의 소속책임운영기관에 대한 설명으로 옳지 않은 것은?**

① 기관의 사업성과를 평가하기 위해 소속된 중앙행정기관에 심의회를 둔다.

② 기관의 하부조직과 분장사무는 기본운영규정으로 정한다.

③ 소속중앙행정기관과 소속책임운영기관 소속공무원 간의 전보, 개인별 상여금 차등 지급 등이 가능하다.

④ 기관 운영의 독립성과 자율성을 강조한다.

⑤ 기관장은 임기를 정하지 않고 임명한다.

04 다음 중 책임운영기관에 대한 설명으로 옳지 않은 것은?

① 기관의 자율성과 독립성을 보장하는 책임운영 기관은 신공공관리론의 성과관리에 바탕을 둔 제도이다.

② 소속책임운영기관장의 채용조건은 소속중앙행정기관의 장이 정한다.

③ 소속책임운영기관 소속 공무원의 임용시험은 기관장이 실시한다.

④ 소속책임운영기관과 소속중앙행정기관 및 그 소속 기관 간 공무원의 전보(轉補)가 필요하다고 인정되는 경우에는 소속중앙행정기관의 장이 기관장과 협의하여 실시할 수 있다.

⑤ 우리나라에서 「책임운영기관의 설치·운영에 관한 법률」을 이명박 정권에서 제정하면서 운영하고 있다.

★

01 ② 책임운영기관에 대한 종합평가는 책임운영기관운영위원회(행정안전부장관 소속)에서 실시한다.
① 책임운영기관의 설치·운영에 관한 법률은 1999년 김대중 정권에서 제정되었다.
③ 책임운영기관은 소속책임운영기관과 중앙책임운영기관으로 구분되며, 특허청은 후자에 해당한다.
④ 소속책임운영기관장의 임기는 5년의 범위에서 소속중앙행정기관의 장이 정하되, 최소한 2년 이상으로 하여야 하며 신분은 임기제 공무원이다.
⑤ 국립현대미술관은 문화체육관광부 소속의 책임운영기관이다.

02 책임운영기관은 성과＋자율＋책임이 조화된 성과 중심의 공공기관으로 공공성이 강하여 민영화가 곤란하고, 경쟁의 원리가 필요하거나 전문성이 요구되어 성과관리가 필요한 분야에 적용된다.

03 ⑤ 소속책임운영기관장은 중앙행정기관장이 5년 이내의 범위에서 임기제 공무원으로 임용하되, 최소 2년 이상의 임기를 보장하여야 한다.
② 하부조직과 분장사무는 기관장에게 재량권을 부여하므로 조직의 기본운영규정으로 정하면 충분하다.
③, ④ 책임운영기관은 자율성을 부여하고 그에 따른 성과 책임을 묻는 제도이다.

04 ⑤ 책임운영기관은 영국의 1988년 정부개혁 프로그램인 Next Steps에서 집행기관(excutive agency)이라는 이름으로 처음 도입한 제도이며, 우리나라는 「책임운영기관의 설치·운영에 관한 법률」을 1999년 1월(김대중 정권)에 제정하면서 운영하고 있다.
① 책임운영기관 제도는 신공공관리론의 영향으로 도입되었다.
② 책임운영기관법 제7조【기관장의 임용】① 소속중앙행정기관의 장은 공개모집 절차에 따라 행정이나 경영에 관한 지식·능력 또는 관련 분야의 경험이 풍부한 사람 중에서 기관장을 선발하여 「국가공무원법」 제26조의5에 따른 임기제공무원으로 임용한다. ② 기관장의 임용요건은 소속중앙행정기관의 장이 정하여 인사혁신처장에게 통보하여야 한다.
③ 책임운영기관법 제19조【임용시험】① 소속책임운영기관 소속 공무원의 임용시험은 기관장이 실시한다.
④ 책임운영기관법 제20조【기관 간 인사교류】① 소속책임운영기관과 소속중앙행정기관 및 그 소속 기관 간 공무원의 전보(轉補)가 필요하다고 인정되는 경우에는 소속중앙행정기관의 장이 기관장과 협의하여 실시할 수 있다.

Answer 01. ② 　 02. ④ 　 03. ⑤ 　 04. ⑤

01 공무원의 근무방식과 형태에 대한 설명으로 옳지 않은 것은?

① 유연근무제는 공무원의 근무방식과 형태를 개인 업무·기관 특성에 따라 선택할 수 있는 제도이다.

② 시간선택제 근무는 통상적인 전일제 근무시간(주 40시간)보다 길거나 짧은 시간을 근무하는 제도이다.

③ 탄력근무제는 전일제 근무시간을 지키되 근무시간, 근무일수를 자율 조정할 수 있는 제도이다.

④ 원격근무제는 직장 이외의 장소에서 정보통신망을 이용하여 근무하는 제도이다.

⑤ 원격근무제의 종류로써 스마트워크센터 근무, 재택근무 등이 있다.

02 다음 중 현행 정부조직법에서 정하고 있는 행정각부 소속의 특별지방행정기관으로 옳지 않은 것은?

① 서울지방병무청   ② 부산지방우정청

③ 광주지방식품의약품안전청   ④ 부산지방중소벤처기업청

⑤ 한강유역환경청

01 ② 시간선택제 근무는 통상적인 전일제 근무시간(주 40시간)보다 짧은 시간을 근무하는 제도이다.
공무원임용령 제3조의3【시간선택제채용공무원의 임용】① 임용권자 또는 임용제청권자는 법 제26조의2에 따라 통상적인 근무시간보다 짧은 시간을 근무하는 일반직공무원(임기제공무원은 제외한다)을 신규채용할 수 있다. ② 제1항에 따라 채용된 공무원(이하 "시간선택제채용공무원"이라 한다)의 주당 근무시간은 「국가공무원 복무규정」 제9조에도 불구하고 15시간 이상 35시간 이하의 범위에서 임용권자 또는 임용제청권자가 정한다. 이 경우 근무시간을 정하는 방법 및 절차 등은 인사혁신처장이 정한다.
① 유연근무제는 공직생산성을 제고하기 위해 공무원의 근무방식과 형태를 개인 업무·기관의 특성에 따라 선택할 수 있는 제도로서 시간선택제 전환근무제, 탄력근무제, 원격근무제 등이 있다.
③ 탄력근무제는 주 40시간 근무하되, 출·퇴근시각·근무시간·근무일수를 자율적으로 조정하는 제도이다.
④ 원격근무제는 직장 이외의 장소에서 정보통신망을 이용하여 근무하는 제도이다(단, 심각한 보안위험이 예상되는 업무는 온라인 원격근무를 할 수 없음).

02 ③ 광주지방식품의약품안전청은 행정각부가 아니라 식품의약품안전처 산하 특별지방행정기관이다.
① 서울지방병무청은 국방부 산하 특별지방행정기관이다.
② 부산지방우정청은 과학기술정보통신부 산하 특별지방행정기관이다.
④ 부산지방중소벤처기업청은 중소벤처기업부 산하 특별지방행정기관이다.
⑤ 한강유역환경청은 환경부 산하 특별지방행정기관이다.

Answer 01. ②   02. ③

부록

제1~11회 기출문제

제1회 행정사 행정학개론

[2013. 6. 29. 실시]

01 우리나라 공무원의 시보임용에 관한 설명으로 옳지 않은 것은?

① 임용권자는 시보임용 기간 중에 있는 공무원의 근무상황을 항상 지도·감독하여야 한다.

② 시보기간 중 근무성적이 좋으면 정규공무원으로 임용한다.

③ 시보기간은 시보공무원에게 행정실무의 습득기회를 제공하는 것이다.

④ 시보임용은 공무원으로서 적격성 여부를 판단하는 선발과정의 일부이다.

⑤ 시보공무원은 일종의 교육훈련 과정으로 교육에만 전념할 수 있도록 정규공무원과 동일하게 공무원 신분을 보장한다.

해설 공무원 신분은 임명과 동시에 발생한다. 따라서 시보는 공무원 신분을 아직 취득하지 않은 단계이므로 정규공무원과 동일하게 공무원 신분을 보장하지 않는다. 국가공무원법 제29조 제1항에 따르면, 5급 공무원을 신규 채용하는 경우에는 1년, 6급 이하의 공무원을 신규 채용하는 경우에는 6개월간 각각 시보로 임용하고 그 기간에 근무성적이 좋으면 정규공무원으로 임용한다.

02 현행 국가공무원법에 규정된 징계처분에 관한 설명으로 옳지 않은 것은?

① 징계의 종류는 파면·해임·강등·정직·직위해제·감봉·견책으로 구분한다.

② 파면과 해임은 징계위원회의 의결을 거쳐 각 임용권자 또는 임용권을 위임한 상급 감독기관의 장이 한다.

③ 강등은 공무원 신분은 보유하나 3개월간 직무에 종사하지 못하고 그 기간 중 보수의 3분의 2를 감한다.

④ 정직은 1개월 이상 3개월 이하이며, 정직기간 동안 공무원의 신분은 유지하되, 직무에 종사하지 못하고 보수의 3분의 2를 감한다.

⑤ 징계의결 등의 요구는 징계 등의 사유가 발생한 날부터 3년(금품 및 향응 수수, 공금의 횡령·유용의 경우에는 5년)이 지나면 하지 못한다.

해설 ① 국가공무원법상의 징계는 파면·해임·강등·정직·감봉·견책으로 구분된다. 직위해제는 징계의 종류에 포함되지 않는다.
③, ④ 출제 당시에는 옳은 지문이다. 현시점에서 강등과 정직의 경우, 보수 전액을 삭감한다.

03 국세 또는 지방세가 서로 옳지 않게 연결된 것은?

① 국세 – 개별소비세, 농어촌특별세
② 서울특별시 강남구세 – 등록면허세, 재산세
③ 부산광역시 기장군세 – 지방소득세, 지방교육세
④ 제주특별자치도세 – 취득세, 지역자원시설세
⑤ 경상남도 창원시세 – 재산세, 자동차세

해설 ③에서 목적세인 지방교육세는 광역자치단체의 세목이다. 기장군은 기초자치단체이므로 광역자치단체의 세목을 가질 수 없다.

04 국민권익위원회에 관한 설명으로 옳지 않은 것은?

① 국무총리 소속 기관이다.
② 국민권익위원회 위원의 임기는 3년이며, 연임할 수 없다.
③ 국민권익위원회 위원은 재직 중 지방의회 의원직을 겸직할 수 없다.
④ 고충민원의 조사와 처리 및 이와 관련된 시정권고 업무를 수행한다.
⑤ 정당의 당원은 국민권익위원회 위원이 될 수 없다.

해설 위원장과 위원의 임기는 각각 3년으로 하되 1차에 한하여 연임할 수 있다(부패방지 및 국민권익위원회의 설치와 운영에 관한 법률 제16조).

05 「정부조직법」상 우리나라 정부조직 체계에 대한 설명으로 옳은 것은?

> ㄱ. 행정기관에는 그 소관사무의 일부를 독립하여 수행할 필요가 있는 때에는 법률로 정하는 바에 따라 행정위원회 등 합의제 행정기관을 둘 수 있다.
> ㄴ. 과학기술정보통신부·문화체육관광부에는 차관 2명을 둔다.
> ㄷ. 행정각부의 장은 국무위원이다.
> ㄹ. 각 부(部) 밑에 처(處)를 둔다.
> ㅁ. 각 위원회 밑에 청(廳)을 둔다.

① ㄱ, ㄹ
② ㄱ, ㄴ, ㄷ
③ ㄱ, ㄴ, ㅁ
④ ㄴ, ㄷ, ㅁ
⑤ ㄷ, ㄹ, ㅁ

해설 ㄱ, ㄴ, ㄷ만 옳다. 나머지는 틀리다.
ㄱ. 행정기관에는 그 소관사무의 일부를 독립하여 수행할 필요가 있는 때에는 법률로 정하는 바에 따라 행정위원회 등 합의제 행정기관을 둘 수 있다.
ㄴ. 과학기술정보통신부·문화체육관광부에는 차관 2명을 두고 있다.
ㄷ. 행정각부의 장은 국무위원이다.
ㄹ, ㅁ. 각 부(部) 밑에 청(廳)을 둔다. 처(處)는 대통령 소속(대통령 경호처)과 국무총리 소속(국가보훈처, 법제처, 인사혁신처, 식약처)으로 둔다.
※ 정부조직법 관련 조문

> 제26조 【행정각부】 ② 행정각부에 장관 1명과 차관 1명을 두되, 장관은 국무위원으로 보하고, 차관은 정무직으로 한다. 다만, 기획재정부·과학기술정보통신부·외교부·문화체육관광부·산업통상자원부·보건복지부·국토교통부에는 차관 2명을 둔다.

06 현행 우리나라의 예산제도에 관한 설명으로 옳지 않은 것은?

① 정부는 국회에서 추가경정예산안이 확정되기 전에 이를 미리 배정하거나 집행할 수 없다.

② 조세지출예산은 조세감면의 구체적인 내역을 예산구조로써 밝히는 것이다.

③ 우리나라는 준예산 제도를 채택하고 있다.

④ 국회는 정부가 제출한 기금운용계획안의 주요항목 지출금액을 증액하고자 할 때에는 정부의 동의를 얻을 필요가 없다.

⑤ 예산 총계주의 원칙의 예외로 전대차관(轉貸借款) 등을 인정하고 있다.

해설 국회는 정부가 제출한 기금운용계획안의 주요항목 지출금액을 증액하거나 새로운 과목을 설치하고자 하는 때에는 예산과 마찬가지로 미리 정부의 동의를 얻어야 한다(국가재정법 제69조).

07 리플리와 프랭클린(R. B. Ripley & G. A. Franklin)은 정책유형이 달라짐에 따라 정책형성과정과 정책집행과정도 달라진다고 주장한다. 다음은 그들이 제시한 정책유형 중 어떤 정책에 관한 설명인가?

정부는 특정 전문지식과 자격을 갖춘 몇몇 개인이나 기업(집단)에게 특정한 기간 동안 사업을 할 수 있도록 허용하되 일정한 기간 후에는 자격조건을 재심사하도록 함으로써 경쟁력을 높이고, 공익을 위해서 서비스 제공에 대한 규정을 지키도록 하는 것이다.

① 경쟁적 규제정책

② 보호적 규제정책

③ 상징정책

④ 분배정책

⑤ 재분배정책

해설 경쟁적 규제정책은 다수의 경쟁자 중에서 경쟁범위를 제한하려는 정책(진입규제 등)으로 희소한 자원의 분배와 관련된 정책이다. 이권이 걸린 서비스 공급권을 특정 기업에 부여하고 이들을 적절히 통제한다. 분배정책과 보호적 규제정책의 혼합형(양면성)을 띠며 항공기 노선 배정, 이동통신사업자 선정 등이 이에 해당한다.
경쟁적 규제정책의 특징은 정부가 특정 전문지식과 자격을 갖춘 몇몇 개인이나 기업(집단)에게 특정한 기간 동안 사업을 할 수 있도록 허용하되, 일정한 기간 후에는 자격조건을 재심사하도록 함으로써 경쟁력을 높이고, 공익을 위해서 서비스 제공에 대한 규정을 지키도록 하는 것이다.

08 중앙정부의 정책과정 참여자 중 비공식 참여자로만 묶은 것은?

ㄱ. 정당	ㄴ. 국무총리
ㄷ. 대통령	ㄹ. 이익집단
ㅁ. 전문가집단	ㅂ. 시민단체
ㅅ. 언론	ㅇ. 부처장관

① ㄱ, ㄴ, ㄷ, ㅁ, ㅂ

② ㄱ, ㄷ, ㄹ, ㅂ, ㅇ

③ ㄱ, ㄹ, ㅁ, ㅂ, ㅅ

④ ㄴ, ㄷ, ㄹ, ㅁ, ㅇ

⑤ ㄴ, ㄷ, ㄹ, ㅅ, ㅇ

해설 옳은 것은 ③이다. 나머지는 공식적 참여자에 해당한다.

공식적 참여자	비공식적 참여자
입법부, 대통령과 행정수반, 행정부처, 사법부, 지방정부	정당, 이익집단, NGO, 시민, 전문가집단(정책공동체), 언론

09 행정통제를 크게 외부통제와 내부통제로 분류할 때 다음 중 그 분류가 다른 것은?

① 사법부에 의한 통제
② 시민단체에 의한 통제
③ 감사원에 의한 통제
④ 선거권의 행사에 의한 통제
⑤ 주민참여제도에 의한 통제

해설 ③만 내부통제이고, 나머지는 모두 외부통제에 해당한다.

구분	내부통제	외부통제
공식통제	행정수반(대통령), 교차기능조직, 독립통제기관(감사원·국민권익위원회), 계층제(상관), 심사평가, 근평, 행정심판	입법부, 사법부, 옴부즈만
비공식통제	행정윤리(전문직업상의 행동규범), 대표관료제, 공익	민중통제, 시민참여, 이익집단, 언론매체, 정당

10 지방자치단체와는 별도로 특별지방행정기관을 설치하는 경우 나타나는 장점으로 옳은 것은?

① 주민들의 직접참여와 통제가 용이하여 책임행정 확보가 가능하다.
② 광역적인 국가 업무를 효율적으로 처리할 수 있다.
③ 유사중복기능의 수행 인력과 조직으로 행정의 중복성을 통하여 효율성을 강화할 수 있다.
④ 관할범위가 넓어 현지성이 확보됨으로써 지역주민을 위한 행정이 가능하다.
⑤ 특별지방행정기관 증가로 이원적 업무수행이 가능하여 주민들의 행정만족도가 높아지고 혼란을 방지할 수 있다.

해설 옳은 것은 ②이다.
① 일선기관(특별지방행정기관)이 늘어나면 주민들의 직접참여와 통제가 어려워 책임행정 확보가 곤란하다.
③ 자치단체와 일선기관의 유사중복기능으로 인해 행정의 효율성이 저하된다.
④ 관할범위가 좁을 때 주민의 참여가 쉬워져서 지역주민을 위한 행정이 가능하다.
⑤ 특별지방행정기관 증가로 자치단체와 업무 간 갈등·중복이 발생할 우려가 크기 때문에 주민에게 혼란을 야기할 수 있고, 이로 인해 주민의 서비스만족도도 저하될 수 있다.

11 행정과 경영의 차이점에 관한 설명으로 옳지 않은 것은?

① 행정은 공익추구를 핵심가치로 하지만, 경영은 이윤추구를 핵심가치로 한다.
② 행정은 경영보다 의회, 정당, 이익단체로부터 더 강한 비판과 통제를 받는다.
③ 행정은 공익을 추구하기 때문에 경영보다 법적 규제를 적게 받는다.
④ 행정은 경영보다 더 강한 권력수단을 갖는다.
⑤ 행정은 모든 국민에게 법 앞에 평등원칙이 지배하지만 경영은 고객에 따라 대우를 달리 할 수 있다.

해설 행정은 공익을 추구하기 때문에 경영보다 법적 규제를 더 많이 받는다.

12 행정(학)에 관한 설명으로 옳지 않은 것은?

① 행정은 민주성, 능률성, 합법성, 효과성, 형평성 등을 추구한다.

② 행정학은 행정현상의 과학화를 목적으로 하기 때문에 이론과 실제를 분리하여 연구하는 학문이다.

③ 행정학은 시민사회, 정치집단, 시장과의 상호작용 속에서 공공가치의 달성을 위해 정부가 수행하는 정책이나 관리활동에 대한 지식과 이론을 연구대상으로 한다.

④ 좁은 의미의 행정은 행정부의 구조와 공무원을 포함한 정부 관료제를 중심으로 이뤄지는 활동을 의미한다.

⑤ 행정학은 정치학, 경제학, 경영학, 사회학, 법학, 심리학 등의 이론과 지식을 접목하여 사용하고 있다.

해설 행정학은 사회과학이다. 사회과학은 가치지향성을 띤다. 그러나 모든 학문은 사실에 기초하여 논리와 주장을 전개해 나간다. 가치지향적이기 때문에 규범적 접근방법을 사용하고, 사실에 근거하기 때문에 경험적 접근법을 가미한다.

즉, 행정학은 규범적 접근법과 경험적 접근법을 통합하여 실천적 접근법을 지향하는 학문이다. 그러므로 행정현상의 과학화를 목적으로 하기 때문에 이론과 실제를 분리하여 연구하는 것이 아니라, 사실에 기초한 과학성과 가치에 기초한 규범성을 동시에 고려해야 하므로 이론과 실제의 통합을 지향하여야 한다.

13 정부의 정책문제는 해결해야 할 문제를 어떤 관점에서 보는가에 따라 정책목표의 구체적인 내용과 정책수단도 달라진다. 다음 중 정책문제의 속성에 관한 설명으로 옳지 않은 것은?

① 정책문제는 공공성이 강하다.

② 정책문제는 주관적이며, 정치적 성격이 강하다.

③ 정책문제는 복잡·다양하며, 상호의존적이다.

④ 정책문제는 역사적 산물인 경우가 많다.

⑤ 정책문제는 정태적 성격이 강하다.

해설 정책문제는 시간이 지나면서 변화하기 때문에 동태적 성격이 강하다.

14 예산절차상의 특징에 따른 예산의 유형에 관한 설명으로 옳은 것은?

① 본예산은 정기국회의 심의를 거쳐 확정된 최초의 예산으로 당초예산이라고도 한다.

② 수정예산은 예산이 국회를 통과한 이후 예산집행과정에서 다시 제출되는 예산이다.

③ 추가경정예산은 예산안이 제출된 이후 국회의결 이전에 기존안의 일부를 수정해 제출한 예산이다.

④ 준예산은 새로운 회계연도가 시작되는 날로부터 최초 수개월분의 일정한 금액의 예산을 정부가 집행할 수 있게 허가하는 제도이다.

⑤ 잠정예산은 회계연도 개시 전에 예산이 의결되지 못하는 경우를 대비해 의회가 미리 1개월분 예산만 의결해 정부로 하여금 집행할 수 있도록 하는 예산이다.

해설 옳은 것은 ①이다.
②에서 예산이 국회를 통과한 이후 예산집행과정에서 다시 제출되는 예산은 추경예산이다. ③은 수정예산을 설명하는 것이고, ④는 잠정예산에 대한 설명이며, ⑤는 가예산에 대한 설명이다.

15 현행 「감사원법」상 회계검사기관인 감사원에 관한 설명으로 옳지 않은 것은?

① 감사원은 국가의 세입·세출의 결산과 공무원직무에 관한 감찰을 위해 대통령 소속하에 설치된 기관이다.

② 감사원은 직무에 관해 독립된 지위를 유지하며 그 직무수행상 정치적 압력이나 간섭을 받지 않는 특징이 있다.

③ 감사원장은 국회의 동의를 얻어 대통령이 임명하며, 감사위원의 경우는 감사원장의 제청으로 역시 대통령이 임명한다.

④ 감사원장의 임기는 4년이며, 원장을 포함해 9인의 감사위원으로 구성한다.

⑤ 감사원은 감사절차 및 내부 규율과 감사사무처리에 관한 규칙을 제정할 수 있다.

해설 헌법에는 '감사원은 원장을 포함한 5~11인 이하의 감사위원으로 구성한다.'고 규정하고 있고, 감사원법에는 '감사원은 원장을 포함한 7인의 감사위원으로 구성된다.'고 규정하고 있다.

16 행정학의 주요 접근방법과 그 내용을 연결한 것으로 옳지 않은 것은?

① 뉴거버넌스론 - 로즈(R. A. W. Rhodes) - 민관협력 네트워크

② 생태론 - 리그스(F. W. Riggs) - 행정체제의 개방성

③ 공공선택론 - 오스트롬(V. Ostrom) - 정치경제학적 연구

④ 후기행태주의 - 이스턴(D. Easton) - 가치중립적·과학적 연구 강조

⑤ 신공공관리론 - 오스본(D. Osborne)과 게블러(T. Gaebler) - 기업가적 정부

해설 후기행태주의는 행태주의와 반대 경향을 주장하는 입장으로서, 후기행태주의자인 이스턴(D. Easton)은 그 경향성이 가치지향적·실천적 연구를 강조한다고 하였다. 가치중립적·과학적 연구는 행태주의가 강조한다.

17 전자정부에 관한 설명으로 옳지 않은 것은?

① 전자정부의 기반 기술 패러다임은 유비쿼터스 컴퓨팅과 네트워크 기술에서 모바일 기술로, 다시 모바일 기술에서 인터넷 발전으로 진화하고 있다.

② 국민을 위해 언제 어디서나 한 번에 서비스가 제공되고 24시간 처리가 가능한 원스톱(one stop) 전자민원서비스를 제공한다.

③ 전자정부는 정부 내 공문서나 자료가 전자적으로 처리되어 종이 없는 행정을 구현한다.

④ 행정정보가 풍부한 정보 네트워크를 통해 국민과의 소통이 원활하게 되어 국민과 하나가 되는 정부를 구현하는 데 기여한다.

⑤ 전자정부는 정보공개를 촉진하며, 인터넷, 키오스크 등 다양한 매체를 활용하여 정부가 보유한 정보에 쉽게 접근할 수 있도록 하여 국민의 알 권리를 충족시키는 데 기여한다.

해설 전자정부의 기반 기술 패러다임은 인터넷에서 모바일 기술로, 다시 모바일 기술에서 유비쿼터스 컴퓨팅과 네트워크 기술로 진화하고 있다.

18 지식정보화 시대에 필요한 학습조직의 특징을 설명한 것으로 옳지 않은 것은?

① 학습조직은 자신과 다른 사람의 경험 및 시행착오를 통한 학습활동을 높게 평가한다.

② 학습조직은 불확실한 환경에서 조직 스스로 문제해결을 할 수 있도록 조직구성원에게 권한 강화와 학습기회를 제공한다.

③ 학습조직은 결정과 기획 등 핵심기능만 남기고 기타 집행사업기능을 각각 전문업체에 위탁경영하여 일을 수행하는 조직이다.

④ 학습조직은 변화를 위한 학습역량 함양을 통해 미래 행동의 기반을 구축한다.

⑤ 학습조직은 관계지향성과 집합적 행동을 장려한다.

해설 ③은 네트워크 조직에 대한 설명이다.

19 우리나라의 지방자치에 관한 설명으로 옳은 것은?

① 우리나라 지방자치단체의 기관구성 형태는 기관통합형이다.

② 기관위임사무는 국가가 사업비 일부를 보조하며, 지방의회의 통제를 받고 지방자치단체와 국가가 공동으로 책임진다.

③ 선결처분권은 지방자치단체장을 견제할 수 있는 지방의회의 강력한 권한이다.

④ 지방교부세는 지역 간 재정 불균형을 시정하기 위해 지방자치단체에 국세 일부를 이전하는 것으로 일정한 조건과 용도를 지정한다.

⑤ 우리나라 특별자치도에는 지방자치단체인 시와 군을 둘 수 없으며, 행정시장을 도지사가 임명한다.

해설 옳은 것은 ⑤이다.
① 우리나라 지방자치단체의 기관구성 형태는 기관분리형이다.
② 기관위임사무는 국가가 사업비 전부를 보조하며, 지방의회의 통제를 받지 않고, 국가가 단체장에게 위임한 사무이므로 지방자치단체는 책임이 없다.
③ 선결처분권은 지방자치단체장을 견제할 수 있는 지방의회의 권한이 아니라 지방의회를 견제하는 자치단체장의 권한이다.
④ 지방교부세는 지역 간 재정 불균형을 시정하기 위해 지방자치단체에 국세 일부를 이전하는 것으로, 조건과 용도가 붙지 않는 일반재원이다. 일정한 조건과 용도를 지정하는 재원은 특정재원이며, 국고보조금이 이에 해당한다.

20 다음 지문에서 설명하는 행정 이론은?

인간행위를 연구대상으로 정립했으며 행정연구에 과학주의를 도입하여 가치중립적인 객관적 분석을 가능하게 하였다. 그러나 이 이론은 과학적·계량적 연구방법론의 강조로 연구대상과 범위의 제한을 가져왔다는 비판을 받고 있다.

① 과학적 관리론
② 인간관계론
③ 행정체제이론
④ 신공공서비스론
⑤ 행정행태론

해설 행태주의에 대한 설명이다. 인간의 (표출된) 행태를 연구함으로써 사실 중심의 과학적 연구를 확립하고자 했던 것이 행태주의의 기본노선이다.

Answer

| 01. ⑤ | 02. ① | 03. ③ | 04. ② | 05. ② | 06. ④ | 07. ① | 08. ③ | 09. ③ | 10. ② |
| 11. ③ | 12. ② | 13. ⑤ | 14. ① | 15. ④ | 16. ④ | 17. ① | 18. ③ | 19. ⑤ | 20. ⑤ |

제2회 행정사 행정학개론

[2014. 6. 21. 실시]

01 다음에 해당하는 인사관리의 유형은?

> 최근 우리나라 공공부문에 도입된 제도로서 다양한 계층의 공직 진출을 확대하기 위한 방안으로 양성평등채용목표제, 장애인의무고용제, 지역인재추천채용제 등을 실시하고 있다.

① 실적주의제
② 대표관료제
③ 직업공무원제
④ 엽관주의제
⑤ 개방형 임용제

해설 제시문은 대표관료제의 개념과 정책수단에 해당한다. 대표관료제란 인종·종교·성별·직업·신분이나 계층·지역 등 여러 기준에 의하여 분류되는 모든 사회집단들이 한 나라의 인구 전체 안에서 차지하는 비율에 맞게 관료조직의 직위들을 차지해야 한다는 원리(사회적 구성비 = 공직 내 구성비)가 적용되는 관료제로서, 공직임용 시 소외계층에 대해 임용할당제를 적용하는 제도이다.

02 정책결정모형에 관한 설명으로 옳지 않은 것은?

① 합리모형에서는 의사결정자가 정책결정에 있어서 주관적이고 감정적인 요소를 배제하고 합리성에 근거하여 정책을 결정한다.
② 점증모형은 현재 정책에 대한 약간의 변화만을 고려해 정책을 결정하고 시간이 흐름에 따라 환류되는 정보를 분석하여 지속적으로 수정하는 것이다.
③ 쓰레기통모형은 쿠바 미사일 위기에 따른 미국 정부의 정책결정 과정을 설명하기 위해서 고안되었다.

④ 공공선택모형에서는 정부를 공공재의 생산자로, 시민들을 공공재의 소비자로 규정한다.
⑤ 앨리슨 모형은 정책결정 과정을 합리모형, 조직과정모형 및 관료정치모형 등으로 분류하고 있다.

해설 쿠바 미사일 위기에 따른 미국 정부의 정책결정 과정을 설명하기 위해서 고안된 모형은 앨리슨(Allison)의 모형이다.

03 행정에 있어서 가외성에 관한 설명으로 옳지 않은 것은?

① 중첩성이라고도 한다.
② 작고 효율적인 행정개혁을 저해할 수도 있다.
③ 조직의 실패 확률을 감소시켜 안정성을 높여 준다.
④ 환경의 불확실성이 커질수록 가외성의 필요성은 감소한다.
⑤ 환경에 대한 조직의 적응성을 높여 준다.

해설 환경의 불확실성이나 위기가 커질수록 가외성의 필요성은 증가한다. 가외성(redundancy)이란 행정의 불확실성에 대비하기 위하여 여유분, 중첩, 중복을 허용하는 것이기 때문이다.

04 우리나라 지방행정에 있어서 주민참여의 실태에 관한 설명으로 옳지 않은 것은?

① 지방자치단체의 예산편성 과정에서 주민참여의 제도화

② 지방행정 통제수단으로서 주민 옴부즈만에 대한 높은 자율성 보장

③ 주민의 이익이 잘 반영되는 직접적인 주민참여의 확대

④ 영주(永住)할 수 있는 체류자격 취득일 후 3년이 지난 외국인으로서 해당 지방자치단체의 외국인등록대장에 올라 있는 사람의 조례개폐청구 참여 허용

⑤ 간접적인 주민참여제도로서 행정부 내 도시계획위원회 활동

해설 지방행정 통제수단으로서 주민 옴부즈만에 대한 법적 규정(부패방지 및 국민권익위원회설치에 관한 법률 제32조)은 있으나, 자치단체에 소속되어 있고 의무기구가 아닌 임의기구로서 자율성이 높지 못하다. 따라서 틀린 것은 ②이다.

05 공무원에 대한 다면평가 방식의 장점과 유용성에 관한 설명으로 옳지 않은 것은?

① 조직구성원 간 원활한 커뮤니케이션을 통해 상호 이해의 폭을 넓힐 수 있다.

② 다면평가를 통해 능력과 성과 중심의 인사관리가 이루어질 경우, 개인의 행태변화에 긍정적인 영향을 미친다.

③ 개인평가에 있어서 다면평가를 통해 인사고과에 대한 객관성과 공정성을 높일 수 있다.

④ 평과결과는 구성원에 대한 보상과 개인별 역량개발 및 교육훈련 등에 활용될 수 있다.

⑤ 다면평가는 조직 내 구성원 간의 갈등 해소 및 신뢰성을 제고하고, 그 평과결과는 승진이나 전보, 성과급 지급 등에 활용해야 한다.

해설 ⑤ 다면평가는 조직 내 구성원 간의 갈등 해소 및 신뢰성을 제고하고, 그 평과결과는 승진이나 전보, 성과급 지급 등에 활용할 수 있다.

공무원 성과평가 등에 관한 지침(인사혁신처 예규)
2. 다면평가(영 제28조)
⑴ 다면평가를 실시하는 경우, 평가자 집단은 다면평가 대상 공무원의 실적·능력 등을 잘 아는 업무유관자로 구성하며, 소속 공무원의 인적 구성을 대표하도록 구성하여야 함 ※ 업무유관자 : 동일부서 근무자, 타부서 업무연관자 등을 의미
⑵ 다면평가 결과는 역량개발, 교육훈련, 승진, 전보, 성과급 지급 등에 활용 가능

06 내부적 행정통제에 해당하지 않는 것은?

① 의회 옴부즈만에 의한 통제
② 계층제 및 인사관리제도를 통한 통제
③ 감사원에 의한 통제
④ 청와대 및 국무총리실에 의한 통제
⑤ 중앙행정부처에 의한 통제

해설 의회 옴부즈만에 의한 통제는 외부통제에 해당한다.

07 공공행정에 관한 설명으로 옳지 않은 것은?

① 행정은 사회환경과 밀접한 관계를 갖고 있다.
② 행정국가는 정치행정일원론의 입장에서 설명할 수 있다.
③ 행정은 경영보다 엄격한 법적 규제를 받는다.
④ 행정에 있어서 의사결정은 가치체계와 밀접한 관계를 갖고 있다.
⑤ 국민의 권리를 제한하고 의무를 부과하는 것은 행정의 본질과 거리가 멀다.

해설 국민의 권리를 제한하고 의무를 부과하는 규제활동이 행정의 본질이며, 현실적으로 규제정책이 가장 많은 영역을 차지하고 있기도 하다.

08 공공조직 업무개선을 위해 정보통신기술을 활용한 리엔지니어링에 관한 설명으로 옳지 않은 것은?

① 조직 내 부서별 고도 분업화에 따른 폐단을 극복하기 위한 방안으로 등장하였다.
② 리엔지니어링의 궁극적인 목적은 성과 향상과 고객만족의 극대화에 있다.
③ 리엔지니어링에는 조직 및 인력감축이 필수적이다.
④ 리엔지니어링은 프로세스의 변화뿐만 아니라 조직구조나 문화 등 다양한 측면에서의 변화가 요구된다.
⑤ 공공서비스의 비분할성 및 비경합성 등과 같은 특징으로 인해 리엔지니어링 추진이 쉽지 않다.

해설 리엔지니어링(reengineering)은 조직이나 인력을 줄이는 것이 아니라, 복잡한 절차를 근본적으로 줄이는 절차의 재설계기법이다. 전통적 계층제조직의 고도 분업으로 인한 폐단을 줄이기 위해 조직의 이음매를 없애는 방안으로 등장하였다(Linden).

09 우리나라 지방자치제도에 관한 설명으로 옳은 것은?

① 시·도를 달리하는 시·군·구 간의 자치단체 조합의 설치는 지방의회 의결을 거쳐 시·도지사의 승인을 받아야 한다.

② 자치구가 아닌 행정구 읍·면·동의 명칭과 폐치·분할은 해당 지방의회의 의결로 결정한다.

③ 지방자치단체의 사무 중 단체위임사무는 지방자치단체의 장에게 위임하여 처리하는 사무이다.

④ 중앙행정기관장과 지방자치단체의 장이 의견을 달리하는 사무처리의 조정을 위해 안전행정부 소속하에 협의조정기구를 둘 수 있다.

⑤ 주민발안제에 있어 사용료의 부과, 행정기구 변경 및 공공시설 설치 반대 등의 사항은 주민에 의한 청구대상이 되지 않는다.

해설 ⑤의 주민발안제는 주민의 조례개폐청구제도를 의미한다. 주민조례발안에 관한 법률 제4조는 1) 법령을 위반하는 사항, 2) 지방세·사용료·수수료·부담금의 부과·징수 또는 감면에 관한 사항, 3) 행정기구를 설치하거나 변경하는 것에 관한 사항이나 공공시설의 설치를 반대하는 사항을 청구대상에서 제외한다고 규정하고 있다.
① 시·도를 달리하는 시·군·구 간의 자치단체 조합의 설치는 지방의회 의결을 거쳐 행정안전부장관의 승인을 받아야 한다.
② 동법 제7조 제1항에 따르면, 자치구가 아닌 행정구와 읍·면·동의 명칭과 폐치·분할은 행정안전부장관의 승인을 받아 그 지방자치단체의 조례로 정한다. 다만, 명칭과 구역의 변경은 그 지방자치단체의 조례로 정하고, 그 결과를 특별시장·광역시장·도지사에게 보고하여야 한다.
③ 지방자치단체의 사무 중 기관위임사무는 지방자치단체의 장에게 위임하여 처리하는 사무이다.
④ 중앙행정기관장과 지방자치단체의 장이 의견을 달리하는 사무처리의 조정을 위해 국무총리 소속하에 협의조정기구를 둔다(동법 제187조 제1항).

10 공공부문에서 성과관리 도구로서 균형성과표에 관한 설명으로 옳지 않은 것은?

① 거시적·장기적 측면의 조직문화 형성보다는 순익과 같은 미시적·단기적 목표와 계획 및 전략에 초점을 둔다.

② 성과평가에 구성원의 역량이나 고객의 신뢰를 포함시킬 것을 강조한다.

③ 과정과 결과 및 조직 내·외부적 관점 중 어느 하나보다는 통합적 균형을 추구한다.

④ 성과관리를 위해 조직을 유기적 시스템으로 간주하여 상하 또는 수평적 연계성을 강조하는 조직 전체적 시각에 관심을 둔다.

⑤ 기존의 성과관리와 마찬가지로 성과지표와 전략과의 연계를 그대로 받아들인다.

해설 균형성과표(BSC)의 핵심은 균형에 있다. 따라서 순익이나 매출과 같은 미시적·단기적 실적과 함께 거시적·장기적 측면의 목표나 전략, 조직문화 형성까지를 포함한 균형적 성과관리전략이다.

11 행정부 우위의 현대적 예산원칙에 해당되는 것을 모두 고른 것은?

> ㄱ. 사전승인의 원칙
> ㄴ. 예산관리수단 확보의 원칙
> ㄷ. 보고의 원칙
> ㄹ. 엄밀성의 원칙
> ㅁ. 사업계획의 원칙
> ㅂ. 한정성의 원칙
> ㅅ. 시기신축성의 원칙
> ㅇ. 책임의 원칙
> ㅈ. 명료성의 원칙

① ㄱ, ㄴ, ㄹ, ㅇ, ㅈ
② ㄱ, ㄷ, ㄹ, ㅁ, ㅇ
③ ㄴ, ㄷ, ㅁ, ㅅ, ㅇ
④ ㄴ, ㄷ, ㅁ, ㅂ, ㅈ
⑤ ㄷ, ㄹ, ㅁ, ㅂ, ㅅ

해설 ㄴ, ㄷ, ㅁ, ㅅ, ㅇ만 현대적 원칙에 해당한다.

12 우리나라 공공조직의 팀제에 관한 설명으로 옳지 않은 것은?

① 조직의 인력을 신축적으로 운영하고, 실무 차원에서 팀장 및 팀원의 권한을 향상시킨다.
② 조직구성원들의 신속한 의사결정을 저해시킨다.
③ 팀제를 통해 조직구성원의 참여를 제고시키고 개인적 의견반영이 용이하다.
④ 조직의 경직성을 탈피하고 팀 내 전문능력 및 기술을 활용하게 한다.
⑤ 종전 수직적 조직을 수평적 조직으로 전환해 전략적 업무를 수행하는 조직에 적합하다.

해설 팀제(team system)는 고위관료들의 권한을 축소하고 팀장에게 권한을 대폭 위임하므로 팀 중심의 신속한 의사결정에 기여하는 수평적 조직이다.

13 우리나라 지방교부세에 관한 설명으로 옳지 않은 것은?

① 지방교부세는 본질적으로 지방자치단체의 공유적 독립재원에 속한다.
② 보통교부세는 사용용도가 정해져 있지 않은 일반재원이다.
③ 지방자치단체 간 재정불균형의 조정은 가능하나 중앙정부와 지방자치단체 간 수평적 재정균형 기능은 미흡하다.
④ 지방자치단체들은 재정자립도 향상 차원에서 지방교부세의 증액을 위해 노력하고 있다.
⑤ 현행 제도상 보통교부세를 교부받지 않는 지방자치단체도 존재하고 있다.

해설 지방교부세는 자주재원이 아니라 중앙정부가 교부하는 의존재원이므로 지방교부세가 늘어날수록 재정자립도는 낮아진다. 재정자립도는 총세입 중에서 자주재원이 차지하는 비율을 말한다. 따라서 자치단체장들은 국세의 지방세화 등 자주재원의 확충을 원하며, 지방교부세의 증액을 위해 노력하고 있다고는 볼 수 없다.

14 정책평가의 목적에 관한 설명으로 옳지 않은 것은?

① 목표가 얼마나 잘 충족되었는지 파악할 수 있다.
② 정책 성공과 실패의 원인을 구체적으로 제시할 수 있다.
③ 정책 성공을 위한 원칙 발견과 향상된 연구를 위한 토대를 마련할 수 있다.
④ 목표달성을 위해 사용된 수단과 하위 목표들을 재확인할 수 있다.
⑤ 정책문제의 구조화와 정책담당자의 자율성을 확보하는 데 있다.

해설 정책문제의 구조화는 문제를 발견하는 단계, 즉 정책결정 이전 단계에서 수행하는 작업이다. 문제가 있어야 그다음 정책대안을 탐색·선택(정책결정단계)한 후 그 대안을 집행하고(정책집행단계), 집행이 종료된 후에야 정책이 의도된 대로 실현되었는지를 확인(정책평가단계)하게 될 것이다. 그러니 문제의 구조화와 정책평가는 너무 먼, 다른 단계에서 이루어지고 있다.

① ㄱ, ㄴ, ㄷ   ② ㄱ, ㄴ, ㄹ
③ ㄱ, ㄷ, ㅁ   ④ ㄴ, ㄹ, ㅁ
⑤ ㄷ, ㄹ, ㅁ

해설 ㄴ, ㄹ은 반대로 서술되었다.

15 공공조직에서 막스 베버가 제시한 관료제의 주요 특징에 해당되지 않는 것은?

① 업무의 분업구조 속에서 직무에 대한 권한과 관할범위의 규정
② 조직형태에 있어서 명확한 계서제적 구조
③ 권한 및 업무에 있어서 자의성과 개인적 선호가 배제된 문서화된 법규
④ 비개인성을 배제한 업무수행
⑤ 업무에 있어서 조직구성원의 전문화와 전임화

해설 베버의 관료제는 관료들이 업무수행을 함에 있어 개인적 감정이나 편견, 열정과 증오를 배제한 비개인화(비인격성, 몰가치성, 비정의성·impersonalism)을 추구한다. ④처럼 비개인성을 배제하는 것이 아니라 비개인성을 준수하여야 한다.

16 신공공관리론과 뉴거버넌스론의 특징이 옳게 연결된 것을 모두 고른 것은?

	구분	신공공관리론	뉴거버넌스론
ㄱ	인식론적 기초	신자유주의	공동체주의
ㄴ	관리가치	신뢰	결과
ㄷ	작동원리	경쟁	협력
ㄹ	관료역할	조정자	공공기업가
ㅁ	서비스	민영화, 민간위탁	시민 및 기업의 참여를 통한 공동공급

17 행정가치에 관한 설명으로 옳지 않은 것은?

① 합법성은 시민권의 신장과 자유권의 옹호가 중요했던 입법국가 시대의 주요 가치이다.
② 신공공관리론에서는 정치적 책임성과 법적 책임성 외에도 시장 책임성을 강조한다.
③ 효과성은 1960년대 발전행정의 사고가 지배적일 때 주된 가치판단 기준이었다.
④ 사회적 능률성은 민주성의 개념으로 이해되는데 신행정론에서 처음 주창된 가치이다.
⑤ 민원처리 과정을 온라인으로 공개함으로써 과정의 투명성을 확보할 수 있다.

해설 사회적 능률성은 민주성의 개념으로 이해되며, 1930년대 기능적 행정학에서 중시된 이념이다. 1970년대 신행정론에서 처음 주창된 가치는 형평성이다.

18 정책유형에 대한 설명으로 옳은 것은?

① 알몬드(Almond)와 파웰(Powell)은 정책을 구성정책, 추출정책, 재분배정책, 규제정책으로 유형화했다.
② 로위(Lowi)는 정책유형에 따라 정책을 둘러싼 이해당사자들 사이의 상호작용 양식이 달라진다고 주장한다.
③ 로위(Lowi)의 정책유형론은 정책유형들 간의 높은 상호배타성을 특징으로 한다.
④ 로위(Lowi)에 따르면 규제정책에서는 포크배럴(pork-barrel)이나 로그롤링(log-rolling) 현상이 빈번하게 발생한다.

⑤ 리플리(Ripley)와 프랭클린(Franklin)에 따르면 보호적 규제정책은 정책을 둘러싼 이해관계의 충돌 우려가 적어 참여자 사이의 갈등 발생 가능성이 낮다.

해설 ② 로위(Lowi)는 정책유형론(정책이 현상을 결정함)을 주장한 학자이므로 정책유형에 따라 정책을 둘러싼 이해당사자들 사이의 상호작용 양식이 달라진다고 주장한다.
① 알몬드(Almond)와 파웰(Powell)은 정책을 상징정책, 추출정책, 분배정책, 규제정책으로 유형화했었다.
③ 로위(Lowi)의 정책유형론은 정책유형들 간의 상호배타성이 낮아 각 유형에 중복적으로 속할 수 있는 정책사례가 있다는 비판을 받았다.
④ 포크배럴(pork-barrel)이나 로그롤링(log-rolling) 현상은 분배정책에서 빈번하게 발생했다.
⑤ 리플리(Ripley)와 프랭클린(Franklin)에 따르면 보호적 규제정책은 소비자나 일반 대중을 보호하기 위해 특정 집단을 규제하므로 규제집행조직과 피규제집단 간 갈등의 가능성이 높다.

19 고전적 조직이론에 입각하여 조직의 명령계통, 통솔의 범위, 기능배분, 권한과 책임의 한계 등을 주요 대상으로 하는 행정개혁의 접근방법은?

① 구조적 접근방법
② 과정적·기술적 접근방법
③ 종합적 접근방법
④ 인간관계론적 접근방법
⑤ 행태적 접근방법

해설 구조적 접근법 중 원리전략에 해당한다.

20 우리나라 정부회계의 장부 기장 방식 중 현금주의와 발생주의에 관한 설명으로 옳지 않은 것은?

① 전통적으로 지방정부의 일반회계는 현금주의를, 중앙정부 기업특별회계는 발생주의 회계방식을 적용하였다.
② 현금주의 회계방식은 경영성과 파악이 용이하며, 발생주의 회계방식은 절차와 운용이 간편하다.
③ 현금주의 회계방식은 이해와 통제가 용이하며, 발생주의 회계방식은 재정 건전성 확보가 용이하다.
④ 현금주의 회계방식은 일반행정 부분에 적용 가능하며, 발생주의 회계방식은 사업적 성격이 강한 회계 부분에 적용이 가능하다.
⑤ 현금주의 회계방식은 손해배상 비용이나 부채성 충당금 등에 대한 인식이 어렵지만, 발생주의 회계방식은 미지급비용과 미수수익을 각각 부채와 자산으로 인식한다.

해설 ②는 반대이다. 현금주의 회계방식은 절차와 운용이 간편하지만, 경영성과 파악이 곤란하다.
① 현재는 중앙정부와 지방정부의 모든 회계에 발생주의가 적용되고 있지만, 전통적으로 일반회계는 현금주의를, 기업특별회계는 발생주의 회계방식을 적용하여 왔으므로 맞는 설명이다.

Answer

01. ②	02. ③	03. ④	04. ②, ④	05. ⑤	06. ①	07. ⑤	08. ③	09. ⑤	10. ①
11. ③	12. ②	13. ④	14. ⑤	15. ④	16. ③	17. ④	18. ②	19. ①	20. ②

제3회 행정사 행정학개론

[2015. 6. 20. 실시]

01 옴부즈만(ombudsman)제도에 관한 설명으로 옳지 않은 것은?

① 문제해결을 위한 처리과정에 시간이 많이 걸린다.

② 행정권의 남용이나 부당행위로 국민의 권리가 침해되었을 때 구제하는 것을 목적으로 한다.

③ 일반적으로 시민의 고발에 의하여 활동을 개시하지만 자기직권으로 조사활동을 하기도 한다.

④ 우리나라의 국민권익위원회는 옴부즈만제도와 유사하다고 볼 수 있다.

⑤ 스웨덴에서 처음 시행된 이후 현재 유럽을 비롯한 많은 나라에서 활용되고 있는 행정통제 수단이다.

> **해설** 옴부즈만제도는 사법절차에 비하여 문제해결과정에서 시간과 비용을 절약할 수 있다는 점이 장점이다.

02 정책결정모형의 하나인 쓰레기통모형(garbage can model)에 관한 설명으로 옳지 않은 것은?

① 조직화된 무정부상태(organized anarchy)에서 이루어지는 의사결정을 설명한다.

② 코헨(M. Cohen), 마치(J. March), 올슨(J. Olson)이 정립한 모형이다.

③ 의사결정의 네 가지 요소인 정책문제, 해결방안, 참여자, 선택기회가 초기부터 서로 강한 상호작용을 통하여 나타나는 의사결정이다.

④ 고도로 불확실한 조직상황에서 이루어지는 의사결정과정을 기술하고 설명하는 모형이다.

⑤ 상하위 계층적 관계를 지니지 않은 참여자들에 의하여 의사결정이 이루어지는 경우에도 적용할 수 있다.

> **해설** 쓰레기통모형의 네 가지 요소는 독자적으로 흘러 다니다가 우연히 만나게 되면 의사결정이 이루어진다. 따라서 초기부터 서로 강한 상호작용을 통해 상승작용을 일으키는 것이 아니다. 이는 결정의 흐름에 인간의 계획이나 의도가 작용하지 못한다는 의미이다.

03 정책집행에서 상향적 접근방법에 관한 설명으로 옳지 않은 것은?

① 정책목표보다는 집행문제의 해결에 초점을 맞춘다.

② 의도하지 않았던 정책의 효과를 분석할 수 있다.

③ 정책집행과정에 대해 정확하게 이해하기 위해서 일선집행관료와 대상 집단의 행태를 고찰한다.

④ 선거직 공무원에 의한 정책결정과 책임이라는 민주주의의 기본가치를 충실하게 반영한다.

⑤ 일선집행관료들이 쉽게 느끼지 못하는 사회적, 경제적, 법적 요인들이 경시되기 쉽다.

해설 상향적 접근법은 정책결정과 정책집행을 구분하지 않으므로 선출직 공직자에 의한 정책의 책임확보라는 민주주의의 기본가치에 위배된다.

04 공공선택이론에 관하여 설명한 것은?

① 행정현상을 자연·사회·문화적 환경과 관련시켜 이해하며 집합적 행위나 제도를 거시적 수준에서 분석한다.

② 공공서비스의 효율적 공급을 위해 공공부문의 시장경제화를 추구하며 정치 및 행정현상에 경제학적 분석도구를 적용하여 설명한다.

③ 인간의 주관적 관념, 의식 및 동기의 의미를 이해하는 데에 초점을 맞추어 조직문제에 대한 폭넓은 사고방식과 준거의 틀을 정립한다.

④ 정책결정자가 대안들의 표면화된 가치를 비교할 수 없어 선택이 어려운 상황에서 행하는 의사결정 방법과 전략을 탐구한다.

⑤ 공공서비스 전달 및 공공문제 해결과정에서 정부와 민간부문 간의 협력적 네트워크를 적극 활용한다.

해설 ② 공공선택이론은 정치·행정적 문제(공공문제)를 경제학(합리적 선택이론)적 방법론을 적용하여 해법을 모색하는 것이다.

①은 생태론과 비교행정에 대한 설명이고, ③은 현상학에 대한 설명이며, ④는 정책딜레마모형에 대한 설명이고, ⑤는 거버넌스 또는 신공공서비스론에 대한 설명이다.

05 사회적 자본(Social Capital)에 관한 설명으로 옳은 것은?

① 귤릭(L. Gulick), 어윅(L. Urwick), 페이욜(H. Fayol) 등이 주장하였다.

② 가치중립적이며 과학적인 탐구를 강조한다.

③ 경제대공황(Great Depression)을 극복하기 위한 방법론을 제시하였다.

④ 사회구성원들 간의 신뢰와 협력을 중시한다.

⑤ 신행정학의 이론 형성에 영향을 끼쳤다.

해설 ④만 옳다.

① 이들은 모두 행정관리학파로서 1900년대 초반의 행정학 성립기에 등장한 고전적 이론가들이다.

② 행태주의에 대한 설명이다.

③ 케인즈이론에 기반을 두고 공공투자를 확대하였던 1930년대의 행정국가에 대한 설명이다.

⑤ 1960년 말 신행정학 이론형성에 영향을 끼친 직접적인 사건들은 너무나 많다(행태주의에 대한 반발, 인종차별 문제, 경제적 불황, 반전운동, 워터게이트 사건 등). 그러나 사회적 자본이 본격적으로 등장한 시점은 2000년 초반이다.

06 철의 삼각(iron triangle)모형에서 동맹을 형성하는 집단들을 모두 고른 것은?

> ㄱ. 언론매체
> ㄴ. 이익집단
> ㄷ. 정당
> ㄹ. 행정기관
> ㅁ. 의회 소관 위원회

① ㄱ, ㄴ, ㄷ ② ㄱ, ㄴ, ㅁ
③ ㄴ, ㄷ, ㄹ ④ ㄴ, ㄹ, ㅁ
⑤ ㄷ, ㄹ, ㅁ

해설 1970년대 미국식 정책협의체의 일종인 철의 삼각(하위정부)을 구성하는 집단은 특정 부처의 관료, 이익집단, 의회 소관 상임위원회의 위원들이다.

07 국가공무원법상에 규정된 직위해제 사유에 해당되지 않는 자는?

① 직무수행능력이 부족한 자
② 휴직 사유가 소멸된 후에도 직무에 복귀하지 않은 자
③ 근무성적이 극히 나쁜 자
④ 파면·해임에 해당하는 징계의결이 요구 중인 자
⑤ 정직에 해당하는 징계의결이 요구 중인 자

해설 ②는 직권면직 사유에 해당한다. 최근에는 금품비위, 성범죄 등으로 검찰, 감사원 등의 수사·조사기관으로부터 수사·조사를 받는 자로서 그 비위의 정도가 현저하여 정상적인 업무수행을 기대하기 어려운 경우에도 직위해제를 시킬 수 있다.

08 근무성적 평정 시 평정자의 평정기준이 일정치 않아 관대화 및 엄격화 경향이 불규칙하게 나타나는 오류는?

① 체계적 오류(systematic error)
② 연쇄효과로 인한 오류(halo effect error)
③ 선입견에 의한 오류(personal bias error)
④ 집중화 오류(central tendency error)
⑤ 총계적 오류(total error)

해설 총계적 오류에 대한 설명이다.

09 예산 관련 제도 중 현재 우리나라에서 채택하고 있지 않은 것은?

① 지방양여금
② 예산성과금
③ 지방교부세
④ 준예산
⑤ 주민참여예산

해설 지방양여금은 현재 폐지된 제도이다. 그 뿌리는 1951년에 실시된 지방분여세(1951년 임시지방분여세법 제정)에서 시작되었고, 그 후 지방재정교부금(1958년 지방재정교부금법 제정), 지방교부세(1961년 지방교부세법 제정), 지방양여금(1991)으로 변천하였다.
양여금제도는 국세의 일부 세원을 국가와 지방이 공동으로 이용함으로써 지방재원의 확충과 불균형 시정을 도모하는 제도이다. 일부 세액을 지방에 양여한다는 점에서 내국세 총액을 재원으로 하는 지방교부세와 다르고, 그 용도가 포괄적이라는 점에서 용도를 세밀히 한정하는 국고보조금과도 다르기 때문에 지방교부세와 국고보조금의 중간적 성격을 가지고 있다고 볼 수 있다.
도입 당시에는 지방도로사업에 한정해서 운용되었으나, 그 후 국가보조사업 성격의 농어촌개발사업, 수질오염방지사업, 청소년육성사업, 지역개발사업으로까지 확대됨으로써 당초의 취지가 몰각되자 2004년에 폐지되었다.

10 품목별예산제도에 관한 설명으로 옳지 않은 것은?

① 예산의 유용이나 남용을 방지하는 데 도움이 된다.

② 투입지향적 예산제도이다.

③ 정부사업의 우선순위 파악이 용이하다.

④ 기획지향적이라기보다는 통제지향적이다.

⑤ 의회의 예산심의가 용이하다.

해설 ③ 품목별예산제도는 지출의 대상·성질(목)에 따라 분류하기 때문에 사업·정책의 우선순위를 알 수 없다. 전형적인 투입 중심의 통제예산이다.
⑤는 조심할 필요가 있다. 예산심의가 가장 쉬운 분류 방식은 조직별 분류 – 기능별 분류의 순이며, 이에 따라 편성된 예산이 성과주의예산이다. 그러나 품목별예산도 다른 예산제도에 비하여 상대적으로 예산심의가 용이하다고는 할 수 있다.

11 국가재정법상 기금에 관한 설명으로 옳지 않은 것은?

① 기금관리주체는 지출계획의 주요 항목 지출금액의 범위 안에서 대통령령이 정하는 바에 따라 세부항목 지출금액을 변경할 수 있다.

② 정부는 주요 항목 단위로 마련된 기금운용계획안을 회계연도 개시 90일 전까지 국회에 제출하여야 한다.

③ 국회는 정부가 제출한 기금운용계획안의 주요 항목 지출금액을 증액하거나 새로운 과목을 설치하고자 하는 때에는 미리 정부의 동의를 얻어야 한다.

④ 정부는 기금이 여성과 남성에 미칠 영향을 미리 분석한 보고서를 작성하여야 한다.

⑤ 국가가 특정한 목적을 위하여 특정한 자금을 신축적으로 운용할 필요가 있을 때에 한하여 법률로써 설치한다.

해설 정부는 기금운용계획안을 회계연도 개시 120일 전까지 국회에 제출하여야 한다. 기금은 예산규정을 준용하고 있다는 점을 상기하자. 즉, 예산운용과정과 기금운용과정은 동일하다는 뜻이다.

12 전자정부법에 규정된 전자정부의 원칙으로 행정기관 등이 전자정부의 구현·운영 및 발전을 추진할 때 우선적으로 고려해야 할 사항으로 옳은 것은 모두 몇 개인가?

- 대민서비스의 전자화 및 국민편익의 증진
- 행정업무의 혁신 및 생산성·효율성의 향상
- 정보시스템의 안전성·신뢰성 확보
- 개인정보 및 사생활의 보호
- 행정정보의 공개 및 공동이용의 확대

① 1개　　　　② 2개

③ 3개　　　　④ 4개

⑤ 5개

해설 5개 모두 전자정부 운영원칙에 해당한다.

13 미국의 행정개혁과 관련하여 (　　) 안에 들어갈 것으로 알맞은 것은?

(　　　)에서 제안한 정부재창조의 기본 원칙은 관료적 문서주의(Red Tape) 제거, 고객우선주의, 성과산출을 위한 권한 위임, 기본 원칙으로의 복귀 등이다.

① 시장성 테스트(Market Testing)

② 넥스트 스텝(Next Steps)

③ 국정성과팀(National Performance Review)

④ 클리블랜드 위원회(Cleveland Committee)

⑤ 브라운로 위원회(Brownlow Commission)

해설 국정성과팀(NPR)은 클린턴 정부 시절 앨 고어(E. Gore) 부통령을 위원장으로 삼아 출범하였다.

14 매트릭스 조직에 관한 설명으로 옳지 않은 것은?

① 인력 활용의 측면에서 비용 부담이 크다.

② 신축성과 적응성이 요구되는 불안정하고 급변하는 조직 환경에 효과적인 조직이다.

③ 각 분야의 전문가들 간 수평적 의사소통을 통해 다양한 아이디어가 제시된다.

④ 매트릭스 조직의 사례로 대규모 기업의 사업부제 시스템 등을 들 수 있다.

⑤ 기능구조와 사업구조의 결합을 시도하는 조직이며, 행렬조직이라고도 한다.

해설 매트릭스(복합, 행렬) 조직은 사업구조와 기능구조를 화학적으로 결합한 조직이다. 그러므로 매트릭스 조직 내부에는 다양한 분야의 전문가들이 수평적·수직적으로 분포하고 있다. 이러한 내부 전문가들을 활용하면 외부에서 별도로 전문가를 채용할 필요가 없기 때문에 인력 활용 측면에서 비용 절감 효과가 있다.

15 정치행정일원론에 관한 설명으로 옳지 않은 것은?

① 경제대공황(Great Depression), 뉴딜정책 이후 정부의 적극적 역할이 강조된 시기에 발달되었다.

② 행정에 있어서 정책수립이라는 정치적·가치배분적 기능이 중요시된다.

③ 정치와 행정은 불가분의 관계에 있으므로 둘은 상호배타적이라기보다 서로 협조적 관계에 있다.

④ 디목(M. E. Dimock), 애플비(P. H. Appleby) 등에 의해 주장되었다.

⑤ 행정에 있어서 절약과 능률을 최고 가치로 추구한다.

해설 ⑤는 행정학 성립 초기 윌슨(W. Wilson), 화이트(H. D. White) 등이 주장한 정치행정이원론의 특징이다.

16 현행 우리나라 지방자치법상 지방의회의 권한에 관한 내용으로 옳지 않은 것은?

① 지방의회는 재적의원 3분의 2 이상의 출석과 출석의원 3분의 2 이상의 찬성으로 그 자치단체장을 불신임할 수 있다.

② 지방의회는 조례의 제정·개정 및 폐지, 기금의 설치·운용, 청원의 수리와 처리 등에 관한 사항을 의결한다.

③ 지방의회는 매년 1회 그 지방자치단체의 사무에 대하여 시·도에서는 14일의 범위에서, 시·군 및 자치구에서는 9일의 범위에서 감사를 실시한다.

④ 본회의나 위원회는 그 의결로 안건의 심의와 직접 관련된 서류의 제출을 해당 지방자치단체의 장에게 요구할 수 있다.

⑤ 지방자치단체의 장이나 관계 공무원은 지방의회나 그 위원회가 행정사무처리상황의 보고를 요구하면 출석·답변하여야 한다. 다만, 특별한 이유가 있으면 지방자치단체의 장은 관계 공무원에게 출석·답변하게 할 수 있다.

해설 우리나라는 기관대립형 구조를 택하고 있기 때문에 기관통합형에서 인정하는 의회의 단체장 불신임권과 단체장의 의회해산권은 인정하지 않는다.

17 자치경찰제도에 대한 설명으로 옳지 않은 것은?

① 지역 실정에 맞는 치안 행정을 펼칠 수 있다.

② 경찰업무의 통일성과 효율성을 높일 수 있다.

③ 제주자치경찰단은 주민의 생활안전 활동에 관한 사무를 수행한다.

④ 자치경찰 사무를 관장하기 위하여 광역자치단체에 시·도 자치경찰위원회를 둔다.

⑤ 현재 우리나라에서 전국적으로 시행하고 있다.

해설 ② 자치경찰제도는 지역의 특수성을 강조하는 제도이므로 경찰업무의 통일성과 효율성을 저해할 수 있다.
※ 참고 : 경찰업무의 통일성과 효율성을 높일 수 있는 것은 국가경찰제도이다.
③ 제주자치경찰단은 주민의 생활안전 활동에 관한 사무를 수행한다.
제주특별법 제88조 【자치경찰기구의 설치】 ① 제90조에 따른 자치경찰사무를 처리하기 위하여 「국가경찰과 자치경찰의 조직 및 운영에 관한 법률」 제18조에 따라 설치되는 제주특별자치도자치경찰위원회(이하 "자치경찰위원회"라 한다) 소속으로 자치경찰단을 둔다. 〈개정 2020. 12. 29.〉 ② 자치경찰단의 조직과 자치경찰공무원의 정원 등에 관한 사항은 도조례로 정한다.
국가경찰과 자치경찰의 조직 및 운영에 관한 법률 제4조 【경찰의 사무】 ① 경찰의 사무는 다음 각 호와 같이 구분한다.
1. 국가경찰사무 : 제3조에서 정한 경찰의 임무를 수행하기 위한 사무. 다만, 제2호의 자치경찰사무는 제외한다.
2. 자치경찰사무 : 제3조에서 정한 경찰의 임무 범위에서 관할 지역의 생활안전·교통·경비·수사 등에 관한 다음 각 목의 사무
④ 자치경찰 사무를 관장하기 위하여 광역자치단체에 시·도 자치경찰위원회를 둔다.
국가경찰과 자치경찰의 조직 및 운영에 관한 법률 제18조 【시·도 자치경찰위원회의 설치】 ① 자치경찰사무를 관장하게 하기 위하여 특별시장·광역시장·특별자치시장·도지사·특별자치도지사(이하 "시·도지사"라 한다) 소속으로 시·도자치경찰위원회를 둔다. 다만, 제13조 후단에 따라 시·도에 2개의 시·도경찰청을 두는 경우 시·도지사 소속으로 2개의 시·도자치경찰위원회를 둘 수 있다. 〈개정 2021. 3. 30.〉

18 공무원의 수가 업무량에 관계없이 일정 비율로 증가하는 현상을 무엇이라고 하는가?

① 피터의 원리(Peter principle)

② 과두제의 철칙(iron law of oligarchy)

③ 딜론의 원칙(Dillon's rule)

④ 파킨슨의 법칙(Parkinson's law)

⑤ 세이어의 법칙(Sayre's law)

해설 ④ 파킨슨의 법칙에 대한 설명이다.
① 무능력자의 승진 한계를 지적하는 것이다.
② 소수가 다수를 지배하는 현상을 말하는데, 이는 목표 전환을 초래하는 원인 중 하나다.
③ 지방정부는 주정부의 창조물이므로 주정부의 권한을 넘어설 수 없다는 딜론의 판결을 가리키는 것으로, 중앙집권화를 반영한다.
⑤ 공·사행정은 모든 중요하지 않은 점에 있어서만 같다는 세이어의 주장으로서 공사행정이원론, 정치행정일원론의 입장을 반영한다.

19 변혁적 리더십(Transformational Leadership)에 관한 설명으로 옳지 않은 것은?

① 변화를 지향하고 체제 개방적이다.

② 영감과 비전 제시, 공유에 의한 동기유발을 중시한다.

③ 지도자와 부하들 간의 합리적·타산적 교환관계를 중시한다.

④ 기계적 관료제 구조보다는 임시체제에 더 적합하다.

⑤ 리더의 카리스마, 구성원에 대한 지적 자극, 인간적인 관계 등이 어우러져 나타난다.

해설 ③은 전통적 리더십인 거래적 리더십의 특징이다. 변혁적 리더십은 능력과 보상을 합리적 교환관계로 보지 않고, 부하의 감성에 호소하는 현대적 리더십이다.

20 국고보조금에 관한 설명으로 옳지 않은 것은?

① 지방자치단체의 자율성을 약화시킨다.

② 용도가 정해져 있지 않은 일반재원이다.

③ 중앙정부와 지방정부 간의 수직적 재정조정제도이다.

④ 중앙정부가 재정 여건, 정책목표 등을 고려하여 지원 여부를 결정한다.

⑤ 국가 시책을 장려하기 위하여 지원하는 경우도 있다.

해설 ② 국고보조금은 용도가 정해진 특정재원이다.
③도 옳지 않은 지문이다. 수직적 재정조정제도는 재정운영의 효율성을 제고하기 위해 중앙정부가 자치단체에 재정을 교부하는 제도이다. 다만, 이 점은 지방교부세에도 일부 나타나는 특징이기 때문에 억지로 하나를 고른다면 ②를 선택하여야 할 것이다. 객관식은 상대적이기 때문이다. 이의제기가 있었다면 당연히 복수정답으로 처리되었을 문제이다.
① 자주재원이 아니라 의존재원이기 때문이다.
④ 국고보조금의 특징으로 옳으며, ⑤ 이것을 장려적 보조금이라고 한다.

Answer

01. ①	02. ③	03. ④	04. ②	05. ④	06. ④	07. ②	08. ⑤	09. ①	10. ③
11. ②	12. ⑤	13. ③	14. ①	15. ⑤	16. ①	17. ②	18. ④	19. ③	20. ②, ③

제4회 행정사 행정학개론

[2016. 6. 11. 실시]

01 공식적 수단에 의한 행정통제가 아닌 것은?

① 계층제에 의한 통제
② 입법부에 의한 통제
③ 공익가치에 의한 통제
④ 사법부에 의한 통제
⑤ 국무조정실에 의한 통제

해설 ③은 비공식적 통제방식이다. ①과 ⑤는 공식적 내부통제방식이고, ②와 ④는 공식적 외부통제방식이다.

02 허즈버그(Herzberg)가 제시한 동기요인이 아닌 것은?

① 성취감
② 책임감
③ 보수
④ 안정감
⑤ 승진

해설 ③은 위생(불만)요인이다.

03 정책유형 중 상징정책에 해당하는 것을 모두 고른 것은?

> ㄱ. 선거구의 통폐합
> ㄴ. 올림픽 등 국제행사의 유치 및 개최
> ㄷ. 국경일의 제정 및 준수
> ㄹ. 국공립학교를 통한 교육서비스 제공
> ㅁ. 조세 부과 및 징병

① ㄴ, ㄷ
② ㄷ, ㄹ
③ ㄱ, ㄴ, ㄹ
④ ㄱ, ㄷ, ㄹ
⑤ ㄴ, ㄷ, ㅁ

해설 ㄴ, ㄷ만 상징정책에 해당한다. ㄱ은 구성정책이고, ㄹ은 분배정책이며, ㅁ은 추출정책이다.

04 예산집행의 신축성을 유지하기 위한 제도적 장치가 아닌 것은?

① 총액계상제도
② 예산의 이용과 이체
③ 예산의 전용
④ 예비비
⑤ 예산의 정기배정

해설 ⑤는 재정 통제장치다. 나머지는 모두 신축성 유지 장치에 해당한다.

05 우리나라 공직 혹은 공무원의 분류·관리에 관한 설명으로 옳은 것을 모두 고른 것은?

> ㄱ. 직위분류제를 근간으로 하면서 계급제적 요소를 부분적으로 도입하고 있다.
> ㄴ. 계급제는 사람의 특성에 따라, 직위분류제는 직무의 특성에 따라 공직을 분류한다.
> ㄷ. 계급제는 공무원의 신분보장과 직업공무원제 확립에 유리하며, 직위분류제는 인력활용의 융통성을 높여 준다.
> ㄹ. 고위공무원단에 소속된 공무원은 계급이 없는 대신 담당 직무의 등급에 따라 그 지위가 결정된다.
> ㅁ. 전문경력관은 일반직공무원이지만, 계급 구분과 직군·직렬 분류가 적용되지 않는다.

① ㄱ, ㄴ, ㄷ
② ㄴ, ㄷ, ㄹ
③ ㄴ, ㄷ, ㅁ
④ ㄴ, ㄹ, ㅁ
⑤ ㄷ, ㄹ, ㅁ

해설 ㄴ, ㄹ, ㅁ만 옳다.
ㄱ. 우리나라는 계급제를 기초로 직위분류제를 가미하고 있다.
ㄷ. 계급제는 신분보장과 직업공무원제 확립에는 유리하고, 직위분류제는 그 직무에 적합한 전문가를 특정 직무 영역에 묶어놓기 때문에 배치전환이 어려워 인력활용의 융통성이 떨어진다.

06 우리나라 주민소환제에 관한 설명으로 옳은 것은?

① 주민이 지방정부의 정책결정이나 행정과정에 직접 참여하여 지역의 주요 현안을 함께 협의·결정하는 제도이다.
② 주민소환투표결과의 확정은 주민소환투표권자 총수의 과반수 투표와 유효투표 총수 과반수의 찬성을 요한다.
③ 비례대표선거구 의원을 포함한 지방의회의원과 지방자치단체의 장이 그 대상이 된다.
④ 위법·부당행위, 정치적 무능력, 직무유기, 독단적인 행정운영 등 지방자치제의 폐단을 방지하는 데 목적이 있다.
⑤ 주민에게 손해를 입힌 경우, 관련 감사기관에 감사를 청구하여 그 시정을 요구하는 제도이다.

해설 ④가 옳다.
① 대표적으로 자치법 제14조의 주민투표제도가 있고, 기타 주민협의회 또는 주민공청회제도 등도 이와 관련된 제도이다.
② 주민소환투표결과의 확정은 투표권자 총수의 1/3 이상의 투표와 유효투표 총수 과반수의 찬성을 요한다.
③ 소환대상에서 비례대표의원은 제외된다.
⑤ 주민감사청구제도에 대한 설명이다.

07 과학적 관리론과 인간관계론에 관한 설명으로 옳지 않은 것은?

① 과학적 관리론은 비공식적 집단의 역할을 강조하지만, 인간관계론은 공식적 조직의 역할을 중시한다.
② 메이요(Mayo)의 호손(Hawthorne) 실험은 인간관계론의 형성에 영향을 주었다.
③ 인간관계론은 작업환경이나 물리적 조건보다 조직구성원들의 사회심리적 요인을 중시한다.
④ 과학적 관리론과 인간관계론은 생산성 향상을 추구한다는 점에서 유사하다.
⑤ 과학적 관리론은 과업목표의 달성을 위해 체계적인 관리와 통제를 중시하는 관료제 조직에 적합하다.

해설 반대로 서술되었다.

08 다음은 무엇에 관한 설명인가?

> 정부가 민간부문과 계약을 통해 공공서비스를 제공하는 방법이다. 이 경우 정부는 공공서비스의 공급결정자가 되고, 민간부문은 그 서비스의 생산·공급자가 된다.

① 성과관리   ② 품질관리
③ 민간위탁   ④ 책임경영
⑤ 자조활동

해설 제시문은 민간위탁(계약) 방식에 대한 설명이다.

09 공무원의 강등과 강임에 관한 설명으로 옳은 것은?

① 강등은 직위가 폐직되거나 하위의 직위로 변경되어 과원이 된 경우에 이루어진다.
② 강임은 결원을 보충하는 방법의 하나이다.
③ 강등된 공무원은 상위 직급에 결원이 생기면 우선승진의 대상이 된다.
④ 공무원 본인이 동의하지 않으면 강등할 수 없다.
⑤ 징계의 수단으로 강임이 제도적으로 인정되고 있다.

해설 ② 강임은 결원을 보충하는 수직적 임용방식으로서 징계의 수단이 아니다. 반면, 강등은 징계의 수단이다. ①, ③, ④는 모두 강임에 대한 설명이고 ⑤는 강등에 대한 설명이다.

10 우리나라 예산심의에 관한 설명으로 옳지 않은 것은?

① 국회는 국가의 예산안을 심의·확정한다.
② 국회는 정부예산에 대한 통제권을 가지므로 정부의 동의 없이 지출예산 각 항의 금액을 증가할 수 있다.
③ 국회는 회계연도 개시 30일 전까지 예산안을 의결하여야 한다.
④ 국회는 정부의 동의 없이 새로운 비목을 설치할 수 없다.
⑤ 국회에 제출된 예산안은 소관상임위원회의 예비심사를 거친다.

해설 국회는 정부가 제출한 예산안을 증액하거나 새로운 비목을 설치하려면 정부의 동의를 얻어야 한다.

11 행정학의 주요이론과 접근방법에 관한 설명으로 옳은 것은?

① 생태론적 접근방법은 행정의 가치지향성과 기술성을 중시하며, 시장원리에 입각한 공공관리에 초점을 둔다.
② 행태론적 접근방법은 행정현상을 자연·사회·문화적 환경과 관련시켜 설명한다.
③ 신행정론은 고객 중심의 행정, 사회적 형평성 등을 강조한다.
④ 체제론적 접근방법은 행정과 환경의 상호작용을 중시하고, 선진국보다 개발도상국의 행정현상을 설명하는 데 유용하다.
⑤ 신공공관리론은 상호 신뢰에 기반한 조정과 협조를 강조하지만, 뉴거버넌스론(New Governance)은 상호 경쟁의 원리를 중시한다.

해설 옳은 것은 ③이다.
① 생태론은 사실 중심의 객관주의이론이므로 과학성을 지향한다. 또한 시장원리에 입각한 공공관리는 신공공관리론의 특징이다.
② 행정현상을 자연·사회·문화적 환경과 관련시켜서 설명하는 것은 생태론 및 비교행정의 특징이다.
④ 체제이론은 균형과 안정을 중시하기 때문에 개발도상국의 역동적인 사회현상을 설명하는 데는 적합하지 않다는 비판을 받는다.
⑤ 반대로 서술되었다.

12 우리나라 지방재정조정제도에 관한 설명으로 옳지 않은 것은?

① 지역 간 재정적 불균형을 시정하는 기능을 한다.
② 거주지역에 관계없이 국민에게 보장해야 하는 최소한의 공공서비스를 제공하기 위한 재원을 확충하는 데 도움을 준다.
③ 국가적으로 추진하는 사업을 장려하거나 촉진하는 기능을 수행한다.
④ 긍정적 외부효과가 큰 지방공공재의 공급을 지원하는 기능이 있다.
⑤ 지방행정 수행에 필요한 재정수요를 충족시켜 지방재정자립도 향상에 기여한다.

해설 지방재정조정제도는 국가 또는 상급자치단체가 자치단체 또는 하급자치단체에 재정을 지원하여 재정운영의 효율성과 형평성을 실현하고자 하는 제도이다. 이를 위해 국가가 지원하는 국고보조금 · 지방교부세제도가 있고, 자치단체 간에 지원하는 조정교부금제도가 있다. 이들 재원은 자주재원이 아니므로 재정자립도 향상에는 기여할 수 없다.

13 정책집행에서 대상 집단의 불응을 야기하는 원인이 아닌 것은?

① 불명확한 의사전달
② 자원의 부족
③ 정책에 대한 불신
④ 정부의 권위 및 정통성에 대한 부정
⑤ 형사처벌 등 제재의 사용

해설 ⑤는 정책순응의 원인이다. 정책불응이란 정책결정자의 의도 · 정책내용에 대해 집행자나 대상 집단이 규정에 일치하지 않는 행동을 하는 것을 말한다. 쿰스(F. S. Coombs)는 불응의 원인을 의사전달, 자원, 정책, 행동, 권위의 문제에서 찾는다.

14 행정이 추구하는 가치 중 본질적 가치에 해당하는 것은?

① 능률성
② 형평성
③ 합법성
④ 합리성
⑤ 효과성

해설 ②만 본질적 가치이다. 정의, 평등, 자유, 복지 등이 이에 속한다.

15 조직의 기본변수 중 공식화(formalization)에 관한 설명으로 옳지 않은 것은?

① 공식화는 조직 내에 규칙, 절차, 지시 및 의사전달이 명문화된 정도를 의미한다.
② 공식화 수준이 높은 경우, 조직구성원들의 행동이 정형화되어 그들에 대한 통제가 어려워진다.
③ 공식화를 통해 업무처리상 혼란을 방지할 수 있다.
④ 조직환경이 안정적이고 조직규모가 클수록 공식화 수준이 높다.
⑤ 공식화 수준이 너무 높으면, 업무처리에 있어서 조직구성원의 자율성과 창의성이 저해되기도 한다.

해설 공식화 정도가 높을수록 구성원의 행동은 정형화되어서 그들의 행동을 통제하기가 쉬워진다.

16 정치행정일원론과 정치행정이원론에 관한 설명으로 옳은 것은?

① 정치행정이원론은 행정의 정치적 기능을 강조한다.

② 과학적 관리론은 정치행정일원론의 발전에 기여하였다.

③ 정치행정일원론은 정치와 행정을 엄격히 구분한다.

④ 정치행정이원론은 엽관주의의 폐해를 극복하기 위하여 대두되었다.

⑤ 윌슨(Wilson)은 정치행정일원론의 입장을 견지하였다.

해설 옳은 것은 ④이다.
① 정치행정일원론의 특징이고, ② 과학적 관리론은 정치행정이원론에 기여하였다. ③ 정치행정이원론의 특징이며, ⑤ 윌슨은 정치행정이원론을 견지하였다.

17 우리나라 제도에 관한 다음 설명 중 옳은 것을 모두 고른 것은?

> ㄱ. 법률안은 국회의원과 정부가 제출할 수 있지만, 예산안은 정부만 제출할 수 있다.
> ㄴ. 대통령은 국회가 의결한 예산에 대해 재의를 요구할 수 없다.
> ㄷ. 법률안과 예산안은 국회에서 의결된 후 공포 절차를 거쳐야 효력이 발생한다.
> ㄹ. 국회는 정부예산안에 대한 심의거부권을 가지고 있다.

① ㄱ, ㄴ ② ㄱ, ㄷ
③ ㄴ, ㄷ ④ ㄴ, ㄹ
⑤ ㄷ, ㄹ

해설 옳은 것은 ㄱ, ㄴ이다.
ㄷ. 법률안은 공포하여야 효력이 발생하지만, 예산안은 국회의결로 성립한다.
ㄹ. 재정통제는 국회의 본질적 의무 중 하나이다. 그러므로 헌법에서도 예산은 회계연도 개시 30일 전까지 성립하여야 한다고 규정하여 국회의 심사의결 의무를 부과하고 있다.

18 정부 3.0에 관한 설명으로 옳지 않은 것은?

① 2010년 이명박 정부에서 처음 실시되었다.

② 정부와 국민 간의 양방향 소통을 중시하며, 국민에게 맞춤형 서비스 제공을 목적으로 한다.

③ 인터넷, 스마트기기, 빅데이터 등 정보통신기술을 적극 활용한다.

④ 투명한 정부, 유능한 정부, 서비스 정부를 목표로 한다.

⑤ 개방, 공유, 소통, 협력을 핵심가치로 한다.

해설 정부 3.0은 박근혜 정부의 전자정부 운영 비전이다. 정부 3.0이란 정부가 보유한 공공정보를 적극적으로 개방하여 국민과 공유하고, 정부 부처 간 소통을 가로막던 칸막이를 걷어내어 서로 협력함으로써 국민맞춤형 서비스를 제공하고, 일자리 창출과 창조경제를 지원하는 새로운 정부운영 패러다임을 말한다.

19 우리나라 지방자치제의 특징이나 내용에 관한 설명으로 옳지 않은 것은?

① 지방자치단체의 장이 법령에 따라 그 의무에 속하는 국가위임사무나 시·도위임사무의 관리와 집행을 명백히 게을리하고 있다고 인정되면 시·도에 대해서는 주무부장관이, 시·군 및 자치구에 대해서는 시·도지사가 기간을 정하여 서면으로 이행할 사항을 명령할 수 있다.

② 주무부장관이나 시·도지사는 해당 지방자치단체의 장이 제1항의 기간에 이행명령을 이행하지 아니하면 그 지방자치단체의 비용부담으로 대집행 또는 행정상·재정상 필요한 조치를 할 수 있다. 이 경우 행정대집행에 관하여는 「행정대집행법」을 준용한다.

③ 지방자치단체의 사무에 관한 지방자치단체의 장의 명령이나 처분이 법령에 위반되거나 현저히 부당하여 공익을 해친다고 인정되면 시·도에 대해서는 주무부장관이, 시·군 및 자치구에 대해서는 시·도지사가 기간을 정하여 서면으로 시정할 것을 명하고, 그 기간에 이행하지 아니하면 이를 취소하거나 정지할 수 있다.

④ 지방자치단체의 기관구성은 기본적으로 기관통합형을 채택하고 있다.

⑤ 기관위임사무는 주로 전국적 이해관계가 큰 사무들이 그 대상이 된다.

> 해설 ④ 우리나라 지방자치단체의 기관구성은 기본적으로 기관분리형을 채택하고 있다.
> ① 지방자치법 제189조【지방자치단체의 장에 대한 직무이행명령】① 지방자치단체의 장이 법령에 따라 그 의무에 속하는 국가위임사무나 시·도위임사무의 관리와 집행을 명백히 게을리하고 있다고 인정되면 시·도에 대해서는 주무부장관이, 시·군 및 자치구에 대해서는 시·도지사가 기간을 정하여 서면으로 이행할 사항을 명령할 수 있다.
> ② 주무부장관이나 시·도지사는 해당 지방자치단체의 장이 제1항의 기간에 이행명령을 이행하지 아니하면 그 지방자치단체의 비용부담으로 대집행 또는 행정상·재정상 필요한 조치를 할 수 있다. 이 경우 행정대집행에 관하여는 「행정대집행법」을 준용한다.
> ③ 지방자치법 제188조【위법·부당한 명령이나 처분의 시정】① 지방자치단체의 사무에 관한 지방자치단체의 장의 명령이나 처분이 법령에 위반되거나 현저히 부당하여 공익을 해친다고 인정되면 시·도에 대해서는 주무부장관이, 시·군 및 자치구에 대해서는 시·도지사가 기간을 정하여 서면으로 시정할 것을 명하고, 그 기간에 이행하지 아니하면 이를 취소하거나 정지할 수 있다.
> ⑤ 기관위임사무는 전국적 이해관계가 큰 사무가 대상이 된다.

20 점증주의 정책결정모형에 관한 설명으로 옳지 않은 것은?

① 정치적 다원주의 입장에서 이해관계자들의 타협과 조정을 통해 정책결정이 이루어진다.

② 경제적 합리성보다 정치적 합리성을 중요시한다.

③ 계속적·점진적인 방식으로 당면한 정책문제를 해결하고자 한다.

④ 정책의 정치적 실현가능성을 높여 주는 장점이 있다.

⑤ 정책결정자의 직관이나 판단력, 창의력 등 초합리적인 요소를 중시하는 규범적·처방적 모형이다.

> 해설 ⑤는 드로(Y. Dror)가 주장한 최적모형에 대한 설명이다. 나머지는 모두 점증모형의 특징으로 옳은 설명이다.

Answer

| 01. ③ | 02. ③ | 03. ① | 04. ⑤ | 05. ④ | 06. ④ | 07. ① | 08. ③ | 09. ② | 10. ② |
| 11. ③ | 12. ⑤ | 13. ⑤ | 14. ② | 15. ② | 16. ④ | 17. ① | 18. ① | 19. ④ | 20. ⑤ |

부록 제5회 행정사 행정학개론

[2017. 5. 27. 실시]

01 발전목표의 설정과 달성을 통해 국가발전을 추진하던 1960년대 발전 행정적 사고가 지배적일 때 부각되어 중요시되었던 행정가치는?

① 능률성
② 효과성
③ 합법성
④ 사회적 효율성
⑤ 법적 책임성

해설 발전행정은 절대적 빈곤문제를 해결하기 위하여 목표를 정해놓고 그 달성을 강조하기 때문에 목표달성도, 즉 효과성을 강조한다.

02 신행정학(New Public Administration)이 중요시하여 추구하였던 것은?

① 행정의 탈정치화
② 가치와 사실의 분리
③ 논리실증주의
④ 절약과 능률
⑤ 현실적합성

해설 1960년대 말 신행정학은 현실문제에 대한 해결책을 제시하지 못했던 행태주의에 대한 반발로 등장하였다. 행태주의의 현실적합성 없는 이론에 대한 반발이 신행정학의 핵심 테마이다. 행정이 현실적합성을 회복하기 위해서는 행정의 정치화, 가치와 사실의 통합, 반실증주의 방향으로 나아가야 한다고 주장하였다.
④의 절약과 능률은 고전행정학의 특징이다.

03 매트릭스 조직에 관한 설명으로 옳은 것은?

① 단일한 명령 및 보고체제를 갖고 있다.
② 하위조직 간 정보 흐름이 활성화된다.
③ 하위조직 간 할거주의가 발생할 경우 조정이 용이하다.
④ 불안정한 환경에 적절하게 대응하지 못한다.
⑤ 복잡한 의사결정을 하지 못한다.

해설 ② 매트릭스 조직은 기능구조가 전문성을 살릴 수 있으나 통합과 조정의 어려움이 있다는 문제, 사업구조가 전문요원의 통합적 활용은 가능하나 비용이 중복된다는 문제가 있어 양자의 장점을 채택하고 단점을 극복한 조직형태이다. 이는 잦은 대면접촉과 회의로 의사소통이 원활하고 하위조직 간 정보 흐름이 활성화되므로 예기치 못한 문제를 발견하고 새로운 해결책을 강구하는 데 기여한다.
① 기능구조와 사업구조가 결합되어 있으므로 이중적 명령권한체계를 갖고 있다.
③ 이질적인 조직구성원들로 인하여 하위조직 간 할거주의가 발생할 경우 조정이 어렵게 된다.
④ 조직의 환경이 복잡하고 불확실할 때 적합한 구조이다.
⑤ 다양한 경험을 가진 내부 전문가들로 구성된 조직이므로 복잡한 의사결정을 하는 데 유용하다.

04 조직구조에 관한 설명으로 옳지 않은 것은?

① 수평구조는 수직적 계층과 부서 간 경계를 실질적으로 제거하고 의사소통을 원활하게 만든 유기적 구조이다.

② 네트워크 조직은 높은 독자성을 지닌 조직 단위나 조직들 간에 협력적 연계장치로 구성된 조직으로 조직행위자 간 상호의존성과 관계성이 중요시된다.

③ 사업구조는 특정 산출물별로 운영되므로 고객만족도 제고 및 성과관리에 유리하다.

④ 기계적 구조는 조직의 외부환경이 안정적일 때 채택되며, 의사결정 집권화, 규칙과 절차 준수, 명확한 업무구분이 특징이다.

⑤ 학습조직은 시행착오나 실패를 두려워하여 철저한 사전 준비를 통해 시행착오나 실패의 제로(zero)를 추구한다.

해설 학습조직은 시행착오나 실패를 두려워하는 것이 아니라, 오히려 시행착오나 실패를 통하여 학습능력과 문제해결능력을 제고할 수 있다는 입장이다.

05 다음 대화에서 요구되는 과장의 리더십은?

> 국회 국정감사가 종료된 후 ○○부 ○○과의 국정감사 수감 결산 간담회가 열렸다. A과장이 다른 업무로 불참한 상황에서 직속 상급자인 A과장의 리더십에 대해 과원들의 의견이 표출되었다.
>
> B과원 : "과장님이 부하직원들을 좀 더 존중하고 배려하여 주시면 좋겠습니다. 일전에 제가 심한 몸살로 고생하며 근무했는데도 과장님이 한마디 위로도 안 하셔서 서운했습니다."
>
> C과원 : "일방적으로 지시만 하지 마시고 우리들이 창의성을 발휘하도록 지적인 자극을 주시면 좋을 텐데…"
>
> D과원 : "무엇보다도 과장님이 우리 과의 새로운 비전을 제시하고 우리가 그것을 공유하여 성취하도록 지도하시어 더욱 발전하였으면 합니다."

① 번스(Burns)와 바스(Bass)의 변혁적 리더십

② 블레이크(Blake)와 머튼(Mouton)의 관리망 이론 리더십

③ 피들러(Fiedler)의 상황적응적 리더십

④ 허쉬(Hersey)와 블랜차드(Blanchard)의 삼차원적 리더십

⑤ 유클(Yukl)의 다중연결모형 리더십

해설 제시된 내용은 변혁적 리더십에 대한 요구이다. B과원은 개별적 관심과 배려를 할 줄 아는 섬김의 리더십을, C과원은 형식적 관행을 타파하고 구성원에게 지적 도전의 계기를 부여하는 촉매적 리더십을, D과원은 미래에 대한 구상인 비전 제시를 잘하는 영감적 리더십을 요구하고 있다. 이러한 리더십을 포괄하는 것은 변혁적 리더십이다.

※ 변혁적 리더십(Bass)

- 카리스마적(위광적) 리더십 : 리더가 난관을 극복하고 현재 상태에 대한 각성을 확고하게 표명하여 수범을 보임으로써 부하들에게 자긍심과 신념을 심어줌
- 영감적 리더십(Inspirational Leadership) : 리더가 부하로 하여금 도전적 목표와 임무, 비전(미래에 대한 구상)을 받아들이고 추구하도록 격려함
- 지적 자극 : 부하로 하여금 형식적 관행을 타파하고 창조적 사고와 학습의지, 새로운 관념을 촉발시키는 지적 자극을 부여함(촉매적 리더십)
- 개별적 배려 : 개인의 특성을 파악하여 이를 적합하게 고려하고 개인의 존재가치를 인정하며, 개개인의 특성에 따라 코치하고 충고함(섬김의 리더십, 서번트 리더십)

06 특별회계제도에 관한 설명으로 옳은 것은?

① 예산집행부서의 재량을 억제하여 책임성을 제고시킨다.
② 예산 단일의 원칙을 준수하는 데 유리하다.
③ 특별회계는 행정각부의 명령으로 설치할 수 있다.
④ 예산 통일의 원칙의 예외에 해당하는 제도이다.
⑤ 예산제도가 단순해지므로 국가재정의 통합적 관리에 유리하다.

해설 ④ 특별회계는 예산 통일성과 단일성 원칙의 예외이다. ① 특별회계는 예산집행부의 재량을 인정하여 재정운영의 효율성을 지향하며, ② 예산 단일의 원칙의 예외이며, ③ 특별회계는 법률로 설치하며, ⑤ 예산제도가 복잡해지므로 국가재정의 통합적 관리에 불리하다.
※ 특별회계의 장단점

장점	단점
• 기업적 성격의 사업 수지 명확화 : 경영성과 명확화 • 재량권의 인정으로 경영의 합리화 추구 • 행정기능의 전문·다양화에 부응	• 예산구조와 체계의 복잡화 • 일반회계와의 교류로 인한 중복발생으로 국가재정의 전체적인 관련성 불분명 • 고도의 자율성 인정으로 입법부의 예산통제·민주통제의 곤란 • 목적세와 함께 재정팽창의 원인이 됨

07 예산이 성립하지 않을 때 중앙정부가 사용하는 예산제도에 관한 설명으로 옳지 않은 것은?

① 우리나라는 1960년도 이후부터 준예산제도를 채택하고 있다.
② 우리나라는 회계연도 개시 30일 전까지 국회에서 예산안이 의결되지 못하는 경우 준예산을 사용할 수 있다.
③ 우리나라의 제1공화국 때는 가예산제도를 사용했다.
④ 영국, 캐나다, 일본 등은 잠정예산제도를 사용하고 있다.
⑤ 우리나라는 준예산제도를 실제 사용해 본 경험이 없다.

해설 준예산제도는 회계연도 개시일까지 예산이 성립하지 않은 경우에 사용할 수 있다.

08 다음에서 설명하는 예산원칙은?

국가재정법 제17조 ① 한 회계연도의 모든 수입을 세입으로 하고, 모든 지출을 세출로 한다. ② 제53조에 규정된 사항을 제외하고는 세입과 세출은 모두 예산에 계상하여야 한다.

① 예산 총계주의 원칙
② 예산 사전의결의 원칙
③ 예산 통일의 원칙
④ 예산 한정성의 원칙
⑤ 예산 공개의 원칙

해설 제시된 내용은 예산 완전성(포괄성) 원칙을 설명하고 있다. 이를 예산 총계주의라고도 한다.

09 정책평가의 절차 중 마지막 단계에서 이루어지는 것은?

① 자료의 수집 및 분석
② 인과모형의 설정
③ 대상 및 기준의 설정
④ 평가결과의 환류
⑤ 정책목표의 확인

> 해설 나크미아스(Nachmias, 1979)에 따르면, 정책평가는 ⑤ 정책목표의 확인 → ③ 대상 및 기준의 설정 → ② 인과모형의 설정 → ① 자료의 수집 및 분석 → ④ 평가결과의 환류의 순서로 진행된다.
>
> ※ 정책평가의 절차(Nachmias, 1979)

목표의 인식	당면목표 · 중간목표 · 궁극목표로 구분하여 파악하되, 평가자가 관련 당사자에게 목표와 관련되는 진술을 제시하고, 관련 당사자들은 이를 수정하여 다시 평가자에게 돌려보내는 과정을 계속하여 양자 간에 합의가 이루어질 때까지 되풀이하는 방법(델파이기법)을 통해 확인할 것
인과 모형의 구성	인과모형은 i) 연구대상이 되는 문제와 관련이 있는 변수들을 선정하고, ii) 변수들 간의 관계를 설명하고, iii) 변수관계의 성격에 관한 명제(가설)의 설정으로 이루어짐
조사 설계의 개발	조사설계는 자료의 수집 · 측정 · 분석 · 해석의 과정을 거쳐 모형을 구성하는 작업이며, 대표적으로 진실험과 준실험 설계가 있음
측정과 표준화	평가연구에서 정책영향과 영향(인과)모형의 변수들 간의 관계를 측정하는 것. 측정에서 가장 중요한 것은 목표 · 정책의 영향 · 정책변수들을 식별하여 조작하고, 계량적 분석이 가능하도록 측정하는 것
자료 수집	자료는 i) 면접, ii) 설문조사, iii) 관찰, iv) 각종 문헌과 정부자료 등을 통해 수집함
분석과 해석	사회학이나 정치학 분야는 상관관계분석을 주로 사용하지만, 정책평가에서는 변화 · 예측 · 인과성이 주요 관심사이므로 회귀분석이 효과적임

10 정책결정모형에 관한 설명으로 옳지 않은 것은?

① 에치오니(Etzioni)는 규범적이지만 비현실적인 합리모형과 현실적이지만 보수적인 점증모형을 절충한 모형을 제시하였다.
② 사이몬(Simon)은 결정자의 인지능력의 한계, 상황의 불확실성 및 시간의 제약 때문에 제한적 합리성하에서 결정이 이루어진다고 주장한다.
③ 합리모형에서 말하는 합리성은 정치적 합리성이다.
④ 쓰레기통모형에서 가정하는 상황은 불확실성과 혼란이 심한 상태이다.
⑤ 점증모형은 실제의 결정상황에 기초한 현실적이고 기술적인 모형이다.

> 해설 합리모형에서 말하는 합리성은 경제적 합리성, 완전한 합리성이다. 정치적 합리성은 점증모형의 특징이다.

11 콥과 로스(Cobb & Ross)가 제시한 정책의 제설정모형에 관한 내용으로 옳지 않은 것은?

① 외부주도형은 다원화되고 민주화된 선진국 정치체제에서 많이 나타나는 유형이다.

② 내부접근형은 고위 의사결정자 등에 의해 정부의제가 먼저 설정되고 정책순응을 확보하기 위해 다각적인 홍보 등을 거쳐 최종적으로 정책의제로 채택되는 유형이다.

③ 외부주도형은 정부 바깥에 있는 집단이 사회문제를 정부가 해결해줄 것을 요구하며 정부의제로 채택하도록 하는 유형이다.

④ 내부접근형은 국방, 외교 등 비밀 유지가 필요한 분야의 정책, 또는 강한 반대가 예상됨에도 불구하고 반드시 추진하려는 정책 등에서 찾아볼 수 있다.

⑤ 동원형은 정부의 힘이 강하고 민간부문이 취약한 후진국에서 많이 나타나는 유형이나, 선진국에서도 정치지도자가 특정한 사회문제해결을 주도하는 경우에 나타난다.

해설 ②는 동원형에 대한 설명이다. 내부접근형은 정부 PR(홍보)이 없다는 점에서 동원형과 다르며, 은밀하게 의제채택이 이루어지므로 음모형이라고도 불린다.

12 다음에서 설명하는 부패의 종류는?

> ㄱ. 부패행위로 규정될 수 있으나 사회구성원의 다수가 어느 정도 용인하는 관례화된 부패로서 사회체제에 심각한 파괴적 영향을 미치지 않는다.
>
> ㄴ. 금융위기가 심각함에도 불구하고 국민들의 동요나 기업 활동의 위축을 방지하기 위해 금융위기가 전혀 없다고 관련 공무원들이 거짓말을 하는 것과 같이 공무원이 사적인 이익을 취하기 위해서가 아니라, 경제안정 등과 같이 공익을 위한 목적으로 행한다.

① 백색부패 ② 일탈형 부패
③ 흑색부패 ④ 제도화된 부패
⑤ 회색부패

해설 제시문에서 설명하는 것은 백색부패이다. 이는 현재적·잠재적 위험성도 없기 때문에 구성원 대부분이 처벌을 바라지 않는 부패이지만, 특정 관료의 행위가 실질적으로 국민들에게 피해를 줄 수 있기 때문에 부패의 한 유형으로 분류된다.

※ 흑색·회색·백색부패

유형	현재적 위험성	잠재적 위험성	처벌 여부
흑색부패[1]	○	○	○
회색부패[2]	×	○	△
백색부패[3]	×	×	×

1) 사회체제에 명백하고 심각한 해를 끼치는 부패로, 구성원 모두가 인정하고 처벌을 원하는 부패
2) 사회체제에 파괴적인 영향을 미칠 수 있는 잠재성을 지닌 부패로서 사회구성원 가운데 일부 집단은 처벌을 원하지만 다른 일부 집단은 처벌을 원하지 않는 부패
3) 사회에 심각한 해가 없거나 관료사익을 추구하려는 기도가 없는 선의의 부패로서 구성원들이 어느 정도 용인할 수 있는 관례화된 부패(미풍양속형 부패, 외환위기는 없다는 식의 선의의 거짓말, 출퇴근카드 허위체크 등)

13 입법기관이 따로 조치를 취하지 않는 한 정부의 사업 또는 조직이 미리 정한 기간이 지나면 자동적으로 폐지 또는 폐기되도록 하는 제도는?

① 감축관리제　　　　② 일출제

③ 목표관리제　　　　④ 영기준예산제

⑤ 일몰제

해설 문제는 일몰법을 설명하고 있다. 일몰법은 1976년 미국 콜로라도주에서 처음 제정됐다. 이는 행정활동을 일정한 기간이 지난 후에 평가하여 일몰(sunset)에 이르렀다고 판단하면 활동을 중지하고, 다시 일출(sunrise) 시킬 필요가 있다고 판단되는 행정활동은 다시 법률로써 강제하려는 것으로, 의회가 행정부의 사업을 일정 기간이 지난 후에 그 존속 여부를 재검토하여 존재가치가 없는 사업은 자동적으로 폐기되도록 하는 입법이다.

14 다음에서 설명하는 피터스(Peters)의 거버넌스 정부개혁모형은?

> 정부관료제가 공공봉사 의지를 지닌 대규모의 헌신적인 구성원으로 구성되어 있다는 것을 전제하여, 정부의 내부규제가 제거되거나 축소되면 정부관료제가 훨씬 역동적이고 효율적으로 기능할 것이라고 가정한다.

① 시장모형(market model)

② 참여모형(participatory model)

③ 유연모형(flexible model)

④ 저통제모형(deregulation model)

⑤ 기업가적 모형(entrepreneurial model)

해설 제시문의 내용은 저통제(탈규제)모형에 대한 것이다.

※ G. Peters의 규제완화형(저통제) 정부운영 모형 (deregulated government model)

의의	정부축소와 통제라는 80년대 이후의 흐름과는 상반된 모형. 구조보다는 절차문제에 초점
가정	• 공공부문에 내재해 있는 잠재력을 통해 더 나은 정부활동이 가능하므로 많은 내부규제를 제거할 경우 정부는 보다 효율적으로 기능할 수 있음 • 시장모형처럼 내부통제의 제거를 통해 관리자들의 관리능력을 향상시킬 수 있음 • 참여모형처럼 재량이 규칙·규제보다 성과 측면에서 더 나은 결과를 가져옴
이념	중앙-지방 간 관계에서의 규제완화. 그러나 탈규제모형을 적용할 경우 어느 정도의 오류는 불가피함
구조	전통적인 계층제 구조에 좀 더 친화적
관리	• 전통적인 관리구조와 형태는 수용 가능한 것이며, 바람직한 것일 수도 있음. 여기서 관리자의 리더십은 시장모형에서 요구하는 기업가뿐만 아니라 참여모형에서 제시하는 민주적 지도자의 자격도 구비할 것을 요구 • 참여모형에서처럼 정부의 창조적인 힘이 발휘되기 위해서는 고위직 관리자와 그 외에 모든 계층의 관리자들이 참여하여야 함. 이 점은 구성원의 참여에 비중을 두지 않는 시장모형과 상반됨
정책결정	주로 의사결정 및 법 집행 '절차'에 관심이 많음. 특히 정책결정에서 관료조직에게 많은 분권이 이루어질 것을 주장
공익	공공부문의 책임성 확보 수단으로 전통적인 규제 대신에 다른 형태의 통제(예 촉매적 통제)로 대체 • 그래서 공공부문이 적극적이고 개입주의적일 때 공익이 더 잘 달성될 수 있음 • 집합적 행동은 문제라기보다는 해결책으로 보기 때문에, 사회의 문제는 집합적 방식으로 해결될 수 있고, 이를 위해 관료제가 신속하고 능률적인 행동을 통해 공헌할 것을 요구

15 우리나라 책임운영기관에 대한 설명으로 옳지 않은 것은?

① 경영의 자율성이 부여되는 대신 성과에 대한 책임이 요구된다.

② 우리나라 책임운영기관에는 국립중앙극장, 국립현대미술관, 경찰병원 등이 있다.

③ 책임운영기관의 회계는 특별회계로 하여 예산 운영상의 자율성을 보장하여야 한다.

④ 책임운영기관의 장은 공모를 통해 임기제공무원으로 임용된다.

⑤ 사업적·집행적 성격의 행정서비스 비율이 높은 사무에 적합하다.

해설 ③ 책임운영기관의 회계는 일반회계와 특별회계로 나뉜다. 책임운영기관의 설치·운영법 제27조에 따르면, 기관 운영에 필요한 재정수입의 전부 또는 일부를 자체적으로 확보할 수 있는 사무를 주로 하는 소속책임운영기관의 사업을 효율적으로 운영하기 위하여 책임운영기관특별회계를 두며, 책임운영기관특별회계기관을 제외한 소속책임운영기관은 일반회계로 운영한다.
④ 책임운영기관은 소속책임운영기관과 중앙책임운영기관으로 나뉘며, 기관장을 공모를 통해 임기제공무원으로 임용하는 것은 소속책임운영기관장이다. 중앙책임운영기관장은 정무직공무원으로 임용한다.

※ 관련 조문

• 제4조【책임운영기관의 설치·운영에 관한 법률】
① 책임운영기관은 그 사무가 다음 각 호의 기준 중 어느 하나에 맞는 경우에 대통령령으로 설치한다.
1. 기관의 주된 사무가 사업적·집행적 성질의 행정서비스를 제공하는 업무로서 성과 측정기준을 개발하여 성과를 측정할 수 있는 사무
2. 기관 운영에 필요한 재정수입의 전부 또는 일부를 자체적으로 확보할 수 있는 사무
• 제27조【특별회계의 설치 등】① 제4조 제1항 제2호의 사무를 주로 하는 소속책임운영기관의 사업을 효율적으로 운영하기 위하여 책임운영기관특별회계를 둔다.
③ 제2항에 따라 정하여진 소속책임운영기관(이하 "책임운영기관특별회계기관"이라 한다)을 제외한 소속책임운영기관은 일반회계로 운영하되, 대통령령으로 정하는 회계변경이 곤란한 특별한 사유가 있는 경우에는 다른 법률에 따라 설치된 특별회계로 운영할 수 있다. 이 경우 일반회계 또는 특별회계에 별도의 책임운영기관 항목을 설치하고 책임운영기관특별회계기관에 준하는 예산 운영상의 자율성을 보장하여야 한다.

16 행정학의 접근방법 중 포스트모더니즘의 특성이 아닌 것은?

① 상상(imagination)

② 탈영역화(deterritorialization)

③ 은유(metaphor)

④ 과학주의(scientism)

⑤ 해체(deconstruction)

해설 ④는 모더니즘의 특징이다. 모더니즘은 이성 중심의 계몽주의 사조가 빚어낸 산업사회의 다양한 병리적 징후들을 가리키는 것으로서 근본원리에 대한 절대적 믿음, 학문의 과학화에 대한 신봉, 이로 인한 물질주의와 획일화, 사람에 대한 즉자성 등이 그 징후들이다. 포스트모더니즘은 이러한 모더니즘을 부정하고 인간중심주의를 구현하자는 주장이다.

17 전자정부에 관한 설명으로 옳은 것을 모두 고른 것은?

ㄱ. 전자정부는 정보통신기술을 활용하여 효율적인 행정, 질 높은 대민서비스, 투명하고 민주적인 정부를 구현하는 실천적인 수단이다.

ㄴ. 우리나라 전자정부시스템에는 '정부민원포털(민원24)', '국가종합전자조달시스템(나라장터)', '전자통관시스템(UNI-PASS)' 등이 있다.

ㄷ. 스마트워크센터는 출장지 등 원격지에서 업무가 가능하도록 정보통신기술기반의 원격업무시스템을 갖춘 사무공간을 말한다.

ㄹ. 행정기관 등의 장은 원격지 간 업무수행을 할 때에는 온라인 영상회의를 우선적으로 활용하도록 노력하여야 한다.

① ㄱ, ㄴ   ② ㄷ, ㄹ

③ ㄱ, ㄴ, ㄷ   ④ ㄴ, ㄷ, ㄹ

⑤ ㄱ, ㄴ, ㄷ, ㄹ

해설 제시된 내용은 모두 옳다.

18 시장실패의 요인으로 옳지 않은 것은?

① 비용과 편익의 괴리
② 외부효과의 발생
③ 공공재의 존재
④ 소득의 불공정한 분배
⑤ 독과점의 출현

해설 비용과 편익의 괴리는 정부실패 요인이다. 공공재는 수혜자와 비용부담자가 다르기 때문에 비용에 둔감한 수혜자로 인하여 과다 재정지출을 초래함으로써 정부실패를 초래한다.

19 대표관료제(representative bureaucracy)에 관한 설명으로 옳은 것은?

① 대표관료제는 행정의 전문성과 생산성을 강화한다.
② 대표관료제의 발전은 행정의 형평성과 능률성을 제고한다.
③ 대표관료제는 공직사회 내부 구성원 상호 간 견제를 통하여 내적 통제를 강화한다.
④ 대표관료제의 관료들은 정책과정에서 자신이 속한 배경집단의 이익보다는 공익을 추구한다.
⑤ 집단보다는 개인에 역점을 두는 대표관료제는 자유주의와 부합한다.

해설 ③ 대표관료제는 행정의 복잡화·전문화로 인해 외부통제가 사실상 작동하기 어렵게 되었으므로 이를 내부통제로 전환하고자 한다.
① 대표관료제는 정치적·집단적 임용방식이고 능력에 따른 임용방식이 아니기 때문에 행정의 전문성과 생산성을 약화시킨다.
② 대표관료제의 발전은 사회적 약자에 대한 배려를 할 수 있으므로 행정의 형평성(특히 수직적 형평성)을 제고하는 데는 기여하지만, 능력에 따른 임용이 아니므로 능률성을 제고하지는 못한다.
④ 대표관료제의 관료들은 자기 출신계층의 이익을 대변한다는 취지로 운영하므로 공익보다는 정책과정에서 자신이 속한 배경집단의 이익을 추구한다.
⑤ 개인별 임용보다는 집단적 임용이므로 능력 있는 자를 역차별하는 결과를 초래함으로써 자유주의 원칙과 충돌한다.

20 직위분류제에 관한 설명으로 옳지 않은 것은?

① 동일한 직무에 대한 동일한 보수 지급의 원칙에 부합한다.
② 직무의 내용, 특성, 자격 등 객관적인 기준에 따라 합리적인 인사가 이루어질 수 있다.
③ 조직 내에서 부서 간 협조와 교류를 원활하게 하지 못하는 단점이 있다.
④ 장기적인 발전 가능성이나 잠재력을 중시하는 직업공무원제의 수립에 유용하다.
⑤ 동일 직렬에 장기간 근무를 원칙으로 하기 때문에 행정의 전문화에 기여한다.

해설 장기적인 발전 가능성이나 잠재력을 중시하는 직업공무원제의 수립에 유용한 것은 직위분류제가 아니라 계급제의 장점이다.

21 우리나라 경력직공무원에 해당하는 사람을 모두 고른 것은?

> ㄱ. 담당업무가 특수하여 자격, 신분보장, 복무 등에 있어서 개별 특별법이 우선 적용되는 공무원
> ㄴ. 비서관, 비서 등 보좌업무 등을 수행하는 공무원
> ㄷ. 기술, 연구 또는 행정 일반에 대한 업무에 종사하는 공무원
> ㄹ. 선거로 취임하는 공무원
> ㅁ. 국회의 동의를 거쳐 임명하는 등 주로 정치적 판단이나 정책결정을 필요로 하는 업무를 담당하는 공무원
> ㅂ. 실적과 자격에 따라 임용되고 그 신분이 보장되며 평생 동안(근무기간을 정하여 임용하는 공무원의 경우에는 그 기간 동안을 말한다) 공무원으로 근무할 것이 예정되는 공무원

① ㄱ, ㄴ, ㄹ　　② ㄱ, ㄷ, ㅂ
③ ㄴ, ㄷ, ㅁ　　④ ㄴ, ㄹ, ㅁ
⑤ ㄷ, ㅁ, ㅂ

해설 옳은 것은 ㄱ, ㄷ, ㅂ이다. 직업공무원제와 실적주의원칙을 획일적으로 적용할 것인가의 여부에 따라 경력직과 특수경력직으로 구분된다. 전자는 이를 획일적으로 적용하지만 후자는 이를 배제한다. 우리나라는 일반직과 특정직이 경력직으로, 정무직과 별정직이 특수경력직으로 운영되고 있다.
ㄱ. 담당업무가 특수하여 자격, 신분보장, 복무 등에 있어서 개별 특별법이 우선 적용되는 공무원은 특정직공무원이다.
ㄴ. 비서관, 비서 등 보좌업무 등을 수행하는 공무원은 별정직이다.
ㄷ. 기술, 연구 또는 행정 일반에 대한 업무에 종사하는 공무원은 일반직이다.
ㄹ. 선거로 취임하는 공무원은 정무직이다.
ㅁ. 국회의 동의를 거쳐 임명하는 등 주로 정치적 판단이나 정책결정을 필요로 하는 업무를 담당하는 공무원도 정무직이다.
ㅂ. 실적과 자격에 따라 임용되고 그 신분이 보장되며 평생 동안(근무기간을 정하여 임용하는 공무원의 경우에는 그 기간 동안을 말한다) 공무원으로 근무할 것이 예정되는 공무원은 경력직이다.

22 우리나라 지방자치단체의 자치입법권에 관한 설명으로 옳지 않은 것은?

① 지방자치단체는 법령의 범위 안에서 자치에 관한 규정을 제정할 수 있다.
② 지방자치단체는 지방자치단체의 장에게 위임하여 행하는 국가사무에 관하여 조례를 제정할 수 없다.
③ 지방자치단체는 법률의 구체적인 위임이 없더라도 조례를 위반한 행위에 대하여 벌금을 부과하는 조례를 제정할 수 있다.
④ 특별시·광역시·도·특별자치도는 해당 지역의 환경적 특수성을 고려하여 필요하다고 인정할 때에는 해당 시·도의 조례로 대통령령으로 정하는 환경기준보다 확대, 강화된 별도의 환경기준을 설정할 수 있다.
⑤ 교육감은 법령 또는 조례의 범위 안에서 그 권한에 속하는 사무에 관하여 교육규칙을 제정할 수 있다.

해설 ③ 지방자치법 제28조 제1항은 '지방자치단체는 법령의 범위 안에서 그 사무에 관하여 조례를 제정할 수 있다. 다만, 주민의 권리 제한 또는 의무 부과에 관한 사항이나 벌칙을 정할 때에는 법률의 위임이 있어야 한다'고 규정하고 있다. 벌칙규정은 법률의 위임이 없으면 할 수 없다. 또한 조례로 정하는 벌칙도 과태료 등 행정벌에 제한되므로 벌금형과 같은 형사벌은 조례로 규정할 수 없다.
※ 조례와 규칙

구분	조례	규칙
제정 주체	지방의회(자치단체)	단체장
규정 사무	자치사무 + 단체위임사무	자치사무 + 단체위임사무 + 기관위임사무
제정 범위	법령범위 內	법령 + 시·도 조례 규칙 범위 내
벌칙 규정 여부	○(법령의 위임)	×

④ 환경정책기본법 제12조(환경기준의 설정) 제3항에 따르면 '특별시·광역시·도·특별자치도(이하 "시·도"라 한다)는 해당 지역의 환경적 특수성을 고려하여 필요하다고 인정할 때에는 해당 시·도의 조례로 제1항에 따른 환경기준보다 확대·강화된 별도의 환경기준(이하 "지역환경기준"이라 한다)을 설정 또는 변경할 수 있다.'고 규정하고 있다.

23 지방공기업법상 지방직영기업에 관한 설명으로 옳은 것은?

① 지방자치단체는 지방직영기업을 설치·경영하려는 경우에는 그 설치·운영의 기본사항을 조례로 정하여야 한다.

② 지방자치단체가 새로운 법인을 설립하여 운영하는 간접경영방식이다.

③ 일반회계와는 별도로 예산의 심의·확정에 지방의회의 의결이 필요 없는 특별회계로 운영된다.

④ 지방공기업법의 적용을 받기 때문에 지방자치법의 적용을 받지 않는다.

⑤ 지방자치단체로부터 독립해 있기 때문에 지방자치단체장의 통제를 받지 않는다.

해설 ① 지방공기업법 제5조에서 '지방자치단체는 지방직영기업을 설치·경영하려는 경우에는 그 설치·운영의 기본사항을 조례로 정하여야 한다'고 규정하고 있다.
② 직영기업은 직접경영방식이고, 공사공단은 간접경영방식이다.
③ 지방자치단체는 제2조에 해당하는 사업마다 특별회계를 설치하여야 하고(법 제13조), 이는 예산이므로 지방의회의 의결을 받아야 한다(법 제26조).
④ 지방직영기업에 대하여는 지방공기업법에서 규정한 사항을 제외하고는 지방자치법, 지방재정법, 그 밖의 관계 법령을 적용한다(법 제6조).
⑤ 지방공기업법은 제2조에서 제48조까지 자세한 규정을 두고 지방직영기업의 운영에 관한 지방자치단체의 관리·감독권을 행사하도록 하고 있다.
※ 지방공기업법 관련 조문

- **제2조【적용 범위】** ① 이 법은 다음 각 호의 어느 하나에 해당하는 사업(그에 부대되는 사업을 포함한다. 이하 같다) 중 제5조에 따라 지방자치단체가 직접 설치·경영하는 사업으로서 대통령령으로 정하는 기준 이상의 사업(이하 "지방직영기업"이라 한다)과 제3장 및 제4장에 따라 설립된 지방공사와 지방공단이 경영하는 사업에 대하여 각각 적용한다.
  ② 지방자치단체는 다음 각 호의 어느 하나에 해당하는 사업 중 경상경비의 50퍼센트 이상을 경상수입으로 충당할 수 있는 사업을 지방직영기업, 지방공사 또는 지방공단이 경영하는 경우에는 조례로 정하는 바에 따라 이 법을 적용할 수 있다.

- **제5조【지방직영기업의 설치】** 지방자치단체는 지방직영기업을 설치·경영하려는 경우에는 그 설치·운영의 기본사항을 조례로 정하여야 한다.

- **제6조【지방자치법 등의 적용】** 지방직영기업에 대하여는 이 법에서 규정한 사항을 제외하고는 지방자치법, 지방재정법, 그 밖의 관계 법령을 적용한다.

- **제7조【관리자】** ① 지방자치단체는 지방직영기업의 업무를 관리·집행하게 하기 위하여 사업마다 관리자를 둔다. 다만, 조례로 정하는 바에 따라 성질이 같거나 유사한 둘 이상의 사업에 대하여는 관리자를 1명만 둘 수 있다.
  ② 관리자는 대통령령으로 정하는 바에 따라 해당 지방자치단체의 공무원으로서 지방직영기업의 경영에 관하여 지식과 경험이 풍부한 사람 중에서 지방자치단체의 장이 임명하며, 임기제로 할 수 있다.

- **제10조【관리자와 지방자치단체의 장과의 관계】** 지방자치단체의 장은 다음 각 호의 사항에 대하여 관리자를 지휘·감독한다.

- **제13조【특별회계】** 지방자치단체는 제2조에 해당하는 사업마다 특별회계를 설치하여야 한다. 다만, 제7조 제1항 단서에 따라 둘 이상의 사업에 대하여 관리자를 1명만 두는 경우에는 둘 이상의 사업에 대하여 하나의 특별회계를 둘 수 있다.

- **제26조【예산안의 제출】** ① 지방자치단체의 장은 지방직영기업의 관리자가 작성한 예산안을 조정하여 사업연도가 시작되기 전에 의회에 제출하여 의결을 받아야 한다.

- **제35조【결산】** ① 관리자는 매 사업연도의 말일을 기준으로 모든 장부를 마감하여 결산을 하여야 한다. ② 관리자는 매 사업연도가 끝난 후 2개월 이내에 지방직영기업의 결산서를 작성하여 이를 해당 연도의 사업보고서와 그 밖에 대통령령으로 정하는 서류와 함께 지방자치단체의 장에게 제출하여야 한다. ③ 지방자치단체의 장은 제2항에 따른 결산서 및 사업보고서와 그 밖의 서류에 공인회계사의 회계감사 보고서를 첨부하여 다음 연도 의회에 제출하여 승인을 받아야 한다.

- **제40조【중요 자산의 취득·처분】** ① 지방직영기업의 자산 중 대통령령으로 정하는 중요한 자산의 취득 및 처분은 예산에 계상하여 의회의 의결을 받아야 한다.

24 '기초자치단체가 처리하기 어려운 사무는 광역자치단체가 맡고 지방자치단체에서 처리하기 어려운 사무는 중앙정부의 사무로 처리해야 한다'와 관련된 사무배분 원칙은?

① 포괄성의 원칙

② 종합성의 원칙

③ 지역성의 원칙

④ 가외성의 원칙

⑤ 보충성의 원칙

해설 제시된 문제는 보충성의 원칙을 묻고 있다.
※ 보충성 원칙

소극적 보충성 원칙	기초자치단체가 할 수 있는 기능은 상급정부가 관여해서는 안 된다는 것. 즉, 주민생활과 밀접한 관련이 있는 사무는 원칙적으로 기초에, 기초가 처리하기 어려운 사무는 광역에, 광역도 처리하기 어려운 사무는 국가의 사무로 배분하여야 한다는 것
적극적 보충성 원칙	상급정부는 기초자치단체가 활동할 수 있는 조건을 갖출 수 있도록 지원해 주어야 한다는 것. 즉, 개인 및 지역 간의 과도한 격차를 줄이기 위해 상급 공동체는 필요한 최소 수준을 정하고, 이에 미달하는 개인 및 지역의 삶을 보장하여야 한다는 것

25 지방자치법상 명시된 주민직접참여제도로 바르게 묶인 것은?

① 주민투표, 주민감사, 주민발안

② 주민발안, 주민총회, 주민감사청구

③ 주민투표, 주민감사청구, 주민소환

④ 주민소송, 주민소환, 주민총회

⑤ 주민감사, 주민소송, 주민총회

해설 ①, ③ 지방자치법상 명시된 주민직접참여제도는 주민투표, 주민감사, 주민발안, 주민소환 등이다.
※ 주민총회 : 주민자치회 운영계획 등을 정하기 위해 주민자치회에서 실시하는 일종의 회의 → 지방자치법에 명시되어 있지 않다.

Answer

01. ②	02. ⑤	03. ②	04. ⑤	05. ①	06. ④	07. ②	08. ①	09. ④	10. ③
11. ②	12. ①	13. ⑤	14. ④	15. ③, ④	16. ④	17. ⑤	18. ①	19. ③	20. ④
21. ②	22. ③	23. ①	24. ⑤	25. ①, ③					

부록

제6회 행정사 행정학개론

[2018. 5. 26. 실시]

01 막스 베버(M. Weber)가 제시한 관료제에 관한 설명으로 옳지 않은 것은?

① 계층제의 원리를 근간으로 한다.

② 업무수행에 필요한 전문성을 강조한다.

③ 합법적 권위로부터 관료제의 정당성을 찾는다.

④ 개인성(personality)을 고려한 업무처리를 강조한다.

⑤ 규칙과 절차의 강조로 형식주의(Red Tape)와 같은 역기능이 초래된다.

해설 관료제는 업무처리 시 개인적 상황을 고려하지 않는 비개인성(비사인성), 비정의성을 특징으로 한다.

02 조직구조의 기본변수에 관한 설명으로 옳지 않은 것은?

① 복잡성은 조직을 구성하는 기구의 분화정도를 의미한다.

② 수평적 복잡성은 조직 내 수직적 계층의 수를 의미한다.

③ 업무수행의 규칙과 절차가 표준화될수록 조직구조의 공식성은 높아진다.

④ 공식화 정도가 높을수록 업무의 예측가능성이 높아진다.

⑤ 의사결정의 권한이 상위층에 집중된 경우 집권화된 조직이라고 한다.

해설 조직 내 수직적 계층의 수를 의미하는 것은 수직적 복잡성이다. 수평적 복잡성이란 업무의 분화(분업)에 해당하는 내용이다.

03 리더십 행동이론에 관한 설명으로 옳은 것은?

① 상황에 따라 리더십의 효과성이 달라진다는 시각에서 리더의 행동을 파악한다.

② 업무 특성과 리더십 스타일 사이의 관계에 초점을 둔다.

③ 리더로 적합한 사람을 선택하는 방법을 연구한다.

④ 리더의 자질을 가진 사람은 어떤 상황에서든 지도자가 될 수 있다고 주장한다.

⑤ 훈련에 의해 효과적인 리더를 양성할 수 있다고 주장한다.

해설 ⑤ 리더십 행동이론(행태론, 행동유형론)은 눈에 보이지 않는 속성(특성)보다는 리더가 실제 '어떤 행동(행위)을 하는가'에 초점을 맞춘 이론이다. 특성론은 리더십에 적합한 사람을 연구한 반면, 행태론은 어떤 사람이든 리더가 될 수 있고 리더십을 훈련시킬 수 있다고 가정했다. 그리고 리더의 행태(행동)적 특성이 조직성과(효과성)에 영향을 미친다고 보았다.
①, ② 상황론과 관련된 지문이다.
③, ④ 자질론에 해당하는 지문이다.

04 엽관주의에 관한 설명으로 옳지 않은 것은?

① 당파성이나 정치적 요인을 기준으로 공직임용이 이루어진다.
② 개인의 능력, 자격, 업적 등 실적 외의 요인에 의해 공직임용이 이루어진다는 점에서 정실주의와 유사하다.
③ 행정의 일관성, 계속성, 안정성을 저해할 수 있다.
④ 공직의 대규모 경질을 통해 공직에의 참여 기회를 확대한다.
⑤ 우리나라는 엽관주의적 성격의 공직임용을 허용하지 않고 있다.

해설 우리나라는 국무총리나 장차관급 등 주요 고위직에는 엽관주의적 인사가 이루어지고 있다.

05 동기부여 과정이론은?

① 브룸(V. Vroom)의 기대이론
② 매슬로우(A. Maslow)의 욕구 5단계론
③ 허즈버그(F. Herzberg)의 2요인 이론
④ 맥그리거(D. McGregor)의 XY이론
⑤ 맥클랜드(D. McClelland)의 성취동기이론

해설 브룸(V. Vroom)의 기대이론은 대표적인 과정이론에 해당한다. 나머지는 모두 내용이론에 해당하는 동기이론이다.

06 주안–대리인이론(Principal–Agent Theory)에 관한 설명으로 옳은 것을 모두 고른 것은?

> ㄱ. 주인과 대리인 간 정보의 대칭성을 가정한다.
> ㄴ. 주인과 대리인의 관계에 관한 경제학적 모형에 근거한 이론이다.
> ㄷ. 대리인의 도덕적 해이(moral hazard) 현상을 설명하는 데 유용하다.
> ㄹ. 주인과 대리인의 상충적 이해관계로 대리손실(agency loss)이 발생한다.

① ㄱ, ㄴ   ② ㄷ, ㄹ
③ ㄱ, ㄴ, ㄷ   ④ ㄱ, ㄷ, ㄹ
⑤ ㄴ, ㄷ, ㄹ

해설 ㄴ, ㄷ, ㄹ. 주인–대리인이론은 조직경제학에 속하는 경제학적 모형에 근거하고 있다. 주인과 대리인 사이에는 정보의 비대칭으로 인해 주인의 '역선택'과 대리인의 '도덕적 해이'가 발생하고 이를 최소화하자는 의미를 내포하고 있다. 주인과 대리인 모두 합리적이고 이기적인 인간임을 전제하므로 둘은 상충적 이해관계에 놓이게 된다고 가정하는 이론이다.
ㄱ. 주인과 대리인 간 '정보의 대칭성'이 아니라 '정보의 비대칭성'을 가정한다.

07 우리나라 국가공무원법상 임용에 관한 설명으로 옳은 것은?

① 강임은 징계처분에 의한 수직적 인사이동이다.

② 전직이란 직렬을 달리하는 임명을 말한다.

③ 실무 수습 중인 채용후보자는 형법에 따른 벌칙을 적용할 때 공무원으로 보지 않는다.

④ 개방형 직위는 해당 기관 내·외부의 공무원 중에서 직무수행 적격자를 선발·임용하는 제도이다.

⑤ 공모직위는 특정 직위에 결원이 발생하면 공직 내외를 불문하고 공개모집에 의해 적격자를 선발·임용하는 제도이다.

해설 ② 전직은 내부임용 중 수평적 이동에 해당하며, 직렬을 변경하는 것으로 전직시험을 치러야 한다는 특징이 있다.

① 강임은 수직적 인사이동이기는 하지만 징계에 해당하지 않는다. 강등은 징계에 해당하는 것으로, 항상 강임과 구별해서 개념을 파악하고 있어야 한다.

③ 실무 수습 중인 채용후보자는 형법에 따른 벌칙을 적용할 때 공무원으로 본다.

④ 개방형 직위가 아니라 공모직위가 해당 기관 내·외부의 공무원 중에서 직무수행 적격자를 선발·임용하는 제도이다.

⑤ 공모직위가 아니라 개방형 직위가 특정 직위에 결원이 발생하면 공직 내외를 불문하고 공개모집에 의해 적격자를 선발·임용하는 제도이다.

08 시장실패에 관한 설명으로 옳은 것은?

① 시장에서의 정보 비대칭성은 자원배분의 효율성과는 무관하다.

② 전기·수도와 같은 공공서비스 공급에 정부가 개입하는 이유는 해당 서비스가 비경합성과 비배제성을 지니고 있기 때문이다.

③ 긍정적 외부효과가 존재하는 시장의 경우 과소공급에 따른 비효율성이 초래된다.

④ 코우즈 정리(Coase Theorem)에서는 부정적 외부효과의 해결을 위한 정부의 규제정책을 강조한다.

⑤ 자연독점산업의 경우 경쟁의 촉진이 산업 전체의 생산비용 절감 측면에서 유리하다.

해설 ③ 긍정적 외부효과란 외부에 이익을 주는 효과로서 외부경제라고도 한다. 외부에 이익을 주고도 받는 이익이 없다면 그러한 행위는 점점 줄어들게(과소공급) 되어 비효율성이 초래된다는 것이다.

① 시장에서의 정보 비대칭성은 자원배분의 비효율성을 초래한다.

② 전기·수도는 요금재에 해당하는 것으로, 비경합성과 배제성을 특징으로 한다. 공공재에 정부가 개입하는 이유는 해당 서비스가 비경합성과 비배제성을 지니고 있기 때문이다.

④ 코우즈 정리(Coase Theorem)에서는 부정적 외부효과의 해결을 위한 정부의 규제정책이 아니라 소유권(재산권) 설정 역할을 강조한다.

⑤ 자연독점산업의 경우 경쟁이 제한되어 산업 전체의 생산비용 절감 측면에서 불리하다.

09 행정이 추구하는 가치에 관한 설명으로 옳은 것은?

① 효율성은 효과성의 필요충분조건이다.

② 형평성은 '최대 다수의 최대 행복'을 강조한다.

③ 윌슨(W. Wilson)의 정치행정이원론은 행정의 정책결정권한 및 적극성을 강조한다.

④ 롤스(J. Rawls)의 '정의론'은 사회적으로 최소의 혜택을 받는 사람들에게 차별적 이익을 제공하는 이론적 근거를 제공한다.

⑤ 현대 행정에서 적극적(실질적) 의미의 민주성은 의회의 결정에 대한 철저한 순응과 법치행정을 강조한다.

해설 ④ 롤스(J. Rawls)의 '정의론'은 최소극대화 원리(Maximin)를 강조하는바, 지문은 이를 설명하는 것이다.
① 효율성은 효과성에 필요한 조건일 뿐 충분조건은 아니다.
② 형평성은 재분배적 의미를 가진 가치로서 '최대 다수의 최대 행복'과는 거리가 멀다.
③ 윌슨(W. Wilson)의 정치행정이원론은 행정의 정책집행 역할에 중점을 두는 것으로, 정책결정권한 및 적극성과는 거리가 멀다.
⑤ 의회의 결정에 대한 철저한 순응과 법치행정을 강조하는 것은 소극적(형식적) 의미의 민주성에 해당한다.

10 성과평가(성과관리)에 관한 설명으로 옳지 않은 것은?

① 전략목표는 성과목표의 상위목표로 기능한다.

② 효과성은 산출(output)보다는 결과(outcome)에 초점을 둔다.

③ 성과평가 논리모형에서 영향(impact)은 프로그램이 의도한 재화와 서비스의 생산량을 의미한다.

④ 교육프로그램의 경우 산출의 질적 성과를 측정하기 위해 만족도와 같은 성과지표를 활용한다.

⑤ 미션과 비전은 구체적이고 경험적인 검증보다는 추상적이고 규범적인 평가차원에서 다루어진다.

해설 성과평가 논리모형에서 프로그램이 의도한 재화와 서비스의 생산량을 의미하는 것은 산출(output)이다. 영향(impact)은 그 산출이 가져오는 결과와 이후에 발생하는 장기적 효과이다.

11 행정(학)의 성격에 관한 설명으로 옳지 않은 것은?

① 행정에서 '가치의 권위적 배분'을 강조하는 것은 행정의 정치적 특성을 나타낸다.

② POSDCORB는 행정의 관리적 측면을 강조하는 것이다.

③ 행정학은 실증학문일 뿐만 아니라 가치지향적인 규범학문의 성격도 지닌다.

④ 행정 관료의 정책형성에 대한 영향력 증가는 대의민주제의 정치적 책무성(political accountability)을 강화시킨다.

⑤ 행정학은 학제간(interdisciplinary) 성격을 갖는다.

해설 행정 관료의 정책형성에 대한 영향력 증가는 대의민주제의 정치적 책무성(political accountability)을 약화시킨다. 행정부와 입법부의 관계에서 행정부의 영향력 증가는 입법부의 통제와 견제 기능에 한계를 초래하게 되어 정치적 책무성을 약화시키는 것이다.

12 우리나라 지방자치단체들 간의 공동사무를 협력 · 처리하는 방식이 아닌 것은?

① 광역도시계획 수립
② 행정협의회 구성
③ 지방자치단체조합 설립
④ 지방자치단체장 협의체 설립
⑤ 행정구(자치구가 아닌 구) 설치

해설 광역행정의 기본 구성자격은 지방자치단체들이다. 행정구는 자치단체가 아니므로 공동사무의 주체가 될 수 없다.

13 행정개혁(행정혁신)의 관점에 관한 설명으로 옳은 것은?

① 신공공관리론은 사회적 자본에 기초한 시민의 집단적 역량과 참여를 강조한다.
② 뉴거버넌스 참여주체인 시민사회는 상호의존적 종속관계에 기초한 자율적 교환을 특징으로 한다.
③ 신공공서비스론은 고객으로서의 주민보다는 공론의 장에 참여하는 시민으로서의 주민을 강조한다.
④ 신공공관리론은 현대사회의 난제(wicked problems) 해결을 위해 행정부서들 또는 기관들 사이의 협력을 강조한다.
⑤ 뉴거버넌스 이론은 정부실패가 아닌 시장실패를 바로잡기 위한 처방으로 간주된다.

해설 ③ 신공공서비스론의 핵심은 신공공관리를 비판한다는 점이다. 이를 바탕으로 신공공관리론과 대비되는 내용을 찾으면 쉽게 정답을 찾을 수 있다.
①, ④ 신공공관리론이 아니라 뉴거버넌스에 해당하는 지문이다.
② 뉴거버넌스 참여주체인 시민사회는 상호의존적이기는 하지만, 종속관계가 아니라 수평적 관계에 기초하여 자율적 교환을 특징으로 한다.
⑤ 뉴거버넌스 이론은 정부실패를 바로잡기 위한 처방으로 간주된다.

14 우리나라의 국민권익위원회에 관한 설명으로 옳지 않은 것은?

① 국무총리 소속으로 설치되어 있으며, 옴부즈만의 일종으로 간주되기도 한다.
② 권고, 의견 표명, 감사 의뢰 등을 할 수 있다.
③ 고충민원의 처리와 그에 관련된 불합리한 행정제도의 개선을 목적으로 한다.
④ 국민권익위원회는 소관 업무의 원활한 수행을 위하여 직속기관으로 시민고충처리위원회를 둔다.
⑤ 국민권익위원회는 중앙행정심판위원회의 운영에 관한 업무를 수행한다.

해설 시민고충처리위원회는 국민권익위원회의 직속기관이 아니라 지방자치단체에 두는 기관이다.

15 행정현상에 대한 접근방법의 설명으로 옳은 것은?

① 행태론적 접근방법은 행정현상에 관한 이론의 맥락성과 상대성을 강조한다.
② 체제론적 접근방법은 현상의 전체성보다는 구성부분 사이의 일방적 · 선형적 인과관계를 강조한다.

③ 사회학적 신제도주의는 제도가 국가나 조직의 경계를 넘어 유사한 형태로 수렴된다고 본다.

④ 전통적인 법적·제도적 접근방법은 제도가 일단 형성되면 일정한 경로를 유지하기 때문에 환경변화에 적응하지 못하는 점을 강조한다.

⑤ 합리적 선택 신제도주의에서는 제도를 개인의 합리적 선택의 일방적 결정요인으로 간주한다.

해설 ③ 사회학적 신제도주의는 제도가 국가나 조직의 경계를 넘어 유사한 형태로 수렴된다고 본다. 이를 '동형화'라고 한다.
① 행태론적 접근방법은 이론의 보편성을 강조한다.
② 체제론적 접근방법은 현상의 전체성을 강조한다.
④ 전통적인 법적·제도적 접근방법이 아니라 역사적 신제도주의에 해당하는 내용이다.
⑤ 합리적 선택 신제도주의에서는 제도를 개인과 제도와의 상호작용의 결과로 인식한다.

16 다음 가정을 기본전제로 하는 이론은?

- 한 국가는 수많은 지방정부들로 구성되어 있다.
- 각 지방정부는 주민들의 의사에 따라 지출과 조세에 대한 의사결정을 할 수 있다.
- 개인들은 비용을 들이지 않고 자유롭게 지역 간 이주가 가능하다.

---

① 발에 의한 투표(voting with feet)

② 딜론의 원칙(Dillon's rule)

③ 보충성의 원칙(subsidiary principle)

④ 쿨리 독트린(Cooley doctrine)

⑤ 파킨슨 법칙(Parkinson's law)

해설 ① 제시문은 발에 의한 투표, 즉 티부가설의 주요 가정 중 일부에 해당하는 내용이다.
② 딜론의 원칙(Dillon's rule)은 주정부의 지방정부에 대한 우위를 규정한 원칙이다.
③, ④ 보충성의 원칙(subsidiary principle)과 쿨리 독트린(cooley doctrine)은 지방자치의 중요성을 강조하는 원칙이다.
⑤ 파킨슨 법칙(Parkinson's law)은 공무원의 수가 본질적인 업무량과 관련이 없이 증가한다는 법칙이다.

17 우리나라의 지방재정조정제도에 관한 설명으로 옳은 것은?

① 대부분의 지방교부세는 '끈이 달린 돈(money with strings)'의 성격을 띤다.

② 많은 경우에 있어 지방교부세는 지방자치단체의 지방비 부담을 요구한다.

③ 조정교부금은 일단 교부되면 해당 지방자치단체의 일반재원처럼 활용된다.

④ 국고보조금은 지방자치단체의 자율성을 강화하기 위해 활용된다.

⑤ 2018년 현재 지방이양사업의 원활한 추진을 위해 운영되는 제도로는 분권교부세가 있다.

해설 ③ 조정교부금은 광역자치단체가 기초지방자치단체 교부하는 것으로 용도에는 제한이 없는 일반재원이다.
① 대부분의 지방교부세는 용도에 제한이 없는 일반재원이다. '끈이 달린 돈(money with strings)'이라는 것은 용도에 제한이 있다는 것으로, 국고보조금에 해당하는 특징이다.
② 지방교부세는 지방자치단체의 지방비 부담이 없다.
④ 국고보조금은 용도를 지정하여 교부하는 것이므로 지방자치단체의 자율성을 제한한다.
⑤ 2020년 현재는 분권교부세가 존재하지 않는다.

18 실체설의 관점에서 본 공익의 개념에 관한 설명으로 옳은 것은?

① 개인의 사익을 초월한 공익이 존재한다.

② 개인의 사익추구가 결과적으로 공동체의 선을 최대한 증대시킨다.

③ 공익은 사익의 총합이거나 사익 간의 타협 및 조정과정을 통해 얻어진다.

④ 공익은 민주적 정치체제 내의 개인과 집단 간 정치활동의 결과물이다.

⑤ 여러 사회집단의 대립과 협상과정에서 결과적으로 다수 이익에 일치되는 것이 공익으로 도출된다.

해설 ① 실체설에서는 공익을 사익을 초월한 별도의 실체로 파악한다.
② 개인의 사익추구를 강조하는 것은 과정설이다.
③, ④ 과정설에 해당한다.
⑤ 합의설에 해당하는 것으로, 과정설과 구별해야 한다.

19 전자정부의 주요 특징에 관한 설명으로 옳지 않은 것은?

① 시민이나 민간조직 등과의 네트워크를 통해 폭넓은 거버넌스를 구축한다.

② 수요자 중심보다는 공급자 중심의 행정서비스를 강조하는 열린 정부이다.

③ 정부의 정책과정에 대한 국민의 참여와 보편적 접근을 제고한다.

④ 행정업무 절차의 전산화가 항상 행정의 생산성을 보장해주는 것은 아니다.

⑤ 시민 개개인의 프라이버시를 존중하고 보호하기 위해 노력한다.

해설 전자정부는 정부실패에 대한 대안적 이론으로서, 공급자 중심보다는 수요자 중심의 행정서비스를 강조하는 열린 정부이다.

20 정책네트워크모형에 관한 설명으로 옳지 않은 것은?

① 자원의존성을 토대로 한 행위자들 간의 교환관계를 중시한다.

② 정책공동체는 이슈네트워크에 비해 개방적이고 유동적인 네트워크로서의 특징을 지닌다.

③ 단순하고 분명하게 정의된 하위정부의 경계와는 달리 이슈네트워크의 경계는 모호하다.

④ 하위정부 모형에서는 소수의 엘리트 행위자들이 특정 정책영역에서 정책결정을 지배하고 있다고 설명한다.

⑤ 이슈네트워크에서는 행위자들 간의 권력배분이 불평등하다.

해설 정책공동체는 전문가들의 집단으로서, 이슈네트워크에 비해 참여가 제한적이고 안정적이다. 이슈네트워크가 정책공동체에 비해 개방적이고 유동적인 네트워크로서의 특징을 지닌다.

21 정책유형에 관한 설명으로 옳은 것은?

① 리플리와 프랭클린(R. Ripley & G. Franklin)의 경쟁적 규제정책은 배분정책과 규제정책의 성격을 동시에 지니고 있다.

② 리플리와 프랭클린(R. Ripley & G. Franklin)의 보호적 규제정책은 소수를 보호하기 위해 다수를 규제하는 정책이다.

③ 로위(T. Lowi)가 주장하는 배분정책의 가장 큰 특징은 계급 대립의 성격을 지닌다는 것이다.

④ 로위(T. Lowi)의 재분배정책은 수혜자와 비용부담자 간의 갈등이 없다는 점이 특징이다.

⑤ 알몬드와 파우얼(G. Almond & B. Powell)은 정책을 배분, 규제, 재분배, 구성정책으로 분류하였다.

해설 ① 경쟁적 규제정책은 큰 이권을 누군가에게 주는 배분적 의미와 한편으로는 어떤 행위를 제한하려는 규제적 의미가 동시에 존재하는 이중적 정책에 해당한다.
② 리플리와 프랭클린(R. Ripley & G. Franklin)의 보호적 규제정책은 다수를 보호하기 위해 소수를 규제하는 정책이다.
③ 분배정책이 아니라 재분배정책이 계급 대립의 성격을 지닌다는 것이다.
④ 로위(T. Lowi)의 재분배정책은 수혜자와 비용부담자 간의 갈등이 크다.
⑤ 로위(T. Lowi)의 정책분류이다. 알몬드와 파우얼(G. Almond & B. Powell)은 정책을 배분, 규제, 추출, 상징정책으로 분류하였다.

22 경합성과 배제성을 기준으로 분류한 재화의 유형에 관한 설명으로 옳지 않은 것은?

① 공유재는 경합성과 비배제성을 지니고 있다.

② 유료재(toll goods)는 고속도로나 공원같이 배제원칙의 적용이 가능한 공공재를 포함한다.

③ 순수공공재의 공급은 정부가 담당하지만 그 비용은 수익자가 자신의 편익에 정비례하여 직접 부담한다.

④ 순수민간재는 경합성과 배제성을 동시에 지니고 있다.

⑤ 공공재의 존재는 시장실패를 초래할 수 있다.

해설 순수공공재의 비용은 불특정 다수가 부담하므로 수익의 의미도 불분명한 경우가 많다.

23 우리나라 국가재정법에서 총괄적으로 규정하고 있는 예산총칙의 사항을 모두 고른 것은?

> ㄱ. 계속비
> ㄴ. 세입세출예산
> ㄷ. 명시이월비
> ㄹ. 국고채무부담행위

① ㄱ, ㄴ   ② ㄱ, ㄹ
③ ㄴ, ㄷ   ④ ㄴ, ㄷ, ㄹ
⑤ ㄱ, ㄴ, ㄷ, ㄹ

해설 예산의 구성은 예산총칙, 세입세출예산, 계속비, 명시이월비, 국고채무부담행위로 이루어져 있고 예산총칙은 이 내용들에 관한 내용을 포함하고 있다.

24 정책평가 연구설계의 타당성에 관한 설명으로 옳은 것은?

① 내적 타당성은 정책변수의 효과에 대한 결론을 일반화시킬 수 있는 범위를 의미한다.

② 외적 타당성은 정책수단과 결과의 인과관계에 관한 추론의 정확성을 의미한다.

③ 통계적 결론의 타당성은 연구에 사용된 측정도구가 이론적 구성개념과 일치하는 정도를 의미한다.

④ 성숙요인은 내적 타당성을 저해할 수 있다.

⑤ 준실험이 진실험보다 내적 타당성과 외적 타당성이 더 높다.

해설 ④ 성숙요인은 내적 타당성을 저해하는 내재적 요인에 해당한다.
① 외적 타당성의 내용이다.
② 내적 타당성의 내용이다.
③ 구성적 타당성의 내용이다.
⑤ 준실험은 진실험보다 외적 타당성은 높지만 내적 타당성은 낮다.

25 우리나라 정부예산에 관한 설명으로 옳은 것은?

① 정부는 예산이 여성과 남성에게 미치는 효과를 평가하고, 그 결과를 정부의 예산편성에 반영하기 위하여 노력하여야 한다.

② 예산은 재원 조달 및 배분이라는 관점에서 예산총계와 예산순계로 구분된다.

③ 기능별 분류방식은 세출예산보다는 세입예산의 분류에 적합하다.

④ 예산은 회계 간 중복 거래 금액의 포함 여부에 따라 세입예산과 세출예산으로 구분된다.

⑤ 사업별 분류방식이 조직별 분류방식보다 독립된 행정부서의 예산 상황을 이해하는 데 더 유용하다.

해설 ① 정부는 예산이 여성과 남성에게 미칠 영향을 미리 분석한 보고서[성인지(性認知)예산서]와 성인지결산서를 작성해야 한다.
② 예산은 재원 조달 및 배분이라는 관점에서 세입예산과 세출예산으로 구분된다.
③ 기능별 분류방식은 세입예산보다는 세출예산의 분류에 적합하다.
④ 예산은 회계 간 중복 거래 금액의 포함 여부에 따라 예산총계와 예산순계로 구분된다.
⑤ 조직별 분류방식이 사업별 분류방식보다 독립된 행정부서의 예산 상황을 이해하는 데 더 유용하다.

Answer

01. ④	02. ②	03. ⑤	04. ⑤	05. ①	06. ⑤	07. ②	08. ③	09. ④	10. ③
11. ④	12. ⑤	13. ③	14. ④	15. ③	16. ①	17. ③	18. ①	19. ②	20. ②
21. ①	22. ③	23. ⑤	24. ④	25. ①					

제7회 행정사 행정학개론

[2019. 5. 25. 실시]

01 행정학의 학문적 성격에 관한 설명으로 옳은 것은?

① 행정학의 과학성을 강조하는 사람들은 행정 현상의 보편적인 원칙을 인정하지 않는다.

② 행정학에서 기술성은 행태주의에 의해 중 요하게 제기되었다.

③ 상대적으로 사이먼(H. A. Simon)은 기술성을, 왈도(D. Waldo)는 과학성을 더 강조하였다.

④ 행정학은 다른 학문으로부터 많은 이론과 지식을 받아들여 종합학문적인 성격을 지 니고 있다.

⑤ 1950년대에 공공선택론, 신행정론 등의 영 향으로 정체성 위기가 처음 등장했다.

해설 ④ 행정학은 사회문제해결을 위해 다양한 학문을 활 용하는 특징이 있다.
① 행정학의 과학성을 강조하는 사람들은 행정현상의 보 편적인 원칙을 인정한다.
② 행정학에서 기술성은 후기행태주의 등에 의해 중요하 게 제기되었다.
③ 상대적으로 사이먼(H. A. Simon)은 과학성을, 왈도(D. Waldo)는 기술성을 더 강조하였다.
⑤ 행정학의 정체성 위기는 1970년대에 오스트롬에 의해 제기되었다.

02 행정과 경영의 비교에 관한 설명으로 옳지 않은 것은?

① 행정의 목적은 공익추구이고, 경영의 목적은 이윤 극대화이다.

② 행정은 경영보다 상대적으로 엄격한 법적 규제를 받는다.

③ 행정은 모든 국민에 대한 평등성이 강조되지만 경영은 이윤 추구 과정에서 고객 간 차별대우가 용인된다.

④ 행정과 경영은 능률성을 추구하는 과정에서 유사한 관리기법을 많이 활용한다.

⑤ 상대적으로 행정은 관리적 측면이 강하게 나타나고 경영은 권력적 측면이 강하게 나타난다.

해설 행정은 국민이나 의회가 개입하는 정치성과 법적인 강제성(권력성)이 강하게 나타나고, 상대적으로 경영은 관리적 측면(능률적인 관리현상)이 강하게 나타난다.

03 신공공서비스론에 관한 설명으로 옳은 것은?

① 정부의 역할을 '노젓기'보다는 '방향잡기'로 규정한다.

② 관료는 사회문제를 해결하는 과정에서 협상과 중재 기능을 담당한다.

③ 공익을 행정활동으로 생성되는 부산물로 간주한다.

④ 정부관료제에 경쟁 원리를 도입하여 개혁할 것을 강조한다.

⑤ 기업가적 목표달성을 위하여 폭넓은 행정 재량을 허용한다.

해설 ② 신공공서비스론에서 관료는 공론의 장을 형성하고 다수의 견해를 수렴하는 봉사자, 즉 중재 및 타협을 관리하는 기능을 담당한다.
①, ④, ⑤ 신공공관리론(NPM)에 대한 내용이다.
③ 신공공서비스론에서 공익은 궁극적인 목적에 해당한다.

04 신제도주의에 관한 설명으로 옳지 않은 것은?

① 사람의 행태에 대한 연구에서 제도를 중요시한다.
② 사회학적 제도주의는 제도의 범위에 관습과 문화도 포함한다.
③ 공공선택론은 합리적 선택 제도주의의 대표적 이론 중 하나이다.
④ 역사적 제도주의는 각국 정책의 상이성과 효과를 역사적으로 형성된 각국의 제도에서 찾는다.
⑤ 정책 또는 행정환경은 내생변수가 아닌 외생변수로 다룬다.

해설 신제도주의에서 정책이나 행정환경 등은 일종의 제도로서 우연한 사건이나 행위자의 선택에 의해 형성될 수 있음을 인정한다. 따라서 외생변수가 아닌 내생변수로 간주한다.

05 공직부패에 관한 설명으로 옳은 것은?

① 사회문화적 접근법은 공직부패의 원인에 대하여 문화적 특성, 제도상 결함, 구조상 모순 등 다양한 요인으로 설명한다.
② 체제론적 접근법은 부패의 원인을 주로 개인들의 윤리의식과 자질에서 찾는다.
③ 제도적 접근법에서 행정통제 장치의 미비는 공무원 부패의 주요 원인이다.
④ 백색부패는 부당하게 사익을 추구하는 부패의 유형이다.
⑤ 부패의 제도화 정도에 따라 거래형 부패와 사기형 부패로 나눌 수 있다.

해설 ③ 제도적 접근법은 법에서 공무원의 부패를 설명하는 이론이다. 따라서 행정통제 장치의 미비는 공무원 부패의 주요 원인이 될 수 있다.
① 체제론적 접근에 대한 내용이다.
② 도덕적 접근법에 대한 내용이다.
④ 백색부패는 국민이 용인할 수 있는 선의의 부패에 해당한다.
⑤ 부패의 제도화 정도에 따른 분류는 제도적 부패와 우발적(일탈형) 부패이다. 거래형 부패와 사기형 부패는 거래의 유무에 따른 분류이다.

06 투입에 대한 산출의 비율로서 과학적 관리론에서 추구하는 행정가치는?

① 형평성   ② 민주성
③ 가외성   ④ 능률성
⑤ 합법성

해설 투입에 대한 산출의 비율로서 과학적 관리론에서 추구하는 행정이념은 능률성이다.

07 정책평가에 관한 설명으로 옳지 않은 것은?

① 준실험설계는 실험집단과 통제집단의 동질성을 확보하여야 한다.

② 내적 타당성은 정책 집행 이후 변화가 오직 해당 정책에 기인한 것인지 아닌지를 밝히는 것과 관련된다.

③ 외적 타당성은 정책평가 결과의 일반화 가능성을 의미한다.

④ 평가성 검토(evaluability assessment)는 본격적인 평가를 시작하기 전에 실시하는 것으로 일종의 예비평가라고 볼 수 있다.

⑤ 허위변수는 두 변수 간에 전혀 관계가 없는데도 인과관계가 있는 것처럼 보이게 하는 제3의 변수이다.

해설 준실험설계는 무작위 배정이 아닌 작위적 배정을 하는 바 표본의 동질성을 확보하지 못한다. 실험설계의 유형 중에서 표본의 동질성을 확보할 수 있는 것은 진실험설계이다.

해설 ① 사바티어의 정책지지연합모형은 정책참여자의 정책에 대한 학습과 신념체계가 정책집행과정에 영향을 미칠 수 있음을 설명한 이론이다. 이는 참여자의 신념체계가 서서히 변한다는 점에서 근본적인 정책변동이 어렵다고 주장한다. 아울러 참여자의 신념체계는 규범적 핵심(신념체계 중 가장 최상위의 수준으로, 자유·평등·발전·보존 등의 존재론적인 공리가치의 우선순위)과 정책핵심(정책목표 혹은 정책대안에 대한 인과적 지식) 등으로 구성되어 있다.

② 킹던의 정책흐름모형은 문제, 정책, 정치의 흐름이 상호독립적으로 흐르다가 우연한 사건에 의해 결합되어 의제화되는 과정을 설명한 모형이다.

③, ④ 정책패러다임변동모형이나 단절균형모형은 급격한 정책변동을 설명하는 모형이다.

08 다음 설명에 해당하는 정책변동모형은?

> 신념체계에서 규범적 핵심이나 정책 핵심의 변화가 쉽게 나타나지 않기 때문에 정책 목표와 수단에 급격한 변화를 가져오는 근본적 정책변동은 용이하지 않다.

① 정책지지연합모형

② 정책흐름모형

③ 정책패러다임변동모형

④ 단절균형모형

⑤ 이익집단 위상변동모형

09 시장실패의 원인으로 옳지 않은 것은?

① 공공재

② 외부효과

③ 파생적 외부성

④ 정보의 비대칭성

⑤ 불완전한 경쟁

해설 파생적인 외부효과는 정부실패 요인에 해당한다. 시장실패의 원인으로는 공공재의 존재, 외부효과, 불완전한 정보, 독과점 등이 있다.

10 정책결정에 있어서 사이버네틱스 모형에 관한 설명으로 옳지 않은 것은?

① 정책결정과정에서 변수의 단순화를 통해서 불확실성을 통제한다.

② 사전에 설정된 표준운영절차(SOP)의 중요성이 강조된다.

③ 주요 변수의 유지를 위한 적응에 초점을 둔다.

④ 사전에 설정된 고차원 목표의 극대화를 추구한다.

⑤ 의사결정자는 처리할 수 없는 문제에 직면할 경우 표준운영절차(SOP)를 수정·변경·추가하면서 문제를 해결한다.

<u>해설</u> 사전에 설정된 고차원 목표의 극대화(최선의 대안 선택)를 추구하는 것은 합리모형에 가까운 내용이다. 사이버네틱스 모형은 불확실성을 인정하는바 변수의 단순화를 추구하며, SOP에 의한 결정을 통해 시간과 비용을 아끼되, 불확실성에 대응하기 위해 적응적인 변화[표준운영절차(SOP)를 수정·변경·추가]를 지향한다.

11 정부가 도입한 책임운영기관에 관한 설명으로 옳지 않은 것은?

① 기관의 지위에 따라 소속책임운영기관과 중앙책임운영기관으로 구분된다.

② 우리나라는 책임운영기관의 설치·운영에 관한 법률 등에 의해 운영되고 있다.

③ 정부가 사업적·집행적 성격이 강한 기관을 분리시켜 유연한 경영방식을 도입한 것이다.

④ 기관장에게 재량권을 부여하여 자율적인 경영과 그 성과에 대한 책임을 지게 한다.

⑤ 예산편성 및 집행상의 자율권을 확보하기 위하여 특별위원회를 두며, 예산의 전용·이월 등이 허용되지 않는다.

<u>해설</u> 아래의 책임운영기관 설치 및 운영에 관한 법에 따르면 예산의 전용 혹은 이월 등이 허용된다.

- **책임운영기관법 제36조【예산의 전용】①** 기관장은 국가재정법 제46조와 정부기업예산법 제20조에도 불구하고 예산 집행에 특히 필요한 경우에는 대통령령으로 정하는 바에 따라 특별회계의 계정별 세출예산 또는 일반회계의 세출예산 각각의 총액 범위에서 각 과목 간에 전용(轉用)할 수 있다.
- **책임운영기관법 제37조【예산의 이월】①** 매 회계연도의 특별회계 또는 일반회계 세출예산 중 부득이한 사유로 그 회계연도 내에 지출하지 못한 경상적 성격의 경비는 대통령령으로 정하는 범위에서 다음 회계연도에 이월(移越)하여 사용할 수 있다.

12 정부 조직 중 국무총리 소속기관이 아닌 것은?

① 국민권익위원회

② 국가과학기술자문회의

③ 공정거래위원회

④ 원자력안전위원회

⑤ 금융위원회

<u>해설</u> 국가과학기술자문회의는 국가과학기술의 혁신 등을 위하여 설치된 대통령 직속 기구이다(헌법 제127조 제3항에 근거).

13 국가공무원법상 공무원의 징계에 관한 설명으로 옳지 않은 것은?

① 징계는 파면 · 해임 · 강등 · 정직 · 감봉 · 견책으로 구분한다.

② 정직은 1개월 이상 3개월 이하의 기간으로 하고, 그 기간 중 보수는 3분의 2를 감한다.

③ 감봉은 1개월 이상 3개월 이하의 기간 동안 보수의 3분의 1을 감한다.

④ 견책은 전과에 대하여 훈계하고 회개하게 한다.

⑤ 징계로 해임처분을 받은 때부터 3년이 지나지 아니한 자는 공무원으로 임용될 수 없다.

해설 정직은 1개월 이상 3개월 이하의 기간으로 하고, 그 기간 중 보수는 전액을 감액한다.

14 실적주의 인사행정에 관한 설명으로 옳은 것은?

① 공무원의 정치적 중립을 어렵게 한다.

② 행정의 전문성을 저해한다.

③ 개인의 능력이나 실적을 기준으로 임용한다.

④ 빈번한 교체임용을 통해서 관료의 특권화를 막는다.

⑤ 직업공무원제 수립을 저해한다.

해설 ③ 실적주의(merit system)는 개인의 능력이나 자격을 기준으로 공무원을 채용하는 제도이다.
①, ②, ④ 엽관주의의 특징이다.
⑤ 실적주의는 자격을 기초로 공무원을 충원한다는 점에서 직업공무원제 확립에 기여한다.

15 직무가 지니는 상대적 가치를 평가하여 임금을 결정하는 보수체계는?

① 직무급   ② 근속급

③ 직능급   ④ 생활급

⑤ 성과급

해설 직무급은 직무의 난이도 및 책임도에 따라 결정되는 보수이며, 이를 통해 보수의 공정성을 제고할 수 있다.

16 ( )에 들어갈 B사무관의 근무 유형은?

> △△과 A사무관 : ○○과죠? 업무협의 때문에 전화 드렸습니다. B사무관님과 통화하고 싶은데요?
>
> ○○과 C주무관 : 네. B사무관님은 이번 달부터 10시에 출근하고 19시에 퇴근하십니다. 조금 후 10시 이후에 다시 전화 바랍니다.
>
> △△과 A사무관 : 아, 알겠습니다. B사무관님께서 ( )를 신청하셨군요.

① 재택근무제   ② 집약근무제

③ 시차출퇴근제   ④ 재량근무제

⑤ 원격근무제

해설 지문의 내용은 시간차를 두고 출근을 허용하는 시차출퇴근제를 나타내고 있다.
※ 시차출퇴근제 : 1일 8시간 근무체제를 유지하되, 출근시간 선택 가능
• 매일 같은 출근시각(07:00~10:00 선택)
• 요일마다 다른 출근시각(07:00~10:00 선택)

17 정부가 공공사업을 위해 조달하는 재원에 관한 설명으로 옳은 것을 모두 고른 것은?

> ㄱ. 조세는 국가가 재정권에 기초해 동원하는 공공재원으로 벌금과 과태료를 포함한다.
> ㄴ. 수익자부담금은 형평성 차원에서 부담과 편익의 공평한 배분을 보장한다.
> ㄷ. 국공채는 세대 간 공평성을 갖는다.
> ㄹ. 민간자본은 주로 산업기반시설 건설에 유치되고 복지시설 건설에는 유치할 수 없다.

① ㄱ, ㄴ   ② ㄱ, ㄷ
③ ㄴ, ㄷ   ④ ㄴ, ㄹ
⑤ ㄷ, ㄹ

해설 ㄴ. 수익자부담금은 공공서비스 이용의 대가로 징수하는 재원으로서, 돈을 지불한 자가 편익을 누린다는 점에서 수평적 형평과 관련 있는 개념이다.
ㄷ. 국공채는 국가나 지방자치단체가 공공지출 경비의 재원을 조달하기 위해 부담하는 채무로, 국공채를 활용한 사업이나 시설로 인해 편익을 얻을 후세대도 비용을 부담하기 때문에 세대 간 형평성을 높일 수 있다.
ㄱ. 벌금이나 과태료는 조세가 아니라 세외수입에 해당한다.
ㄹ. 민간자본은 산업기반시설(SOC) 및 복지시설 건설에 모두 활용될 수 있다. BTO 방식은 주로 고속도로, 지하철, 등 산업기반시설 건설에 활용되는 반면 학교, 복지시설 등 자체 운영수입 창출이 어려운 시설의 경우 일반적으로 BTL 방식을 사용한다.

18 정부회계에 관한 설명으로 옳지 않은 것은?

① 복식부기는 거래의 이중성에 따라 장부의 차변과 대변에 각각 계상하고 차변의 합계와 대변의 합계의 일치 여부로 자기 검증 기능을 갖는다.
② 미지급비용은 현금주의에서는 인식되지 않으나 발생주의에서는 부채로 인식된다.
③ 현행 정부회계는 발생주의 · 복식부기 방식을 채택하여 재무제표를 작성한다.
④ 국가회계법상 중앙정부의 대표적 재무제표는 재정상태보고서, 재정운영보고서, 현금흐름보고서, 순자산변동보고서로 구성된다.
⑤ 발생주의 · 복식부기의 정부회계는 성과중심의 정부개혁에 유용한 정보를 제공한다.

해설 국가회계법에 따르면 재무제표는 재정상태표, 재정운영표, 순자산변동표로 구성된다. 현금흐름보고서는 포함되지 않는다.
※ 국가회계기준에 관한 규칙

> 제5조【재무제표와 부속서류】① 재무제표는 국가회계법 제14조 제3호에 따라 재정상태표, 재정운영표, 순자산변동표로 구성하되, 재무제표에 대한 주석을 포함한다.

19 예산의 일반 원칙과 예외 사항이 옳게 묶인 것은?

① 사전의결의 원칙 – 목적세
② 공개성의 원칙 – 수입대체경비
③ 통일성의 원칙 – 추가경정예산
④ 한정성의 원칙 – 준예산
⑤ 완전성의 원칙 – 전대차관

해설 완전성(포괄성)의 원칙(예산총계주의)은 모든 세입과 세출은 예산에 명시적으로 계상(계산하여 올림)해야 한다는 통제지향적인 원칙으로서, 전대차관은 불확실성으로 인해 예외로 하고 있다.

※ 예산의 전통적 원칙(입법부 우위)

구분	개념	예외
엄밀성 (정확성) 원칙	예산 – 결산 일치	적자 혹은 불용액
완전성 원칙	총계예산주의 (수입+지출 모두 예산에 포함)	순계예산, 기금, 수입대체경비, 현물출자, 전대차관 등
단일성 원칙	단일한 회계장부에 기록	특별회계, 추가경정예산, 기금
통일성 원칙	세입은 국고를 거쳐 세출	특별회계, 목적세, 기금, 수입대체경비
명료성 원칙	수입 및 지출 용도 구분	신임예산(총괄예산)
공개성 원칙	예산편성·심의·집행·결산과정의 공개	신임예산(총괄예산), 국방비, 정보비 등
한정성 원칙	사용목적·범위·기간의 명확한 한계 – 목적 외 사용금지 – 초과지출 금지 – 회계연도 독립의 원칙	이용, 전용 예비비, 추가경정예산 이월, 계속비, 조상충용(내년도 수입 미리 사용)
사전 승인 원칙	국회의 사전 심의·의결 거쳐야 함	사고이월, 전용, 준예산, 긴급재정명령 등

20 지방자치단체의 자치권에 관한 설명으로 옳지 않은 것은?

① 고유권설(지방권설)에서 자치권은 국가와 관계없이 인간이 태어나면서부터 천부의 인권을 갖는 것과 마찬가지로 지방자치단체의 고유한 권리로 본다.
② 전래권설(국권설)에서 자치권은 주권적 통일국가의 통치구조 일환으로 형성된다는 의미에서 국법으로 부여된 권리로 본다.
③ 제도적 보장설은 자치권이 국가의 통치권에서 나오는 것이라고 하면서도, 헌법에 지방자치의 규정을 둠으로써 지방자치제도가 보장된다고 본다.
④ 고유권설(지방권설)은 주로 헤겔(Hegel)의 영향을 받은 독일의 공법학자들에 의하여 주장되었다.
⑤ 제도적 보장설에서의 보장은 지방자치제도의 일반적인 보장이지, 개별적인 지방자치단체의 존립을 계속 보장하는 것은 아니다.

해설 전래권설은 19세기 독일의 공법학자들의 주장으로, 자치단체는 국가의 창조물이고, 자치권은 국가로부터 부여된 권리로 간주한다.
전래권설(승인설, 국권설)에 의하면 지방정부가 가지는 자치권은 국가의 통치권으로부터 직접 발생한다. 따라서 전래권설은 고유한 지방주권을 부인하고 있다는 의미에서 제도적 보장설과는 같은 입장이지만, 자치권이 헌법에 의한 제도의 보장이 아니고 국가에 의해 국가권력이 지방정부에게 대행되도록 허용되었다는 점에서 그 차이를 찾을 수 있다. 즉, 전래권설에서 자치권은 국가의 승인 내지 허용에 의해 생성되는 권리이다.

21 주민투표에 관한 설명으로 옳은 것은?

① 주민투표는 주민의 중요한 권리이기 때문에 의무화하여 위반자에게 벌금 등 제재를 가하는 국가는 없다.

② 항의적 주민투표(protest referendum)는 지방의회에서 의결한 사항에 대하여 그 효력 여부를 결정하는 투표이다.

③ 주민투표는 조례의 제정 또는 개·폐 등에 관하여 주민이 직접 의안을 발의하는 제도이다.

④ 우리나라는 주민투표 결과의 확정을 위해서는 전체 유효투표권자 중 1/3 이상이 투표를 해야 한다.

⑤ 주민투표의 본질은 대의제를 보완하려는 것이 아니라 대체하려는 것이다.

해설 ② 항의적 주민투표(protest referendum)는 지방의회에서 의결한 사항에 대하여 주민이 저항할 수 있는 투표이다.
① 아르헨티나, 프랑스, 브라질 등 일부 국가의 경우 투표 불참 시 벌금 등 불이익을 준다.
③ 주민투표 청구는 주민이 할 수 있지만, 발의는 자치단체장만이 할 수 있다.
④ 주민투표에 부쳐진 사항은 주민투표권자 총수의 4분의 1 이상의 투표와 유효투표수 과반수의 득표로 확정된다.
⑤ 주민투표의 본질은 대의제를 보완하려는 것이지 대체하려는 것이 아니다.

22 지방공기업에 관한 설명으로 옳은 것은?

① 일반회계와는 별도로 지방의회의 예산심의 및 의결이 필요 없는 특별회계로 운영된다.

② 지방공기업법의 적용을 받기 때문에 지방자치법의 적용대상은 아니다.

③ 지방자치단체가 지역주민의 복리 증진 등을 목적으로 직접 설치·경영하거나 법인을 설립하여 경영하는 기업이다.

④ 지방자치단체로부터 독립해 있기 때문에 지방자치단체의 통제를 받지 않는다.

⑤ 지방공사 및 지방공단에 소속된 직원은 신분이 지방공무원이다.

해설 ③ 지방공기업은 지방자치단체가 지역주민의 복리 증진 등을 목적으로 직접 설치·경영하거나 법인을 설립하여 경영하는 기업이다.
① 지방공기업은 일반회계와는 별도로 특별회계로 운영되며, 특별회계는 지방의회의 예산심의 및 의결이 필요하다.
② 지방자치법 제13조(지방자치단체의 사무범위) 제1항에서 지방자치단체는 관할 구역의 자치사무와 법령에 따라 지방자치단체에 속하는 사무를 처리한다고 하였다. 여기서 제2호 주민의 복지증진에 관한 사무 중 하나에 해당하는 것이 '지방공기업의 설치 및 운영'이다.
④ 지방자치단체의 장은 공사·공단의 설립·운영 등 공사의 업무를 관리·감독한다.
⑤ 지방공사 및 지방공단는 자치단체로부터 분리된 법인이므로 소속직원은 공무원이 아니다.

23 우리나라 전자정부에 관한 설명으로 옳지 않은 것은?

① 수요자 중심보다는 공급자 중심의 행정서비스를 강조한다.

② 정부의 정책과정과 업무절차에 대한 투명성과 접근성을 높인다.

③ 국민과의 소통과 협력을 확대하고, 24시간 행정서비스를 제공한다.

④ 스마트워크센터를 통해 시·공간 제약 없이 유연한 근무를 가능하게 한다.

⑤ 인터넷이나 DB 기술 활용을 통해 부서 간 효율적인 정보교류가 가능하다.

해설 우리나라는 공급자(정부) 중심보다는 수요자(국민) 중심의 행정서비스를 강조하고 있다.

24 행정개혁 저항에 대한 사회적·규범적 극복방안으로 옳은 것을 모두 고른 것은?

> ㄱ. 교육훈련
> ㄴ. 임용상 불이익 방지
> ㄷ. 경제적 보상
> ㄹ. 긴장 조성
> ㅁ. 의사소통과 참여 촉진

① ㄱ, ㄹ
② ㄱ, ㅁ
③ ㄴ, ㄷ
④ ㄴ, ㄹ
⑤ ㄷ, ㅁ

해설 사회적·규범적 극복방안은 참여 및 의사소통을 통해 저항을 극복하는 방안으로서 장기적인 시간이 필요하지만, 근본적인 해결방안에 해당한다. 이에 해당하는 방법에는 의사소통과 참여, 저항자에 대한 교육훈련 등이 있다.
ㄴ, ㄷ. 공리적·기술적 전략
ㄹ. 강제적인 전략

25 오스본(D. Osborne)과 플래스트릭(P. Plastrik)의 '기업가 정부'를 만들기 위한 다섯 가지 전략에 관한 설명으로 옳지 않은 것은?

① 핵심전략 : 공공조직의 목표를 대상으로 하고 목표, 역할, 정책방향의 명료화 추구
② 성과전략 : 업무 유인의 개선을 위해 경쟁을 도입하고 성과관리 추진
③ 고객전략 : 정부조직의 책임을 대상으로 고객에 대한 정부의 책임확보 및 고객에 의한 선택의 확대 추구
④ 통제전략 : 권력을 대상으로 하고 집권화를 추구
⑤ 문화전략 : 조직문화를 대상으로 구성원의 가치, 규범, 태도 그리고 기대를 바꾸려는 것

해설 오스본과 플라스트릭의 5C전략은 신공공관리론의 내용과 일치한다. 이 중에서 통제전략은 집권화가 아닌 분권화를 의미한다.

Answer

01. ④	02. ⑤	03. ②	04. ⑤	05. ③	06. ④	07. ①	08. ①	09. ③	10. ④
11. ⑤	12. ②	13. ②	14. ③	15. ①	16. ③	17. ③	18. ④	19. ⑤	20. ④
21. ②	22. ③	23. ①	24. ②	25. ④					

제8회 행정사 행정학개론

[2020. 5. 16. 실시]

01 행정에 관한 설명으로 옳지 않은 것은?

① 공익을 지향하며 공공문제의 해결이라는 공공목적을 달성한다.

② 공공서비스를 생산하고 공급하며 배분하는 모든 활동을 의미한다.

③ 오늘날에는 정부가 공공서비스의 생산 및 공급을 독점한다.

④ 참여와 협력이라는 거버넌스 개념을 지향해가고 있다.

⑤ 공공서비스의 생산·분배 과정에서 국민의 의견을 존중하고 국민에 대해 책임을 다해야 한다.

해설 ③ 공공서비스를 행정이 독점하지 않는다.
① 행정은 공익을 지향하며 공공의 목적을 달성하려는 활동이다.
② 행정은 공공서비스를 생산하고 공급하며 배분하는 모든 활동을 의미한다.
④ 최근의 개념으로서 행정은 참여와 협력이라는 거버넌스 개념을 지향해가고 있다.
⑤ 공공서비스의 생산·분배 과정에서 국민의 의견을 존중하고 국민에 대해 책임을 다해야 한다.

02 다음 내용과 밀접한 관련이 있는 이론은?

- 관료의 사익추구
- 예산극대화
- 지대추구행위
- 정치·행정현상의 경제학적 분석

① 체제이론
② 거버넌스이론
③ 신행정학이론
④ 공공선택이론
⑤ 포스트모더니즘이론

해설 ④ 공공선택론에 관한 설명이다.
① 체제이론은 유기체적인 조직을 전제로 조직과 환경의 관계를 다룬다.
② 거버넌스이론은 국가, 시민사회, 시장의 연계망을 강조하는 이론이다.
③ 신행정론은 가치를 배제한 사실 중심의 연구경향을 띠었던 행태론을 비판하면서 후기 산업사회 이후에 등장하였다.

03 리그스(F. W. Riggs)의 프리즘적 모형 (Prismatic Model)에 관한 설명으로 옳지 않은 것은?

① 개발도상국의 행정체제를 설명하기 위한 이론적 모형이다.

② 프리즘적 사회는 농업사회에서 산업사회로 넘어가는 과도기적 사회를 말한다.

③ 프리즘적 사회의 특징은 형식주의, 정실주의, 이질혼합성을 들 수 있다.

④ 생태론적 접근방법에 의해 설명된다.

⑤ 농업사회에서 지배적인 행정모형을 사랑방 모형(Sala Model)이라 한다.

해설 ⑤ 사랑방모형은 프리즘적 사회(과도기 사회)인 개도국의 특징이다.
① 프리즘적 사회는 농업사회와 산업사회의 중간 사회로서, 개발도상국의 행정체제를 설명하기 위한 이론적 모형이다.
② 프리즘적 사회는 농업사회에서 산업사회로 넘어가는 과도기적 사회를 말한다.
③ 프리즘적 사회의 특징은 형식주의, 정실주의, 이질혼합성을 들 수 있다.
④ 프리즘적 사회는 생태론에서 설명하는 모형이다.

04 옴부즈만(Ombudsman)제도에 관한 설명으로 옳지 않은 것은?

① 국민의 이익을 보호하려는 취지에서 1809년 스웨덴에서 시작된 행정감찰관제도이다.

② 필요한 사항을 조사해 결과를 알려주고 언론을 통해 공표하기도 한다.

③ 옴부즈만은 기능적으로 자율적이고 입법부와 행정부로부터 독립되어 있다.

④ 독립적 지위를 가진 사람이 조사를 하여 시정을 촉구하거나 건의함으로써 국민의 권리를 구제한다.

⑤ 옴부즈만과 유사한 국민권익위원회는 법원이 내린 결정처분에 대해 시정조치, 권고, 취소를 결정한다.

해설 ⑤ 옴부즈만은 간접통제밖에 못하기 때문에 법원이 내린 결정처분에 대해 시정조치 등을 건의할 뿐이지 직접 결정하지는 못한다.
① 1809년 스웨덴에서 처음 도입되었다.
② 필요한 사항을 조사해 결과를 알려주고 언론을 통해 공표하기도 한다.
③ 옴부즈만은 입법부 소속이지만 직무는 독립이다.
④ 옴부즈만은 행정감찰관(호민관)으로서 국민의 권익을 보호한다.

05 행정통제의 유형 중 내부통제로 옳은 것은?

① 국민에 의한 통제

② 이익집단에 의한 통제

③ 사법부에 의한 통제

④ 감사원에 의한 통제

⑤ 입법부에 의한 통제

해설 ④ 감사원은 공식적 · 내부통제에 해당한다.
①, ② 국민에 의한 통제와 이익집단에 의한 통제는 외부 · 비공식적 통제이다.
③, ⑤ 사법부와 입법부에 의한 통제는 외부 · 공식적 통제이다.

06 정책의 기능과 유형에 관한 설명으로 옳지 않은 것은?

① 정책은 정치적·행정적 과정으로서 단순하고 정태적 과정을 거친다.

② 정책 자체가 하나의 행동노선을 담고 있기 때문에 그에 관련된 개인들의 행동을 위한 지침역할을 한다.

③ 정책은 변동과 안정을 야기하기도 하며 사회의 이익을 조정·통합하기도 한다.

④ 리플리와 프랭클린(R. Ripley & G. Franklin)의 경쟁적 규제정책은 배분정책과 규제정책의 성격을 동시에 지니고 있다.

⑤ 국경일 제정, 국기 게양 등은 국민적 통합을 위하여 정치적인 목적으로 사용하는 상징정책의 예이다.

해설 ① 정책은 정치적·행정적 과정으로서 복잡하고 동태적 과정을 거친다. 정책과정은 무수히 많은 이해당사자가 자신의 이익을 표명하고 투입하고 관철시키려는 고도로 정치적인 과정이다.
② 정책은 정부의 사업계획, 정부방침, 법령 등으로 표현된다.
③ 정책을 통해 사회의 변동과 안정을 야기하기도 하며 사회의 이익을 조정·통합하는 기능도 수행한다.
④ 경쟁적 규제정책은 배분정책과 규제정책의 성격을 동시에 지니고 있다.
⑤ 상징정책은 정부가 정치체제에 대한 정당성과 신뢰성 및 국민통합성을 증진시키기 위하여 산출시키는 이미지나 상징과 관련된 정책이다.

07 시장실패의 요인으로 옳은 것을 모두 고른 것은?

> ㄱ. 불완전한 경쟁
> ㄴ. 비용과 수입의 절연
> ㄷ. 정보의 불충분성
> ㄹ. 내부조직목표와 사회적 목표의 괴리
> ㅁ. 파생적 외부효과
> ㅂ. 외부효과

① ㄱ, ㄷ, ㅂ
② ㄱ, ㄹ, ㅁ
③ ㄱ, ㄹ, ㅂ
④ ㄴ, ㄷ, ㅁ
⑤ ㄴ, ㄹ, ㅁ

해설 ㄱ, ㄷ, ㅂ가 옳다. 시장실패의 요인으로는 불완전한 경쟁, 정보의 불충분성, 외부효과가 있다.
ㄴ, ㄹ, ㅁ는 옳지 않다. 비용과 수입의 절연, 내부조직목표와 사회적 목표의 괴리, 파생적 외부효과는 정부실패의 원인이다.

08 전자정부와 행정의 변화에 관한 설명으로 옳은 것은?

① 정보행정은 정보기술을 활용하여 수요자 중심으로 행정서비스를 개선한다.

② 전자정부는 단순히 정보기술에 의하여 정부의 업무처리방식만을 변화시킨다.

③ 정보정책은 행정업무를 전자화하는 것으로 행정업무처리 재설계와는 관계가 없다.

④ 전자정부는 정보기술을 활용하여 업무처리 전반을 혁신시켜야 하기 때문에 실무보다는 이론이 강조되는 분야이다.

⑤ 전자정부는 행정 부문에 정보기술의 도입 및 활용에 초점을 두기보다 정보기술 그 자체를 연구의 대상으로 한다.

해설 ① 정보행정은 공급자 중심에서 수요자 중심으로 행정서비스를 개선한다.
② 전자정부는 단순히 정보기술에 의하여 정부의 업무처리방식만을 변화시키는 것이 아니라, 구조와 행태 등 전반적인 변화를 추구하는 정부개혁 논의이다.
③ 정보정책은 행정업무를 전자화하는 것으로, 행정업무처리 재설계도 포함된다.
④ 전자정부는 정보기술을 활용하여 업무처리 전반을 혁신시키는 것으로서 이론보다도 실무적이다.
⑤ 전자정부는 정보기술 그 자체보다도 행정 부문에 정보기술의 도입 및 활용에 초점을 두는 것이다.

09 로위(T. Lowi)의 정책유형에 해당하는 것을 모두 고른 것은?

> ㄱ. 분배정책　　　ㄴ. 규제정책
> ㄷ. 보호적 규제정책　ㄹ. 자율규제정책
> ㅁ. 재분배정책　　　ㅂ. 구성정책

① ㄱ, ㄴ, ㄷ, ㄹ
② ㄱ, ㄴ, ㅁ, ㅂ
③ ㄱ, ㄹ, ㅁ, ㅂ
④ ㄴ, ㄷ, ㄹ, ㅁ
⑤ ㄷ, ㄹ, ㅁ, ㅂ

해설 로위는 정책의 유형으로 분배정책, 규제정책, 재분배정책, 구성정책을 제시하였다.
ㄷ. 보호적 규제정책은 리플리와 프랭클린의 분류이다.
ㄹ. 자율규제정책은 Salisbury의 분류이다.

10 베버(M. Weber)가 제시한 관료제의 특징으로 옳지 않은 것은?

① 합법적으로 제정한 법규에 근거를 두고 운영된다.
② 권한과 책임이 명백한 계층제 구조로 이루어진다.
③ 관료는 임무수행을 구두가 아니라 문서로 한다.
④ 임무수행에 필요한 전문적 훈련을 받은 사람들이 관료로 채용된다.
⑤ 임무수행은 인격성(personality)과 비합리성이 중시된다.

해설 ⑤ 관료제는 공·사를 구분하는 비정의성·비개인성(impersonality) 등 합리성을 특징으로 한다.
① 베버의 관료제는 법규의 지배를 중시한다.
② 베버의 관료제는 계층구조로서 계층별로 권한과 책임이 부여된다.
③ 베버의 관료제는 문서주의를 특징으로 한다.
④ 베버의 관료제는 기술적 전문성으로 채용된다.

11 조직목표 변동에 관한 설명으로 옳지 않은 것은?

① 원래의 목표가 다른 목표로 전환되는 것이 목표의 대치 또는 전환이다.
② 목표가 달성되었거나 달성이 불가능한 경우 본래의 목표를 새로운 목표로 교체하는 것이 목표의 승계이다.
③ 동종목표의 수 또는 이종목표가 늘어나는 것이 목표의 추가이다.
④ 동종 또는 이종목표의 수나 범위가 줄어드는 것이 목표의 축소이다.
⑤ 미헬스(R. Michels)의 과두제 철칙(iron law of oligarchy)은 목표의 추가현상을 설명한 것이다.

해설 ⑤ 과두제 철칙은 목표의 전환(대치, 왜곡, 전가)과 관련된다. ①, ②, ③, ④는 모두 옳은 지문이다.

12 허즈버그(F. Herzberg)가 제시한 위생 요인이 아닌 것은?

① 인정감   ② 봉급
③ 대인관계   ④ 근무조건
⑤ 조직정책

> 해설 ① 인정감은 동기요인에 해당한다.
> ② 봉급, ③ 대인관계, ④ 근무조건, ⑤ 조직정책 등은 모두 위생요인(불만요인)이다.

13 우리나라 공무원 분류 중 특수경력직 공무원에 해당되지 않는 것은?

① 국회의원
② 헌법재판소 헌법연구관
③ 대통령 비서실장
④ 국민권익위원회 위원장
⑤ 감사원 사무차장

> 해설 ②, ⑤ 헌법재판소 헌법연구관은 경력직 중 특정직이고, 감사원 사무차장은 경력직 중 일반직이다.
> ① 국회의원, ③ 대통령 비서실장, ④ 국민권익위원장 등은 특수경력직 중 정무직 공무원이다.

14 우리나라 공무원 시보임용제도에 관한 설명으로 옳지 않은 것은?

① 공무원시험에 합격한 사람들의 공직 적격성을 심사하고 공무원 실무능력 배양을 위해 존재한다.
② 국가공무원법에 의하면 공무원의 시보기간은 3개월이다.
③ 시보기간 중 근무성적이 좋으면 정규공무원으로 임용한다.
④ 시보기간 중 교육훈련 성적이 나쁘거나 공무원으로서의 자질이 부족하다고 판단되는 경우 면직될 수 있다.
⑤ 시보기간 중 휴직한 기간, 직위해제기간 및 징계에 따른 정직이나 감봉처분을 받은 기간은 시보임용기간에 산입되지 않는다.

> 해설 ② 5급 공무원을 신규채용하는 경우에는 1년, 6급 이하의 공무원을 신규채용하는 경우에는 6개월간 각각 시보(試補)로 임용하고 그 기간의 근무성적·교육훈련성적과 공무원으로서의 자질을 고려하여 정규 공무원으로 임용한다. ①, ③, ④, ⑤는 모두 옳은 지문이다.

15 우리나라 책임운영기관에 관한 설명으로 옳은 것은?

① 2009년 이명박 정부에서 처음으로 도입되었다.
② 조직, 예산 등의 운영상 자율성이 책임운영기관장이 아닌 주무부처 장관에게 부여되어 있다.
③ 중앙책임운영기관으로 특허청이 있다.
④ 소속책임운영기관에 대한 종합평가는 기획재정부가 주관한다.
⑤ 소속책임운영기관과 소속중앙행정기관 간 공무원의 인사교류는 불가능하다.

해설 ③ 중앙책임운영기관으로 특허청이 유일하다.
① 1999년 김대중 정부에서 처음으로 도입되었다.
② 조직, 예산 등의 운영상 자율성이 책임운영기관장에게 부여되어 있다.
④ 소속책임운영기관에 대한 종합평가는 행정안전부가 주관한다.
⑤ 소속책임운영기관과 소속중앙행정기관 간 공무원의 인사교류가 허용된다.

16 공무원 A는 주5일 대중교통으로 출퇴근한다. 코로나19 사태로 인해 재택근무를 하고 싶으나 그가 맡은 업무는 정형적이면서도 보안을 유지해야 하는 특성이 있어 집에서 일할 수 없고 반드시 주5일 출근을 해야만 한다. 대중교통 이용 시 사람들과의 접촉을 최소화하기 위하여 A가 택할 수 있는 가장 적합한 탄력근무방식으로 묶인 것은?

> ㄱ. 시간선택제 전환근무
> ㄴ. 시차출퇴근제
> ㄷ. 원격근무제
> ㄹ. 재량근무제
> ㅁ. 근무시간선택제

① ㄱ, ㄴ   ② ㄱ, ㄹ
③ ㄴ, ㅁ   ④ ㄷ, ㄹ
⑤ ㄷ, ㅁ

해설 ③ ㄴ, ㅁ만 옳다. 나머지는 틀리다.
ㄴ. 시차출퇴근제는 많은 사람들이 출근하는 시간대를 피할 수 있으므로 사람들과 접촉을 피할 수 있어 적합하다.
ㅁ. 근무시간선택제는 1일 4~12시간 근무, 주5일 근무하는 것으로 접촉을 최소화할 수 있다.
ㄱ. 시간선택제 전환근무제도는 정상적인 출근시간에 출근해야 하므로 대중교통 이용 시 사람들과 접촉을 피할 수 없어 적합하지 않다.
ㄷ. 원격근무제는 출근하지 않는 방법으로, 출근을 해야 한다는 조건에 맞지 않다.
ㄹ. 재량근무제는 출퇴근 의무 없이 프로젝트 수행으로 주40시간 인정하는 것으로, 접촉의 필요성이 없다.

17 우리나라가 시행 중인 재정관리혁신 조치의 하나인 예비타당성조사에 관한 설명으로 옳지 않은 것은?

① 대규모 공공투자사업의 타당성을 분석하고 그 결과에 따라 재정사업의 신규투자 여부를 결정한다.
② 2000회계연도 예산을 편성할 때부터 적용되었다.
③ 한국개발연구원, 한국조세재정연구원 등 법령으로 정하는 지정기준을 갖춘 전문기관이 수행할 수 있다.
④ 정책성 분석을 배제하고 경제성 분석에 집중한다.
⑤ 이 제도 도입 이전인 1994년부터 무분별한 사업비 증가를 방지하려는 총사업비관리제도가 운영되고 있다.

해설 ④ 예비타당성조사는 경제성 분석과 정책성 분석으로 이루어진다. ①, ②, ③, ⑤는 모두 옳은 지문이다.

18 예산제도의 등장 순으로 옳게 나열한 것은?

> ㄱ. 영기준예산   ㄴ. 계획예산(PPBS)
> ㄷ. 품목별예산   ㄹ. 성과주의예산
> ㅁ. 결과지향예산

① ㄱ - ㄷ - ㄴ - ㄹ - ㅁ
② ㄷ - ㄱ - ㄹ - ㄴ - ㅁ
③ ㄷ - ㄹ - ㄴ - ㄱ - ㅁ
④ ㄹ - ㄱ - ㅁ - ㄷ - ㄴ
⑤ ㄹ - ㄷ - ㄱ - ㄴ - ㅁ

해설 ③ 예산제도의 개혁은 품목별예산 → 성과주의예산 → 계획예산 → 영기준예산 → 결과지향예산 순으로 진행되었다.

19 성인지예산제도에 관한 설명으로 옳지 않은 것은?

① 2010회계연도부터 우리나라 정부예산에 실제 시행되었다.

② 예산이 남성이 아니라 여성에게 미치는 효과를 분석하여 양성평등을 위한 예산집행을 추구한다.

③ 성인지예산서에는 성평등 기대효과, 성과목표, 성별 수혜분석 등을 포함하여야 한다.

④ 양성평등을 위한 정책의 결과(성인지예산서 작성)와 과정(예산의 성별 영향분석과정)을 동시에 추구한다.

⑤ 예산과정에 대한 성 주류화의 적용으로 양성평등을 위한 실질적인 예산배분의 변화를 추구한다.

해설 ② 성인지예산제도는 예산이 남성과 여성 모두에게 미치는 효과를 분석하여 양성평등을 위한 예산집행을 추구한다.
① 2010회계연도부터 시행되고 있다.
③ 국가재정법상 성인지예산서에는 성평등 기대효과, 성과목표, 성별 수혜분석 등을 포함하여야 한다.
④ 성인지예산제도는 양성평등을 위한 정책의 결과(성인지예산서 작성)와 과정(예산의 성별 영향분석과정)을 동시에 추구한다.
⑤ 성인지예산은 성 주류화를 반영한 것으로, 성 주류화란 여성이 사회 모든 주요 영역에 참여해 목소리를 내고 의사결정권을 갖는 형태로서 사회시스템운영 전반이 전환되는 것이다.

20 2018년 전국동시지방선거 개표 후에 한 팀원들이 티타임에 나눈 대화이다. 다음 2018년 전국동시지방선거 당시 대화자들의 주민등록지를 고려할 때, 대화 내용이 우리나라 지방자치의 실제와 맞지 않는 사람은?

> • 세종특별자치시 : A, D
> • 서울특별시 관악구 : B
> • 성남시 분당구 : C
> • 대전광역시 유성구 : E

① A : "제가 투표한 후보가 시장으로 당선되었는데 서울특별시장과 동급 자치계층 시장이라고 우쭐대더군요."

② B : "제 고향 제주시에 사시는 부모님은 원하시는 후보들이 제주시의원과 제주도의원으로 당선되었다네요. 제가 보기에도 역량 있는 지역일꾼들로 고향 발전이 기대됩니다."

③ C : "분당구는 웬만한 시 규모 이상의 인구가 사는데 구의원 선거투표하려니 투표대상이 아니라고 해서 당황했어요. 제정신 차려서 성남시의원과 경기도의원 후보들 중 제대로 된 인물에 투표했습니다."

④ D : "제 고향은 기장군입니다. 그곳 친구들 말을 들어보니 기장군의원과 부산시의원이 잘 선출되어 제 고향 발전도 기대됩니다."

⑤ E : "저는 대전광역시 유성구에 사는데 시의원은 내가 투표한 분이, 구의원은 내가 투표하지 않은 분이 당선되었어요."

해설 제주시와 서귀포시는 자치시가 아니라 행정시이다. 따라서 제주시의원을 선거로 뽑을 수가 없으므로 틀린 내용이다. 단, 제주도의원은 주민이 직접선출하는 대상이므로 옳은 내용이다.

21 우리나라의 지방세가 아닌 것은?

① 종합부동산세

② 담배소비세

③ 재산세

④ 취득세

⑤ 레저세

해설 ① 종합부동산세는 국세이다.
②, ③, ④, ⑤는 모두 지방세로 옳은 내용이다.

22 중층의 국가공동체조직에서 하급단위가 잘 처리할 수 있는 업무를 상급단위에서 직접 처리하면 안 된다는 원칙은?

① 딜론(Dillon)의 원칙

② 법률유보의 원칙

③ 충분재정의 원칙

④ 보충성의 원칙

⑤ 포괄성의 원칙

해설 ④ 보충성의 원칙에 해당한다.
① 딜론(Dillon)의 원칙은 미국의 주정부와 지방정부의 관계에서 시·군 등의 지방정부는 주정부의 피조물로서 명백히 부여된 자치권만을 행사하게 되며, 주정부는 지방정부를 폐지할 수 있다는 원칙을 말한다.
② 법률유보의 원칙은 행정은 법률에 근거를 두어야 한다는 의미이다.
⑤ 포괄성의 원칙은 예산의 원칙 중 완전성의 원칙과 동일한 의미이다.

23 신공공관리(New Public Management)에 관한 설명으로 옳지 않은 것은?

① 정부는 시민을 위해 정부서비스의 품질을 향상시켜야 한다.

② 자원배분의 투명성을 높이고 거래비용을 최소화해야 한다.

③ 정부의 기능을 민간화하고 지출을 팽창시켜야 한다.

④ 공공관리와 시민에 대한 공공서비스 공급의 효율화를 위해 시장기제를 도입해야 한다.

⑤ 정부서비스 공급의 관리는 산출·성과지향적이어야 한다.

해설 ③ 정부기능의 민간화는 옳은 내용이지만, 지출을 팽창시켜야 한다는 내용은 옳지 않다.
① 신공공관리는 서비스 향상을 추구한다.
② 신공공관리는 투명성과 비용의 절약을 중시한다.
④ 신공공관리는 정부 내부에 시장적 요소를 도입하는 것이다.
⑤ 신공공관리는 산출과 성과를 중시한다.

24 행정개혁의 접근방법에 관한 설명으로 옳은 것은?

① 구조적 접근방법은 행태과학의 지식과 기법을 활용한다.

② 과정적 접근방법이 관심을 갖는 개혁대상은 분권화의 수준개선과 조직의 기능이다.

③ 과정적 접근방법은 바람직한 문화변동을 추진한다.

④ 구조적 접근방법이 갖는 관심은 통솔범위의 조정, 권한배분의 개편 등을 대상으로 한다.

⑤ 통합적 접근방법은 폐쇄체제에 입각하여 개혁대상을 포괄적으로 관찰하는 것이다.

해설 ④ 구조적 접근방법에 대한 옳은 설명이다.
① 행태과학의 지식과 기법을 활용하는 것은 행태적(인간관계적) 접근에 해당한다.
② 분권화의 수준개선과 조직의 기능이 대상이 되는 것은 구조적 접근방법이다.
③ 바람직한 문화변동을 추진하는 것은 행태적(인간관계적) 접근방법이나 문화적 접근방법에 해당한다.
⑤ 통합적 접근방법은 개방체제에 입각하여 개혁대상을 포괄적으로 관찰하는 것이다.

25 행정개념에 관한 설명으로 옳지 않은 것은?

① 행정의 실체와 역할은 정부를 둘러싼 정치적·사회적·문화적 환경 등의 다양한 환경 속에서 규정된다.

② 행정의 영역과 범위는 명확하게 설정되고 있지 않으며 그 한계도 분명하지 않아서 고도로 체계화된 개념화는 어렵다.

③ 행정에 대한 연구대상의 선택이나 연구방법의 변화에 따라 다르게 이해되어 왔다.

④ 행정개념이 기능개념이기 때문에 기능 변화와 다양화에 따라 여러 시각으로 설명될 수는 없다.

⑤ 오늘날에는 행정에 대한 개념 해석이 계속 확대되고 있다.

해설 ④ 통제전략은 권력을 대상으로 하고, 분권화를 추구하는 것이다. 이는 부하에 대한 통제(내부규제)를 줄이고 재량을 부여하되 결과를 통한 책임확보를 강조한다. 행정개념이 기능개념이기 때문에 기능 변화와 다양화에 따라 여러 시각으로 설명될 수 있다.
① 행정은 환경과 밀접한 관계 속에서 이루어진다.
② 행정의 개념은 한마디로 정의할 수 없을 만큼 다양하다.
③ 행정에 대한 연구대상의 선택이나 연구방법의 변화에 따라 다르게 이해되어 왔다.
⑤ 행정의 영역이 확대되는 만큼 행정에 대한 개념 해석이 계속 확대되고 있다.

Answer

01. ③	02. ④	03. ⑤	04. ⑤	05. ④	06. ①	07. ①	08. ①	09. ②	10. ⑤
11. ⑤	12. ①	13. ②,⑤	14. ②	15. ③	16. ③	17. ④	18. ③	19. ②	20. ②
21. ①	22. ④	23. ③	24. ④	25. ④					

제9회 행정사 행정학개론

[2021. 5. 29. 실시]

01 행정이 국가발전이라는 목표를 달성하기 위해 정치를 비롯하여 경제 · 사회의 변동을 주도해 나가야 한다는 행정학설은?

① 행정관리설
② 행정목적실현설
③ 행정행태설
④ 발전기능설
⑤ 법함수설

> **해설** ④ 발전기능설, 즉 발전행정론은 행정부 주도의 국가발전 현상을 설명한 이론이다(정치행정새일원론 · 행정우위론).
> ① 행정관리설: 능률적인 관리 및 집행을 달성하기 위한 원리를 발견하려는 관리 패러다임
> ③ 행정행태설: 인간의 의사결정에 영향을 미치는 원인을 탐구해서 보편적 이론을 발견하려는 접근방법
> ※ 참고: 행정법학적 행정개념에 대한 학설
>
> - 행정목적실현설(국가목적실현설): 행정이란 법의 테두리 안에서 법의 규제를 받으면서 국가목적을 실행하는 지속적인 국가활동
> - 법함수설: 행정이란 법률이 정한 바에 따라 그 기능이 변하기 때문에 행정의 선험적 개념을 부정 → 행정과 법은 함수관계
> - 삼권분립적 공제설: 사법도 입법도 아닌 나머지의 모든 국가기능

02 미국 행정학의 형성과 발달과정에 관한 설명으로 옳지 않은 것은?

① 1883년 제정된 펜들턴법(Pendleton Act)에 의해 엽관제 인사제도가 도입되었다.
② 1887년 윌슨(W. Wilson)은 "행정의 연구(The Study of Administration)"에서 행정의 본질을 관리로 파악하였다.
③ 1920년대에서 1930년대에 걸쳐 능률에 기초한 관리를 주장하는 정통 행정학의 모습을 갖추게 되었다.
④ 1930년대 이후 등장한 정치행정일원론은 행정의 정책형성 기능을 중시하였다.
⑤ 1940년대 이후 행태주의는 행정학의 과학화를 위하여 사실판단적인 것만을 연구대상으로 삼았다.

> **해설** ① 1883년 제정된 펜들턴법(Pendleton Act)에 의해 실적제 인사제도가 도입되었다.
> ② 1887년 윌슨(W. Wilson)은 "행정의 연구(The Study of Administration)"에서 행정의 본질을 능률적인 관리로 파악하였다.
> ③ 1920년대에서 1930년대 초기에 걸쳐 능률에 기초한 관리를 주장하는 정통 행정학, 즉 주류행정학의 모습을 갖추게 되었다.
> ④ 1930년대 이후 등장한 정치행정일원론은 행정부가 어느 정도의 정책형성을 할 수 있음을 인정한다.
> ⑤ 1940년대 이후 행태주의는 행정학의 과학성, 즉 보편적 지식을 탐구하기 위해 사실판단적인 것만을 연구대상으로 삼았다.

03 행정이론에 관한 설명으로 옳지 않은 것은?

① 신행정론은 관료들이 정책결정을 해야만 한다는 적극적 정치행정일원론을 주장한다.

② 공공선택이론은 집권적 관료제가 공공서비스를 제공하는 데 있어서 유일한 최선의 방안은 아니라고 한다.

③ 포스트모더니즘 행정이론은 사회적 맥락에 대한 고려 없이 보편적 이론을 발견하고자 하는 실증주의를 배격한다.

④ 신공공관리론은 고객의 개인적 이익이 아닌 시민 전체로서의 공익에 대한 책임성과 대응성을 강조한다.

⑤ 신제도주의 이론은 제도가 개인행위를 제약하지만, 개인 간 상호작용의 결과로 제도가 변화될 수도 있다고 본다.

해설 ④ 신공공관리론은 시민이 아닌 고객의 만족을 위한 대응성을 강조한다.
① 신행정론은 사회문제 해결을 위해 관료들이 정책결정을 해야만 한다는 적극적 정치행정일원론을 주장한다.
② 공공선택이론은 집권적 관료제가 사익추구를 촉진하는 바 공공서비스를 제공하는 데 있어서 유일한 최선의 방안은 아니라고 한다.
③ 포스트모더니즘 행정이론은 다양성을 강조하는 까닭에 사회적 맥락에 대한 고려 없이 보편적 이론을 발견하고자 하는 실증주의를 배격한다.
⑤ 신제도주의 이론에서 제도는 독립변수이면서, 종속변수이다.

04 신공공서비스론에 관한 설명으로 옳은 것은?

① 행정의 민주성보다는 시장논리에 따라 생산성이나 효율성을 강조한다.

② 관료는 사회문제를 해결하는 과정에서 협상과 중재 기능을 담당한다.

③ 공익을 행정활동으로 생성되는 부산물로 간주한다.

④ 기업가적 목표달성을 위한 광범위한 행정재량을 인정한다.

⑤ 상명하복하는 관료적 조직구조와 고객에 대한 규제와 통제를 선호한다.

해설 ② 신공공서비스론에서 공익은 담론의 결과이다. 즉, 공익은 시민이 정하므로 관료는 사회문제를 해결하는 과정에서 협상과 중재 기능을 담당한다.
①④ NPM(신공공관리론)에 대한 내용이다.
③ 신공공서비스론은 공익을 행정의 궁극적 목적으로 간주한다.

05 내부고발에 관한 설명으로 옳지 않은 것은?

① 내부고발의 대상은 일반적으로 조직 내에서 행해진 비윤리적 행위이다.

② 내부고발의 대상이 되는 문제를 조직 내에서 해결할 장치가 없거나 제대로 작동되지 않을 때 주로 일어난다.

③ 내부고발은 조직 내부의 비리를 대외적으로 폭로하는 외부적 행위이다.

④ 내부고발제 실시로 조직 내에서 부패에 대한 경각심 확대와 부패 억제 효과가 기대된다.

⑤ 현재 우리나라에는 내부고발자를 보호하는 관련 법률이 없다.

해설 ⑤ 현재 우리나라에는 공익신고자보호법, 부패방지권익위법에서 내부고발자 제도를 명시하고 있다.

06 행정통제의 유형 중 외부통제에 해당하지 않는 것은?

① 입법부에 의한 통제
② 사법부에 의한 통제
③ 시민참여에 의한 통제
④ 이익집단에 의한 통제
⑤ 계층제 및 인사관리제도를 통한 통제

해설 ⑤ 계층제 및 인사관리제도는 내부통제 수단에 해당한다.

※ Gilbert의 행정통제 유형

구분	외부	내부

공식적	• 입법부 : 국정감사 등
	• 사법부 : 행정명령 위법 여부 심사 등
	• 옴부즈만
	• 헌법재판소 : 권한쟁의 심판 등
	• 국가인권위원회(행정부 소속×)
		• 계층제(명령체계) 및 인사제도
		• 감사원 : 직무감찰 등
		• 국민권익위원회
		• 청와대, 국무총리실, 국무조정실
		• 중앙행정부처
		• 교차기능조직 및 독립통제기관
		• 기타 제도
		  – 예산통제(예 총액배분자율편성)
		  – 인력의 정원통제(예 총액인건비)
		  – 정부업무평가 등

비공식적	※ 민중통제 • 시민(국민) : 시민의 선거권·국민투표권 등 • 시민단체 및 이익집단의 요구 • 여론, 매스컴(언론), 정당 등	• 동료집단 • 직업윤리(소명심, 공익가치, 윤리적 책임의식 등) • 대표관료제 : 공무원 간 견제와 균형 • 공무원노동조합

07 정책평가에 관한 설명으로 옳지 않은 것은?

① 총괄평가는 정책집행이 이루어지는 과정을 평가하는 활동으로 형성평가라고도 한다.
② 정책평가의 외적 타당성은 정책평가 결과의 일반화 가능성을 의미한다.
③ 정책평가의 내적 타당성은 정책이 집행된 이후에 나타나는 변화가 정책에 기인한 것인지, 다른 요인 때문인지를 밝히는 것과 관련된다.
④ 정책평가의 신뢰도는 동일한 측정도구를 반복해서 사용했을 때 동일한 결과를 얻을 확률을 의미한다.
⑤ 정책평가의 내적 타당성을 저해하는 요인으로 선정요인, 성숙요인, 역사요인 등을 들 수 있다.

해설 ① 과정평가는 정책집행이 이루어지는 과정을 평가하는 활동으로 형성평가라고도 한다. 총괄평가는 정책집행이 종료된 후에 정책이 의도한 목적, 정책의 성과나 효과를 평가하는 것이다.
② 정책평가의 외적 타당성은 특정 실험에서 얻은 지식의 일반화 가능성을 의미한다.
③ 정책평가의 내적 타당성은 정확한 인과관계의 정도를 뜻한다.
④ 정책평가의 신뢰도는 측정의 일관성을 의미한다.
⑤ 정책평가의 내적 타당성을 저해하는 요인으로 선정요인, 상실요인, 회귀인공요인, 성숙요인, 역사요인 등을 들 수 있다.

08 정책의제설정에 관한 설명으로 옳지 않은 것은?

① 공중의제는 사회문제 혹은 사회적 쟁점이 한 단계 더 나아가 일반 공중의 주목을 받게 된 의제를 말한다.

② 외부주도형은 공중의제화를 억제하기 때문에 일종의 음모형에 해당한다.

③ 동원형은 사회문제가 정부의제로 먼저 채택되고, 정부의 의도적인 노력에 의해서 공중의제로 확산되는 경우를 말한다.

④ 내부접근형은 선진국의 경우, 특수 이익집단이 비밀리에 정부의 혜택을 보려는 외교·국방정책 등에서 주로 나타난다.

⑤ 위기나 재난 등 극적 사건은 사회문제를 정부의제화 시키는 점화장치에 해당된다.

해설 ② 내부접근형은 공중의제화를 억제하기 때문에 일종의 음모형에 해당한다. 외부주도형은 국민에 의해 정책의제가 채택되는 현상을 설명한 모형이다.
① 공중의제는 사회문제 혹은 사회적 쟁점이 한 단계 더 나아가 일반 공중의 주목을 받게 되어 정부가 해결할 수 있는 정당성을 얻은 의제이다.
③ 동원형은 사회문제가 정부의제로 먼저 채택되고, 정부의 의도적인 노력으로 해당 문제가 일반·공중의 주목을 받게 되는 것이다. 즉, 행정PR을 통해 공중의제로 확산되는 경우를 말한다.
④ 내부접근형은 일반적으로 국민을 무시하는 정부에서 발생한다. 그러나 선진국의 경우, 특수 이익집단이 비밀리에 정부의 혜택을 보려는 외교·국방정책 등에서 나타날 수 있다.
⑤ 위기나 재난 등 극적 사건이 발생하게 되면 기존의 사회문제를 정부가 해결하겠다고 밝히는 경우가 있다.

09 다음 내용과 밀접한 관련이 있는 정책대안의 미래예측 기법은?

- 선택적 익명
- 식견 있는 다수의 참여
- 양극화된 통계처리
- 구조화된 갈등유도

① 시계열분석기법 ② 시뮬레이션
③ 정책델파이 ④ 교차영향분석
⑤ 실현가능성분석

해설 ③ 제시문은 정책델파이에 대한 내용이다.
※ 정책델파이: 정책에 대한 전문가 혹은 이해관계자가 초기에는 익명성을 보장하는 델파이 방법을 사용하다가 2차로 공개적인 토론을 하는 기법(선택적 익명성) → 공개토론 과정에서 의견 차이가 드러나도록 유도
※ 델파이 기법과 정책델파이 기법 비교

구분	델파이 기법 (전통적 델파이)	정책델파이 기법
개념	• 일반문제에 대한 예측 • 정책문제에 대한 예측도 가능	정책문제에 대한 예측
응답자	동일영역의 일반전문가	정책전문가 및 이해관계자 등 → 이해관계자가 개입할 경우 가치판단의 개입 가능
익명성	철저한 익명성	선택적 익명성 – 초기에는 익명을 보장하고 추후 공개토론 실시
합의	견해의 합의 도출 (의견일치 유도) → 일반적인 통계처리	구조화된 갈등(유도된 의견대립) → 의견차이를 부각시키는 양극화된 통계처리
공통점	양자 모두 주관적인 미래 예측기법이고 다수의 응답자를 대상으로 하며, 반복적인 설문조사(결과의 환류 포함) 실시 후 통계처리 과정을 거침	

10 정책집행연구 중 하향적 접근방법에 관한 설명으로 옳지 않은 것은?

① 집행에 영향을 주는 집행관료와 이해관계집단 등 다양한 행위자들의 생각과 상호작용을 현장감 있게 분석할 수 있다.

② 정책집행을 정책결정과정에서 채택된 정책목표를 달성하는 과정으로 본다.

③ 바람직한 정책집행이 일어날 수 있는 규범적 처방을 정책결정자에게 제시해주는 데 관심을 갖는다.

④ 유능하고 헌신적인 관료가 집행을 담당하여야 효과적인 정책집행이 가능하다고 한다.

⑤ 효과적인 정책집행을 위하여 조직화된 이익집단, 강력한 리더십 등이 있어야 한다고 한다.

해설 ① 집행현장의 현장감을 상세히 분석할 수 있는 것은 상향식 접근에 해당한다.
②, ③, ④ 하향식 접근은 정책결정자가 구체적인 정책목표를 정한 뒤, 집행현장에 대한 데이터를 바탕으로 정책목표를 달성하기 위한 최선의 정책을 결정하고 이를 집행하는 현상을 설명한 모형이다. → 하향식에서 집행자는 결정자가 정한 정책을 헌신적으로(기계적으로) 수행
⑤ 하향식 접근에서는 효과적인 정책집행을 위하여 정책을 지지하는 조직화된 이익집단, 강력한 리더십 등이 있어야 한다고 한다.

11 허즈버그(F. Herzberg)의 동기·위생 2요인이론에 관한 설명으로 옳은 것은?

① 인간의 욕구를 계층적 구조로 나누어 설명한다.

② 하위계층의 욕구가 충족되어야 상위계층의 욕구가 나타나기 시작한다.

③ 모든 욕구는 충족되면 동기부여로 이어진다.

④ 동기요인에는 보수, 신분보장, 작업조건, 대인관계 등이 포함된다.

⑤ 위생요인은 주로 생리적 욕구, 안전욕구 등을 만족시키는 요인들이다.

해설 ⑤ 위생요인은 주로 하위욕구, 즉 생리적 욕구, 안전욕구 등을 만족시키는 요인이다.
① 인간의 욕구를 계층적 구조로 나누어 설명하는 것은 머슬로우, 앨더퍼 등이다.
② 머슬로우나 앨더퍼 등에 따르면 하위계층의 욕구가 충족되어야 상위계층의 욕구가 나타나기 시작한다.
③ 허즈버그에 따르면 동기요인을 충족하면 동기부여로 이어진다(위생요인은 불만족 감소).
④ 위생요인에는 보수, 신분보장, 작업조건, 대인관계 등이 포함된다.

12 인간관계론에 관한 설명으로 옳지 않은 것은?

① 비공식적 집단의 역할을 강조한다.

② 메이요(E. Mayo)의 호손(Hawthorne) 실험은 인간관계론의 형성에 영향을 주었다.

③ 인간을 생존에 대한 기본적인 욕구에 의해 동기 부여되는 것으로 본다.

④ 과학적 관리론과 마찬가지로 생산성 향상을 추구한다.

⑤ 작업환경이나 물리적 조건보다 조직구성원의 사회심리적 요인을 중시한다.

해설 ③ 인간주의에서 인간은 사회심리적인 존재이다. 즉, 능동적인 자아실현을 통해 심리적 만족감이 생기면 열심히 일할 수 있다. 인간을 생존에 대한 기본적인 욕구에 의해 동기 부여되는 존재로 간주하는 것은 과학적 관리론이다.
① 인간주의는 조직 내 친한 집단 등, 즉 비공식적 집단의 역할을 강조한다.
② 메이요(E. Mayo)의 호손(Hawthorne) 실험은 조직관리에 있어서 비공식적 요인을 강조하는 계기가 되었으며, 이는 인간관계론의 형성에 영향을 주었다.
④ 인간주의는 과학적 관리론과 마찬가지로 생산성 향상을 추구한다. 다만 양자는 생산성을 제고하기 위한 방법에 차이가 있다.
⑤ 인간주의는 작업환경이나 물리적 조건보다 조직구성원의 사회심리적 요인과 같은 비공식 요인을 중시한다.

13 관료제의 특징으로 옳지 않은 것은?

① 분업구조
② 계층구조
③ 문서화된 법규
④ 실적주의
⑤ 정의적(personal) 업무 처리

해설 ⑤ 관료제는 비정의적(Impersonal)업무 처리를 특징으로 한다.
① 분업구조 : 능률적인 업무처리를 위한 분업을 강조한다.
② 계층구조 : 집권적 의사결정구조를 통한 상명하복을 강조한다.
③ 문서화된 법규 : 조직 내 규칙을 문서화하고, 이를 바탕으로 조직을 규율한다.
④ 실적주의 : 조직 내 충원 및 승진은 조직이 법으로 규정한 전문적인 자격을 참고(실적주의적 성격)한다. 즉, 전문지식과 기술을 가진 관료가 모든 직무를 담당하며, 이들은 시험 또는 자격증 등에 의해 공개적으로 채용된다. 나아가 조직에서의 승진은 연공서열(이념적 관료제에서 승진을 위한 자격에 해당)을 통해 이루어진다.

14 행정조직에 관한 설명으로 옳은 것은?

① 위원회 조직은 결정권한의 최종 책임이 기관장 한 사람에게 집중되어 있는 조직이다.
② 방송통신위원회, 공정거래위원회와 같은 행정위원회는 결정권한을 갖고 있으며 집행까지 책임을 진다.
③ 책임운영기관은 중앙통제 중심의 관료제적 성격을 갖는 조직으로 실제 일을 맡아 집행하는 사람들에게 재량권을 부여하지 않는다.
④ 책임운영기관은 수익성보다는 정부기능이 갖고 있는 공익성만을 강조하며, 효율성보다는 사회적 형평성을 관리의 주요 가치로 삼는다.
⑤ 애드호크라시는 현대의 복잡하고 불확실한 환경에서 발생하는 문제에 신속하게 대응하지 못한다.

해설 ② 방송통신위원회, 공정거래위원회, 금융위원회와 같은 행정위원회는 결정권한을 갖고 있으며 집행까지 책임을 진다.
① 위원회 조직은 분권적인 조직이므로 결정권한의 최종 책임이 기관장 한 사람에게 집중되어 있지 않다.
③ 책임운영기관은 책임운영기관장에게 운영상의 자율성을 부여하되, 성과에 대한 책임을 지우는 조직이다.
④ 책임운영기관은 공공성 및 수익성을 모두 고려한다. 따라서 효율성과 더불어 사회적 형평성도 중시한다.
⑤ 애드호크라시는 유기적인 구조이므로 현대의 복잡하고 불확실한 환경에서 발생하는 문제에 신속하게 대응할 수 있다.

15 인사행정제도에 관한 설명으로 옳지 않은 것은?

① 실적제는 개인의 객관적인 능력·자격·성적을 기준으로 공무원을 임용하는 제도이다.
② 직업공무원제도는 계급제, 일반능력자 중심의 임용, 신분보장 등을 토대로 한다.
③ 계급제는 직무를 기준으로 직무의 난이도와 책임도에 따라 직위를 분류하는 제도이다.
④ 엽관제는 정당에 대한 공헌도와 충성심에 입각하여 공무원을 임용하는 제도이다.
⑤ 대표관료제는 국민에 대한 대응성과 공직 임용의 사회적 형평성을 제고시키려는 목적을 지닌 제도이다.

해설 ③ 직위분류제는 직무를 기준으로 직무의 난이도와 책임도에 따라 직위를 분류하는 제도이다. 계급제는 사람의 일반적인 특성을 토대로 계급을 부여하여 직위를 분류하는 제도이다.
① 실적제는 시험의 성적 등 개인의 객관적인 능력·자격을 기준으로 공무원을 임용하는 제도이다.
② 직업공무원제도는 계급제, 일반능력자 중심의 임용, 신분보장(정년보장) 등을 토대로 한다.
④ 엽관제는 정당에 대한 공헌도와 충성심에 입각하여 공무원을 임용하는 제도로서 잭슨 대통령이 공직개방 차원에서 1829년에 공식적으로 도입하였다.
⑤ 대표관료제는 국민에 대한 민주성·대응성과 공직임용의 사회적 형평성을 제고(사회 내 모든 계층 임용)시키려는 목적을 지닌 제도이다.

16 국가공무원법상 우수 공무원으로 특별승진임용하거나 일반 승진시험에 우선 응시하게 할 수 있는 경우에 해당하지 않는 것은?

① 청렴하고 투철한 봉사 정신으로 직무에 모든 힘을 다하여 공무 집행의 공정성을 유지하고 깨끗한 공직사회를 구현하는 데에 다른 공무원의 귀감이 되는 자
② 공무원으로 10년 이상 근속하고, 정년 전에 스스로 퇴직할 때
③ 직무수행 능력이 탁월하여 행정 발전에 큰 공헌을 한 자
④ 제안제도의 운영에 있어서 제안의 채택·시행으로 국가 예산을 절감하는 등 행정운영 발전에 뚜렷한 실적이 있는 자
⑤ 재직 중 공적이 특히 뚜렷한 자가 공무로 사망한 때

해설 ②는 특별승진 등에 해당하는 사유가 아니다.

> **국가공무원법 제40조의4【우수 공무원 등의 특별승진】**
> ① 공무원이 다음 각 호의 어느 하나에 해당하면 제40조 및 제40조의2에도 불구하고 특별승진임용하거나 일반 승진시험에 우선 응시하게 할 수 있다.
> 1. 청렴하고 투철한 봉사 정신으로 직무에 모든 힘을 다하여 공무 집행의 공정성을 유지하고 깨끗한 공직 사회를 구현하는 데에 다른 공무원의 귀감(龜鑑)이 되는 자
> 2. 직무수행 능력이 탁월하여 행정 발전에 큰 공헌을 한 자
> 3. 제53조에 따른 제안의 채택·시행으로 국가 예산을 절감하는 등 행정 운영 발전에 뚜렷한 실적이 있는 자
> 4. 재직 중 공적이 특히 뚜렷한 자가 제74조의2에 따라 명예퇴직할 때
>
> > **국가공무원법 제74조의2【명예퇴직 등】** ① 공무원으로 20년 이상 근속(勤續)한 자가 정년 전에 스스로 퇴직하면 예산의 범위에서 명예퇴직 수당을 지급할 수 있다.
>
> 5. 재직 중 공적이 특히 뚜렷한 자가 공무로 사망한 때

17 다음에서 설명하는 근무성적평정방법은?

> • 주요과업 분야별로 바람직한 행태의 유형 및 등급을 구분·제시한 뒤, 평정대상자의 행태를 관찰하여 해당 사항에 표시하게 하는 방법이다.
> • 척도의 설계과정에 평정대상자를 공동으로 참여하게 함으로써 평정에 대한 신뢰와 적극적인 관심을 기대할 수 있다.
> • 직무가 다르면 별개의 평정양식이 있어야 하는 등 개발에 많은 시간과 비용이 요구된다.

① 중요 사건 기록법
② 행태기준 평정척도법
③ 서열법
④ 목표관리제 평정법
⑤ 도표식 평정척도법

해설 제시문은 행태기준평정척도법에 대한 내용이다.
※ 행태기준평정척도법: 특정 평정요소에 대한 행동유형을 등급별로 구분한 뒤, 평정대상자의 행동을 관찰해서 해당 사항에 표시하는 방법이다. 행태기준평정척도법은 척도 설계과정에 피평정자가 참여하는 바 그의 신뢰와 관심, 참여를 기대할 수 있다. 또한 직무가 다르면 별개의 평정양식이 있어야 하는 까닭에 개발에 많은 시간과 비용이 요구된다.
✓ **평정대상자의 행태를 가장 대표할 수 있는 난에 체크 표시하여 주세요.**
✓ **평정요소 : 협동정신**

등급	행태유형
7	부하직원과 상세하게 대화를 나누고 그에 대한 해결방안을 내놓는다.
6	스스로 해결할 수 없는 문제는 상관에게 자문을 구하여 해결책을 찾는다.
5	스스로 해결하려고 노력하지만, 가끔 잘못된 결과를 초래한다.
4	일시적인 해결책으로 대응하여 문제가 계속 발생한다.
3	부하직원의 의사를 참고하지 않고 독단적으로 결정한다.
2	문제해결에 있어 개인적인 감정을 내세운다.
1	어떤 결정을 내려야 할 상황인데 결정을 회피하거나 미룬다.

① 중요 사건 기록법 : 평정대상자의 직무수행과 관련된 중요한 사건(행동)을 관찰하여 평정기간 동안 일시적으로 기록한 후 누적된 사건을 중심으로 평정하는 방법이다.
③ 서열법 : 피평정자 간의 근무성적을 서로 비교해서 서열을 정하는 방법이다.
④ 목표관리제 평정법 : 부하의 참여를 통해 구체적인 목표를 설정 후 목표달성 여부를 평가 및 환류하는 방법이다.
⑤ 도표식 평정척도법 : 근무성적평정에 있어 가장 대표적인 평정방법으로서 한편에는 실적·능력 등을 나타내는 평정요소(평가요소)를 나열하고, 다른 편에는 우열을 나타내는 등급을 수·우·미, 1·2·3 등으로 표시한다.

18 우리나라 예산과정에 관한 설명으로 옳은 것을 모두 고른 것은?

> ㄱ. 예산편성은 기획재정부가 예산안편성지침을 작성하고 각 중앙행정기관의 장에게 시달하여 중기사업계획서를 제출받으면서 시작한다.
> ㄴ. 정부예산안은 국무회의 심의와 대통령의 재가로 확정되고 회계연도 개시 120일 전까지 국회에 제출하여야 한다.
> ㄷ. 국회 예산결산특별위원회가 11월 30일까지 예산안 심사를 마치지 않으면 원칙적으로 그 다음 날에 위원회에서 심사를 마치고 바로 본회의에 부의된 것으로 본다.
> ㄹ. 국회에서 예산안이 통과되는 즉시 각 중앙행정기관장은 원칙적으로 기관의 전체 예산을 배정받아 관련 집행 부서에서 바로 집행할 수 있다.

① ㄱ, ㄴ
② ㄱ, ㄷ
③ ㄴ, ㄷ
④ ㄴ, ㄹ
⑤ ㄷ, ㄹ

해설 ㄴ. 정부예산안은 국무회의 심의와 대통령의 재가로 확정되고 회계연도 개시 120일 전까지 국회에 제출하여야 한다.
국가재정법 제33조【예산안의 국회제출】 정부는 제32조의 규정에 따라 대통령의 승인을 얻은 예산안을 회계연도 개시 120일 전까지 국회에 제출하여야 한다.

ㄷ. 국회 예산결산특별위원회가 11월 30일까지 예산안 심사를 마치지 않으면 원칙적으로 그 다음 날에 위원회에서 심사를 마치고 바로 본회의에 부의된 것으로 본다.

국회법 제85조의3 【예산 등의 본회의 자동 부의 등】 ① 위원회는 예산안, 기금운용계획안, 임대형 민자사업 한도액안(이하 "예산안등"이라 한다)과 제4항에 따라 지정된 세입예산안 부수 법률안의 심사를 매년 11월 30일까지 마쳐야 한다. ② 위원회가 예산안등과 제4항에 따라 지정된 세입예산안 부수 법률안에 대하여 제1항에 따른 기한까지 심사를 마치지 아니하였을 때에는 그 다음 날에 위원회에서 심사를 마치고 바로 본회의에 부의된 것으로 본다.

ㄱ. 예산편성은 각 중앙관서의 장이 중기사업계획서를 기재부장관에게 제출하고, 기재부장관이 예산안편성지침을 중앙관서의 장에게 통보하면서 시작된다.

ㄹ. 국회에서 예산안이 통과되면, 각 중앙관서의 장은 일정한 절차를 거친 뒤에 예산을 배정받을 수 있다.

국가재정법 제42조 【예산배정요구서의 제출】 각 중앙관서의 장은 예산이 확정된 후 사업운영계획 및 이에 따른 세입세출예산·계속비와 국고채무부담행위를 포함한 예산배정요구서를 기획재정부장관에게 제출하여야 한다.

국가재정법 제43조 【예산의 배정】 ① 기획재정부장관은 제42조의 규정에 따른 예산배정요구서에 따라 분기별 예산배정계획을 작성하여 국무회의의 심의를 거친 후 대통령의 승인을 얻어야 한다. ② 기획재정부장관은 각 중앙관서의 장에게 예산을 배정한 때에는 감사원에 통지하여야 한다.

19 특별회계제도에 관한 설명으로 옳은 것은?

① 예산집행부서의 재량을 억제하여 책임성을 제고시킨다.

② 예산단일의 원칙을 준수하는 데 유리하다.

③ 대통령령으로 설치된다.

④ 예산통일의 원칙이 적용되는 제도이다.

⑤ 예산제도가 복잡해지므로 국가재정의 통합적 관리를 어렵게 한다.

해설 ⑤ 특별회계를 신설하게 되면, 별도의 예산을 따로 확보해야 한다. → 따라서 특별회계는 국가재정의 통합적 관리를 어렵게 할 수 있다.
① 특별회계는 예산집행부서의 재량을 증대하여 책임성을 제고시킨다.
② 특별회계는 단일성 원칙의 예외이다.
③ 특별회계는 법률로 설치된다.
④ 특별회계는 통일성 원칙의 예외이다.

20 다음에서 설명하는 중앙·지방정부 간 사무배분의 원칙으로 옳은 것은?

• 기초지방정부가 할 수 있는 일을 상급 정부가 관여해서는 안 된다는 기초지방 정부 우선의 원칙이다.
• 중앙정부의 역할은 지방정부의 기능을 보완하는 측면에 국한해야 한다.

① 포괄성의 원칙

② 가외성의 원칙

③ 효율성의 원칙

④ 보충성의 원칙

⑤ 충분재정의 원칙

해설 ④ 제시문은 보충성의 원칙에 대한 내용이다.
①, ③

능률성(경제성)의 원칙	사무를 가장 능률적으로 수행할 수 있는 행정단위에 배분해야 한다는 원칙
포괄적 이양의 원칙 (포괄성의 원칙)	단편적인 지방이양의 문제점을 보완하기 위하여 포괄적으로 사무를 이양해야 한다는 원칙

② 가외성의 원칙 : 불확실성에 대비한 잉여장치를 마련해 두어야 한다는 원칙이다.
⑤ 충분재정의 원칙 : 지방세는 지방자치를 위한 충분한 금액이어야 한다는 원칙이다.

21 지방자치단체의 자치권에 관한 설명으로 옳은 것은?

① 자치권은 원칙적으로 해당 자치단체의 관할구역 안에 있는 재화·물자를 제외한 모든 사람에 포괄적으로 미친다.

② 국권설은 프랑스의 지방권 사상을 기초로 확립되었다.

③ 고유권설은 자치권을 인간의 자연권과 마찬가지로 본래적이고 침해할 수 없는 고유한 권리라고 본다.

④ 중앙정부의 전제적 군주정치가 대의제 민주정치로 대체됨에 따라 제도적 보장설의 논거가 매우 취약하게 되었다.

⑤ 제도적 보장설에서 보장이란 헌법으로 지방자치제도를 보장한다는 것이 아니라, 개별적인 지방정부의 존립을 보장한다는 것이다.

해설 ③ 고유권설은 주민자치에서 바라보는 자치권에 대한 관점이다. 이는 자치권을 인간의 자연권과 마찬가지로 본래적이고 침해할 수 없는 고유한 권리로 인식한다.

22 현재 우리나라의 지방재원에 관한 설명으로 옳은 것은?

① 지방교부세는 과세용도에 따라 보통세와 목적세로 나눈다.

② 세외수입은 재원의 성격상 의존재원이다.

③ 국고보조금은 재원의 성격상 자체재원이다.

④ 특정재원과 달리 일반재원은 지방자치단체가 어떠한 경비로도 자유롭게 지출할 수 있는 재원이다.

⑤ 지방세 수입에는 사용료, 수수료, 재산임대수입 등이 있다.

해설 ④ 특정재원은 용도가 정해진 재원이며, 일반재원은 지방자치단체가 어떠한 경비로도 자유롭게 지출할 수 있는 재원이다.

① 지방세는 과세용도에 따라 보통세와 목적세로 구분된다.
② 세외수입은 재원의 성격상 자주재원이다.
③ 국고보조금은 재원의 성격상 의존재원이다.
⑤ 세외수입에는 사용료, 수수료, 재산임대수입 등이 있다.

23 전자정부법상 (ㄱ)과 (ㄴ)에 들어갈 용어로 옳은 것은?

> • (ㄱ)(이)란 행정기관 등이 보유하고 있는 행정정보, 전자적 수단에 의하여 행정정보의 수집·가공·검색을 하기 쉽게 구축한 정보시스템, 정보시스템의 구축에 적용되는 정보기술, 정보화예산 및 정보화인력 등을 말한다.
>
> • (ㄴ)(이)란 전기통신기본법 제2조 제2호에 따른 전기통신설비를 활용하거나 전기통신설비와 컴퓨터 및 컴퓨터 이용기술을 활용하여 정보를 수집·가공·저장·검색·송신 또는 수신하는 정보통신체제를 말한다.
>
> ※ 전기통신기본법 제2조 제2호에 따른 전기통신설비라 함은 전기통신을 하기 위한 기계·기구·선로 기타 전기통신에 필요한 설비를 말한다.

① ㄱ: 정보자원　　　ㄴ: 정보통신망
② ㄱ: 정보자원　　　ㄴ: 정보기술아키텍처
③ ㄱ: 정보시스템 감리　ㄴ: 정보통신망
④ ㄱ: 정보시스템 감리　ㄴ: 정보기술아키텍처
⑤ ㄱ: 정보기술아키텍처　ㄴ: 정보통신망

해설 ① 전자정부법【제2조(정의)】이 법에서 사용하는 용어의 뜻은 다음과 같다.
10. "정보통신망"이란 「전기통신기본법」 제2조 제2호에 따른 전기통신설비를 활용하거나 전기통신설비와 컴퓨터 및 컴퓨터 이용기술을 활용하여 정보를 수집·가공·저장·검색·송신 또는 수신하는 정보통신체제를 말한다.
11. "정보자원"이란 행정기관 등이 보유하고 있는 행정정보, 전자적 수단에 의하여 행정정보의 수집·가공·검색을 하기 쉽게 구축한 정보시스템, 정보시스템의 구축에 적용되는 정보기술, 정보화예산 및 정보화인력 등을 말한다.

12. "정보기술아키텍처"란 일정한 기준과 절차에 따라 업무, 응용, 데이터, 기술, 보안 등 조직 전체의 구성요소들을 통합적으로 분석한 뒤 이들 간의 관계를 구조적으로 정리한 체제 및 이를 바탕으로 정보화 등을 통하여 구성요소들을 최적화하기 위한 방법을 말한다.

14. "정보시스템 감리"란 감리발주자 및 피감리인의 이해관계로부터 독립된 자가 정보시스템의 효율성을 향상시키고 안전성을 확보하기 위하여 제3자의 관점에서 정보시스템의 구축 및 운영 등에 관한 사항을 종합적으로 점검하고 문제점을 개선하도록 하는 것을 말한다.

※ 참고 : 감리는 감독 및 관리를 뜻한다.

24 행정개혁의 접근방법 중 조직의 상징체계, 신화, 의례를 바꾸고 그에 따라 조직구성원의 행동양식과 관행 그리고 신념을 혁신하고자 하는 것은?

① 구조적 접근방법　② 과정적 접근방법
③ 기술적 접근방법　④ 조직문화 접근방법
⑤ 행태적 접근방법

[해설] ④ 문화는 조직구성원이 형성한 비공식적인 제도이다. 문제에서는 이를 '상징체계, 신화, 의례'로 표현하고 있다.

구조적 접근	• 기능중복의 제거, 책임의 재규정, 조정 및 통제절차 개선, 표준절차 간소화, 의사전달체계 및 의사결정권 수정, 분권화 전략(권한의 재조정) 등 • 통솔범위의 조정, 명령계통의 수정, 작업집단 재설계 등
행태적 접근법 : 인간 관계적 접근	• 개혁의 초점을 인간의 행동에 두면서 구성원의 신념 및 가치관, 행태를 의도적으로 변화시켜 행정체제의 변화를 유도하는 접근법으로서 집단토론, 감수성 훈련 등 조직발전(OD : Organizational Development)과 같은 행태과학의 지식과 기법을 활용 • 아울러 조직의 목표와 개인의 목표를 일치시켜(인간관계론) 능동적으로 일하도록 행동의 변화를 유도

과정적 접근법 : 관리 · 기술적 접근	• 행정체제 내의 과정 또는 일의 흐름을 개선하려는 접근으로서 조직 내 운영과정을 수정하는 것 → 이를 위해 BPR(리엔지니어링), TQM(총체적 품질관리) 등을 활용 • 관리과학 즉, 과학적 관리에 기초하여 행정이 수행하는 절차나 과정, 행정전산망 등 기술이나 장비 및 수단의 개선으로 행정의 성과 향상 유도
문화론적 접근	행정체제의 보다 근본적인 개혁을 성취하기 위해 행정문화를 개혁하는 접근법
사업(산출) 중심적 접근	정책목표와 내용 및 소요 자원에 초점 → 행정활동의 목표를 개선하고 행정(서비스)의 양과 질을 개선하려는 접근법
통합적(종합적) 접근	개혁대상의 구성요소를 포괄적으로 관찰하고 여러 가지 분화된 접근방법을 통합하여 해결방안을 탐색하는 것

25 우리나라의 행정개혁에 관한 설명으로 옳지 않은 것은?

① 제2공화국에서는 경찰중립화를 위해 공안위원회와 감찰위원회가 구성 · 운영되었다.
② 제3공화국의 행정개혁은 행정개혁조사위원회에 의해 추진되었다.
③ 제4공화국의 행정개혁은 서정쇄신운동의 일환으로 전개되었다.
④ 김영삼정부에서는 행정절차법과 공공기관의 정보공개에 관한 법률을 제정해 행정의 투명성을 제고하고자 하였다.
⑤ 김대중정부에서는 행정개혁을 위해 정부혁신추진위원회를 설치하였다.

[해설] ① 제2공화국에서는 경찰중립화를 위해 감찰위원회가 구성 · 운영되었다.

Answer
01. ④　02. ①　03. ④　04. ②　05. ⑤　06. ⑤　07. ①　08. ②　09. ③　10. ①
11. ⑤　12. ③　13. ⑤　14. ②　15. ③　16. ②　17. ②　18. ③　19. ⑤　20. ④
21. ③　22. ④　23. ①　24. ④　25. ①

부록 제10회 행정사 행정학개론

[2022. 5. 28. 실시]

01 지방자치에 관한 설명으로 옳지 않은 것은?

① 지방자치의 본질적 의미는 지역주민이 그 지역의 제반 문제를 스스로 결정하고 처리하는 것이다.

② 지방자치는 정치적 활동과는 무관하며 공공행정의 가치를 중시한다.

③ 지방자치는 지방분권을 전제로 하며, 주민참여는 '풀뿌리 민주주의' 원리를 구현한다.

④ 지방자치단체라는 공법인을 통해 주민에게 필요한 주요 정책의 실험장 역할을 한다.

⑤ 지역 특성에 맞는 행정과 정책을 통해 행정의 능률성과 책임성을 확립한다.

> 해설 ② 지방자치는 지역주민의 견해를 반영하기 때문에 정치적 활동과 관련성이 있다.
> ① 지방자치의 본질적 의미는 주민의 권리를 바탕으로 지역주민이 그 지역의 제반 문제를 스스로 결정하고 처리하는 것이다.
> ③ 지방자치는 지방분권을 전제로 하며, 주민참여는 지역주민의 견해를 반영하는 수단이 된다.
> ④ 자치경찰체는 제주도에서 먼저 집행된 제도이다.
> ⑤ 지방자치는 지역 주민의 요청에 민감하게 반응할 수 있다.

02 정부가 회계연도 개시 120일 전까지 국회에 제출하는 예산안의 구성요소가 아닌 것은?

① 예산총칙
② 세입세출예산
③ 계속비
④ 명시이월비
⑤ 국가결산보고서

> 해설 ⑤ 아래의 조항 참고

> **국가재정법 제19조【예산의 구성】** 예산은 예산총칙·세입세출예산·계속비·명시이월비 및 국고채무부담행위를 총칭한다.

03 우리나라 근무성적평가의 대상이 되는 공무원은?

① 정무직 공무원
② 고위공무원단 소속 공무원
③ 3급 이상 별정직 공무원
④ 4급 이상 공무원
⑤ 5급 이하 공무원

> 해설 ⑤ 근무성적평가 대상 공무원은 5급 이하 공무원이다.

> **공무원 성과평가 등에 관한 규정 제12조【근무성적평가의 대상】** 5급 이하 공무원, 우정직공무원, 「연구직 및 지도직공무원의 임용 등에 관한 규정」 제9조에 따른 연구직 및 지도직공무원에 대한 근무성적평정은 근무성적평가에 의한다.

※참고

> **공무원 성과평가 등에 관한 규정 제7조【평가 대상】** 4급 이상 공무원(고위공무원단에 속하는 공무원을 포함한다)과 연구관·지도관 및 전문직공무원에 대한 근무성적평정은 성과계약등 평가에 의한다. 다만, 소속 장관은 5급 이하 공무원 및 우정직공무원 중 성과계약등 평가가 적합하다고 인정하는 공무원에 대해서도 성과계약등 평가를 실시할 수 있다.

04 우리나라 지방자치단체의 유형과 특징에 관한 설명으로 옳지 않은 것은?

① 지방자치단체에는 특별시, 광역시, 도, 특별자치도, 특별자치시와 시·군·구(자치구)가 포함된다.

② 두 개 이상의 지방자치단체가 특정한 목적을 위하여 법인으로서의 특별지방자치단체를 설치할 수 있다.

③ 특별시, 광역시 및 특별자치시가 아닌 인구 100만 이상의 시는 특례시 명칭을 부여받고 자치구를 둔다.

④ 모든 지방자치단체는 법령의 범위를 벗어나 사무 처리와 조례 제정을 할 수 없다.

⑤ 특별시·광역시 또는 특별자치시가 아닌 인구 50만 이상의 시는 자치구가 아닌 구를 둘 수 있다.

해설 ③ 특별시, 광역시 및 특별자치시가 아닌 인구 100만 이상의 시는 특례시 명칭을 부여받는다(자치구 설치 ×).

지방자치법 제198조【대도시 등에 대한 특례 인정】 ① 서울특별시·광역시 및 특별자치시를 제외한 인구 50만 이상 대도시의 행정, 재정 운영 및 국가의 지도·감독에 대해서는 그 특성을 고려하여 관계 법률로 정하는 바에 따라 특례를 둘 수 있다.

② 제1항에도 불구하고 서울특별시·광역시 및 특별자치시를 제외한 다음 각 호의 어느 하나에 해당하는 대도시 및 시·군·구의 행정, 재정 운영 및 국가의 지도·감독에 대해서는 그 특성을 고려하여 관계 법률로 정하는 바에 따라 추가로 특례를 둘 수 있다.

1. 인구 100만 이상 대도시(이하 "특례시"라 한다)
2. 실질적인 행정수요, 국가균형발전 및 지방소멸위기 등을 고려하여 대통령령으로 정하는 기준과 절차에 따라 행정안전부장관이 지정하는 시·군·구

① 우리나라 지방자치단체에는 광역지방자치단체인 특별시, 광역시, 도, 특별자치도, 특별자치시와 기초지방자치단체인 시·군·구(자치구)가 있다.

② 두 개 이상의 지방자치단체가 특정한 목적을 위하여 법인으로서의 특별지방자치단체를 설치할 수 있다.

지방자치법 제199조【설치】 ① 2개 이상의 지방자치단체가 공동으로 특정한 목적을 위하여 광역적으로 사무를 처리할 필요가 있을 때에는 특별지방자치단체를 설치할 수 있다. 이 경우 특별지방자치단체를 구성하는 지방자치단체(이하 "구성 지방자치단체"라 한다)는 상호 협의에 따른 규약을 정하여 구성 지방자치단체의 지방의회 의결을 거쳐 행정안전부장관의 승인을 받아야 한다.

④ 모든 지방자치단체는 법령의 범위 내에서 사무 처리와 조례 제정을 해야 한다.

⑤ 특별시·광역시 또는 특별자치시가 아닌 인구 50만 이상의 시는 자치구가 아닌 구를 둘 수 있다.

지방자치법 제3조【지방자치단체의 법인격과 관할】 ③ 특별시·광역시 또는 특별자치시가 아닌 인구 50만 이상의 시에는 자치구가 아닌 구(예 경기도 수원시 팔달구)를 둘 수 있고, 군에는 읍·면을 두며, 시와 구(자치구를 포함한다)에는 동을, 읍·면에는 리를 둔다.

05 우리나라 지방자치제도에 있어서 주민의 권리에 관한 내용으로 옳지 않은 것은?

① 주민 A씨(30세)는 자신이 살고 있는 지역의 지방자치단체 발전과 운영에 기여할 수 있다.

② ○○시 주민 B씨(20세)는 청년일자리 창출에 관한 조례의 필요성에 따라 요건을 갖추어 ○○시 조례의 제정을 청구하였다.

③ 지방자치단체 외국인등록대장에 등록된 베트남 국적 C씨(45세)는 국내에 영주할 수 있는 체류자격 취득일 후 현재 3년이 지났지만, 외국인이기 때문에 지방자치단체의 위법행위에 대한 감사를 청구할 수 없다.

④ ○○시 비례대표 시의원의 심각한 불법행위 문제를 알고 있는 ○○시 주민 D씨(55세)는 주민소환 투표 청구를 위한 요건을 갖추더라도 주민소환권을 행사할 수 없다.

⑤ ○○시 주민 E씨(57세)는 시의 공금 지출에 관한 사항의 위법에 대해 감사청구한 자로서, 그 감사 결과에 불복하고 법적 요건을 갖추어 시장을 상대로 주민소송을 제기하였다.

해설 ③ 일정 자격을 갖춘 외국인은 감사를 청구할 수 있다.

지방자치법 제21조【주민의 감사 청구】 ① 지방자치단체의 18세 이상의 주민으로서 다음 각 호의 어느 하나에 해당하는 사람은 시·도는 300명, 제198조에 따른 인구 50만 이상 대도시는 200명, 그 밖의 시·군 및 자치구는 150명 이내에서 그 지방자치단체의 조례로 정하는 수 이상의 18세 이상의 주민이 연대 서명하여 그 지방자치단체와 그 장의 권한에 속하는 사무의 처리가 법령에 위반되거나 공익을 현저히 해친다고 인정되면 시·도의 경우에는 주무부장관에게, 시·군 및 자치구의 경우에는 시·도지사에게 감사를 청구할 수 있다.

2. 「출입국관리법」 제10조에 따른 영주(永住)할 수 있는 체류자격 취득일 후 3년이 경과한 외국인으로서 같은 법 제34조에 따라 해당 지방자치단체의 외국인등록대장에 올라 있는 사람

① 주민 A씨(30세)는 자신이 살고 있는 지역의 지방자치단체 발전과 운영에 기여할 수 있다.

지방자치법 제17조【주민의 권리】 ① 주민은 법령으로 정하는 바에 따라 주민생활에 영향을 미치는 지방자치단체의 정책의 결정 및 집행 과정에 참여할 권리를 가진다. ③ 주민은 법령으로 정하는 바에 따라 그 지방자치단체에서 실시하는 지방의회의원과 지방자치단체의 장의 선거(이하 "지방선거"라 한다)에 참여할 권리를 가진다.

② 조례제정·개폐청구권에 대한 내용이다.

지방자치법 제19조【조례의 제정과 개정·폐지 청구】 ① 주민은 지방자치단체의 조례를 제정하거나 개정하거나 폐지할 것을 청구할 수 있다.

④ 우리나라 주민소환제도는 비례대표를 소환할 수 없다.

지방자치법 제25조【주민소환】 ① 주민은 그 지방자치단체의 장 및 지방의회의원(비례대표 지방의회의원은 제외한다)을 소환할 권리를 가진다.

⑤ 주민소송 : 자치단체의 재무행위와 관련하여 감사를 청구한 주민이 감사의 결과에 불복이 있는 경우에 감사청구한 사항과 관련이 있는 위법한 행위나 업무를 게을리한 사실에 대해 해당 단체장을 상대방으로 법원에 재판을 청구하는 제도

06 행정학의 주요 이론에 관한 내용으로 옳지 않은 것은?

① 신제도주의론은 공식적 제도나 구조는 물론 비공식적 제도와 규범도 중요하게 강조한다.

② 행태주의 행정연구는 가치와 사실문제를 엄격하게 구분하고 자유와 평등의 가치를 연구대상에서 제외한다.

③ 체제이론은 행정현상을 여러 변수 중에서 환경을 포함해 거시적으로 접근한다.

④ 인간관계론은 조직목표 달성을 위해 생산성과 능률성에 기반을 둔 금전적 보상과 경제적 인간관을 강조한다.

⑤ 신행정학 이론은 참여와 형평의 가치를 중심으로 현실문제의 처방적 연구를 중시한다.

해설 ④는 과학적 관리론에 대한 내용이다.

① 신제도주의론은 인간의 행동에 영향을 미치는 제도의 범위를 광범위하게 정의한다.

② 행태주의는 연구의 대상을 가치와 사실로 구분한 뒤, 사실의 연구(검증 가능한 영역)에 초점을 둔다.

③ 체제이론은 개방체제 관점, 방법론적 총체주의 등을 특징으로 한다.

⑤ 신행정학은 국민 참여, 사회적 형평 등을 중심으로 기술성을 강조한다.

07 신공공서비스 행정이론에 관한 설명으로 옳은 것을 모두 고른 것은?

> ㄱ. 시민을 자율적인 소비자 또는 고객으로 간주한다.
> ㄴ. 민주적 시민의식론과 조직적 인본주의를 이념으로 한다.
> ㄷ. 공공행정의 다양한 가치와 책임성 문제에 관심을 둔다.
> ㄹ. 공공서비스의 공급에 있어 합리적 선택과 방법론적 개인주의를 강조한다.

① ㄱ, ㄴ   ② ㄱ, ㄷ
③ ㄴ, ㄷ   ④ ㄴ, ㄹ
⑤ ㄷ, ㄹ

해설 ㄴ, ㄷ이 옳고, ㄱ, ㄹ이 틀리다.
ㄴ. 신공공서비스론은 민주적 시민이론, 지역공동체와 시민사회모형, 조직인본주의, 담론이론, 비판이론, 실증주의, 해석학, 포스트모더니즘 등에 인식론적 토대를 두고 있다(이론적 토대가 복합적임 → 단, 공공선택론 제외).
ㄷ. 신공공서비스론은 능률성 외 다양한 가치를 추구하며, 다면적 책임성을 중시한다.
ㄱ. 신공공관리론에 대한 내용이다.
ㄹ. 공공선택론에 대한 내용이다.

08 중앙정부에 의한 지방재정조정제도의 형태가 아닌 것은?

① 국고보조금
② 지방교부세
③ 국가균형발전특별회계
④ 조정교부금
⑤ 국고부담금

해설 ④ 조정교부금은 광역지방자치단체가 기초지방자치단체에게 지원하는 재원이다.
①, ②, ⑤ 중앙정부에 의한 지방재정조정제도이다.
※ 지방재정조정제도의 종류
③ 국가균형발전특별회계: 지역 간 균형발전을 도모하고 재정 격차를 줄이기 위해 정부가 별도로 지원하는 예산 → 국가균형발전특별회계를 지방재정조정제도로 보는 견해도 있다.

지방분권균형발전법 제74조【지역균형발전특별회계의 설치】 지방시대 종합계획 및 지역균형발전시책 지원 관련 사업을 효율적으로 추진하기 위하여 지역균형발전특별회계(이하 "회계"라 한다)를 설치한다.
동법 제75조【회계의 관리·운용】 ① 회계는 기획재정부장관이 관리·운용한다.

09 전자정부와 공공행정의 변화에 관한 설명으로 옳지 않은 것은?

① 전자정부 발전으로 인한 정보화의 역기능은 사회적 질서와 안전을 위협하는 디지털위험으로 진행될 수 있다.
② 일반적으로 정보는 공공재 성격이 강하기 때문에 행정정보의 비대칭성 문제는 해소 내지 완화되어야 하는 것이 바람직하다.
③ 정부의 맞춤형 전자서비스와 빅데이터 산업 고도화 차원에서 개인정보의 행정기관 간 공동 활용은 중요하다.
④ 전자정부 서비스는 이용자들의 거래비용과 기회비용 및 민원업무 감소에 기여한다.
⑤ 전자정부의 발달에 의한 공공데이터 개방은 행정정보의 독점적 소유를 촉진시키고 있다.

해설 ⑤ 공공데이터를 개방하면 행정정보의 독점적 소유를 제한하게 된다.
① 정보화의 역기능, 예를 들어 사이버 범죄 등의 발생은 사회적 질서와 안전을 위협하는 디지털위험으로 진행될 수 있다.
② 정보의 비대칭성이 발생하지 않도록 정보관리는 비배제성의 원리가 적용되어야 한다(정보 = 공공재). → 이를 통해 정보공유를 촉진할 수 있다.
③ 우리나라는 행정기관 간 정보 공동활용 시스템을 활용하고 있다.
전자정부법 제37조【행정정보 공동이용센터】 ① 행정안전부장관은 행정정보의 원활한 공동이용을 위하여 행정안전부장관 소속으로 행정정보 공동이용센터(이하 "공동이용센터"라 한다)를 두고 대통령령으로 정하는 바에 따라 공동이용에 필요한 시책을 추진하게 할 수 있다.
④ 전자정부는 다양한 기술을 활용해서 행정의 능률성을 제고할 수 있다.

10 시장실패의 이유에 관한 내용으로 옳은 것을 모두 고른 것은?

> ㄱ. 정부의 공공지출에 대한 순편익 극대화 보장의 어려움
> ㄴ. 공공서비스 성과평가의 객관적 기준 설정의 어려움
> ㄷ. 국방 및 치안서비스 활동과 같은 공공재의 독점적 성격
> ㄹ. 환경오염으로 인한 외부불경제 효과

① ㄱ, ㄴ   ② ㄱ, ㄹ
③ ㄴ, ㄷ   ④ ㄴ, ㄹ
⑤ ㄷ, ㄹ

[해설] ㄷ, ㄹ은 옳고, ㄱ, ㄴ은 틀리다.
ㄷ, ㄹ 공공재, 외부효과 등은 시장실패 원인에 해당한다. ㄱ은 시장실패나 정부실패와 관련성이 없는 선지이다. ㄴ은 울프의 비시장실패론에 해당한다.

11 기계적 조직과 학습조직의 특성에 관한 내용으로 옳지 않은 것은?

① 기계적 조직은 위계적·경직적 조직문화를 갖는 데 비해 학습조직은 적응적 조직문화를 갖는다.
② 기계적 조직은 조직원의 재량과 책임을 중시하나 학습조직은 조직원 과업을 상세히 규정한 표준화·분업화에 의해 수행한다.
③ 기계적 조직은 경쟁을 중시하나 학습조직은 협력을 중시한다.
④ 기계적 조직은 수직적 구조이나 학습조직은 수평적 구조를 지향한다.
⑤ 기계적 조직은 정보가 최고관리층에 집중되는 반면에 학습조직은 조직원들에게 공유된다.

[해설] ② 선지의 내용이 바뀌었다. 학습조직은 유기적 구조이므로 조직원의 재량과 책임을 중시하나 기계적 조직은 조직원 과업을 상세히 규정한 표준화·분업화에 의해 수행한다.
①, ③, ④ 기계적 조직과 유기적 구조의 특징을 생각하면서 풀어야 하는 선지이다.
※ 기계적 구조와 유기적 구조

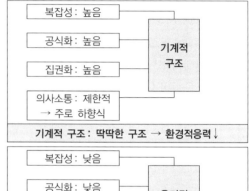

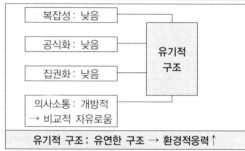

⑤ 기계적 조직은 집권적이므로 정보가 최고관리층에 집중되는 반면에 학습조직은 공동체 문화를 중시하는 바 조직원들에게 공유된다.

12 우리나라 고위공무원단제도에 관한 설명으로 옳지 않은 것은?

① 고위공무원단을 구성하는 공무원은 전원 중앙행정기관 소속이다.
② 각 부처 장관은 소속에 관계없이 전체 고위공무원단 중에서 적임자를 인선한다.
③ 계급과 연공서열보다는 직무와 성과 중심의 인사관리를 추구한다.
④ 행정부처에 배치된 고위공무원의 인사와 복무는 소속 장관이 관리한다.
⑤ 고위직의 개방을 확대하고 경쟁을 촉진하기 위한 제도이다.

해설 ① 고위공무원단은 중앙행정기관, 지방자치단체 등의 직위를 포함하고 있다.
국가공무원법 제2조의2 【고위공무원단】 ① 국가의 고위공무원을 범정부적 차원에서 효율적으로 인사관리하여 정부의 경쟁력을 높이기 위하여 고위공무원단을 구성한다.
② 제1항의 "고위공무원단"이란 직무의 곤란성과 책임도가 높은 다음 각 호의 직위(이하 "고위공무원단 직위"라 한다)에 임용되어 재직 중이거나 파견·휴직 등으로 인사관리되고 있는 일반직공무원, 별정직공무원 및 특정직공무원(특정직공무원은 다른 법률에서 고위공무원단에 속하는 공무원으로 임용할 수 있도록 규정하고 있는 경우만 해당한다)의 군(群)을 말한다.
1. 「정부조직법」 제2조에 따른 중앙행정기관의 실장·국장 및 이에 상당하는 보좌기관
2. 행정부 각급 기관(감사원은 제외한다)의 직위 중 제1호의 직위에 상당하는 직위
3. 「지방자치법」 제110조 제2항·제112조 제5항 및 「지방교육자치에 관한 법률」 제33조 제2항에 따라 국가공무원으로 보하는 지방자치단체 및 지방교육행정기관의 직위 중 제1호의 직위에 상당하는 직위
② 고위공무원단제도는 고위직의 경쟁을 촉진하므로 각 부처 장관은 소속에 관계없이 전체 고위공무원단 중에서 적임자를 인선한다.
③, ⑤ 고위공무원단은 직위분류제를 적용하는 과정에서 도입한 제도이다.
④ 행정부처에 배치된 고위공무원의 인사와 복무는 소속 장관이 관리한다.
공무원 성과평가 등에 관한 규정 제7조 【평가 대상】 4급 이상 공무원(고위공무원단에 속하는 공무원을 포함한다)과 연구관·지도관 및 전문직공무원에 대한 근무성적평정은 성과계약등 평가에 의한다. 다만, 소속 장관은 5급 이하 공무원 및 우정직공무원 중 성과계약등 평가가 적합하다고 인정하는 공무원에 대해서도 성과계약등 평가를 실시할 수 있다.

13 우리나라 인사혁신처에 관한 설명으로 옳지 않은 것은?

① 법률의 범위 내에서 인사규칙을 제정한다.
② 인사행정의 공정성을 제고하기 위한 독립 합의형 대통령 직속기관이다.
③ 인사 법령에 따라 인사행정에 관한 구체적인 사무를 수행한다.

④ 행정기관 소속 공무원의 징계처분 등에 대한 소청을 심사·결정하기 위하여 소청심사위원회를 둔다.
⑤ 인사행정을 수행하는 중앙정부의 인사행정기관이다.

해설 ② 인사혁신처는 비독립·단독형이며, 국무총리 소속이다.
①, ③, ⑤ **국가공무원법 제6조 【중앙인사관장기관】** ① 인사행정에 관한 기본 정책의 수립과 이 법의 시행·운영에 관한 사무는 다음 각 호의 구분에 따라 관장(管掌)한다.
1. 국회는 국회사무총장
2. 법원은 법원행정처장
3. 헌법재판소는 헌법재판소사무처장
4. 선거관리위원회는 중앙선거관리위원회사무총장
5. 행정부는 인사혁신처장
② 중앙인사관장기관의 장(행정부의 경우에는 인사혁신처장을 말한다. 이하 같다)은 각 기관의 균형적인 인사 운영을 도모하고 인력의 효율적인 활용과 능력 개발을 위하여 법령으로 정하는 바에 따라 인사관리에 관한 총괄적인 사항을 관장한다.
국가공무원법 제32조의2 【인사교류】 인사혁신처장은 행정기관 상호간, 행정기관과 교육·연구기관 또는 공공기관 간에 인사교류가 필요하다고 인정하면 인사교류계획을 수립하고, 국무총리의 승인을 받아 이를 실시할 수 있다.
④ **국가공무원법 제9조 【소청심사위원회의 설치】** ① 행정기관 소속 공무원의 징계처분, 그 밖에 그 의사에 반하는 불리한 처분이나 부작위에 대한 소청을 심사·결정하게 하기 위하여 인사혁신처에 소청심사위원회를 둔다.

14 직업공무원제도에 관한 설명으로 옳지 않은 것은?

① 젊고 유능한 인재들이 공직을 평생직업으로 선택하여 근무하게 하는 제도이다.
② 행정의 계속성과 안정성을 확보하게 한다.
③ 폐쇄적 임용으로 인해 공직분위기의 침체가 우려된다.
④ 일반행정가보다는 전문행정가 양성을 목표로 한다.
⑤ 신분보장으로 인해 무사안일과 관료의 병리현상이 초래될 위험이 있다.

해설 ④ 직업공무원제도는 폐쇄형·일반행정가·정년보장을 특징으로 하는 인사행정제도이다.
① 직업공무원제도는 젊고 잠재성 있는 인재를 채용해서 이들이 평생 공무원으로 근무하게 하는 제도이다.
② 직업공무원제도는 공무원에게 정년을 보장하므로 행정의 계속성과 안정성을 확보하게 한다.
③ 직업공무원제도는 외부의 전문가를 조직의 중간 계층에 충원하지 않는바 공직분위기의 침체를 야기할 수 있다.
⑤ 강력한 신분보장은 공무원의 무사안일 및 여러 병리현상을 초래할 수 있다.

15 정부조직체계에서 청 단위기관과 소속부처의 연결로 옳은 것을 모두 고른 것은?

> ㄱ. 기상청 – 환경부
> ㄴ. 방위사업청 – 산업통상자원부
> ㄷ. 소방청 – 행정안전부
> ㄹ. 특허청 – 기획재정부
> ㅁ. 해양경찰청 – 국방부

① ㄱ, ㄷ   ② ㄱ, ㄹ
③ ㄴ, ㄹ   ④ ㄴ, ㅁ
⑤ ㄷ, ㅁ

해설 ㄱ, ㄷ은 옳고, ㄴ, ㄹ, ㅁ은 틀리다.
ㄱ, ㄷ 기상청은 환경부 소속, 소방청·경찰청은 행정안전부 소속의 외청이다.
ㄴ. 방위사업청은 국방부 소속의 외청이다.
ㄹ. 특허청은 산업통상자원부 소속의 외청이다.
ㅁ. 해양경찰청은 해양수산부 소속의 외청이다.

16 조직구조의 분권화가 요구되는 상황으로 옳지 않은 것은?

① 규칙과 절차의 합리성·효율성에 대해 신뢰하고 있다.
② 조직이 속한 사회의 민주화가 촉진되고 있다.
③ 기술과 환경이 격동적으로 변화하고 있다.
④ 고객에게 신속하고 대응적인 서비스 요구가 증가하고 있다.
⑤ 조직구성원들의 참여 확대와 창의성 발현이 요구되고 있다.

해설 ① 구성원이 규칙과 절차에 대해 신뢰하고 있는 것은 '안정적인 상황(불확실성 낮음)'을 의미한다. 이는 기계적 구조와 친한 표현이므로 집권화가 촉진될 수 있다.
②, ⑤ 조직 내 민주화가 촉진되고 있을 때, 참여 및 창의성 발휘가 요구될 때는 구성원에게 의사결정권을 부여해야 한다.
③, ④ 환경이 불확실(급변하는 환경)하여 신속한 업무수행이나 대응이 필요할 때는 분권화가 요구된다.

17 행정통제 유형 중 외부통제에 해당하는 것은?

① 대통령에 의한 통제
② 중앙행정부처에 의한 통제
③ 감사원에 의한 통제
④ 사법부에 의한 통제
⑤ 국무조정실에 의한 통제

해설 ④ 사법부는 행정부의 밖에서 행정부를 통제할 수 있는 수단이다.
①, ②, ③, ⑤ 모두 내부통제 수단에 해당한다.

18 국회의 예산결산에 관한 설명으로 옳지 않은 것은?

① 결산 심의를 한 결과 문제가 있는 특정사안에 대하여 감사원에 감사를 요구할 수 있다.

② 결산은 회계연도에서 국가의 수입과 지출 실적을 확정적 계수로 표시하는 행위이다.

③ 예산의 범위 내에서 재정활동을 했는지 확인하고 그 결과를 재정운용에 반영하는 과정이다.

④ 부당한 지출이 발견된 경우 그 책임을 요구하고 무효화할 수 있다.

⑤ 재정운용의 비능률이 발견된 경우 시정을 요구할 수 있고 차년도 예산과정에서 쟁점화될 수 있다.

해설 ④ 결산은 집행 후의 과정이므로 부당한 지출이 발견될 경우 그 책임을 요구할 수 있으나 무효화할 수는 없다.
① 국회는 결산 심의를 한 결과 문제가 있는 특정사안에 대하여 감사원에 감사를 요구할 수 있다.
국회법 제127조의2【감사원에 대한 감사 요구 등】 ① 국회는 의결로 감사원에 대하여 「감사원법」에 따른 감사원의 직무 범위에 속하는 사항 중 사안을 특정하여 감사를 요구할 수 있다.
② 결산은 집행실적을 검증하는 과정(확정적 계수로 표시)이다.
③, ⑤ 결산은 예산집행과정에서 위법 또는 부당한 지출이 있었는가를 확인하는 통제기능과, 예산운용에 대한 평가결과를 다음 연도 예산심의에 반영하는 환류기능(재정의 학습과정)을 수행한다.

19 정책집행에서 하향적 접근방법에 관한 설명으로 옳지 않은 것은?

① 정책이 추구하는 목표를 분명히 하고, 정책결정자의 의도를 정확히 이해할수록 정책은 보다 효과적으로 집행될 수 있다.

② 정책결정의 결과물인 정책목표를 달성해 가는 과정을 정책집행으로 이해한다.

③ 정책집행 현장에서 집행조직과 정책사업 사이의 상호적응이 강조된다.

④ 정책이 결과물을 창출하는 과정에서 정책결정자가 어떤 역할을 했는지에 관심이 있다.

⑤ 정책결정단계에서 주된 역할을 하는 참여자와 정책내용에 초점을 맞춘다.

해설 ③ 상향식에 대한 내용이다.
①, ②, ④ 하향식 접근은 정책결정자가 현장에 대한 정보를 모두 파악한 후 구체적인 목표와 정책을 설정하며, 집행자는 이를 그대로 집행하는 현상을 설명한 모델이다.
→ 결정자 관점의 모형
⑤ 하향식 접근은 정책결정단계에서 주된 역할을 하는 참여자, 즉 결정자와 정책의 구체적인 내용에 초점을 둔다.

20 정책과정의 참여자 중 공식적인 참여자에 해당하는 것은?

① 이익집단
② 입법부
③ 정당
④ 시민단체
⑤ 민간전문가

해설 ② 입법부는 법률제정권 등을 보유한 공식적 참여자(공식적 권한을 지닌 정책참여자)에 해당한다.
①, ③, ④, ⑤ 모두 비공식 참여자에 해당한다.

21 이해충돌방지법에 관한 내용으로 옳지 않은 것은?

① 공직자는 직무관련자가 사적이해관계자임을 안 날부터 30일 이내에 소속기관장에게 그 사실을 신고하면 회피신청이 면제된다.

② 공직자는 직무수행 중 알게 된 비밀 또는 소속 공공기관의 미공개정보를 사적 이익을 위하여 이용하거나 제3자로 하여금 이용하게 하여서는 아니 된다.

③ 공직자는 직무관련자에게 사적으로 노무 또는 조언·자문 등을 제공하고 대가를 받는 행위를 하여서는 아니 된다.

④ 공직자는 공공기관이 소유하거나 임차한 물품·차량·선박·항공기·건물·토지·시설 등을 사적인 용도로 사용·수익하거나 제3자로 하여금 사용·수익하게 하여서는 아니 된다.

⑤ 공직자는 직무관련자인 소속 기관의 퇴직자(공직자가 아니게 된 날부터 2년 이내인 자)와 사적 접촉(골프, 여행, 사행성 오락을 같이 하는 행위)을 하는 경우 소속기관장에게 신고하여야 한다.

해설 ① 공직자는 직무관련자가 사적이해관계자임을 안 날부터 14일 이내에 소속기관장에게 그 사실을 신고하면 회피신청이 면제된다.

> **이해충돌방지법 제5조【사적이해관계자의 신고 및 회피·기피 신청】** ① 다음 각 호의 어느 하나에 해당하는 직무를 수행하는 공직자는 직무관련자가 사적이해관계자임을 안 경우 안 날부터 14일 이내에 소속기관장에게 그 사실을 서면(전자문서를 포함한다. 이하 같다)으로 신고하고 회피를 신청하여야 한다.

22 행정개혁의 저항을 극복하기 위한 규범적·사회적 전략으로 옳은 것을 모두 고른 것은?

> ㄱ. 의사전달과 참여의 확대
> ㄴ. 개혁의 공공성에 대한 홍보
> ㄷ. 사명감 고취와 역할 인식 강화
> ㄹ. 권력구조 개편과 긴장 조성
> ㅁ. 신분보장과 경제적 보상
> ㅂ. 가치갈등 해소

① ㄱ, ㄴ, ㄹ   ② ㄱ, ㄷ, ㅂ
③ ㄴ, ㄷ, ㅁ   ④ ㄴ, ㄹ, ㅁ
⑤ ㄷ, ㅁ, ㅂ

해설 규범·사회적 전략은 개혁에 대한 정당성을 충분히 확보 후 저항을 극복하는 방법이며 ㄱ, ㄷ, ㅂ은 규범·사회적 전략에 해당한다.
ㄴ, ㅁ은 공리·기술적 방법이다.
ㄹ은 강제적 방법이다.

23 행정개혁의 구조적 접근방법에 관한 설명으로 옳지 않은 것은?

① 행정체계의 구조적 설계를 개선함으로써 행정개혁의 목표를 달성하려는 접근방법이다.

② 분권화 수준의 개선, 권한배분의 개편, 명령계통의 수정, 작업집단의 설계 등을 추진한다.

③ 주된 목표는 기능중복의 제거 및 표준적 절차의 간소화 등이다.

④ 조직의 분권화를 통해 조직계층의 단순화, 명령과 책임 등을 명확히 할 수 있다.

⑤ 공무원의 의식개혁, 업무자세 및 태도 개선 등에 초점을 맞춘다.

해설 ⑤는 행태적 접근에 해당한다.

①, ②, ③, ④

구조적 접근	• 행정체계의 구조적 설계를 개선함으로써 행정개혁의 목표를 달성하려는 접근방법 • 기능중복의 제거, 책임의 재규정, 조정 및 통제절차 개선, 표준절차 간소화, 의사전달체계 및 의사결정권 수정, 분권화 전략(권한의 재조정) 등 • 통솔범위의 조정, 명령계통의 수정, 작업집단 재설계 등
행태적 접근법 : 인간관계적 접근	개혁의 초점을 인간의 행동에 두면서 구성원의 신념 및 가치관, 행태를 의도적으로 변화시켜 행정체제의 변화를 유도하는 접근법

24 다음에서 설명하고 있는 정책집행의 유형은?

> 정책결정자가 세부적인 정책내용까지 결정하며, 정책집행자들은 상세한 부분에 대해 아주 제한된 부분의 재량권만 인정받고 정책목표 달성을 위해 노력한다.

① 고전적 기술관료형
② 지시적 위임형
③ 협상형
④ 재량적 실험가형
⑤ 관료적 기업가형

해설 ① 제시문은 집행가의 권한이 거의 없다는 내용을 담고 있으므로 고전적 기술자형이 정답이다.

25 정책의제 설정에 영향을 미치는 요인이 아닌 것은?

① 사회 이슈와 관련된 행위자가 많고, 문제해결을 위한 다수의 정책 대상 집단에게 영향을 미치는 경우 보다 쉽게 정책의제화될 수 있다.
② 사회문제로 인한 피해자 숫자가 많거나 피해의 사회적 의미가 중대할수록 정책의제로 채택될 가능성이 높다.
③ 정책의제설정은 정책이해관계자, 이슈가 되는 정책문제, 문제를 논의하는 제도적 환경 등 복합적인 관계의 영향을 받지 않는다.
④ 국민적 관심과 집결도가 높거나 특정 사회 이슈에 대해 정치인의 관심도가 클수록 정책의제화될 가능성이 높다.
⑤ 정책의제화를 요구하는 집단의 규모와 영향력이 클수록 정책의제화될 가능성이 높다.

해설 ③ 정책의제설정은 정부가 해결할 문제를 선택하는 행위이므로 그 과정에서 다양한 요인의 영향을 받는다.
①, ② 많은 사람들에게 영향을 줄 수 있는 사회문제는 의제로 채택될 공산이 크다.
④ 특정 사회문제에 대한 국민 등의 관심도는 정책의제화에 영향을 끼치는 변수이다.
⑤ 정책의제화를 요구하는 집단의 크기와 영향력은 정책의제설정에 영향을 미친다.

Answer

01. ②	02. ⑤	03. ⑤	04. ③	05. ③	06. ④	07. ③	08. ④	09. ⑤	10. ⑤
11. ②	12. ①	13. ②	14. ④	15. ①	16. ①	17. ④	18. ④	19. ③	20. ②
21. ①	22. ②	23. ⑤	24. ①	25. ③					

제11회 행정사 행정학개론

[2023. 6. 3. 실시]

01 행정학의 행태론적 접근방법의 특징으로 옳지 않은 것은?

① 종합학문적 접근방법
② 일반 법칙성 추구
③ 환경과의 상호작용을 통한 진화과정 강조
④ 조직구조보다는 인간 중심의 접근
⑤ 가치중립적 접근의 강조

> 해설 ③ 행태론은 폐쇄체제 관점의 이론이다.
> ①, ④ 행태론은 인간행동을 연구하기 위해 심리학, 통계학 등 다양한 학문을 활용한다.
> ② 행태론은 행동을 야기하는 원인을 탐구한다.
> ⑤ 행태론은 사실 중심의 연구에 초점을 둔다.

02 신제도주의에 관한 설명으로 옳은 것은?

① 합리적 선택 제도주의는 개인의 표준화된 행동코드로서 제도의 준수를 통한 소속감을 강조한다.
② 역사적 제도주의는 서로 다른 국가들 사이의 제도가 유사해지는 현상을 설명하는 데 유리하다.
③ 사회학적 제도주의는 동일한 상황에서 국가 간의 상이한 제도로 인해 서로 다른 정책이 채택되고 효과도 다르게 나타나는 현상을 강조한다.
④ 사회학적 제도주의는 개인에 대한 가정에 기초한 미시적 · 연역적 방법에 주로 의존한다.
⑤ 합리적 선택 제도주의의 연장선상에서 오스트롬(E. Ostrom)은 '공유재의 비극'의 해결방안으로 공동체 중심의 자치제도를 제시한다.

> 해설 ⑤ 공유지 비극을 막기 위한 자발적 규칙설정은 합리선택적 신제도주의의 예시로 볼 수 있다.
> ① 사회학적 신제도주의의 내용이다.
> ② 선지는 제도적 동형화에 대한 내용이므로 사회학적 신제도주의를 의미한다.
> ③ 역사적 제도주의는 각국의 독특한 정책 등을 제도로 간주한다.
> ④ 선지는 합리선택적 신제도주의에 대한 내용이다.

03 정부실패이론의 설명으로 옳지 않은 것은?

① 정부예산의 공유재적 성격 때문에 자원배분의 비효율성이 발생한다.
② 정부의 X-비효율성은 정부서비스의 공급 측면보다는 사회적 · 정치적 수요 측면 때문에 발생한다.
③ 선거에 민감한 정치인들의 정치적 보상기제로 인해 사회문제가 과장되거나 단기적 해결책에 그치는 경우가 발생한다.
④ 사회문제 해결의 목표보다는 내부적인 절차와 규칙에 집착하는 정부조직 목표의 대치(displacement) 현상이 발생한다.
⑤ 정부 개입에 의한 인위적 지대(rent)를 획득하는 과정에서 불필요한 자원 낭비가 발생한다.

> 해설 ② X-비효율성은 정부관료제에서 발생하는 낭비현상이므로 공급자 측면의 문제이다.
> ① 정부예산은 공무원의 입장에서 봤을 때 공유재처럼 인식될 수 있다.
> ③ 정치인은 단기적 이익, 즉 재선을 중시하는 바 불필요한 예산증액을 유도할 수 있다.
> ④ 과잉동조는 관료제의 역기능을 나타내므로 올바른 선지이다.
> ⑤ 이익집단 등은 지대를 획득하기 위해 지대추구를 할 수 있다. 이는 정부실패 원인 중 하나이다.

04 행정학의 패러다임에 관한 설명으로 옳은 것은?

① 뉴거버넌스는 정부 내부의 관리보다는 외부 주체와의 관계를 강조한다.

② 신공공관리는 부서 간 또는 기관 간 경쟁보다 협력을 강조한다.

③ 신행정학은 행정의 능률성과 중립성을 강조한다.

④ 전통적 관료제 중심의 행정은 환경변화에 대한 유연한 적응에 유리하다.

⑤ 신공공관리의 고객은 사회적 책임의식을 갖춘 적극적 시민성을 특징으로 한다.

해설 ① 거버넌스는 정부, 시장, 시민사회 간 협치를 뜻한다.
② 신공공관리는 부서 간 또는 기관 간 경쟁을 강조한다.
③ 신행정학은 행정의 형평성을 강조한다.
④ 관료제는 기계적 구조이므로 환경변화에 둔감하다.
⑤ 신공공관리에서 고객은 개인의 만족을 추구하는 소비자이다.

05 공익의 실체설과 과정설에 관한 설명으로 옳은 것을 모두 고른 것은?

> ㄱ. 사익과 차별화되는 공익의 존재를 인정하는 실체설은 공익이 행정의 구체적인 지침이 될 수 있다고 본다.
> ㄴ. 실체설은 개인이나 집단 사이의 이해를 조정하는 행정의 조정자 역할을 강조한다.
> ㄷ. 과정설은 이해당사자 사이의 협상과 타협을 통해 규범적 절대가치에 도달할 수 있다고 본다.
> ㄹ. 「지방재정법」에 규정된 주민참여예산제도의 준수를 통해 지방자치단체의 예산을 배분하는 것은 과정설에 해당된다.

① ㄱ, ㄴ ② ㄱ, ㄹ
③ ㄴ, ㄷ ④ ㄱ, ㄷ, ㄹ
⑤ ㄴ, ㄷ, ㄹ

해설 ㄱ, ㄹ은 옳고, ㄴ, ㄷ은 틀리다.
ㄱ. 실체설에 따르면 공익은 사익을 초월해서 존재하며, 공익이 행정의 안내자, 기준, 지침이 될 수 있다.
ㄹ. 주민참여예산제도는 예산편성에 주민의 견해를 반영하므로 과정설에 가까운 제도이다.
ㄴ. 관료의 중재자 및 조정자의 역할을 강조하는 것은 과정설이다.
ㄷ. 규범적 절대가치, 즉 도덕적 절대가치는 실체설에서 제시하는 공익의 예시에 해당한다.

06 행정의 능률성(efficiency)과 효과성(effectiveness)에 관한 설명으로 옳은 것은?

① 효과성은 목표와 무관하게 자원을 낭비 없이 사용하는 것을 의미한다.

② 능률성은 사회문제의 해결정도를 의미한다.

③ 어떤 해결대안이 효과적이면 그 대안은 항상 능률적이다.

④ 비용효과(cost-effectiveness) 분석은 효과를 화폐가치로 측정하기 어려운 상황에서 적용된다.

⑤ 효과성은 행정의 수단적 가치인 반면, 능률성은 민주성과 마찬가지로 본질적 가치이다.

해설 ④ 비용효과(cost-effectiveness) 분석은 범죄율처럼 화폐가치로 측정하기 어려운 정책효과를 분석할 때 사용된다.
① 능률성에 대한 내용이다.
② 효과성에 대한 내용이다.
③ 어떤 해결대안이 효과적이더라도 그 대안은 비능률적일 수 있다.
⑤ 효과성, 능률성, 민주성은 모두 수단적 가치에 해당한다.

07 나카무라와 스몰우드(R. Nakamura & F. Smallwood)가 제시한 정책집행자의 유형 중 정책집행자가 정책결정자의 결정권을 장악하고 정책과정 전반을 지배하는 유형은?

① 고전적 기술관료형 ② 관료적 기업가형
③ 재량적 실험가형 ④ 지시적 위임자형
⑤ 협상자형

해설 ② 설문은 관료적 기업가형에 대한 내용이다.

08 바흐라흐와 바라츠(P. Bachrach & M. Baratz)의 무의사결정론에 관한 설명으로 옳은 것을 모두 고른 것은?

> ㄱ. 무의사결정은 의사결정자의 가치나 이익에 대한 잠재적이거나 현재적인 도전을 억압하거나 방해하는 결과를 초래하는 결정을 의미한다.
> ㄴ. 무의사결정은 정책의제 채택과정에서 일어날 뿐 정책결정과 집행과정에서는 일어나지 않는다.
> ㄷ. 무의사결정을 추진하기 위하여 폭력이 동원되기도 한다.
> ㄹ. 엘리트론을 비판하면서 다원론을 계승 발전시킨 신다원론적 이론이다.

① ㄱ, ㄴ   ② ㄱ, ㄷ
③ ㄱ, ㄹ   ④ ㄴ, ㄹ
⑤ ㄷ, ㄹ

해설 ㄱ, ㄷ은 옳고, ㄴ, ㄹ은 틀리다.
ㄱ. 무의사결정은 엘리트의 이해관계를 침해할 수 있는 비기득권 세력의 도전을 억압·봉쇄하는 현상이다.
ㄷ. 무의사결정을 추진하기 위하여 폭력 및 테러 등이 동원될 수 있다.
ㄴ. 무의사결정은 정책과정 전반에 걸쳐서 발생할 수 있다.
ㄹ. 무의사결정론은 다원론을 비판하면서 등장한 신엘리트론에 해당한다.

09 실제 체제를 모방한 모형을 활용하는 정책대안의 미래예측 기법은?

① 브레인스토밍   ② 정책델파이
③ 정책학습   ④ 시뮬레이션
⑤ 교차영향분석

해설 ④ 시뮬레이션 기법은 업무수행 중 직면할 수 있는 가상적 상황을 만든 후 피교육자가 그 상황에 대처해 보도록 하는 방법이다.
① 브레인스토밍 : 일반적으로 내부인력을 중심으로 시행하는 아이디어 회의이며, 경우에 따라 내부인력·전문가·이해관계자 등이 모여서 모두 동등한 조건 하에 형식 없이 자유롭게 토의하는 방식
② 정책델파이 : 정책에 대한 전문가 혹은 이해관계자가 초기에는 익명성을 보장하는 델파이 방법을 사용하다가 2차로 공개적인 토론을 하는 기법
③ 정책학습 : 정책과정에서 올바른 결론을 유도할 수 있는 지식의 축적과 응용
⑤ 교차영향분석 : 전문가의 견해에 기반한 방식으로 확률적 결과를 도출하는 분석법 → 즉, '다른 사건이 일어났느냐 일어나지 않았느냐'에 기초하여 미래의 어떤 사건이 일어날 확률에 대해서 식견 있는 판단을 이끌어 내는 방법

10 기계적(mechanistic) 구조와 대비되는 유기적(organic) 구조의 조직 특성에 해당하는 것은?

① 모호한 책임관계   ② 표준운영절차
③ 좁은 직무범위   ④ 계층제
⑤ 공식적/몰인간적 대면관계

해설 ① 유기적 구조는 기계적 구조에 비해 세세한 분업을 지양한다.
②, ③, ④, ⑤ 모두 기계적 구조에 대한 내용이다. → 기계적 구조는 베버의 관료제와 동일한 조직유형이다.

11 학습조직에 관한 설명으로 옳지 않은 것은?

① 리더의 사려 깊은 리더십이 요구된다.
② 구성원의 권한강화를 강조한다.
③ 수평적 구조의 팀으로 구성된다.
④ 전체보다 부분을 중시한다.
⑤ 조직구성원은 조직의 공식자료에 접근할 수 있어야 한다.

해설 ④ 학습조직은 공동체 문화를 중시하는 바 전체를 강조한다.
① 학습조직은 능동적 학습을 위한 개인배려와 지식공유를 강조하는 사려 깊은 리더십을 요구한다.
②, ③ 학습조직은 유기적 구조이다.
⑤ 학습조직에서 조직구성원은 능동적 학습을 위해 조직의 공식자료에 접근할 수 있어야 한다.

12 동기부여 이론에 관한 설명으로 옳은 것은?

① 머슬로(A. Maslow)의 욕구계층이론은 과정이론에 해당한다.
② 매클리랜드(D. McClelland)의 성취동기이론은 모든 사람이 비슷한 욕구의 계층을 갖고 있다고 보는 점에서 머슬로(A. Maslow)의 이론을 계승하고 있다.
③ 동기부여 이론은 일반적으로 내용이론과 형식이론으로 분류된다.
④ 앨더퍼(C. Alderfer)의 ERG이론은 인간의 욕구를 계층화한 점에서는 머슬로(A. Maslow)와 공통된 견해를 지니고 있다.
⑤ 허즈버그(F. Herzberg)의 욕구충족요인이원론은 인간에게 만족을 주는 요인과 불만족을 방지하는 요인은 서로 같은 차원이라고 본다.

해설 ④ 앨더퍼는 인간의 욕구를 존재, 관계, 성장욕구로 분류했으며 머슬로는 생리적 욕구, 안전욕구, 사회적 욕구, 존경에 대한 욕구, 자아실현욕구로 구분했다.
① 머슬로(A. Maslow)의 욕구계층이론은 내용이론에 해당한다.
② 매클리랜드(D. McClelland)의 성취동기이론은 모든 사람이 비슷한 욕구의 계층을 갖고 있다고 보는 머슬로(A. Maslow)의 욕구계층론을 비판했다.
③ 동기부여 이론은 일반적으로 내용이론과 과정이론으로 구분된다.
⑤ 허즈버그(F. Herzberg)의 욕구충족요인이원론은 인간에게 만족을 주는 요인과 불만족을 방지하는 요인은 서로 다른 차원이라고 본다.

13 조직구조 설계 시 고려해야 할 기본 요소에 관한 설명으로 옳지 않은 것은?

① 누구에게 보고하는지를 정하는 명령체계
② 상관에게 보고하는 부하의 수를 의미하는 통솔 범위
③ 의사결정이 이루어지는 계층이 위치한 수준을 의미하는 집권과 분권
④ 문서화된 정도를 의미하는 공식화
⑤ 조직의 일차적 목표와 관련된 사업을 수행하는 참모와 이를 지원하는 계선

해설 ⑤ 참모와 계선의 위치가 바뀌었다.
① 명령 체계는 조직의 보고체계를 뜻한다.
② 통솔 범위는 적절한 부하의 수를 의미한다.
③ 집권 및 분권은 의사결정권이 집중된 정도를 나타낸다.
④ 공식화는 표준화 정도를 의미한다.

14 직위분류제에 관한 설명으로 옳지 않은 것은?

① 조직 내의 직위들을 각 직위에 배당된 직무의 속성에 따라 분류·관리하는 제도를 말한다.

② 직위(職位)란 1명의 공무원에게 부여할 수 있는 직무와 책임을 말한다.

③ 직군(職群)이란 직무의 종류·곤란성과 책임도가 상당히 유사한 직위의 군을 말한다.

④ 직렬(職列)이란 직무의 종류가 유사하고 그 책임과 곤란성의 정도가 서로 다른 직급의 군을 말한다.

⑤ 직류(職類)란 같은 직렬 내에서 담당 분야가 같은 직무의 군을 말한다.

해설 ③ 선지는 직급에 대한 내용이다. → 직군은 유사한 직렬의 묶음을 의미한다.
① 직위분류제는 직무의 특성을 중심으로 직위를 분류·관리하는 제도이다.
②, ④, ⑤ **국가공무원법 제5조【정의】** 이 법에서 사용하는 용어의 뜻은 다음과 같다.
1. "직위(職位)"란 1명의 공무원에게 부여할 수 있는 직무와 책임을 말한다.
8. "직렬(職列)"이란 직무의 종류가 유사하고 그 책임과 곤란성의 정도가 서로 다른 직급의 군을 말한다.
9. "직류(職類)"란 같은 직렬 내에서 담당 분야가 같은 직무의 군을 말한다.

15 성적분포 비율을 미리 정하여 순위를 매기거나 배분함으로써 평정자의 편견이나 집중화 등의 오류를 방지할 수 있는 근무성적평정 방법은?

① 강제배분법 ② 쌍대비교법
③ 가감점수법 ④ 목표관리법
⑤ 직접서열법

해설 ① 강제배분법은 고른 성적의 분포를 강제하는 근무성적평정방법이다.
② 쌍대비교법(쌍쌍비교법) : 피평정자를 두 사람씩 짝을 지어 비교를 되풀이하여 평정하는 방법
③ 가감점수법 : 직무수행과 관련하여 특수성이 있는 경우 인센티브 성격의 점수를 부여하여 이들의 행위를 장려하는 것
④ 목표관리법 : 목표관리를 평정에 적용한 것으로서 우리나라에서 4급 이상 공무원에게 적용하는 직무성과계약제와 유사
⑤ 직접서열법 : 피평정자 간의 근무성적을 서로 비교해서 서열을 정하는 방법

16 국가공무원법상 징계에 관한 설명으로 옳은 것은?

① 징계는 파면·해임·강등·강임·정직·감봉·견책으로 구분한다.

② 징계로 해임 처분을 받은 때부터 5년이 지나지 아니한 자는 공무원으로 임용될 수 없다.

③ 강등은 1계급 아래로 직급을 내리고 공무원 신분은 보유하나 6개월간 직무에 종사하지 못하며 그 기간 중 보수는 2분의 1을 감한다.

④ 정직은 1개월 이상 3개월 이하의 기간으로 하고, 정직 처분을 받은 자는 그 기간 중 공무원의 신분은 보유하나 직무에 종사하지 못하며 보수는 전액을 감한다.

⑤ 감봉은 1개월 이상 3개월 이하의 기간 동안 보수의 2분의 1을 감한다.

해설 ④ **국가공무원법 제80조【징계의 효력】** ③ 정직은 1개월 이상 3개월 이하의 기간으로 하고, 정직 처분을 받은 자는 그 기간 중 공무원의 신분은 보유하나 직무에 종사하지 못하며 보수는 전액을 감한다.
① 징계는 파면·해임·강임·정직·감봉·견책으로 구분한다.
② 징계로 해임 처분을 받은 때부터 3년이 지나지 아니한 자는 공무원으로 임용될 수 없다.
③ 강등은 1계급 아래로 직급을 내리고 공무원신분은 보유하나 3개월간 직무에 종사하지 못하며 그 기간 중 보수는 전액을 감액한다.
⑤ 감봉은 1개월 이상 3개월 이하의 기간 동안 보수의 3분의 1을 감액한다.

17 예산 내용의 일반적인 분류방법에 해당하지 않는 것은?

① 품목별 분류   ② 조직별 분류
③ 기능별 분류   ④ 경제 성질별 분류
⑤ 정치적 분류

해설 ⑤ 정치적 분류는 예산의 분류방법에 해당하지 않는다.
①, ②, ③, ④

조직별 분류	조직단위를 기준으로 예산을 분류하는 것으로, 특정 기관이 얼마를 쓰는지를 알 수 있음
기능별 분류	정부의 큰 기능을 기준으로 예산을 분류하는 방법
경제성질별 분류	국민경제에 미치는 영향을 파악하기 위한 분류
품목별 분류	항목별로 예산을 분류하는 방법

18 재정사업자율평가제도에 관한 설명으로 옳은 것은?

① 일정 규모 이상인 신규 사업의 경제적 타당성을 검토하여 사업의 추진 여부를 결정하는 제도
② 다년도 사업에 대해 사업규모, 총사업비, 사업기간 등을 정해 미리 기획재정부장관과 협의하는 제도
③ 부족한 재원을 고려하여 민간자본을 공공의 SOC 투자에 동원하는 제도
④ 예산지출을 줄이거나 수입을 늘리는 데 기여한 자에게 성과금을 지급하는 제도
⑤ 각 중앙관서의 장과 기금관리주체가 기획재정부장관이 정하는 바에 따라 주요 재정사업을 스스로 평가하는 제도

해설 ⑤ 재정사업자율평가제도는 돈이 소요되는 사업을 중앙관서의 장과 기금관리주체가 스스로 평가하는 제도이다.
① 예비타당성 조사에 대한 내용이다.
② 총사업비 관리제도에 대한 내용이다.
③ 민간투자유치제도에 대한 내용이다.
④ 예산성과금제도에 대한 내용이다.

19 전통적 예산원칙과 대비되는 현대적 예산원칙으로 옳은 것을 모두 고른 것은?

ㄱ. 사업계획과 예산편성은 유기적으로 이루어져야 하고 계획된 예산은 경제적으로 집행해야 한다.
ㄴ. 국민에게 필요 이상의 돈을 거두어서는 안 되며 계획대로 정확히 지출해야 한다.
ㄷ. 예산의 편성, 심의, 집행은 공식적인 보고에 기초를 두어야 한다.
ㄹ. 예산구조나 과목은 국민들이 이해하기 쉽게 단순해야 한다.

① ㄱ, ㄴ   ② ㄱ, ㄷ
③ ㄴ, ㄷ   ④ ㄴ, ㄹ
⑤ ㄷ, ㄹ

해설 ㄱ, ㄷ은 옳고, ㄴ, ㄹ은 틀리다.
ㄱ. 사업계획의 원칙에 대한 내용이다.
ㄷ. 보고의 원칙에 대한 내용이다.
ㄴ, ㄹ은 전통적 예산원칙이다.
ㄴ. 엄밀성의 원칙에 대한 내용이다.
ㄹ. 명료성의 원칙에 대한 내용이다.

20 지방자치의 원리로서 주민자치에 관한 설명으로 옳은 것은?

① 국가에 대한 지방자치단체의 법률상의 상대적 독립성을 강조한다.

② 주민자치의 전통은 주로 유럽 대륙권 국가에서 찾아볼 수 있다.

③ 대의민주제를 포함한 지방자치단체의 주민 대표성과 민주성을 강조한다.

④ 자치권이 국가로부터 파생 내지 위임된 것으로 보는 전래설 또는 수탁설에 기초한다.

⑤ 민족국가 출현과 함께 수립된 헌정체제에 기초한 중앙정부와 지방자치단체의 관계를 강조한다.

해설 ③ 주민자치는 주민의 실질적 참여를 강조하는 지방자치 계보이다.
①, ②, ④, ⑤ 모두 단체자치에 대한 내용이다.

21 감수성 훈련 등을 통해 관료의 가치관, 신념, 태도의 변화를 유도하는 행정개혁의 접근방법은?

① 과정적 접근방법 ② 구조적 접근방법
③ 행태적 접근방법 ④ 통합적 접근방법
⑤ 사업중심적 접근방법

해설 ③ 행태적 접근은 개혁의 초점을 인간의 행동에 두면서 구성원의 신념 및 가치관, 행태를 의도적으로 변화시켜 행정체제의 변화를 유도한다.
① 과정적 접근방법 : 행정체제 내의 과정 또는 일의 흐름을 개선하려는 접근으로서 조직 내 운영과정을 수정하는 것
② 구조적 접근방법 : 행정체계의 구조적 설계를 개선함으로써 행정개혁의 목표를 달성하려는 접근방법
④ 통합적 접근방법 : 개혁대상의 구성요소를 포괄적으로 관찰하고 여러 가지 분화된 접근방법을 통합하여 해결방안을 탐색하는 것
⑤ 사업중심적 접근방법 : 정책목표와 내용 및 소요 자원에 초점 → 행정활동의 목표를 개선하고 행정(서비스)의 양과 질을 개선하려는 접근법

22 지방자치법에 규정된 특별지방자치단체에 관한 내용으로 옳지 않은 것은?

① 특별지방자치단체는 법인으로 한다.

② 구성 지방자치단체의 장은 특별지방자치단체의 장을 겸할 수 있다.

③ 특별지방자치단체의 의회는 규약으로 정하는 바에 따라 구성 지방자치단체의 의회 의원으로 구성한다.

④ 특별지방자치단체의 구역은 특별한 사정이 있을 때에는 해당 지방자치단체 구역의 일부만을 구역으로 할 수 있다.

⑤ 2개 이상의 지방자치단체가 특별지방자치단체를 설치하는 경우 구성하는 지방자치단체의 지방의회 의결을 거쳐 국무총리의 승인을 받아야 한다.

해설 ⑤ 국무총리를 행정안전부장관으로 고쳐야 한다.
지방자치법 제199조 【설치】 ① 2개 이상의 지방자치단체가 공동으로 특정한 목적을 위하여 광역적으로 사무를 처리할 필요가 있을 때에는 특별지방자치단체를 설치할 수 있다. 이 경우 특별지방자치단체를 구성하는 지방자치단체(이하 "구성 지방자치단체"라 한다)는 상호 협의에 따른 규약을 정하여 구성 지방자치단체의 지방의회 의결을 거쳐 행정안전부장관의 승인을 받아야 한다.
① **지방자치법 제199조 【설치】** ③ 특별지방자치단체는 법인으로 한다.
② **지방자치법 제205조 【집행기관의 조직 등】** ② 구성 지방자치단체의 장은 제109조에도 불구하고 특별지방자치단체의 장을 겸할 수 있다.
③ **지방자치법 제204조 【의회의 조직 등】** ① 특별지방자치단체의 의회는 규약으로 정하는 바에 따라 구성 지방자치단체의 의회 의원으로 구성한다.
④ **지방자치법 제201조 【구역】** 특별지방자치단체의 구역은 구성 지방자치단체의 구역을 합한 것으로 한다. 다만, 특별지방자치단체의 사무가 구성 지방자치단체 구역의 일부에만 관계되는 등 특별한 사정이 있을 때에는 해당 지방자치단체 구역의 일부만을 구역으로 할 수 있다.

23 지방자치법상 지방자치단체의 사무 배분 및 처리의 기본원칙에 관한 설명으로 옳지 않은 것은?

① 국가는 국가와 지방자치단체 간의 사무를 주민의 편익증진 등을 고려하여 서로 중복되지 아니하도록 배분하여야 한다.

② 국가가 지방자치단체에 사무를 배분할 때에는 관련 사무를 포괄적으로 배분하여야 한다.

③ 도와 시·군이 사무를 처리할 때 사무가 서로 겹치면 도에서 먼저 처리한다.

④ 지방자치단체는 조직과 운영을 합리적으로 하고 규모를 적절하게 유지하여야 한다.

⑤ 시·군 및 자치구는 해당 구역을 관할하는 시·도의 조례를 위반하여 사무를 처리할 수 없다.

해설 ③ **지방자치법 제14조 【지방자치단체의 종류별 사무배분기준】** ③ 시·도와 시·군 및 자치구는 사무를 처리할 때 서로 겹치지 아니하도록 하여야 하며, 사무가 서로 겹치면 시·군 및 자치구에서 먼저 처리한다.
① **지방자치법 제11조 【사무배분의 기본원칙】** ① 국가는 지방자치단체가 사무를 종합적·자율적으로 수행할 수 있도록 국가와 지방자치단체 간 또는 지방자치단체 상호간의 사무를 주민의 편익증진, 집행의 효과 등을 고려하여 서로 중복되지 아니하도록 배분하여야 한다.
② **지방자치법 제11조 【사무배분의 기본원칙】** ③ 국가가 지방자치단체에 사무를 배분하거나 지방자치단체가 사무를 다른 지방자치단체에 재배분할 때에는 사무를 배분받거나 재배분받는 지방자치단체가 그 사무를 자기의 책임하에 종합적으로 처리할 수 있도록 관련 사무를 포괄적으로 배분하여야 한다.
④ **지방자치법 제12조 【사무처리의 기본원칙】** ② 지방자치단체는 조직과 운영을 합리적으로 하고 규모를 적절하게 유지하여야 한다.
⑤ **지방자치법 제12조 【사무처리의 기본원칙】** ③ 지방자치단체는 법령을 위반하여 사무를 처리할 수 없으며, 시·군 및 자치구는 해당 구역을 관할하는 시·도의 조례를 위반하여 사무를 처리할 수 없다.

24 지식행정에 관한 설명으로 옳은 것은?

① 행정지식은 구조적이고 단기간에 창출되기 때문에 관리에 많은 시간과 자원이 소요되지 않는다.

② 지식은 정보와 동일하므로 지식행정은 정보행정과 동일한 수준의 활동이다.

③ 지식행정은 행정활동의 프로세스 개선과 무관하다.

④ 지식행정은 지식사회를 설계하고 지식관리를 통해 가치를 창출하고 극대화하는 것을 의미한다.

⑤ 지식행정은 문제 해결 및 사회변화 예견을 위해 정보관리기술에 의존하지 않는다.

해설 ④ 지식행정은 체계적인 지식관리를 지향하는 행정이다.
① 행정지식은 구조적이고 장기간에 창출되기 때문에 관리에 많은 시간과 자원이 소요된다.
② 지식은 정보와 다른 개념이므로 지식행정은 정보행정과 다른 수준의 활동이다.
③ 지식행정은 행정활동의 프로세스 개선과 연관되어 있다.
⑤ 지식행정은 문제 해결 및 사회변화 예견을 위해 정보관리기술을 활용한다.

25 넥스트 스텝(Next Steps)을 통해 책임운영기관 제도를 도입하고, 공공서비스의 질 향상을 위해 시민헌장제, 의무경쟁입찰제, 시장성테스트 등의 개혁 조치를 추진한 국가는?

① 영국　　　　　② 일본

③ 뉴질랜드　　　④ 미국

⑤ 독일

해설 ① 문제의 내용은 영국 보수당의 행정개혁이다.

2024 박문각 행정사 1차
최욱진 행정학개론 　문제집

초판인쇄 | 2024. 1. 5.　**초판발행** | 2024. 1. 10.　**편저자** | 최욱진

발행인 | 박 용　**발행처** | (주)박문각출판　**등록** | 2015년 4월 29일 제2015-000104호

주소 | 06654 서울시 서초구 효령로 283 서경 B/D 4층　**팩스** | (02)584-2927

전화 | 교재 문의 (02)6466-7202

저자와의
협의하에
인지생략

정가 22,000원

ISBN 979-11-6987-675-9